TREIBJAGD

Vom Cop zum Outlaw

- Eine wahre Geschichte -

von Tim K.

© Stattverlag KG; Berlin, Germany

Alle Rechte vorbehalten. Nachdruck, auch auszugsweise, nur mit vorheriger schriftlicher Genehmigung des Verlags gestattet.

ISBN 978-3-937542-09-6 (zensierte Version)
überarbeitete Auflage
(ISBN der Originalversion: 978-3-937542-07-2)
Copyright © der deutschen Ausgabe 2012 Stattverlag KG, Berlin

Covergestaltung: Concept 7
Titelfoto: Dirk Neumann; Fotograf
Text © Tim K.
Foto ©: Bilder von Toni, Braunbär und Bad Boy Ulli: mit freundlicher Genehmigung von Thorsten Gartsch; Bilder von RA Ahrend: mit freundlicher Genehmigung von Rechtsanwalt Ahrend; Bilder von Salem K.: mit freundlicher Genehmigung von Salem K.; Rest: Privatarchiv Tim K.

Dieses Buch widme ich meinen Freunden und meinen Feinden. Möge es meiner Genugtuung, der Wahrheit und der Gerechtigkeit dienen.

Einleitung

Was Sie von nun an lesen, sind überwiegend meine Aufzeichnungen, die ich in der Haft niedergeschrieben habe. Ich habe mich einfach hingesetzt und begonnen, mir meine Gedanken und meinen Zorn von der Seele zu schreiben. Deshalb mag Ihnen einiges überzeichnet oder hart vorkommen und manchmal die Zeit durcheinandergeraten. Zum damaligen Zeitpunkt waren es jedoch meine Gedanken und Empfindungen, die ich in einer Psychotherapie für mich in Schriftform umgewandelt habe. Daraus ist dieses Buch entstanden. Und der zeitliche Rahmen wurde bewusst so belassen.

Das Buch erzählt Ihnen meine persönliche Geschichte. Für die Polizei war, bin und bleibe ich ein Gegner. Damit kann ich leben. Nicht ich, sondern sie hat mich zu dem gemacht, was ich jetzt bin. Ich habe noch genau den Moment vor Augen, als ich den Kugelschreiber in die Hand nahm und die ersten Worte zu Papier brachte: Die Zeilen einer Geschichte, die sich mitten in Deutschland abgespielt hat.

Erklärung

Ich sitze unschuldig im Gefängnis, wurde von fast allen Leuten verraten und verlassen, denen ich selbstlos geholfen habe und für die ich da war. Ich sehe mich einem Rachefeldzug der Polizei ausgesetzt, mit dem einzigen Ziel, meine Person und alles, was mit dieser verbunden ist, kaputt zu machen und zu zerstören.

Infolge meiner Festnahme und Haft habe ich nahezu alles verloren, was ich mir in vielen Jahren erarbeitet und aufgebaut habe: meine Wohnungen, meine Autos, mein Motorrad, meine Reputation, mein Geld und fast alle meine sogenannten „Freunde" und „Freundinnen". Während meiner Dienstzeit bin ich in außerordentlichem Maße gemobbt worden und demzufolge erkrankt. Ich wurde abgehört, bespitzelt, observiert und meiner Privatsphäre beraubt.

Ich erlangte Hintergrundwissen in Polizeikreisen, das ich nun gerne mit Ihnen teile. Dieses Buch ist meine Antwort und meine Vergeltung zugleich. Denn eines seid Euch gewiss, und mit „Euch" meine ich meine sogenannten Ex-„Kollegen": Ihr habt mir das Leben schwer gemacht und ich bin sicherlich auch oft gestrauchelt, aber gefallen bin ich nie. Ich stehe aufrecht und werde mich wieder in neuem Glanz zeigen.

Unter Treibjagd verstehe ich die Jagd der Meute auf ihre Beute unter dem Einsatz aller Mittel. Die Beute soll eingekreist, gehetzt und dann erlegt werden. In dem „Rocker-Genre" sind bereits mehrere sogenannte Enthüllungsbücher veröffentlicht worden. Diese Bücher ähneln sich darin, dass sogenannte Insider auspacken. Selbst die Buchdeckel erscheinen gleichartig. Dieses Buch begann ich zu schreiben, als ich weder von der Existenz dieser Bücher noch ihres Layouts wusste. Ich wählte das Wort „Treibjagd" in dem „Angels"-Rocker (Rückenaufnäher), weil alles mit meiner Affinität zu den Hells Angels begann. Ich „packe" auch nicht aus, weil es zum einen nicht viel zum Auspacken gibt und selbst wenn, ich würde niemals eine Ratte sein. Dies ist schlichtweg meine Geschichte.

Alles in diesem Buch ist meine Wahrheit. Auch wenn ich viele Vermutungen äußere, kann ich ebenso vieles belegen. Ich wünsche allen Leserinnen und Lesern viel Freude damit.

Tim K.

Zensierte Version - Erklärung

Wie der Interessierte durch die Presse erfahren hat, wurde gegen das Buch geklagt. Es gab eine gütliche Einigung und eine einstweilige Verfügung. Deshalb ist es uns untersagt, die Meinung des Autors in einigen Punkten der Öffentlichkeit kundzutun. Ob „Zensur" in Zeiten des Internet noch sinnvoll ist, soll einmal dahingestellt bleiben. Wir haben uns entschlossen, Textpassagen nicht umzuformulieren, weil wir der Meinung sind, dass Vermutungen als solche klar und deutlich zu erkennen waren. Und ein objektiver Leser kann sich sein eigenes Urteil bilden. Er muss nicht zwangsläufig zum selben Ergebnis gelangen wie der Autor.

Leider sind nicht alle Zeitgenossen zu einem offenen, freundlichen Gespräch bereit. Der Verlag ist nicht der Autor, und einige Dinge hätten schnell und einfach unbürokratisch geregelt werden können. Aber offensichtlich sind viele Menschen der Meinung, sie müssten gleich zu einem Rechtsanwalt rennen. Es kostet Zeit, Geld und hat nicht in jedem Fall Erfolg. Und die Begleiterscheinungen können manchmal auch das Gegenteil von dem bewirken, was man ursprünglich bezweckt hatte. Eine Hand voll Bücherleser ... Was bedeutet das gegen Hunderttausende Zeitungsleser oder gar Millionen von Fernsehzuschauern?

Manchmal ist es eine weitaus größere Zier, generös zu lächeln und Recht Recht sein zu lassen.

Der Verlag

Inhaltsverzeichnis

	Einleitung	S. 4
	Erklärung	S. 4
	Vorwort	S. 9
1.	Der Weg zum SEK	S. 11
2.	Beim SEK B.-Stadt	S. 16
3.	Ein Hells Angel namens Toni	S. 22
4.	Hausbesuch in Tintrup	S. 26
5.	Die Zeit als Polizist	S. 30
6.	Sorena, mein kleines Topmodel	S. 38
7.	Meine beste Freundin	S. 41
8.	Der erste Kontakt	S. 42
9.	Mein Baby	S. 46
10.	Ein neues Charter in B.-Stadt	S. 49

11.	Die Treibjagd beginnt	S. 52
12.	Das Gespräch	S. 58
13.	Folgeerscheinungen	S. 62
14.	Ein glänzender Anwalt und Freund	S. 69
15.	Das hässliche Gesicht	S. 72
16.	Ein Spitzel kommt selten allein	S. 75
17.	Suspension	S. 79
18.	Das erste Mal	S. 81
19.	Room 68	S. 86
20.	Marbella	S. 88
21.	Out	S. 90
22.	Wenn es einen … gab …	S. 114
23.	Tattoos	S. 119
24.	Nach Hannover	S. 123
25.	Am Steintor	S. 127
26.	Papiere und Namen	S. 134
27.	Der Pate des Steintors	S. 140
28.	Krankentermine	S. 143
29.	Bei der Polizeiärztin in Münster	S. 148
30.	Psychiatrische Klinik in Bad Salzuflen	S. 151
31.	Die süße Verrückte	S. 154
32.	«Tattoo Convention» Hannover	S. 157
33.	Am Vorabend der Niederlage	S. 160
34.	Sandy	S. 162
35.	Annäherung	S. 169
36.	Umzug	S. 175
37.	Im neuen Zuhause	S. 178
38.	Vergebene Anzeigenbemühungen oder Arbeitsverweigerung?	S. 185
39.	Hannover	S. 189
40.	Hausdurchsuchungen	S. 196
41.	Vernehmungen	S. 202
42.	Absturz	S. 227

43.	Der letzte „Sargnagel"	S. 233
44.	Was sonst noch passierte	S. 237
45.	Die Weichen werden neu gestellt	S. 242
46.	Falsche Engel	S. 247
47.	Escort	S. 252
48.	Outlaws	S. 257
49.	Das Brot und Chavez	S. 262
50.	Endzeit	S. 268
51.	Der Super-GAU	S. 272
52.	Eine Ratte fliegt auf	S. 280
53.	Die letzte Untersuchung	S. 289
54.	Ein schlechter Traum? – Die „Elite" rückt aus	S. 294
55.	Inhaftiert	S. 300
56.	Ein wahrer Bruder	S. 306
57.	Stärker, reifer und am Ende der Ritterschlag	S. 311
58.	Polizei – ein Schimpfwort!	S. 320
59.	Höllenritt? – Köstlich!	S. 333
60.	Die Zeit bis zur Verhandlung	S. 338
61.	Die Hauptverhandlung	S. 341
62.	Freiheit!	S. 350
63.	Das Urteil und die Zeit danach	S. 358
64.	Nur Narren erkennen nicht den Zeitpunkt ihrer Niederlage	S. 365
65.	Last words	S. 373
	Nachwort	S. 375
	Glossar	S. 380

(Die Namen der meisten Personen wurden geändert, die genannten Ortschaften entsprechen nicht unbedingt denen der Handlung. Alle Handlungen und Dialoge entsprechen der „Wahrheit". Der Autor hat sich jedoch das Recht der künstlerischen Freiheit genommen.)

Vorwort

Ich heiße Tim K., bin 36 Jahre alt und befinde mich zurzeit noch in der JVA Dortmund, Zelle 341, Abteilung III, in Untersuchungshaft. Ich schreibe dieses Buch, während zeitgleich der bekannte Wetteransager Jörg Kachelmann in der JVA Mannheim in U-Haft sitzt, der eine Woche nach mir inhaftiert wurde. Dieses nur zu ihrer zeitlichen Zuordnung. Ich liege auf meiner Pritsche, und im Hintergrund höre ich die laute Musik aus dem Gefängnishof, die durchzogen ist vom lauten Geschrei der Mithäftlinge, die sich beinahe rund um die Uhr in meist ausländischen Sprachen von Zellenfenster zu Zellenfenster miteinander „unterhalten".

Heute Abend spielt Bayern München im Rückspiel gegen Manchester United. Ich möchte nicht zu sehr abschweifen, aber die 23 Stunden in der Zelle werden jeden Tag länger und länger. Es sind die kleinen Dinge, die mich jeden Tag psychisch überstehen lassen: der Freigang, die Gespräche mit meinem Anwalt und die Briefe von Anke. Oder eben Fußball. Alles hilft, diesen lebendigen Albtraum zu ertragen. Und ich übertreibe nicht, wenn ich „Albtraum" schreibe. Wer mich kennt, der weiß, dass ich mich dem „Dienst am Guten und der Gerechtigkeit" verschrieben habe. Mein Leben führte ich nach dem Motto „ein gesunder Geist in einem gesunden Körper". Ich war mein Leben lang ein Sportbegeisterter, der aber auch immer viel las und gute Musik und Filme liebte. Gerne zusammen mit Freunden, aber ebenso gerne alleine und zurückgezogen. Der größte Traum meiner Jugend war es, Profi im American Football zu werden. Deshalb begann ich meine Football-Laufbahn bei den Paderborn Dolphins. Es war die schönste Zeit meines Lebens. Ich begann als Wide-Receiver und Top-Scorer des Teams und wechselte nachher als hard-hitting Defensive Back und „Abfangjäger" auf die Position des Safety in die Verteidigung. Ich spielte daraufhin ein Jahr in den USA bei den Nicholls State Colonels in der Division 1 AA, wo ich 2 Semester International Management auf der Nicholls State University studierte, aber hauptsächlich Football spielte. Obwohl ich die Aussicht auf ein Teilstipendium hatte und schon ein Job auf dem Campus inne hatte, kehrte ich aus Heimweh nach Deutschland zurück. Ich spielte dann in der 1. Bundesliga in Paderborn und hatte saisonale Abstecher zu den Hamburg Blue Devils, gegen die ich in der Saison zuvor noch auf Seiten der Dolphins eine Interception (abgefangener Pass) erzielt hatte, und den Cologne Crocodiles. Während des Spiels Paderborn Dolphins gegen Assindia Cardinals Essen verteidigte ich mit angebrochener Hand gegen das Passspiel des Gegners und erzielte dann mit selbiger den siegbringenden Touchdown. Während des Try-Outs für Berlin Thunder, einem Profi-Team der NFL Europe, bei dem ich als schnellster Deutscher den 40 Yard Dash absolvierte, wurde ich vom damaligen Bundestrainer Walther Rolfing gesichtet und in den erweiterten Kader der Nationalmannschaft berufen. Des Weiteren drehte ich einen Werbespot für das DSF (Deutsches Sportfernsehen) in München. Alles in allem habe ich für mich das Meiste aus diesem Sport herausgeholt. Während meiner Sportlaufbahn absolvierte ich meine Bundeswehrzeit bei den Aufklärern in Augustdorf und begann danach bei der Dresdner Bank in Detmold meine Ausbildung, die ich zweieinhalb Jahre später als Bankkaufmann abschloss.

Ich komme aus einem guten Elternhaus und trat mit 26 Jahren in die Fußstapfen meines Vaters und bewarb mich bei der Polizei NRW für den gehobenen Dienst. Schon am ersten Tag der Aufnahmeprüfungen wusste ich, dass es für mich nur ein Ziel bei der Polizei geben konnte: das SEK (Spezialeinsatzkommando). Ich wollte einer von denen sein, die das Recht gegen Schwerstkriminelle durchsetzen und gleichzeitig die Speerspitze gegen die organisierte Kriminalität bilden. Dieser Illusion gab ich mich damals hin. Früher waren mir Rocker fremd, und ich verachtete das Rotlichtmilieu, nicht wissend, dass ich mich einmal in diesem Bereich wiederfinden würde. Und ich sollte erfahren, dass nicht immer die „Guten" gut sind und die „Bösen" böse.

Davon handelt dieses Buch. Es gewährt Einblicke in eine überaus mächtige Organisation in diesem Land, die hinter den Kulissen jedoch nicht das darstellt und lebt, was sie gerne vorgibt. Es handelt sich um die deutsche Polizei. In diesem Buch geht es aber hauptsächlich um Täuschung, Lügen, Verrat und falsche Freundschaften, und wenn einiges auch noch so unglaublich klingt, so schreibe ich doch nur „Wahres" und wirklich „Erlebtes".

1. Der Weg zum SEK

Wie vor jedem Tag der Einstellungstests bei der Polizei NRW, so schlief ich auch in dieser Nacht keine Minute. Ich war einfach zu aufgekratzt und angespannt. Die Sorge vor dem Versagen begleitete mich immer, da ich ein Perfektionist war, bin und immer sein werde. Ein Scheitern wäre für mich nicht hinnehmbar gewesen. Hinzu kam, dass ich meinen Vater, einen damals im Jahre 2000 noch aktiven Polizeihauptkommissar, selbstverständlich nicht enttäuschen wollte. Es hätte meinen Stolz gekränkt. So stand ich mitten in der Nacht auf, duschte mich und zog mir meine alten Bankkaufmann-Sachen an: schwarze Hose, weißes Hemd und eine mintgrüne Krawatte. Ich war an diesem Tag der einzige im Anzug. Es interessierte mich aber nicht, da ich es so gewohnt war.

Ich fuhr mit Kopfschmerzen und vollkommen gerädert um 6 Uhr morgens los. Eineinhalb Stunden später erreichte ich meinen Bestimmungsort, die Polizeikaserne an der Weseler Straße in Münster. Dort finden jedes Jahr die dreitägigen Einstellungstests der Polizei für den gehobenen Dienst statt. Das Spektakel beginnt mit diversen Intelligenztests und der anschließenden ärztlichen Untersuchung. Ich fand mich im Eingangsgebäude ein und wollte mich noch schnell frisch machen. Mein Blick blieb auf einem Plakat an der Wand hängen. Es war ein großes Werbeplakat des SEK, auf dem mehrere vermummte Polizisten zu sehen waren. Gemeinsam bewältigten sie mit einer Ramme bewaffnet einen Hindernisparcours. Auf dem Plakat war zu lesen: „Wir gehen den schweren Weg." Ich legte meine Hand auf das Plakat und schloss die Augen. Mir ging durch den Kopf: „Da willst du auch einmal zugehören und du wirst das schaffen!"

Nachdem ich die Tests erfolgreich abgeschlossen hatte, ging es zum polizeiärztlichen Dienst, wo man mir erst einmal einen gehörigen Schrecken einjagte. Alle meine Untersuchungsergebnisse waren exzellent. Es gab nur ein „Problem", mein BMI (Body Mass Index) war zu hoch. Das bedeutet schlichtweg, dass ich für meine Größe zu schwer war. Nun muss man sich das mal vorstellen: Ich kam gerade in Topform aus meiner Sportlaufbahn als American-Football-Spieler zum Einstellungstest der Polizei, war mit 90 Kilogramm bei 1,82 m vollkommen durchtrainiert. In den USA hatte ich mit einem zukünftigen NFL-Spieler (Darryl Pounds, Washington Redskins) in einem Team gespielt, danach in der 1. Bundesliga, trainierte täglich Leichtathletik, Kraftsport und Football, und da kommt dann plötzlich so ein Männchen im weißen Kittel daher und sagt mir, dass „es das war", weil ich „zu fett" bin. Mir drängte sich unwillkürlich die Frage auf, wann der jemals auch nur annähernd „fit" gewesen sein wollte, um ein solches Urteil fällen zu können. Irgendein Geistesblitz veranlasste ihn jedoch dazu, mir gnädigerweise zu sagen, dass der leitende Arzt aber noch einmal einen Blick auf mich werfen soll. Der sei ja schließlich auch ein Sportfan. Also stand ich eine Stunde später in Unterhose vor Dr. Pratke, einem SEK-Arzt, den ich schon aus einer Reportage über das SEK aus dem Fernsehen kannte. Ich war unglaublich aufgeregt, aber er grinste nur breit über das ganze Gesicht.

Ich fragte ihn: „Herr Doktor, was ist denn jetzt mit mir?"

Er grinste weiterhin und antwortete: „Herr K., wenn wir Sie nicht nehmen würden, wen sollten wir dann nehmen?"

Der Assistent wollte noch auf den „zu hohen BMI" hinweisen, aber Dr. Pratke entgegnete nur: „Geben Sie her, ich unterschreibe das."

Nach den folgenden zwei Testtagen war ich „drin", sprich zugelassen zum dreijährigen Studium an der Fachhochschule für öffentliche Verwaltung in B.-Stadt, die ich nach Absolvierung als Diplomverwaltungswirt und Polizeikommissar verließ. Während meiner Studienzeit absolvierte ich ein einwöchiges Praktikum beim SEK B.-Stadt, das meine Zielsetzung nur noch unterstrich: „Da willst du hin!"

Zweieinhalb Jahre später stand ich dann wieder vor Dr. Pratke. Dieses Mal zum viertägigen Einstellungstest für das Spezialeinsatzkommando. Ich hatte mich relativ kurzfristig dafür entschieden, da ich mittlerweile andere Ambitionen pflegte. Trotzdem wollte ich es mir mit meinen inzwischen 32 Jahren noch einmal beweisen. Innerhalb von drei Monaten hungerte und trainierte ich mich von 108 kg auf 83 kg runter. Sie merken, ich war nicht mehr auf „Kampfgewicht" wie zu Einstellungszeiten. Ich sah nun regelrecht ausgemergelt aus, aber ich wusste, dass beim SEK nur Laufen, Klettern und Schießen zählen würden. Meine perfektionistische Ader ließ mir keine andere Wahl.

Während meiner Zeit bei der Polizei hatte ich den 1. TG (vergleichbar mit dem 1. Dan im Kung Fu) im Wing-Tzun (ebenfalls eine fernöstliche Kampfkunst) erworben. Die SEKs in NRW trainieren auf Grundlage des Wing-Tzun ihre Eingriffstechniken. Außerdem war ich noch ein guter Sportschütze geworden. Den Beweis dafür lieferte der Schießwettbewerb in Lippe, den ich von über 400 teilnehmenden Polizisten zweimal in Folge mit der Dienstpistole und der Maschinenpistole MP 5 gewann. Alles in allem möchte ich behaupten, dass ich gut vorbereitet war und mich auch sehr geeignet fühlte.

Tag 1:

Der erste Tag besteht aus der ärztlichen Untersuchung, die in der Regel für den Großteil der Bewerber schon das Aus bedeutet. Man wird den gesamten Tag über auf Herz und Nieren geprüft, wobei die größten Hürden der Ruhepuls auf dem Belastungs-EKG und die Röntgenaufnahmen des Rückens sind. Auch muss man über eine gute Sehkraft verfügen (eine Brille ist Ausschlussgrund) und darf keinerlei Kreuzbandrisse oder ähnliches gehabt haben. Wie schon Jahre zuvor erhielt ich abermals mit einem freundlichen Lächeln von Dr. Pratke grünes Licht.

Tag 2:

Der zweite Bewerbungstag ist mit Abstand der anstrengendste. Der gesamte Vormittag besteht aus körperlichen Belastungen wie etwa einem Hindernisparcours und dem berüchtigten Stuhlsteigen: Man muss auf einen Stuhl steigen, sich ganz strecken, um eine Markierung an der Wand mit den Fingern zu erreichen, und dann wieder hinuntersteigen und mit den Fingerspitzen den Boden berühren. Ein wahrer Rückensprenger. Innerhalb von fünf Minuten muss man mindestens 115 Wiederholungen schaffen. Den Hindernisparcours absolvierte ich als einer der Schnellsten und das Stuhlsteigen bestand ich mit 122 Wiederholungen ebenfalls locker. Es folgte der Höhentauglichkeitstest, bei dem die Bewerber in einer Höhe von acht Metern auf einem schmalen Brett balancieren und dabei diverse Aufgaben und Konzentrationsübungen erfüllen müssen. An diesem Tag war auch ein junger «Bild»-Reporter anwesend, der selbst aktiv an den Übungen teilnahm, sich redlich abmühte, letztlich aber bei den meisten Übungen aufgeben musste. Aber es ging bei ihm nicht um Bestehen, sondern Erleben, um einen großen Artikel mit Bildern des Tages für sein Blatt zu schreiben.

Nachmittags werden die Schießleistungen mit der Dienstpistole und der MP 5 Maschinenpistole überprüft. Es muss eine Mindesttrefferanzahl erreicht werden, um zu bestehen. Leider scheiterte hier ein fähiger Mann trotz dreifacher Wiederholung der Übungen.

Tag 3:

Der dritte Tag besteht aus mehreren Übungen, welche die Konzentration, Wahrnehmungs- und Teamfähigkeit überprüfen. Ausgerüstet mit einem Funkgerät und einem Telefon, muss man ein Objekt auf dem Bildschirm beobachten und gleichzeitig einer fiktiven Leitstelle Bericht über die Ereignisse liefern. Um die Sache wirklich schwierig und realitätsnah zu gestalten, gibt es Störungen. Mal klingelt das Telefon, mal wird man von einer Person angesprochen und gefragt, was man dort tun würde. Entscheidend ist die Wahl der Prioritäten. Gegebenenfalls müssen Ausreden herhalten, und die Reduzierung auf das Wesentliche im wiedergegebenen Geschehen ist notwendig. Eine andere Aufgabe bildet eine Gruppenübung, in der, mit Schere, Papier und anderen Utensilien „bewaffnet", ein Turm gebaut werden muss. Entscheidend ist hier das konstruktive Arbeiten im Team, ohne dass der Einzelne zu viel tut oder sagt, aber auch nicht zu wenig. Wir kamen irgendwann nicht weiter, und ich sagte, dass wir jetzt nicht mehr so viel debattieren, sondern eine Lösung finden und umsetzen sollten. Dies gefiel unseren Beobachtern, wie mir später mitgeteilt wurde. Abschließend galt es, noch eine dienstliche Aufgabenstellung in Form eines theoretischen Einsatzes zu analysieren und durchzuplanen. Dieser Tag war nicht mein bester, aber ich meisterte ihn.

Tag 4:

Der letzte Tag gehört der Auswahlkommission. Diese besteht aus einem „Leiter Spezialeinheiten", einem Beamten des höheren Dienstes, mehreren anderen Kollegen aus den Reihen der SEKs und einer zivilen Person aus der Verwaltung. Den Bewerber erwarten die üblichen Fragen: „Könnten Sie sich vorstellen, einen Menschen zu erschießen, um ein anderes Menschenleben zu retten?" Oder: „Wie würden Sie sich verhalten, wenn Sie beobachten, dass einer Ihrer Teamkollegen einen Straftäter nach der Festnahme noch schlägt?" Das kommt in der Realität übrigens sehr häufig vor, wobei die Gewalt während der Festnahme oft noch viel eklatanter und zumeist vollkommen ungerechtfertigt ist, da der Festzunehmende sich in der Regel gar nicht erst gewehrt hat. Zu erklären ist dieses Verhalten einerseits damit, dass die SEK-Beamten eben doch nicht mental so gefestigt sind, wie sie gerne vorgeben, und andererseits schlichtweg Angst mit im Spiel ist, die sich irgendwann entladen muss.

Ich gab die einstudierten und erwarteten Antworten zum Besten, um im Anschluss dazu beglückwünscht zu werden, im Januar meine

Ausbildung beim SEK in B.-Stadt beginnen zu dürfen. Ich hatte es geschafft und war dabei. Ich war überglücklich und stolz.

2. Beim SEK B.-Stadt

Ich war also am Ziel meines langjährigen Traums angelangt. Glücklich und motiviert bis in die Haarspitzen, trat ich dann Anfang Januar meinen Dienst beim SEK an. Die Ausbildung ist so aufgegliedert, dass die Bewerber zunächst für sechs Wochen in ihrem jeweiligen Standort ausgebildet werden (es gibt sechs Standorte in NRW: Dortmund, Essen, Köln, Münster, Düsseldorf und B.-Stadt), um dann die insgesamt ein Jahr dauernde Fortbildung sowohl im Ausbildungsstandort der Spezialeinheiten Selm-Bork als auch in die Kommandos integriert am Heimatstandort fortzusetzen.

Das SEK B.-Stadt ist in der Polizeiwache Am Kesselbrink einquartiert. In diesem großen und vielstöckigen Bau „bewohnt" es zusammen mit dem MEK (Mobiles Einsatzkommando/verdeckte Observation, etc.) und der VG (Verhandlungsgruppe) mehrere Etagen. In der 4. Etage befinden sich die Umkleideräume mit den jeweiligen persönlichen Spinden, die Waffenkammer, Duschen und der Selbstverteidigungs-Raum (kurz SV-Raum genannt). Die 5. Etage besteht überwiegend aus Büros und Aufenthaltsräumen der SEK-Kommandos I, II und III. In der 6. befindet sich der gemeinsam genutzte Kraftraum. Die Türen zu jeder Etage sind elektronisch per Code gesichert.

Obwohl in manchen Jahren keiner oder maximal drei die Aufnahmeprüfungen bestanden hatten, traten wir in diesem Jahr zu neunt die Ausbildung an. Dies war bitter nötig, leiden die SEKs doch auf Grund von Überalterung und Nachwuchsproblemen landesweit unter einer großen Anzahl unbesetzter Stellen. Dennoch weigert man sich hartnäckig, die Anforderungskriterien herunterzuschrauben, was meiner Meinung nach auch vollkommen richtig ist.

Wir wurden als neue Kollegen willkommen geheißen, und man machte uns bereits zu diesem Zeitpunkt klar, dass wir die Elite und die Ultima Ratio seien und in Zukunft Einsätze und Situationen wahrnehmen würden, die der „normalen" Polizei vorenthalten blieben. Anschließend empfingen wir unsere neue Grundausstattung: Bekleidung, Maschinenpistole mit spezieller Zieloptik, neue Pistole (SIG Sauer P226, 16 Schuss) usw. und bezogen dann unsere jeweiligen Spinde inmitten der übrigen Kollegen der verschiedenen Kommandos. Mein Spindnachbar war der „schöne Lolli", der an späterer Stelle dieses Buches noch einmal Erwähnung findet. Schon am nächsten Tag begann der Drill. Zum Auftakt ein „lockerer" Zehn-Kilometer-Lauf, den jeder unter 50 Minuten absolvieren musste. Ich lief ihn in etwas über 49 Minuten, was für mich eine sehr gute Zeit bedeutete. Ich war immer ein muskulöser Sprinter und Kraftsportler. Die Prägung wurde durch den American Football zusätzlich gestärkt. Für die Aufnahmetests hungerte ich, wie bereits erwähnt, innerhalb von drei Monaten 25 kg ab. Diese Radikalkur wirkte sich jedoch negativ auf meine Physis und Leistungsfähigkeit aus. Im Kraftbereich machte ich mich trotz starker Schwächung mit Gewichten warm, die für viele der anderen schon das Aus bedeuteten. Allerdings merkte ich schnell, dass ich im Ausdauerbereich Schwierigkeiten bekommen würde. Dies war jedoch das Allerwichtigste beim SEK und für unsere Ausbilder. Die 5.000-Meter-Zeit schien das Allerwichtigste überhaupt zu sein, und unser Ausbilder, selbst ein sehniger und begnadeter Langstreckenläufer und zudem mit seinen immerhin schon 50 Jahren ein Urgestein innerhalb des SEK, trieb nichts mehr an als das Steigern der Lauffähigkeit. Angetrieben durch diesen Druck, ein guter Langläufer zu werden, bemühte ich mich immer weiter, noch mehr Gewicht zu verlieren, um die langen Entfernungen in besseren Zeiten laufen zu können. Dafür aß ich immer weniger, obwohl das Training immer anstrengender wurde. Ich geriet in einen regelrechten Abmagerungswahn. Für den Ausbilder hatte ich trotzdem immer noch zu viel Unterhautfett. Wo das saß, war mir allerdings schleierhaft. Meine Kräfte schwanden immer mehr.

Inzwischen hatten wir in Selm-Bork unsere restlichen noch fehlenden Ausrüstungsgegenstände erhalten, darunter den grauen Ganzkörperoverall, die Sturmhaube, Handschuhe und unsere Stiefel. Wenn wir dann mit dem Mannschaftswagen zum regelmäßigen Schießtraining in die Polizeiliegenschaft nach Stukenbrock fuhren, sahen wir mit unseren seitlich am Bein getragenen „Rambo Holstern" wie reguläre SEK-Einheiten aus und wurden von den neuen, frischen Polizeischülern wie Helden bewundert. Was mir damals schmeichelte, lässt mich heute nur noch schmunzeln. Ich empfinde Mitleid.

Die auf Grund der facettenreichen Ausbildung vollgepackten Tage vergingen mehr als schnell. In der ersten Woche fuhren wir zur Feuerwehr nach Lemgo, um dort unter Belastung, Stress und äußerlichen Widrigkeiten in völliger Dunkelheit und mit aufgesetzter Gasmaske einen engen Tunnel zu durchqueren, welcher der Feuerwehr zu Übungszwecken diente. In diesem Tunnel galt es dann wieder Denkaufgaben zu lösen, Gegenstände zu finden, eine Waffe blind zu zerlegen und wieder zusammenzusetzen und im Anschluss als Team von drei Beamten eine schwere Kunststoffpuppe durch den Übungsparcours zu schleppen und zu ziehen. Bevor wir in den Tunnel einstiegen, mussten wir mit aufgesetzter Gasmaske verschiedene Übungen an Fitnessgeräten absolvieren, um unseren Puls in die Höhe zu treiben. Das Ziel für die Ausbilder ist zu sehen, wie und ob sich die jeweils Neuen unter Stress und in völliger Dunkelheit trotzdem noch handlungssicher verhalten und bewegen. Sie beobachten das Geschehen daher mit Nachtsichtgeräten. An einem anderen Tag galt unser Tagesausflug der Feuerwehr in B.-Stadt, die auf Grund eines hohen Turmes für die Abseil- und Kletterübungen prädestiniert ist. Unter Anleitung von Kletterspezialisten des SEK lernten wir das Abseilen von hohen Gebäuden als auch das Erklettern derselbigen. Voraussetzungen hierfür waren das Beherrschen der Ausrüstung, das Wissen um die Verwendung verschiedener Knoten, unterschiedliche Kletter- und Hangeltechniken und sowohl Mut als auch Höhenfestigkeit.

Ein sehr großer und zeitaufwändiger Bestandteil der Ausbildung war indes immer wieder das Schießtraining, das in der hausinternen Schießanlage bzw. in der Freiluft-Schießbahn im Polizeiausbildungsinstitut Erich-Klausener in Schloß Holte-Stukenbrock absolviert wurde. Durch die hohe Schusszahl und das unter Fachaufsicht erfahrener Schießausbilder durchgeführte Training avancierte jeder SEK-Azubi innerhalb kürzester Zeit zu einem überdurchschnittlichen bis sehr guten Schützen. Durch das ständige Training mit der Pistole, das Schießen aus der Bewegung, hinter Barrikaden, beidhändig, kniend, liegend und unter körperlicher Anstrengung, verschmolz man förmlich mit der Waffe und holsterte sie blind. Das Schießen mit der einzigartigen MP 5 war ohnehin ein Kinderspiel.

Mehrere Einheiten der Woche dienten dem Erlernen der Grund- und Eingriffstechniken auf Basis des Wing-Tzun. Dies war natürlich mein Metier, trainierte mich meine Sifu (respektvolle Anrede für den Lehrer) Anke darin schon seit Jahren. Ich ließ es mir jedoch zu keinem Zeitpunkt anmerken und hielt mich bei den Übungseinheiten bedeckt im Hintergrund.

Bei allem was wir taten und trainierten, wurden Liegestütze, Klimmzüge und Laufdrills eingeschoben. Der Tagesplan war somit stets prall gefüllt.

Mittlerweile befand sich auf unseren Lohnzetteln die Bezeichnung der neuen Organisationseinheit SE/SEK, und die Gefahrenzulage von 150 Euro wurde ebenfalls schon ausbezahlt. Sie glich aber lediglich die Schichtzulage aus, die uns ja nun entging, da wir keinen Nachtdienst mehr verrichteten. Das reguläre SEK hat nur zwei Schichten, eine Frühschicht von 7:00 Uhr bis 15:00 Uhr und eine Spätschicht von 12:00 Uhr bis 20:00 Uhr. Außerhalb dieser Zeit existiert für die Kommandos abwechselnd eine Rufbereitschaft. Der Dienst begann für uns immer um 7:00 Uhr und endete in der Regel gegen 15:30 Uhr. Jeden zweiten Tag stand ein Ausdauerlauftraining auf der Tagesordnung. Durch lange Läufe über zehn Kilometer, Intervalltrainings auf der Laufbahn sowie Waldläufe sollte die Truppe konditionell an die EFB

II (Einführungs-Fortbildung) in Selm-Bork herangeführt werden. Dort erwarteten uns eine weitere Steigerung der physischen Belastung sowie Taktikschulungen, das Erstürmen von Objekten, Festnahmen jeglicher Art, Durchschlageübungen und ein Observationslehrgang. Doch die Reihen lichteten sich schon jetzt. Das überaus harte Training forderte seinen Tribut. Gelenke und Bänder machten nicht mehr mit. Mehrere Teilnehmer mussten die Ausbildung abbrechen. Ich blieb zum Glück bis zum Ende unverletzt.

Zwischendurch gab es immer wieder Leistungsüberprüfungen. Eine Mixtur aus Laufen, Klettern, Waffen mit verbundenen Augen zusammensetzen und Denksportaufgaben lösen fand im SV-Raum, dem Treppenhaus und anderen ausgewählten Räumlichkeiten statt. Ziel der Überprüfungen war, den Ist-Zustand der Gruppe mit dem Soll abzugleichen: Hohe körperliche Belastung in Verbindung mit handlungssicherem Auftreten und zielsicherer Denkweise, sowie dem Verschmelzen mit der Waffe. Ein Kletterparcours wurde in der großen Sporthalle im PAI (Polizeiausbildungsinstitut) in Stukenbrock aufgebaut, bei dem Klettertechniken, Knotenkunde und Ausdauer überprüft wurden. In der Schwimmhalle wurde das Tauchen und Belastungsschwimmen in Kleidung geübt. Die Waffenkunde, Theorie und das Waffenreinigen gehörten ebenfalls zum täglichen Programm.

Der Abschluss des ersten Teils der Ausbildung fand in einem abgelegenen Steinbruch in Hemer statt, in dem sich ein Hindernisparcours befindet, der regelmäßig von verschiedenen europäischen Spezialeinheiten genutzt wird. Diesen gilt es in voller Montur zuerst alleine und dann gemeinsam im Team zu bewältigen. Wer einmal den Film «Full Metal Jacket» gesehen hat, kann sich die Stationen des Parcours ungefähr vorstellen. Es gilt eine Art Bushaltehäuschen zu erklettern, ebenso wie verschiedene Balken, einen großen Tisch, eine fünf Meter hohe Mauer mittels eines Seiles, schmale Planken in luftiger Höhe zu überschreiten, Gräben zu durchqueren und gegen Ende eine längere Strecke zu hangeln und dann rücklings an einem Seil zu klettern. Trotz blutender Hände, Schmerzen und Stauchungen gab jedoch niemand auf. Der Parcours war eine Qual und auch ich stieß an meine Grenzen.

Das wochenlange Training, verbunden mit dem zwanghaften Abnehmen und der daraus resultierenden Diät, machte mir konditionell immer mehr zu schaffen. Die meisten Teilnehmer waren im Schnitt 25 Jahre und ich mit 32 bereits der Älteste. Dies war unter anderem auch der Grund, warum ich zum Sprecher der SEK-Anwärter auserkoren wurde. Nach sechs Wochen Ausbildung am Standort hatte sich die Ernüchterung bei mir durchgesetzt. Es war alles ganz anders, als ich es mir erträumt hatte. Ein einziges „Herdendenken" und den ganzen Tag nur das stupide Laufen, Laufen, Laufen, Klettern, Klettern, Abseilen, Schießen. Furchtbar! Ich war ausgebrannt und fühlte mich meiner Bärenkräfte beraubt, fühlte mich mies und schlapp, und schon seit einiger Zeit graute mir vor dem nächsten Morgen. Ich musste um 5:20 Uhr aufstehen, über eine Stunde zur Ausbildungsstelle fahren, um pünktlich um 7:00 Uhr dienstbereit zu sein. Nach Feierabend geriet ich in der Regel in die Rush Hour und saß oft bis zu eineinhalb Stunden im Auto. Zusammengefasst befand ich mich jeden Tag rund zweieinhalb Stunden zusätzlich zur Dienstzeit im Pkw, verbrauchte erheblich mehr Sprit, verdiente weniger, um zu einer Arbeit zu fahren, auf die ich mich weder freute noch weiterhin mich für sie motivieren konnte. Zu meiner Dienststelle in Detmold benötigte ich lediglich eine Fahrzeit von zehn Minuten, weswegen kaum Spritkosten anfielen. Zusätzlich hatte ich auch mehr Geld auf der Lohnabrechnung stehen. Nicht zu unterschätzen, dass mir das eigenverantwortliche Arbeiten im Zweierteam deutlich mehr lag, als das in einer großen Gruppe.

All das bedenkend, fasste ich mit der Beendigung des ersten Teils der SEK-Ausbildung einen Entschluss, bevor es in den zweiten Abschnitt zur Einkasernierung nach Selm-Bork ging. Ich brach die Ausbildung ab und kehrte in meine Heimatbehörde nach Detmold zurück. Ich will nicht sagen, dass mein Traum zerbrach, aber das Feuer loderte nicht mehr. Ich bin froh und stolz, mein Ziel erreicht zu haben, denn so kann ich immer zurückblicken und mir sagen, dass ich es geschafft habe. Als ich zum ersten Mal wieder zum Wachdienst nach Detmold fuhr, hatte ich ein Lächeln auf den Lippen, so sehr freute ich mich, dieses Kapitel hinter mir gelassen zu haben.

Außer mir beendete ein weiterer Kamerad aus freien Stücken die Ausbildung, nachdem mehrere andere schon verletzungsbedingt ausgeschieden waren. Dieses ist signifikant für die Ausbildung beim SEK. Die Bewerber werden systematisch und eintönig kaputttrainiert. Wenn man zum Beispiel zwei Tage hintereinander ununterbrochen an einem dicken Strick „turnen" muss, um das Abseilen von einem Hubschrauber zu simulieren, ist es kein Wunder, dass die Armsehnen total überreizt werden und oft schmerzbedingt versagen. Es gibt genügend Möglichkeiten, das Abseilen zu trainieren, dass man es auch kann, wenn man es benötigt, ohne die Mannschaften „künstlich" einem solch' hohen Verschleiß auszusetzen. Die Ausbilder dürften mit solch unprofessionellen Methoden in keinem Verein das Training leiten, dessen bin ich mir sicher. Umso mehr stellt sich die Frage nach dem Sinn, wenn man sich die Aussage eines Kommandoführers vor Augen führt, der angab, sich innerhalb von zehn Jahren im Einsatz nicht ein einziges Mal von einem Hubschrauber abgeseilt zu haben. So viel zu Anspruch und Wirklichkeit. In meinen Augen hat sich das Bild des SEK mit solchen Aktionen in eine Gruppe voller Selbstdarsteller und komplexbeladener Psychos gewandelt, die sich am Standort fast nur langweilen, weil es einfach nichts zu tun gibt. Mit der Ausnahme vielleicht, mal einen untrainierten 58-Jährigen bei einer Räumungsklage aus einer Wohnung zu holen, weil dieser vorher mit Gewalt gedroht habe. Ja, liebe Leser und Leserinnen, in Deutschland finden zum Glück nicht allzu viele Banküberfälle und Geiselnahmen statt.

3. Ein Hells Angel namens Toni

Thorsten war schon immer ein leidenschaftlicher Motorradfahrer, dazu ein kleiner Raufbold, der es genoss, das ein oder andere Glas zu heben.

Alles in allem aber war er ein guter Junge mit vernünftigen Einstellungen. Er absolvierte seine Bundeswehrzeit als Zeitsoldat bei der Marine und erwarb im Anschluss im zivilen Leben den Meisterbrief im Kfz-Gewerbe. Seine große Leidenschaft war das Zusammenschrauben von Motorrädern. Dies endete darin, dass er sich irgendwann selbstständig machte und unter dem Namen CRC-Custombikes (Chopper-Racing-Center) wahre Traummotorräder auf der Basis von Harley-Davidson fertigte, umbaute und individualisierte. Und sein Handwerk verstand er.

Seine andere Leidenschaft war eng damit verknüpft. Er liebte das Motorradfahren und wollte dieses mit Gleichgesinnten gemeinsam erleben. So gründete er die erste Harley-Fahrgemeinschaft in Lippe. Nach einigen Jahren über diverse Stationen von Motorradclubs, wie zum Beispiel dem Spiders MC aus Bad Pyrmont, wollte er sich seinen Lebenstraum erfüllen und ein Mitglied der Hells Angels werden. Der Hells Angels MC ist der bekannteste (nicht der älteste) Club der Welt. Als er nun ein Mitglied der Hells Angels Hannover während eines Urlaubs auf einer spanischen Insel kennenlernte, spielte das Schicksal mit. Der Angel lud ihn ein, in Hannover vorbeizuschauen, und er ließ nicht lange auf sich warten. Thorsten fuhr nach Hannover, um vor dem dortigen Charter „vorzusprechen". Diese Prozedur muss man sich so vorstellen: Inmitten der Mitglieder des Charters muss man viele Fragen über sich ergehen lassen. Die Wichtigste ist: Warum will man ein Hells Angel werden und was sind die Beweggründe? Es ist quasi eine andere Form einer „Auswahlkommission". Wenn man die Fragen zur Zufriedenheit der Mitglieder beantwortet und zudem kein „Bulle" oder ein Farbiger (In den Statuten der Angels steht nämlich, dass kein Cop und kein Farbiger jemals ein Hells Angel werden kann.) ist, wird abgestimmt. Wenn einstimmig für den Interessenten abgestimmt wird, bekleidet er den untersten Rang in der Organisation des HAMC, nämlich den eines Hangarounds. Der Sergeant at Arms (für die Disziplin im Club zuständig) oder der Präsident übergibt demjenigen nun einen kleinen Aufnäher mit dem Namen der Stadt, in dem das Charter ansässig ist. In Thorstens Fall war es „Hannover". Dieser Aufnäher wird dann auf der linken Brustseite der Kutte aufgenäht. Thorsten war damit Hangaround des HAMC Hannover und somit einer der „Wasserträger" und „Diener" der Member (Clubbrüder) seines Charters. Und da in den Clubs niemand unter seinem richtigen Namen läuft und Spitznamen quasi Pflicht sind, erhielt Thorsten das schlichte Pseudonym „Toni". Die Zeit seiner Bewährung war angebrochen. Am erfolgreichen Ende dieser ersten Phase winkt nach ein oder zwei Jahren das Patch eines Prospects, dem nächsthöheren Rang. Erst mit diesem erhält man überhaupt das Recht, das Rückenabzeichen des Clubs zu tragen, jedoch noch nicht den Hells-Angels-Schriftzug oder gar den geflügelten Totenkopf. Toni trug nun die Insignien „MC" und den Bottomrocker „Hannover" auf der Rückseite seiner Kutte. Zum damaligen Zeitpunkt musste der sogenannte „Pate von Hannover", der Präsident des HAMC Hannover Falk G., wegen schwerer Körperverletzung eine dreieinhalbjährige Haftstrafe antreten, weil er einen angehenden „Clubbruder" nach einem Streit fast totgeschlagen hatte.

Ich kenne sein Opfer. Es war Hans aus Paderborn. Ein guter Sportler und ehemaliger Europameister im Bodybuilding. Aber er war eben schon seit ewigen Zeiten auch ein Lude. Nicht das Rockerleben und Motorradfahren waren für viele Leute aus dem Rotlichtmilieu die Gründe, Mitglied bei den Hells Angels zu werden. Nein, es war schlichtweg der Schutz, den man durch die Kutte bekam. Der Schutz vor ausländischen Kriminellen und Zuhältergruppen, die immer mehr den Markt unter sich aufteilten. Egal. Einige berichten, dass Hans nach Hannover zitiert wurde, und sobald er den Raum betreten hatte, wurde er von der Seite mit einem Schlagring niedergeschlagen. Aus Hannoveraner Kreisen wird hingegen gerne von einem fairen Faustgang gesprochen. Jedoch sprechen die schweren Verletzungen und die Metallplatte in Hans' Kopf eher für die erste Variante. Was wirklich geschah, werden aber nur die Beteiligten wissen. Grund des Streits soll eine Auseinandersetzung zwischen Hans und dem Schatzmeister des Clubs gewesen sein.

Da aber kein Prospect in Abwesenheit des Präsidenten zum Full-Member ernannt werden kann, musste Toni Zusatzrunden laufen, indem er andere Member oder deren Prostituierte durch die Gegend kutschierte, irgendwo als Türsteher agierte, jemanden „einschüchterte" bzw. „eines Besseren belehrte", auf einer Party „Thekendienst" oder „Objektschutz", sprich die Bewachung des Clubhauses, absolvierte. Schließlich wechselte Toni zum Hells-Angels-Charter Kassel. Dort wurde er endlich ein vollwertiges Mitglied. Allerdings auch hier erst mit einjähriger Verspätung, weil ein Member gegen seine Vollmitgliedschaft gestimmt hatte und dieser Schritt somit erst ein Jahr später vollzogen wurde. Es handelte sich bei jenem um Ulli, den mit der Leberzirrhose, dem von allen immer nur geholfen wurde. Ging es um Autos, die ihm geliehen wurden oder um Geld, Toni war immer zur Stelle. Er war schließlich sein Bruder.

Jetzt stand das gesamte Kasseler Charter gemeinsam vor Ullis Wohnungstür, und einer hat angeblich eine scharfe Waffe unter der Jacke im Hosenbund versteckt. Vorausgegangen waren längere Gespräche über Ulli. Am Ende waren sich die Angels aus Kassel einig, dass der „Bad Boy" im „bad standing" aus dem Club ausscheiden sollte. Das bedeutet, dass alle Insignien und Kleidungsstücke, insbesondere die Kutte, an den Club zurückzugeben sind. Denn alles bleibt immer im Besitz des Clubs. Hells-Angels-Tätowierungen sind zu entfernen oder werden „zur Not" entfernt. Des Weiteren gilt der Exbruder im „bad standing" als Feind und sollte bei jedem sich bietenden Anlass auch als solcher „behandelt" werden. Das Bike geht ebenfalls in den Besitz des Clubs über. Es gibt noch zwei andere Wege, den Club zu verlassen, nämlich indem man stirbt, obwohl es heißt „Angels never die" und man in der Hölle weiterlebt, oder das freiwillige Ausscheiden. Kurz als „left" bezeichnet. Man geht im Guten und darf seine Tätowierungen behalten, muss unter diese jedoch das Datum des Austritts eintätowieren.

Ullis Entsorgung sollte also im „bad standing" erfolgen. Zum einen war er drogensüchtig und zum anderen war er, was noch schwerer wog, ein von seinen Brüdern überführter Drogendealer. Und das duldete man, zumindest in Kassel, nicht. Nun stand die Gruppe von sieben Angels vor Bad Boy Ullis Haustür und klingelte. Dieser öffnete, und der Trupp rückte geschlossen ein. Wegen seines jähzornigen Verhaltens war Ulli berüchtigt, doch dieses Mal endete es so, dass Toni mit ihm alleine im Badezimmer sprach. Dort erhielt der Dealer eine klare Ansage. Der Rest sammelte in der Zwischenzeit alle Insignien des HAMC wie Kleidung, Schmuck, Bilder und die Kutte satzungsgemäß ein. Zum Zeitpunkt der Aktion befanden sich auch Ullis Frau und ihr Kind in der Wohnung. Der Trupp verließ sie guter Dinge, denn es war bestens gelaufen. Ulli hatte sich verständnisvoll und zahm präsentiert. Sie lachten und scherzten auf dem Rückweg zum Clubhaus, wo sich dann die Wege der Brüder trennten.

4. Hausbesuch in Tintrup

An diesem Polizeieinsatz waren allein an die 60 Beamte beteiligt. Es war der 26.10.2007, der Tag, an dem bundesländerübergreifend gegen das Hells-Angels-Charter Kassel „losgeschlagen" wurde. Das Mobile Einsatzkommando (primär Observationsaufgaben), das Spezialeinsatzkommando aus B.-Stadt (mit allen drei Kommandos mit jeweils ca. zwölf Mann) für das Eindringen in das Objekt mit anschließender Festnahme des „Täters" sowie die reguläre Schutzpolizei waren vor Ort. Das LKA übernahm die Leitung und Gerüchte besagen, dass sich die Herrschaften mittels eines Hubschraubers auf einem benachbarten Sportplatz einfliegen ließen. Es war in den frühen Morgenstunden, Toni und seine alte Mutter Maria schliefen tief und fest in ihren Betten. Die beiden bewohnten zusammen mit Pedro, dem Hund der Mutter, einen alten umgebauten Bauernhof, in dem sich auch die Werkstatt und das Ladenlokal von Tonis Firma CRC-Custombikes befand. Die Werkstatt war mit rund acht Harley-Davidsons gut gefüllt, und auf dem Vorplatz standen mehrere Kraftfahrzeuge. Toni hatte sich schon am Vortag über ein junges Pärchen gewundert, das sich für die Gebrauchtwagen interessierte und ihm dazu einige Fragen stellte. Das MEK bezeichnet das als „Voraufklärung". Bei diesem Einsatz fehlte nur die Verhandlungsgruppe, eine ca. 15 Mann bzw. Frau „starke" „Spezialeinheit", die aus besonders „geschulten" und „ausgebildeten" Beamten/-innen besteht, welche eloquent und versiert Gespräche mit Geiselnehmern, Selbstmördern oder Erpressern führen sollen. In der Realität haben diese „Spezialisten" ungefähr eine Handvoll unnützer Einsätze und verbringen ihre sonstige Zeit mit Schulungen und Fortbildungen. Mit dieser negativen Meinung stehe ich nicht alleine da. Sie erfreuen sich im breiten Kreis der Kollegen keiner großen Achtung und gelten schlichtweg als über…

Das Wohnhaus von Toni war inzwischen weiträumig abgesperrt. Die SEK-Beamten überprüften nochmals ihre Ausrüstung, sprachen sich gegenseitig Mut zu, klopften sich auf die Schultern, die Maschinenpistolen wurden fest umgriffen, und man näherte sich im Schutze der Dunkelheit an drei Stellen gleichzeitig dem Objekt. Jedes Eindring-Team bestand aus etwa sechs Mann, wobei der erste jeweils eine schwere Metallramme in den Händen hielt. Dann erfolgte über Funk der Befehl zum Zugriff, und unter lautem Krachen barsten und splitterten die Türen. Das SEK drang gleichzeitig durch die Eingangstür, durch die Terrassentür und durch die Werkstatttür ein. Die vermummten „Elitecops" „entwickelten" sich durch das Objekt und trafen schließlich auf den müden und total überraschten Toni, der immer im ersten Stock schläft und gerade in kurzer Hose und T-Shirt die Holztreppe ins Erdgeschoss herunterkam. Er befand sich noch auf der Treppe, als er angeschrien wurde: „Keine Bewegung! Hände über den Kopf! Hinlegen!" Toni fragte sich, wie er sich auf einer Treppe stehend hinlegen sollte. Mit roten Laser-Markierungen der Zieleinrichtungen mehrerer Maschinenpistolen auf seiner Brust wurde er dann langsam „heruntergesprochen". Unten angekommen, wurde er sogleich von mehreren SEK-Beamten zu Boden gerissen, die ihm sofort Kabelbinder verpassten, diese fest zuzogen und ihm zudem noch das T-Shirt über den Kopf streiften.

Bei so einem Spezialeinsatz darf natürlich niemand wiedererkannt werden. Es war schließlich ein Einsatz im Bereich der „organisierten Kriminalität" – bei einem Kfz-Meister, der in der Regel um 6:00 Uhr morgens aufsteht, den ganzen Tag in der Werkstatt arbeitet und seiner alten Mutter.

Toni wurde in seine Küche verbracht, in der man ihn unsanft und mit dem verhüllten Gesicht zur Wand auf einen Stuhl setzte. Als er seinen Kopf in Richtung der Stimmen drehen wollte, die er vernahm, wurde ihm dieser von einem Kriminalbeamten grob wieder in Richtung Wand gedreht, begleitet vom Befehl: „Umdrehen!" Währenddessen wurde das gesamte Haus mithilfe von Spürhunden durchsucht. Die Frage eines Polizisten, ob es im Haus Gegenstände geben würde, an denen sich die Beamten verletzen könnten, verneinte Toni. Als kurze Zeit später eine abgesägte Schrotflinte gefunden wurde, kam der Beamte sehr aufgebracht wieder und warf Toni vor, dass es diese hier sehr wohl geben würde. Toni entgegnete, dass die Polizisten doch an Waffen ausgebildet und geschult wären. Insofern hätte doch keine Gefahr für sie bestanden. Zwischenzeitlich hatte sich auch Maria Gartsch in die Durchsuchung „eingeschaltet" und lief ganz aufgeregt zwischen den Polizisten herum. Sie rief die ganze Zeit: „Was hat der Thorsten denn gemacht? Der ist doch bei den Engeln. Die tun doch viel Gutes." Davon erfuhr ich, weil sich „Mähne", ein Mitglied des SEK B.-Stadt, über die alte Dame im Kollegenkreis lustig machte. Was für ein Held.

Im Anschluss an den Einsatz wurde Toni in das Gebäude der Kreispolizeibehörde Detmold verbracht. Als man ihn informierte, dass seine Festnahme mit einem „gewissen Ulli Detrois" zu tun habe, war er noch guter Dinge und fragte sich, was Ulli denn schon wieder angestellt hatte. Begleitet von mehreren Beamten, wurde er in Handschellen über den Flur der ZKB (Zentrale Kriminalitätsbekämpfung) in Detmold geführt. Als Lipper kennt man sich natürlich, und so geschah es, dass ein Beamter Toni mit Handschlag und einem „Was machst du denn hier?" begrüßte. Umgehend wurde der Beamte von einem Mitarbeiter des LKA zur Seite genommen und gefragt, woher er denn Herrn Gartsch kenne. Des Weiteren notierte sich der LKAler seine Personalien.

Erst jetzt erfuhr Toni, dass er unter dem Vorwurf des schweren Raubes festgenommen worden war. Als sein Anwalt erschien und er ihn fragte, wann er denn wieder nach Hause könne, erwiderte dieser: „Thorsten, ich glaube, das dauert dieses Mal etwas länger." Ullis „Dank" an seine Brüder sollten nun alle zu spüren bekommen. Es stellte sich heraus, dass der „Vollblut"-Angel Ulli, der immer in den verächtlichsten Tönen über Verräter, Weicheier und Lügner gesprochen hatte, nun selbst zur Ratte mutiert war. Er hatte einen Deal mit den „Bullen" geschlossen und kam in den Genuss der Kronzeugenregelung. Noch Monate später wurde er in Begleitung von zwei Polizisten beim Einkaufen mitten in Kassel gesehen. Man sollte wissen, dass diese Ratte ein überführter Kokaindealer war, der bei seinem letzten Geschäft einige Russen übers Ohr gehauen hatte. Ich denke mir, dass unser Dealer irgendwie seine Haut retten wollte. Da kam ihm die Geschichte mit seinen „Brüdern" wohl sehr gelegen. Diese Offerte wurde ihm – da bin ich mir sehr sicher – seitens der Polizei schmackhaft gemacht, um endlich mal wieder etwas gegen die Hells Angels unternehmen zu können.

Fazit des Polizeieinsatzes bei Toni: drei zerstörte Türen, acht sichergestellte Motorräder (sowohl Kundenmaschinen als auch Motorräder im Eigentum von Toni), dazu beschlagnahmte PCs und persönliche Gegenstände. Die Folge war eine sieben Monate lang geschlossene Firma, was für Thorsten einen Verlust von ca. 30.000 Euro bedeutete, zuzüglich ungefähr 6.500 Euro Anwaltskosten. Ganz zu schweigen von den Kosten des Einsatzes für die öffentliche Hand, der eine immens große Anzahl an Personal und Ressourcen verschlang. Wir haben uns später noch oft über diesen Einsatz unterhalten, und man muss sich immer wieder die Frage stellen, warum nicht maximal vier Kripobeamte zu regulären Öffnungszeiten der Firma zu Thorsten in den Laden gekommen sind und ihn festgenommen haben? Was denken sich diese

Leute eigentlich, die derartige Aktion planen und durchführen? Glaubten sie wirklich, dass Thorsten eine Waffe zieht und wild um sich feuert? Ich stehe nicht alleine mit der Meinung, dass solche Einsätze nur deswegen derart monströs konzipiert werden, damit die SEKs „Auslauf" bekommen, und der Term der „organisierten Kriminalität" verwendet wird, um die immens hohen Kosten zu rechtfertigen.

Natürlich sieht Toni mit seinen 1,80 m Größe und seiner massiven Gestalt wie ein gefährlicher Gegner für jede Gruppe von Männern aus. Und so er erzählte er mir nicht nur einmal mit einem Grinsen im Gesicht, dass er die Angst der vermummten „Elitepolizisten" bei seiner Festnahme förmlich gespürt habe. Ein Phänomen, das durchaus keinen Einzelfall darstellt.

5. Die Zeit als Polizist

Es wäre ungerecht und entspräche nicht der Wahrheit, wenn ich behaupten würde, dass alles während meiner Zeit als Polizist nur schlecht war. Im Gegenteil. Ich wurde Polizist aus Überzeugung und empfand meinen Beruf wirklich als Berufung. Recht und Ordnung wollte ich vertreten, durchsetzen, mich für das Gute einsetzen, die Schwachen beschützen und die Bösen zur Verantwortung ziehen. Ich glaubte, dass Polizisten zusammenhalten, füreinander einstehen und eine verschworene Gemeinschaft bilden. Weit gefehlt. Ich habe selten einen so verlogenen, neidischen und falschen „Haufen" erlebt wie den Großteil der „Kolleginnen" und „Kollegen" meiner Behörde. Wer sich nicht anpasst, gerät schnell zum unbeliebten Außenseiter. Für den Großteil dieser Menschen scheint ihr Leben einzig und allein aus dem Mikrokosmos „Behörde" zu bestehen. Salopp gesagt, wenn eine Milchtüte in irgendeinem Büro umfällt, ist dies das Gesprächsthema Nummer eins auf den Gängen.

Ich muss mich wirklich zusammenreißen, um nicht zu negativ und damit unglaubwürdig zu erscheinen, aber das Bild der Polizei sieht hinter den Kulissen leider wirklich so aus. Ich gebe nur meine Erfahrungen aus der Kreispolizeibehörde Lippe wieder, wo ich fast sechs Jahre meinen Dienst verrichtete. Aber ich bin überzeugt, dass diese für die meisten anderen Polizeidienststellen in Nordrhein Westfalen bzw. der gesamten Bundesrepublik stehen. Um diesen Eindruck ein wenig zu relativieren, könnte man behaupten, dass es sich ja um eine kleine Landbehörde handeln würde, doch sind diese Verhaltensweisen ebenso in jeder anderen Behörde wiederzufinden, egal ob Stadt oder Land, Polizei oder Amt. Trotzdem versuche ich fair zu bleiben und berichte nur am Rande aus meinem reichhaltigen Fundus „Lippe".

Der oberste Dienstherr der KPB Lippe war zu meiner Zeit der Landrat Egon Karting. Er war ein Bauer, auf die Hühnerzucht spezialisiert. Nun geht es auf ländlichen Feiern traditionell etwas derber zu. Ob ein Landrat eine Art Vorbildfunktion haben sollte, darüber kann man sicherlich diskutieren. Nicht jedoch über seinen Aussetzer: Auf dem Steinheimer Karneval grabschte er mehr oder weniger stark alkoholisiert der Freundin eines SEK-Beamten aus B.-Stadt in dessen Beisein an den Hintern. Dieser hielt sich zurück und kommentierte nur: „Machen Sie das noch einmal, dann kommen wir beide in die «Bild»-Zeitung." Ich hätte diesem Lustmolch ohne viel zu reden meine Faust ins Maul geschlagen.

Kommen wir nun zu einer anderen „schillernden" Persönlichkeit, dem höchsten Polizisten der KPB Lippe, Polizeidirektor Emil Wendtland. Er ist gelernter Maurer und soll, so munkelt man, ein ernstes Alkoholproblem haben. Zumindest seine rote Nase, die geröteten Bindehäute und die nasale Aussprache lassen diese Unterstellung glaubwürdig erscheinen. Er mag Kritik – auch auf der Wache. Wenn sie aber ihn betrifft, dann bestraft er die Wache durch Abwesenheit und lässt sich nicht mehr blicken. So geschehen in Detmold, wo er sich bereits seit einigen Jahren nicht mehr bei seinen Kollegen hat blicken lassen. Bei Wendtland weiß man nicht, ob er bereits im Ruhestand ist oder nicht. Wetten wurden innerhalb der Belegschaft abgeschlossen, wer ihn

„über die Nadel zieht", was bedeutet, ihm eine Blutprobe wegen Fahrens unter Alkoholeinfluss abzunehmen.

Meine Damen und Herren, so sieht also die Führungsriege einer Polizeibehörde aus: ein Landwirt und ein gelernter Maurer. Ich habe nicht das Geringste gegen diese ehrbaren Zünfte, aber bezogen auf die Führungsebene einer Polizeibehörde vermutet man normalerweise etwas anderes. Ich jedenfalls. Und noch viel mehr erwarte ich untadeliges, vorbildliches Verhalten.

Fehlt noch der wahre Herrscher, der „Cäsar" der Behörde: Ludwig Bentheim, der Leiter VL (Verwaltung und Logistik). Er ist der heimliche Anführer, die graue Eminenz. Ist er einem gewogen, sprich, verhält man sich regelkonform und fällt nicht negativ auf, so hat man nichts zu befürchten. Tut man dies nicht, hat man das Ende seiner Karriere erreicht. Ich muss zugeben, dass er mich immer mochte, da ich ein ordentlicher und gepflegter junger Beamter war, der nie Anlass zur Sorge gab.

Als ich mit 29 Jahren nach Detmold kam, fuhr ich bereits meinen ersten Porsche. Es war ein Boxster, und weitere Modelle folgten im Laufe der Jahre. Noch vor meinem ersten Arbeitstag war ich bereits als Porschefahrer gebrandmarkt. Nur um den Neid und die Missgunst der Kollegen nicht weiter zu füttern, bin ich die sechs Jahre im Dienst nie mit meinem Porsche zur Liegenschaft gefahren, sondern immer mit meinem Zweitwagen, einem grünen Golf III. Gebracht hat es nichts. Es hätte wahrscheinlich auch nichts daran geändert, wenn sie gewusst hätten, dass ich jeden meiner Porsche finanzieren musste, genau wie die von mir sehr günstig gekauften Eigentumswohnungen, die ich dann renovieren ließ und anschließend vermietete. Mein Wissen als gelernter Banker mit Schwerpunkt „Immobilien" kam mir hierbei zugute. Ich war niemals voll integriert und genoss immer die Rolle eines Sonderlings, da ich weder „spießig" lebte noch Alkohol trank. Ich war ein überzeugter Sportler und beteiligte mich nie an den für mich völlig sinnlosen Feierabend-Bieren nach Dienstschluss. Für die meisten meiner Kollegen war das jedoch der Höhepunkt des Tages und die Erfüllung ihres Lebens. Ich wollte so schnell wie möglich nach Hause, sie wollten so lange wie möglich saufen. So kam es mir jedenfalls vor. Einige stiegen dann nach dem dritten, vierten oder gar fünften Bier in ihr Auto und taten somit genau das, was die Verkehrsteilnehmer in den Nächten zuvor getan hatten, bevor sie von eben diesen Kollegen angehalten und über die Nadel gezogen wurden oder pusten mussten. Mir wird schlecht, wenn ich mir diese Doppelmoral vor Augen führe. Dazu gehören auch das gegenseitige Lästern übereinander hinter dem Rücken des anderen, die Techtelmechtel innerhalb der Belegschaft und das egoistische Streben nach Beförderung und Posten. Und doch gab es viele Momente, die interessant, spannend und auch erfreulich waren, sowohl innerhalb der Belegschaft als auch im Einsatzgeschehen. Ich denke bei ersterem vor allem an die zahlreichen Grillabende während des Dienstes oder die gemeinsamen Ausflüge.

Beruflich fallen mir sofort drei Einsätze ein, die noch heute mein Herz erfreuen und mich richtig gut fühlen lassen. Der erste war eine Geiselnahme in der Nähe von Lage. Dort hatte ein psychisch verwirrter Mann zwei ältere Damen in einem Haus eingeschlossen und hatte damit begonnen, die Inneneinrichtung der Wohnung zu zerstören und aus dem Fenster zu werfen. Bei dieser Gelegenheit hatte ein Kollege erkannt, dass der Geiselnehmer ein Messer in den Händen hielt. Der Täter selbst wurde als groß und hager beschrieben. Als die gesamte Keramik einer Toilette aus dem Fenster flog, entschloss sich der Einsatzleiter „Berny" Lunge dazu, vier Beamte als Notzugriffsteam vor der oberen Eingangstür zu postieren. Ich zählte zu diesen Beamten, weil ich mich freiwillig gemeldet hatte, von Berny aber ohnehin ausgewählt worden wäre. Mir wurde die dicke Schutzweste angezogen, dazu ein paar Handschuhe, und wir postierten uns vor der Wohnungstür. Bei günstiger Gelegenheit sollten wir zuschlagen, ansonsten aber das Eintreffen des SEK aus Münster abwarten, das sich bereits auf der Anfahrt befand. Die Situation bekam einen apokalyptischen Anstrich, weil der Täter in immenser Lautstärke Musik von den B-52s hörte. Wir drehten ihm kurzerhand den Strom ab, da sich der Sicherungskasten im

Treppenhaus befand. Und siehe da, die Tür ging plötzlich einen Spalt breit auf. Das war unser Signal zum Angriff. Ich, der Gepanzerte, trat die offene Tür mit aller Wucht auf und lief als erster in die Wohnung und dem Täter hinterher, der sich in der Küche angekommen umdrehte und mich anstarrte. Da stand dann dieses 1,60 Meter „große" Männchen vor mir und ich dachte nur: „Was ist denn das?" Gleichwie, einen Atemzug später trat ich ihm seitlich vor die Schläfe und wiederholte es sofort noch einmal, während er schon wie ein nasser Sack an der Wand herunterglitt. Daraufhin wurde er noch mit Pfeffer eingesprüht und von den Kollegen gefesselt und rausgetragen. Das „Männchen" wurde nach der Verhaftung in die Psychiatrie eingeliefert, bespuckte und beschimpfte dort die zuständige Ärztin und nahm sich zwei Tage später das Leben. Tragisch!

Der zweite denkwürdige Einsatz war eine Verfolgungsfahrt über fast 30 Kilometer durch die Dunkelheit der Nacht. Begonnen hatte es folgendermaßen: Ein Fahrzeugführer hatte das Anhaltesignal eines Streifenwagens ignoriert, der daraufhin Verstärkung anforderte. Den Pkw des „Flüchtenden" hatten wir auf dem Nordring in Detmold mit drei Streifenwagen eingekeilt. Alle vier Fahrzeuge standen, und ein Polizist stieg bereits aus seinem Dienstwagen aus. Plötzlich gab der zu kontrollierende „Flüchtling" Vollgas und raste los. Dabei rasierte er die Fahrertür des Kollegen ab, der sich nur durch einen beherzten Sprung zurück ins Wageninnere retten konnte. Der Fahrer durchbrach mit diesem Manöver unsere Absperrung und fuhr uns wieder davon. Alle hinterher! Im Laufe der Verfolgungsfahrt wuchs die Zahl der Einsatzfahrzeuge auf bis zu neun Streifenwagen an, und alle rasten mit Blaulicht und Einsatzhorn durch die Nacht. Eine Szene wie aus einem Hollywood-Film. Während der Fahrt gab es mehrere Ramm-Aktionen, wobei ein Streifenwagen „drehbuchmäßig" die Kontrolle verlor und sich um die eigene Achse drehte. Schließlich befanden sich mein Streifenpartner und ich direkt hinter dem Tatfahrzeug. Plötzlich verlor der Flüchtende in einem Kreisverkehr in Schloß Holte-Stukenbrock die Kontrolle über sein Auto und landete in den angrenzenden Büschen.

Inzwischen waren auch Streifenwagen der angrenzenden Behörden wie beispielsweise Gütersloh eingetroffen und die Polizisten näherten sich dem Tatfahrzeug. Ich sprang vom Fahrersitz und erreichte als erster das Fahrzeug. Der Flüchtende sah mich und ließ sich nach rechts auf den Beifahrersitz fallen. Ich konnte nicht erkennen, ob er eine Waffe führte, schlug ihm einen Schockschlag an die Schläfe und zog ihn dann unsanft aus dem Fahrzeug heraus. Da er sich immer noch sperrte, gab ich ihm noch ein Knie gegen den Körper und fixierte ihn dann auf dem Boden. Dieses wurde von einem „Kollegen" aus Gütersloh beobachtet, der daraufhin eine Strafanzeige wegen Körperverletzung im Amt gegen mich fertigen wollte. Nur durch gutes Zureden des damaligen Dienstgruppenleiters meiner Tour konnte er davon abgebracht werden. Den möchte ich mal sehen, wenn sich ein Täter bei ihm wehrt. Ich habe bei Verhaftungen hart zugegriffen, wenn es die Umstände erforderten, aber mich nie über Wehrlose und Gefesselte hergemacht. Übrigens: Bei dem flüchtigen Fahrer handelte es sich um einen entflohenen Strafgefangenen, der den Pkw gestohlen hatte und zudem unter Alkoholeinfluss stand.

Die dritte Aktion ereignete sich auf dem Osterräderlauf in Lügde. Dort findet jedes Jahr ein großes Fest statt, und jedes Jahr sorgt dort dieselbe Mixtur aus Migranten und Aussiedlern für Stress und Theater. Bereits vor Jahren hatte ich einem jungen Serienschläger die Nase gebrochen, weil er von hinten einen älteren Kollegen mit Faustschlägen traktiert hatte. Damals schaffte es das Bild des Schlägers mit geschwollener Nase auf die Titelseite der türkischen Tageszeitung «Hürriyet». Dieses Jahr stand ein anderer Serienstraftäter auf dem Programm: Herr Gerassimow, ebenfalls ein stadtbekannter Schläger, war im Festzelt bereits leicht angetrunken und „normal" aggressiv. Im Vorjahr hatte er mit mehreren Freunden zwei Rettungssanitäter, die sich in den frühen Morgenstunden auf dem Nachhauseweg befanden, so brutal zusammengeschlagen und getreten, dass einer von den beiden Gesichtsverletzungen und mehrere Rippenbrüche erlitten hatte. Ich befand mich in Uniform in dem lauten und feuchtfröhlichen Festzelt und wurde bereits den ganzen Abend von einer ansehnlichen Blondine angelächelt. Irgendwann kam eine junge Frau zu ihr, die einen Bauchladen trug und ihren Junggesellinnenabschied feierte. Der Bauchladen war gefüllt mit Ostereiern, Süßigkeiten und Kondomen. Die Blondine lächelte mich erneut an und winkte mich zu sich und der Verkäuferin herüber. Sie forderte mich auf, ihr doch etwas zu kaufen. Auf meine Frage, was sie sich denn wünschen würde, antwortete sie, dass sie ein großes Osterei haben wolle. Ich wollte ihr diesen Wunsch gerade erfüllen, als ich am linken Arm ergriffen wurde und eine Person mich wegziehen wollte. Ich habe eine Körpergröße von 1,82 m und wog zum damaligen Zeitpunkt 110 Kilo. In der Polizeilederjacke machte ich einen stattlichen Eindruck, insofern muss man dem Mut des jungen Mannes durchaus Respekt zollen. Bei näherer Betrachtung stellte sich der Mutige als Herr Gerassimow dar. Ich dachte, ich gucke nicht richtig, und musste grinsen, woraufhin er in gebrochenem Deutsch entgegnete: „Nur weil Du eine ‚Bullenjacke' anhast, brauchst du nicht diese Frau anzumachen." Diese Äußerung beendete seine Teilnahme am Festgeschehen abrupt. Ich sprach einen Platzverweis aus und drohte ihm bei Nichtbefolgung die Ingewahrsamnahme an. Inzwischen war der Rowdy von mehreren Kumpels umringt und weigerte sich zu gehen. Ich ergriff seinen Arm und wollte ihn hinausführen, als er plötzlich auf meinen Fuß trat und mich von sich wegschubste. Ich verlor das Gleichgewicht, ruderte mit den Armen und landete auf meinem Arsch. Oh Gott, wie peinlich! Das halbe Festzelt und unzählige Augenpaare starrten mich an. Der Schrank war zu Boden gegangen. Ich stand schnell wieder auf und bewegte mich auf den Schläger zu, der ebenfalls einen Schritt auf mich zu machte und eine bedrohliche Haltung einnahm. Ich ergriff ihn und nahm ihn in den Schwitzkasten, um ihn wie einen räudigen Köter aus dem Zelt zu schleifen. Draußen angekommen, legte ich ihn mit einem Ringerwurf unsanft zu Boden und setzte mich auf seine Brust. Er versuchte dennoch auf mich einzuschlagen, also nahm ich Maß und setzte einen gezielten Schlag auf seine linke Gesichtshälfte, die daraufhin bedrohlich anschwoll. Ich drehte ihn danach auf den Bauch, verpackte und verbrachte ihn in die Zelle nach Detmold. Ich fertigte noch eine Anzeige wegen Widerstandes gegen Vollstreckungsbeamte und hoffte auf eine angemessene Bestrafung, da der gute Herr Gerassimow noch eine Bewährungsstrafe in gleichgelagerten Körperverletzungsdelikten offen hatte. Am nächsten Tag erfuhr ich von meinem DGL (Dienstgruppenleiter), dass die hübsche Blondine mit Freunden des Schlägers auf der Wache erschienen war, um sich über mich zu beschweren und Anzeige zu erstatten. Der Verdacht lag nahe, dass die Blondine eine „Provokationsfalle" für mich gewesen war und den Lockvogel gespielt hatte. Ebenfalls erfuhr ich, dass sich Herr Gerassimow in ärztliche Behandlung begeben musste und nach gründlicher Untersuchung ein Jochbeinbruch festgestellt wurde. Ich umarmte vor Freude meinen DGL und strahlte über das ganze Gesicht. Verstehen Sie mich nicht falsch, aber Menschen, die ständig und fortwährend andere Menschen verletzen, bedrängen und weh tun, müssen einfach mal ihre eigene Medizin zu schmecken bekommen. Und diese hatte ich ihm eingeflößt.

Das waren Einsätze, an die ich noch heute gerne zurückdenke. Und dann gab es noch einen, der nie stattgefunden hat: Es begab sich, dass die Blomberger Kollegen einen Einsatz bei einem aggressiven Ruhestörer hatten. Mein Streifenpartner und ich sollten uns im Hintergrund als Reserveunterstützung bereit halten. Wir parkten unseren Streifenwagen etwa 500 Meter entfernt und blieben im Fahrzeug. Obwohl es während des Einsatzes zu einer kleinen Rangelei gekommen war, bei dem der Ruhestörer einen Beamten mal eben weggewirbelt und der andere schon beinahe die Flucht ergriffen hatte, beruhigte sich die Situation doch noch, und unser Eingreifen wurde nicht erforderlich. Als die beiden uns anschließend davon berichteten, sagte der eine zu mir: „Das wäre mal ein Gegner für dich gewesen." Zum Glück oder vielleicht zu meinem Unglück kam es nicht dazu, denn meine Geschichte hätte wohl eine andere Wendung genommen. Bei dem Störer handelte es sich nämlich um niemand geringeren als Toni.

6. Sorena, mein kleines Topmodel

Sorena war optisch gesehen eine Waffe, und dieser Zustand sollte sich mit der Zeit erheblich „verschlimmern". Sie war 1,68 m groß, gertenschlank, trug einen blonden Bob, hatte ein Gesicht wie Victoria Beckham und stahlblaue Augen. Kurzum, sie war mit ihrem lolitahaften Aussehen der Traum aller Männer. Wir lernten uns während eines Nachtdienstes in Detmold kennen. Damals fuhr sie noch einen zerbeulten, schwarzen Fiat Barchetta und bog mit diesem über eine durchgezogene Linie falsch ab. Für mich war das eine willkommene Gelegenheit, mir die Umrisse der augenscheinlich attraktiven Blondine aus der Nähe anzusehen. Ich hielt sie an, und als sich unsere Blicke trafen, war da irgendeine besondere Verbindung vorhanden. Ich fragte sie lächelnd: „Na, was haben wir denn gerade falsch gemacht?"

Sie entgegnete: „Das weiß ich nicht."

In der Tat schien sie die durchgezogene Linie gar nicht bemerkt zu haben. Gleichwie, ich erfragte nach einem sympathischen kurzen Gespräch ihre Handynummer. Daraufhin trafen wir uns regelmäßig, und es entwickelte sich eine besondere Freundschaft, die trotz anfänglicher intimer Kontakte, eher der Verbindung zwischen einem großen Bruder und seiner kleinen Schwester glich.

Sorena hatte gerade ihre Wohnung in B.-Stadt verlassen, die sie mit einer Freundin bewohnt hatte. Nach Streitigkeiten brach diese Freundin in das abgeschlossene Zimmer ein, als Sorena einmal nicht zu Hause war, und räumte es komplett leer. Sie verkaufte die Sachen auf Ebay oder verschenkte sie. Zum Glück hatte eine Nachbarin beobachtet, wie ihre Mitbewohnerin mit Begleitern die Sachen aus der Wohnung trugen und deshalb bekam Sorena wenigstens im Gerichtsverfahren Recht. Dies änderte jedoch nichts daran, dass sie vorerst ohne Wohnung, ohne Klamotten und ohne Geld vorübergehend bei ihren Eltern in Detmold wohnte. Und genau zu dieser Zeit trafen sich beinahe schicksalhaft unsere Wege. Ich war oft für sie da und lieh ihr auch regelmäßig Geld. Eines Nachts rief sie mich an und bat mich herzzerreißend um 700 Euro, da sie unbedingt eine Rechnung bezahlen musste und nicht wusste, wie. Obwohl ich mir geschworen hatte, ihr nichts mehr zu geben, da sie mir nur unregelmäßig etwas zurückzahlte, sagte mir meine innere Stimme: „Hilf ihr noch einmal." Das tat ich dann auch.

Tage später erzählte sie mir, dass sie im Telekommunikationsbereich eine Agentur übernehmen könne, was ihr sehr lukrativ erschien. Da ich immer für sie da gewesen war und ihr immer geholfen hatte, erklärte sie sich bereit, mich prozentual an den Umsätzen zu beteiligen. Mit der Agentur wurde natürlich nichts. Sorena nahm einen Job im Außendienst an, wurde aber nur ausgenutzt. Ein finanzielles Desaster. Eines Tages schlug ich ihr vor, sich in Bad Lippspringe im Saunaclub Harem um eine Anstellung als Thekenbedienung zu kümmern. Ich hatte auf der Website in Erfahrung gebracht, dass dort Personal gesucht wurde. Nach anfänglichem Zögern rief sie an, stellte sich persönlich vor und fing einige Tage später an zu arbeiten. Wohl gemerkt ausschließlich hinter der Theke. Wochen später saß sie bei mir auf dem Sofa und machte einen verlegenen Eindruck. „Du, ich wollte dich mal was fragen, aber irgendwie habe ich Angst, dass du dann sauer wirst."

Ich entgegnete: „Ach, Blödsinn, was ist es denn?"

„Ich weiß nicht so recht, ob ich dich das fragen kann und was du dann über mich denkst."

„Nun sag schon, was los ist!" entgegnete ich, langsam neugierig geworden.

„Du, was würdest du dazu sagen, wenn ich das auch mal für Geld probieren würde? Ich meine nicht in einem Club, sondern auf einem anderen Niveau."

Ich war perplex und entgegnete: „Das ist ganz alleine deine Entscheidung."

„Aber ich dachte, du wärst böse auf mich, wenn ich das machen würde?"

Meine Antwort fiel jetzt länger aus: „Sorena, jetzt hör mir mal genau zu. Ich bin dir nicht böse, dass du mich das gefragt hast. Im Gegenteil, ich schätze deine Ehrlichkeit. Trotzdem sage ich dir, dass du dir das gut überlegen musst. Wenn du es wirklich willst, natürlich nicht in einem Club, sondern in einem stilvollen Umfeld, dann mach es. Leichter und schneller kannst du kein Geld verdienen. Gerade bei deinem Schuldenberg könntest du es gut gebrauchen. Solltest du jedoch auch nur die geringsten Zweifel haben, dann lass es auf jeden Fall sein."

Sie strahlte, und einige Wochen später lebte sie bereits in Frankfurt und arbeitete dort für eine der führenden Escortagenturen Europas: Skyline-Models. Die Inhaberin Chleo und ihr Mann Many wurden sozusagen ihre neue Familie. Auf mich kam jetzt eine Menge zusätzlicher Arbeit zu. Sorena sollte schließlich nicht abgleiten und straucheln. Ich organisierte und regelte nahezu alle anfallenden Dinge des täglichen Lebens für sie. Daraus resultierten auch die Begriffe „Topmanager" und „Topmodel". Die Rollenverteilung sollte jedem klar sein: Ich erledigte ihre Bankgeschäfte, füllte den Kühlschrank, ließ ihren Fiat ausbeulen und schenkte diesem eine neue Lackierung, terminierte ihre Friseurbesuche und kümmerte mich um briefliche und persönliche Angelegenheiten mit ihren Vermietern und Gläubigern. Alles neben meinem Berufsleben.

Durch sie erhielt ich tiefe Einblicke in das Gewerbe, erfuhr interessante Storys und erkannte, was wirklich in diesem Milieu passierte und wie die Männer „tickten". Details würden jetzt den Rahmen sprengen, aber ich kann sagen, dass die Unscheinbaren und Biedersten die abartigsten Wünsche und Neigungen in sich hegen. Besonders die „Mächtigen" und jene, die zu Hause nichts zu melden haben, wollen genau das Gegenteil bei ihren Terminen auf das Extremste ausleben.

Der Erfolgsweg des Topmodels nahm seinen Lauf. Irgendwann war Sorena schuldenfrei und stieg in der Schweiz zur Club-Managerin auf. Sie bewohnt eine Luxuswohnung über zwei Etagen in der Nähe von Zürich und besitzt ebenfalls eine schöne Wohnung in Deutschland. Sie trägt mittlerweile Silikonbrüste und genehmigt sich regelmäßig Botoxspritzen und Wellnesswochenenden in den teuersten Hotels. Das Beste ist gerade gut genug. Ich will auch nicht verschweigen, dass sie auf einen schönen deutschen Sportwagen umgestiegen ist, den – wer würde auch darauf kommen – ich ihr vermittelt habe und dessen Raten auch von meinem Konto abgebucht wurden. Bis zu diesem Zeitpunkt hatte ich noch niemals so viel für einen andern Menschen getan. Ich holte sie aus einem chaotischen und zerrütteten Leben und verschaffte ihr zu einem Neuen in Ordnung, Glück und Luxus.

7. Meine beste Freundin

Ganz besonders am Herzen liegt mir meine beste Freundin. Wenn ich von ihr spreche, dann geht es um die Seele meines Lebens. Meine beste Freundin und ich sind uns Familie und Heimat. Ich spreche von Anke, der besten Wing-Tzun-Kämpferin der Welt. Und das meine ich ernst. Anke ist älter und fast genauso groß wie ich. Sie besitzt eine Physis wie ein kräftiger Mann. Anke hat in ihrer Karriere als Kämpferin die Stufe eines 5. PG erklommen. Die Grade sind eins zu eins vergleichbar mit den Dan-Graden der klassischen asiatischen Kampfsportarten. Hier wäre sie demnach eine 5. Dan-Trägerin.

Alles begann vor über zehn Jahren, als ich mich in die Wing-Tzun-Kampfsportschule von Sifu Anke Vesting in Detmold „verirrte". Ich wollte mit meinen inzwischen 26 Jahren sowohl einen Kampfsport erlernen als auch nach einer sportlichen Alternative für die Zeit nach meiner Football-Karriere suchen. In vielen klassischen Kampfsporteinrichtungen befinden sich nicht selten Typen eines Menschenschlages, die ich eher auf der allerunterten Ebene sehe. Deshalb wählte ich die unglaublich effiziente und faszinierende Kampfsportkunst Wing-Tzun. Es ist eine Kampfsportkunst, die zu beherrschen es einer längeren Zeit bedarf und die viel Geduld erfordert. Anfangs gilt es die Grundformen zu erlernen, um darauf aufbauend die Techniken, Schläge, Tritte und Abfolgen zu trainieren. Schon aus diesem Grund findet man bei diesem Sport verhältnismäßig viele Leute aus „normalen" Gesellschaftsschichten. Es geht eben nicht darum, möglichst schnell „auf der Straße loslegen" zu können. Sifu Anke hatte zu jener

Zeit bereits mehrere Schulen in unterschiedlichen Städten, mit einer Vielzahl von Schülerinnen und Schülern. Ich schaute mir an einem Trainingsabend ihren Unterricht an und beschloss, möglichst bald darauf auch aktiv teilzunehmen. Als ich mit Anke Jahre später darüber sprach, sagte sie zu mir: „Ich kann mich nur noch an deine kräftige Erscheinung und an deine riesigen Waden erinnern, und ich dachte, der kommt eh nie wieder." Ich kam jedoch wieder und aus anfänglichen gemeinsamen Fahrgemeinschaften zu den Schulen, kostbaren Gesprächen, das gemeinsame Streichen einer neuen Schule und darauf folgenden Einzelstunden erwuchs über die Jahre eine Freundschaft und Verbindung, die aus meiner Sicht ihresgleichen sucht. Es endete darin, dass Anke sich ebenfalls eine Eigentumswohnung in dem Haus kaufte, in dem auch ich wohnte. Nun lebten wir gemeinsam unter einem Dach. Es war eine schöne Zeit ohne Sorgen und mit viel Training. Anke, ich danke dir für alles, und ich werde alles wieder gutmachen. Ich trage dich in meinem Herzen.

8. Der erste Kontakt

Nach sechs Monaten Untersuchungshaft in Weiterstadt kam es zum Prozess gegen Toni und seine Kasseler Brüder. Die Anwälte handelten für ihre Mandanten einen Deal mit der Staatsanwaltschaft aus: Die Angeklagten wurden zu einer Freiheitsstrafe von zwei Jahren verurteilt, die jedoch zur Bewährung ausgesetzt wurde. Toni war wieder ein freier Mann. Das war einerseits natürlich mehr als erfreulich, andererseits hatte ihm die Inhaftierung und die damit verbundene Schließung seines Geschäfts einen finanziellen Scherbenhaufen hinterlassen. Er konnte während der Haft ja keine neuen Bikes bauen, Kundenmotorräder reparieren, warten oder noch vorhandene Maschinen oder Ersatzteile verkaufen. Für einen Wiederanfang kam erschwerend hinzu, dass sich viele alte Kunden von ihm abwandten, denn mit „so einem" wollte man natürlich nichts zu tun haben.

Eine weitere Hiobsbotschaft ereilte ihn kurze Zeit später. Der HAMC Germany weigerte sich, die restlichen 5.000 Euro Anwaltskosten für den Prozess zu übernehmen. Die ersten 1.500 Euro Anzahlung sind vom Club noch anstandslos bezahlt worden, was normal ist. Die Ablehnung der weiteren Übernahme der Anwaltskosten ist hingegen unüblich. Der Club übernimmt normalerweise in derartigen Prozessen für seine Mitglieder die Kosten. Bei einem monatlichen Clubbeitrag von ca. 150 Euro und einem zusätzlichen jährlichen Beitrag von 1.500 Euro für einen Trust bedeutet es auch keine immense Großzügigkeit. Was also war passiert? Bei einem nationalen Meeting war über den „Kasseler Fall" entschieden worden. Für ein solches Meeting entsendet jedes der mehr als 30 nationalen Charter jeweils zwei Member (in diesem Fall jeweils der Präsident und der Schatzmeister). Diese Runde bespricht Angelegenheiten von „nationalem Interesse". Und offensichtlich war der Fall so wichtig, dass sich der nationale „Ausschuss" damit beschäftigte. Es wurde gegen die Übernahme der Anwaltskosten gestimmt, da die Kasseler Angels die „Ratte" Ulli in dessen Wohnung aufgesucht hätten, obwohl sich dessen Frau und Kind zur selben Zeit auch in der Wohnung befanden. Das Credo lautete: „Dieses Vorgehen ziemt sich nicht und ist somit nicht hinnehmbar." Ergo keinen Euro.

Obwohl das Kasseler Charter nie ein Lieblingskind in der Familie der Angels war, traf diese Entscheidung doch bei vielen auf Unverständnis. Tonis Glaube an die Bruderschaft wurde erstmalig erschüttert. Sechseinhalb Monate hatte er in Untersuchungshaft gesessen, die ganze Zeit seine Schnauze gehalten und sich treu und loyal seinem Club gegenüber verhalten. Er erlitt finanziell einen Riesenverlust und sollte nun auch noch die Anwaltskosten selber zahlen? Eins ist sicher: Wäre dieselbe Sache in einem anderen Charter mit einem beliebteren und mächtigeren Präsidenten passiert, der HAMC Germany hätte ohne Murren gezahlt, denn die Kassen sind voll, und der Club steht finanziell sehr gut da. Aber überall im Leben und in jeder Sparte unserer Gesellschaft passieren fortwährend die gleichen Dinge.

Zu der Zeit, es war Anfang Sommer 2008, begann sich in mir allmählich eine Veränderung abzuzeichnen. Die Jahre als Polizeibeamter, verbunden mit den Erlebnissen und den Erfahrungen im Beruf und mit den Kollegen, ließen mich innerlich stetig mehr von diesem „Haufen" Abstand nehmen. Ich hatte zwar immer mein eigenes Leben gelebt, trotzdem entbrannten in mir der Wunsch und das Verlangen, zumindest in Randbereichen des Lebens „auszusteigen". Im Gegensatz zum Gros der Gesellschaft, insbesondere zu meinen Kollegen, sah ich meine Aufgabe im Leben nicht darin, zu heiraten, zwei Kinder in die Welt zu setzen, ein Eigenheim zu finanzieren und ein „scheintotes" Leben zu führen. Es ergab einfach keinen Sinn für mich. Ich hatte zudem die Schnauze endgültig voll von all dem Neid und der Missgunst. Viel zu lange hatte ich vergeblich nach Zusammenhalt, Ehrlichkeit, Mut und Loyalität gesucht. Gefunden hatte ich lediglich die Umkehr all dieser Werte. Ich sehnte mich aber danach und begann daher, mich mit anderen Lebensformen auseinanderzusetzen: Kameradschaft, Zusammenhalt, Ehrlichkeit, Treue, Stärke, sicherlich auch Rebellentum, aber alles unter dem Siegel einer positiven Grundeinstellung und Ausrichtung. Die so genannten rechtsradikalen Bruderschaften stießen mich ab, denn ich konnte mich nicht mit der naiven und menschenverachtenden Ideologie identifizieren. Hinzu kam das oftmals primitive, asoziale Verhalten der sogenannten „Kameraden". Ähnliches galt auch für die Hooligans. Ich konnte mir beim besten Willen keinen Grund vorstellen, irgendeinem Wildfremden auf die Schnauze zu hauen. Gemeinschaft und Zusammenhalt hin oder her. Ich suchte Freiheit und Spaß, und das verbunden mit einer sinnigen, positiven Idee. So wendete ich mich schließlich den sogenannten Rockern zu, denn das gemeinsame Motorradfahren, die Verbundenheit und auch das Anderssein, die Stärke und Ausstrahlung zogen mich immer mehr in den Bann. Ich will keinen Hehl daraus machen, dass ich oft gehört und erfahren hatte, dass sich gerade im Rotlichtmilieu viele Rocker tummelten und sich mit diesen in der Regel auch niemand anlegte. Und welcher Club kommt einem in den Sinn, wenn man sich für diese Kultur zu interessieren beginnt? Richtig, die Hells Angels!

Eine Harley-Davidson stand eh auf meiner Einkaufsliste, und zufälligerweise wohnte nur ein paar Kilometer von mir entfernt einer von diesen berühmt-berüchtigten Hells Angels. Er genoss den Ruf, diese Maschinen in bester Perfektion aufzubauen, zu verändern und zu verkaufen. Als ich noch beim SEK war, wollte ich genau gegen solche Leute antreten, dachte ich doch, dass gerade sie meinen Wertvorstellungen widersprachen. Meine Einstellung hatte sich nun radikal geändert. Es nützte auch nichts, dass ein damaliger Kollege aus dem Blomberger Raum mir berichtete, dass er diesen Hells Angel flüchtig kenne. Das sei ein kräftiger, stiernackiger, stadtbekannter Schläger, der auch italienische Papiere besitzen und sehr extravagant leben würde. Er ergänzte seine Kurzvorstellung mit den Worten: „Eines Tages wandert der eh aus." Bei mir kam sein Vortrag völlig anders an: Ich wurde hellhörig und neugierig. Auf das Gerede von anderen Leuten gebe ich ohnehin gar nichts, und so fasste ich eines Tages den Entschluss, diesem Typen einen Besuch abzustatten. Ich nahm mir vor, ihm ganz unvoreingenommen zu begegnen und dachte mir: „Wenn er mir ein gutes Produkt anbieten kann und dabei noch in Ordnung ist, warum soll ich mir dann kein Motorrad bei ihm kaufen? Wenn der Typ aber ein Arschloch ist, fahre ich eben zu Harley-Davidson nach B.-Stadt."

Ich fuhr mit meinem Golf auf seinen Hof, stieg aus und traf auf seinen Lehrling Jerry. Ich fragte, ob Thorsten da sei, und noch bevor der Azubi antworten konnte, kam sein Chef aus der Werkstatt um die Ecke. Er trug ein Sweatshirt mit dem Death Head des Clubs, eine rote Arbeitshose und schien eben noch schwer gearbeitet zu haben. Die Pause kam ihm gerade recht. Ich begrüßte ihn und fügte sogleich hinzu, dass ich ein Streifenpolizist aus Detmold sei, der sich für ein Motorrad interessierte. Erst guckte er komisch aus der Wäsche, dann setzte er sich und begann ganz offenherzig zu erzählen, was ihm in letzter Zeit alles passiert war. Es schien ihm regelrecht unangenehm zu sein,

und er versuchte es zu erklären. Ich denke, ich hätte ähnlich reagiert, denn wenn ich mir heutzutage den Einsatz gegen ihn vor Augen führe, so scheint er mir lächerlich und übertrieben. Ich gab ihm recht und sagte ihm, dass auch ich die ganze Art und Weise nicht nachvollziehen könne, aber nicht das Geringste damit zu tun hätte. Ich würde mich lediglich für ein tolles Motorrad interessieren. Nicht mehr und nicht weniger. Ich sah mir daraufhin ein paar der wirklich geilen Aufbauten und Bikes an, die auf dem Kiesplatz vor dem Laden abgeparkt standen, und verabschiedete mich mit den Worten: „Ich komme bald wieder."
Da mir das kurze Aufeinandertreffen gefallen und Thorsten bei mir einen guten Eindruck hinterlassen hatte, setzte ich meinen Entschluss in die Tat um und kam tatsächlich wieder.

Deshalb erfuhr ich einige Zeit später von Jerry, dass seine ersten Worte nach meinen Besuch waren: „Das ist doch ein ‚Bullenspitzel'!" Aber dasselbe hätte ich wohl auch gedacht.

9. Mein Baby

Von nun an besuchte ich Toni und Jerry regelmäßig. Der Laden, die Werkstatt, all die Harleys und anderen Custombikes sowie die Anwesenheit der beiden bildeten für mich eine Art Oase in meiner, zumindest beruflich, oft spießigen und eingefahrenen Welt. Vor dem Ladenlokal und der Werkstatt seiner Firma CRC-Custombikes befand sich, wie bereits erwähnt, ein großer Vorplatz, der überfüllt war mit Harleys. Mitten auf dem Platz stand ein überdimensionaler Sonnenschirm mit Holzbänken darunter. Dort saßen wir oft und führten fachspezifische Gespräche über Motorräder, lachten viel und genossen unser Dasein. Ab und zu saß ich auch mit Toni im Büro, umgeben von all den Angels-Insignien, Bildern und seiner Kutte, die entweder über dem Chefsessel oder an der Wand hing. Es war eine unbeschwerte Zeit, begleitet von der subtilen Anwesenheit des Hells Angels MC. Eines Tages fiel mir auf, dass Toni eine nagelneue Kutte besaß, dessen Rückseite der geflügelte Totenkopf und das Patch des Charters Hannover zierte. Ich fragte ihn sogleich: „Warum bist du jetzt in Hannover?"

Er antwortete zu diesem Zeitpunkt noch sehr distanziert auf alle Fragen, die den Club betrafen, und beließ es bei einem „ich bin gewechselt".

Später, als wir bereits enge Freunde waren, erfuhr ich von einem seiner Freunde, dass der Präsident des HAMC Hannover, der heimliche Europa-Chef der Hells Angels, Falk G., Toni persönlich angerufen hatte, um ihn zu sich in sein Charter nach Hannover zurückzuholen. Wörtlich soll es in etwa so geklungen haben: „Toni, du bist der einzig Fähige in Kassel und deshalb ein guter Mann für Hannover." Wie kann man einer derartigen Schmeichelei nicht erliegen? Der größte Teil der Kasseler Angels wie Marti, Wolf und andere wechselten in das Charter nach Hanau, denn das Charter Kassel bekam nach dem Prozess den Status „frozen" (eingefroren). Bis heute gibt es kein aktives Charter Kassel mehr. Nachdem es die Angels nicht mehr gab, etablierten sich die Bandidos dort wieder. Toni war nun (endlich) Member in Hannover und besuchte dort die wöchentlichen Clubabende.

Viele Harleys der Hannoveraner Höllenengel standen von nun an vor Tonis Laden. Selbst die Maschine des Präsidenten. Da ich ein enthusiastischer Harley-Fan bin, liebte ich es, mich inmitten all dieser Schönheiten zu bewegen und fotografierte ganze Speicherkarten voll. Inzwischen hatte ich auch eine ganz genaue Vorstellung davon, wie mein Traumbike, mein Baby, aussehen sollte. Wir setzten uns zusammen und entwarfen mein Traumgefährt. Es zu beschreiben würde den Rahmen sprengen, deshalb gucken Sie sich einfach das Bild im „Fotoalbum 1" in diesem Buch an. Es war schon in der Planungsphase schlichtweg ein Traum und ist bis heute meine absolute Lieblingsmaschine. Hoffentlich gibt es sie noch, wenn ich irgendwann wieder frei sein werde. Ein paar Daten will ich aber los werden: 1.800 ccm, 115 PS, 280er Hinterrad, schwarz lackiert und mit einem silbernen Totenkopf auf beiden Seiten des großen Tanks, dazu eine Sitzbank aus einem Schlangenlederimitat, vorverlegte Fußrasten und ein mächtiger Doppelrohrauspuff. Brachial, brutal und angemessen!

Die Finanzierung stand, und Toni legte los. Während der Bauphase vertiefte sich unsere Freundschaft weiter. Oft rief er mich an, um meine Vorstellungen und Gedanken in den Bau der Maschine einfließen zu lassen. Ich hingegen besuchte ihn häufig, um die Fortschritte meines Babys hautnah mitzuerleben. Es war wunderbar. Oft saßen wir abends vor dem Laden oder hinter dem Haus im Garten und grillten. Gerne hockten wir auch zusammen in der Küche, wo Thorsten seine „berühmten" Fischpfannen kreierte und kochte. Man kann sagen, dass sich zwei fanden, die viel Spaß miteinander hatten und auf einer gemeinsamen Wellenlänge funkten. Das Thema „Polizei" oder „Club", sprich „Bulle" oder Hells Angel, spielte dabei nie auch nur die geringste Rolle. Im Gegenteil, es waren einfach nur Thorsten und Tim, die Freunde wurden.

Schon während dieser Phase verdunkelte sich der Himmel für mich in meiner Behörde in Detmold. Ich wurde schließlich des Öfteren mit dem bösen Hells Angel zusammen in der Öffentlichkeit gesehen. Zum Beispiel im Supermarkt beim Grillgut kaufen oder gemeinsam im Auto. Erste Stimmen wurden laut, die fragten, warum ich denn mit „so einem" Kontakt hatte? Mir war das vollkommen gleich, denn was kümmerte mich das Geschwätz dieser Pharisäer, mit wem und wie ich meine Freizeit verbrachte?

Drei Monate später war mein Baby fertig. Ich war unglaublich stolz und konnte es kaum glauben. Leider lag der Sommer schon lange hinter uns, und das Wetter ließ nur noch ein paar Ausfahrten mit meiner Maschine zu. Zur Feier der Fertigstellung dieses Traumstücks des Meisters hatte Thorsten einen befreundeten Fotografen der Lokalpresse informiert, der die Übergabe dokumentierte. Wenige Tage später erschien in dem lokalen Blättchen ein Artikel mit Bild und der Überschrift „50. Custombike fertiggestellt". Auf dem Bild (siehe ebenfalls „Fotoalbum 1") war meine Maschine zu sehen. Thorsten, im Harley-Davidson-Shirt, und ich, mit einem weißen Hemd, standen hinter der Maschine und gaben uns die Hände. Zu dem Zeitpunkt dachte ich mir nichts dabei. Eine runde „50" ist schließlich eine gute Möglichkeit, pressewirksam die Werbetrommel zu rühren. Mein Bike war fertig, und das war für mich das Wichtigste. Und für Thorsten war dieses Projekt mit einem Wert von über 30.000 Euro unmittelbar nach seinem Haftaufenthalt ein immens wichtiges Geschäft gewesen. Er hatte sich im Vorfeld „grünes Licht" bei seinem neuen Präsidenten „Braunbär" in B.-Stadt geholt. Vorsorglich hatte er ihn gefragt, ob es in Ordnung wäre, wenn er einem „Bullen" eine Maschine baute. Braunbär entgegnete nur: „Toni, wir müssen alle sehen wo wir bleiben. Geschäft ist Geschäft, und Club ist Club."

10. Ein neues Charter in B.-Stadt

Ja, Sie haben richtig gelesen, es gab inzwischen ein neues Charter der Angels, und zwar in B.-Stadt, zu dem auch Toni gehörte. Somit änderte sich das Rückenpatch auf Tonis Kutte innerhalb von wenigen Wochen erneut. Ich fragte ihn: „Alter, was ist denn hier los?"

„Ja, da guckst du was?"

„Was ist passiert?"

Er antwortete diesmal ein wenig ausführlicher: „Es gibt uns jetzt auch in B.-Stadt. Wir haben ein neues Charter gegründet."

Ich betrachtete seine Kutte, und neben den goldenen Death Heads anderer Charter und dem 5-Jahres-Member-Abzeichen befand sich auf der linken Seite der Kutte, unter dem „B.-Stadt"-Patch, der Aufnäher „Sgt. at Arms", der Toni als Offizier, sprich Mitglied des Vorstandes des Charters auswies. Der Sergeant at Arms (wörtlich übersetzt: der Waffenmeister/-wart) ist für die innere Disziplin im Charter zuständig. Er achtet auf die Ordnung und Sicherheit des Charters. Dazu gehört, dass das Alkoholverbot während der Meetings eingehalten wird oder Prospects als Wachen bzw. Schutz abgestellt werden. Eine verantwortungsvolle Aufgabe, die als Zeichen des Respekts gewertet werden kann, der ihm vom Club ausgesprochen wird. Polizeikreise hingegen sind überzeugt, dass der Sergeant at Arms auch für die Bewaffnung des Clubs und die Ausgabe von Waffen zuständig ist. Diese „Beamtenköpfe" haben oft eine blühende Fantasie, wenn es um die Interna der Rockerclubs geht.

Warum gab es auf einmal ein neues B.-Stadter Charter? Dafür gab es sicherlich mehrere Gründe, über die man trefflich spekulieren kann. Fest steht, dass das neue Charter von Hannover aus geplant und ins Leben gerufen wurde. Damit sind wir wieder bei Falk G., der fast über all seine Finger im Spiel hat – wenn man Gerüchten glauben schenken will. Eines Tages, als Toni in Hannover weilte, wurde er zum „Großen" gerufen, wie Falk G. oft von Freunden und Brüdern bezeichnet wird. Er wurde gefragt, ob er sich einen Wechsel nach B.-Stadt vorstellen könne. Präsident des neuen Charters sei ein langjähriger Weggefährte von Falk aus Hannover, nämlich Braunbär. Dieser hätte auch ausdrücklich nach Toni gefragt, der seiner Meinung nach „gut nach vorne" gehen würde. Toni überlegte nicht lange und stimmte zu. Der deutlich kürzere Fahrweg nach B.-Stadt war ein Aspekt. Ein weiterer Grund war, dass das neue Charter überwiegend aus älteren Angels, sprich langjährigen Membern aus Hannover und Westside (Bremen) bestehen sollte, er also dort „eine ruhige Kugel schieben" könnte. Toni wollte nämlich in aller Ruhe Motorradfahren und mit seinen Brüdern zusammen sein, ohne größeren Ärger zu haben, geschweige denn nochmal ins Gefängnis müssen. Später sagte er zu mir: „Wäre ich doch bloß in Hannover geblieben, da wäre die ganze Scheiße niemals passiert."

Das B.-Stadter Charter war und ist ein Satelliten-Charter von Hannover. Hinter B.-Stadt steht also Hannover. Und um auf die Spekulation zurückzukommen: B.-Stadt war für die vier großen Clubs (Hells Angels, Bandidos, Outlaws, Gremium) noch ein leerer Fleck auf der Landkarte. Die Bandidos haben jedoch in Osnabrück ein Chapter, und die beiden Städte liegen nah beieinander. In B.-Stadt gab es aber den Angels-Support-Club Red Devils. Also musste dieser weichen und den Angels sein Clubhaus übergeben. Wenn die Red Devils wissen würden, was viele Angels über sie denken, würden viele freiwillig ihre Kutten ablegen. Aber so ist es eben mit Support-Clubs, Befehle müssen befolgt werden. Der Präsident der Red Devils, eine dickbäuchige Witzfigur, wurde als Prospect übernommen, und das war es. Die Angels besetzten den leeren Fleck auf der Rockerlandkarte und bildeten einen Brückenkopf zum Bandidos MC. Eine andere Sichtweise sieht interne Gründe als ausschlaggebend an. Es gibt Stimmen, die hinter vorgehaltener Hand sagen, dass der Große sich durch diesen Schachzug zweier unbeliebter Brüder aus seinem Charter „entledigte", nämlich Braunbär und Ray, ihrerseits Präsident und Treasurer (Schatzmeister) des neuen Charters. Auf Grund seiner Vorgeschichte als Free-Fighter galt Braunbär jahrelang als einziger physisch ernstzunehmender Gegner des ehemaligen Profiboxers G. Obwohl es schon einmal Wetten mit hohem Geldeinsatz gab, wurde dieser „Kampf" niemals ausgetragen. Ray hingegen war Braunbärs Gefolgsmann und sonst eher eine unbeliebte Schabe. Nun kann man den Spekulationen entgegensetzen, dass die zukünftigen Member Braunbär, Ray und Toni aus dem Umkreis von B.-Stadt kamen und der Rest aus Münster, Kassel, usw. Und dies macht den Standort B.-Stadt zu einer logischen Wahl.

Die Nachricht von der Neugründung des HAMC B.-Stadt löste bei der Polizei B.-Stadt Schockwellen aus. Kein Wunder, hatte man im Bereich der „organisierten Kriminalität" ja bisher so gut wie nichts zu tun gehabt. Nun kam mit den circa acht Höllenengeln die Verkörperung des Bösen höchstpersönlich in den Zuständigkeitsbereich. Diese Annahme ist ungefähr so plausibel wie folgende Geschichte: Es gab vor zig Jahren einen weltumspannenden Gipfel „Gut trifft Böse", bei dem die „organisierte Kriminalität" sich gegenüber den Ordnungsmächten verpflichtete, für alle gut erkenntlich mit einem Rückenaufnäher herumzulaufen. Seitdem sind die verschiedenen italienischen Mafia-Clans, die chinesischen Triaden, die kolumbianischen Kartelle und die japanische Yakuza dafür bekannt, Kutten zu tragen … Nur die Araber hatten sich seinerzeit mit viel Bakschisch und dem Hinweis, dass Kutten und Wüste sich nicht vertragen, rausgekauft.

Nach wenigen Wochen wurde an alle Behörden und an jeden einzelnen Beamten, selbst an uns „doofe Schutzpolizisten", eine VS-Rundmail (Verschlusssache) geschickt. Überschrift: „Gründung eines HAMC Charter in B.-Stadt". Weiterhin stand in dieser Mail ganz konspirativ: „Schon im Mai 2009 wurde in Erfahrung gebracht, dass der HAMC ein neues Charter in B.-Stadt gründen wollte. Inzwischen wurde dies bestätigt, und es liegen gesicherte Informationen vor." Bla, bla, bla. Beigefügt waren eine Liste mit Namen, Geburtsdaten und Wohnanschriften des Vorstandes sowie Fotos aus der «Bikers News» vom Euro-Run 2009 in Hannover, auf dem das neue Charter durch den inoffiziellen Europa-Chef der Engel vorgestellt wurde. Verfasser und Absender war das für „organisierte Kriminalität" zuständige Kriminalkommissariat 21 aus B.-Stadt. Weiter hieß es, dass jegliche Neuigkeiten und Bewegungen unverzüglich dem zuständigen Kommissariat KK 21/ASTOK (Auswerte- und Analysestelle Organisierte Kriminalität) zu melden seien. Jetzt hatten diese findigen Beamten endlich die Möglichkeit, ihre ansonsten eher langweilige Beschäftigung mit einer deftigen Prise Salz zu würzen.

Durch meine Freundschaft zu Toni war ich für die meisten meiner Kollegen bereits zum Verräter und Halbkriminellen verkommen, weshalb ich mich innerlich noch mehr von diesem „Haufen" distanzierte, der mich zusehends mehr ablehnte. Ich empfand auch keinerlei Loyalität mehr. Als ich die Mail in meinem Postfach vorfand, druckte ich sie aus und nahm sie mit nach Hause. Wenig später, an einem sonnigen Tag, fuhr ich zu Toni und holte diesen zu mir nach Hause ab. Ich zeigte ihm die aus drei Seiten bestehende Mail, und er las sie sich sehr interessiert durch.

11. Die Treibjagd beginnt

Toni war nun für die Polizei eine Führungsfigur der Hells Angels. Und ein Polizeibeamter war sein enger Freund. Das hatte natürlich einen Aufschrei innerhalb der Kollegenschaft zur Folge. Man begann hinter meinem Rücken gegen mich zu hetzen und sich das Maul zu zerreißen.

Zu dieser Zeit hatte Thorsten private Streitigkeiten mit einem kleinen, halbseidenen italienischen Autohändler, der ihm im betrunkenen Zustand mehrfach Morddrohungen auf den Anrufbeantworter gesprochen hatte. Thorsten rief mich an und erzählte mir davon. Ich riet ihm, die Morddrohungen anzuzeigen, damit bei einem eventuellen „Schaden" des Autohändlers im Falle von Notwehr oder Notstand der Hintergrund der Polizei bekannt wäre. Deshalb fertigte ich für ihn eine sogenannte „Erstmeldung" an, eine kurz gefasste Niederschrift über die ihm gegenüber ausgesprochenen Drohungen, die mit Aktenzeichen versehen im Polizeirechner erfasst wurde.

Ich hatte den besagten Italiener auch einmal kurz getroffen. Das war noch vor den Drohungen. Der Italiener, Thorsten und ich hatten gemeinsam die Volksbank in Detmold besucht, weil der Italiener eine größere Auslandsüberweisung erwartete und sich informieren wollte, wann der Betrag dem Konto gutgeschrieben werden würde. Als gelernter Bankkaufmann bot ich mich an, die beiden zu begleiten. In der Bank ergab es sich, dass ich mit einer Mitarbeiterin ins Gespräch kam. Zufällig hatte ich wenige Tage vorher einen Einsatz wegen eines Fehlalarms in dieser Bank. Aus dem Gespräch ergab sich daher, dass ich Polizeibeamter war. Danach verließen wir gemeinsam die Bank. Die Antwort auf die eigentliche Frage: Das Geld wurde nie aus Italien überwiesen.

Kurze Zeit nach den Drohungen sollte ich in den „Genuss" des ersten Mitarbeitergesprächs mit einem Vorgesetzten kommen, dem in kurzen Abständen weitere folgten. Es begann auf der „untersten" Ebene mit meinem DGL PHK Kurt Fleischer. Kurt, oft auch nur „das Fleisch" genannt, war bzw. ist ein Vorzeigebeamter und regelrechter „Bürger in Uniform" aus dem Polizeibilderbuch: verheiratet, Kinder, Eigenheim, Haustier. Viele Jahre seiner Polizeikarriere hatte er beim Verkehrsdienst verbracht. Dies ist eine Einheit, die sich überwiegend um Geschwindigkeitsverstöße, Gurtpflichtverletzungen und Lkw-Kontrollen kümmert. Kurt war innerhalb seiner Dienstgruppe alles egal, solange der TÄT (Tätigkeiten: Gurt, Handy, Geschwindigkeitsmessungen, Alkohol- und Drogenkontrollen) „stimmte", unter den Kollegen alles ruhig lief und er nicht behelligt wurde. Zum Thema „TÄT" noch Folgendes: Es gibt in Lippe eigene „Strichlisten" und Tabellen darüber, welche Dienstgruppe die meisten Verstöße ahndet. Das entfacht natürlich einen regelrechten Wettkampf, aus dem ich mich jedoch gänzlich heraushielt. Polizeiarbeit sieht für mich anders aus. „Kollegen" wie „das Fleisch" hatten eine andere Auffassung: Zu brisanteren Einsätzen fuhren sie oft sehr langsam oder überließen sie gleich anderen. Kurts „zweiter Vorname" war Angst. Und das können Sie mir glauben, es gibt viele „Kurts" bei der Polizei.

Das Gespräch fand im Dienstgruppenleiterbüro statt, und Kurt mimte den verständnisvollen und fürsorglichen Vorgesetzten – ein Hirte, der sein verloren gegangenes Schäfchen wieder behutsam der Herde zuführen wollte. Er vergaß nur, dass ich niemals ein Schaf, sondern immer schon ein Wolf war. „Tim, also wir müssen mal über deine Beziehung zu diesem Thorsten Gartsch sprechen ..." Tenor war, dass er selbst und natürlich auch andere sich große Sorgen um mich machten. Ich könne schließlich ganz schnell in etwas „hineingeraten" oder „ausgenutzt" werden. Ich antwortete ihm: „Kurt, mach dir keine Sorgen, ich bin schon ein großer Junge, und ich weiß, was ich tue." Nach etlichen Warnungen und Verhaltenshinweisen verließ ich belustigt das Büro, da dieses Gespräch ziemlich krampfhaft war. Wie gesagt, Kurt mochte es nicht, sich mit Problemen innerhalb der Kollegenschaft auseinandersetzen zu müssen. Vielleicht war es ihm sogar egal, ob ich mit Thorsten verkehrte oder nicht. Aber er war die unterste Führungs-Ebene und musste somit dieses Gespräch führen, egal ob er wollte oder nicht und wie seine persönliche Meinung dazu war. Dieser Zwang bestimmte das Gespräch und erheiterte mich.

Jetzt aber mal im Ernst: Was hatte ich denn gemacht und in was für Gefahren sollte ich „hineingeraten"? Ich war mit Thorsten Gartsch befreundet, wir verstanden uns gut, grillten zusammen und fuhren Motorrad. Ja und? Schließlich gab es in diesem Land schon verurteilte Straftäter, die Parteien leiteten und Führungsaufgaben im Staat innehatten.

Es dauerte nur wenige Wochen, bis das nächste Gespräch folgte, nun auf der nächsthöheren Ebene beim „Leiter Hauptwache" EPHK Klaus-Harald Hechting. Ich kannte Klaus-Harald relativ gut, und wir waren auch per „Du". Klaus-Harald war ein großgewachsener Polizist, dessen Erkennungszeichen sein Cowboyhut war, den er privat fast immer trug. Im Dienst natürlich nicht. Sein dienstliches „Spezialgebiet" und besonderes „Bonbon" war der Bereich „Baustellen". Klaus-Harald wusste genau, in welcher Form und mit welchen Abständen zum Beispiel Warnbarken in einer Baustelle aufgestellt oder in welcher Höhe Warnschilder angebracht werden müssen. Seine größte Freude war es, Bauleitern Punkte zu verpassen, denn wenn es irgendwelche Fehler beim Aufbau einer Baustelle gab, wurde der Bauleiter dafür zur Rechenschaft gezogen. Es konnte auch schon mal mit Klaus-Harald durchgehen: An einem Sonntag während eines Schützenfestes wollte er zwei „seiner" Bezirksdienstbeamten, die im Festsaal frühstückten, losschicken, um eine Baustelle zu kontrollieren, die ihm auf der Hinfahrt als fehlerhaft ins Auge gesprungen war. Eine andere Geschichte war die mit seiner unbeliebten Nachbarin, die zufällig Bauleiterin war. Dummerweise hatte er ihr nie „eine reindrücken" können. Ihre Baustellen entsprachen immer den Regeln. Als es dann aber eines Tages soweit war, freute er sich wie ein Schneekönig darüber und jubilierte: „Ha, jetzt habe ich die endlich auch!" und lachte und lachte und lachte …

Ich saß vor seinem Schreibtisch und harrte der Dinge, die da kommen würden. Das Gespräch begann mit der Frage: „Was macht ein Polizeibeamter mit einem Hells Angel in einer Bank, wo es um die Überweisung eines sechsstelligen Betrages geht?" Ich musste auflachen, und von der gekünstelten Ernsthaftigkeit seiner Frage belustigt, erklärte ich, worum es damals gegangen war: „Der Italiener wollte in Deutschland Luxusautos kaufen und erwartete dafür einen hohen Geldeingang aus der Heimat. Wir waren bei der Bank, um zu fragen, wann das Geld kommt bzw. ob es schon angewiesen war."

„Das ist mir natürlich zugetragen worden, da ein Kollege mich darauf angesprochen hat", erwiderte er ernst.

Für mich war das Thema damit eigentlich erledigt. Dann kippte das Gespräch, und Klaus-Harald mimte jetzt den Kumpeltyp. „Tim, ich weiß ja, dass du ein helles Kerlchen bist, aber du musst trotzdem aufpassen!"

„Worauf ist das zu beziehen?"

„Du, die machen erst auf freundlich und dann wollen die was von dir."

„Was können ‚die' denn von mir wollen?"

„Ja, zum Beispiel einen Halter mithilfe eines Kennzeichens ermitteln."

„Klaus-Harald, was meinst du denn, was passieren würde wenn ich Thorsten Gartsch frage, ob ich nicht so einen Anstecker von den Angels haben könnte, weil der mir so gut gefiele? Was meinst du, was er mir sagen würde? Er würde sagen: ‚Tim, du weißt, das sind Member-Sachen, nichts für Außenstehende, geschweige denn ‚Bullen'.' Und wenn er mich nach einem Kennzeichen fragen würde, bekäme er zur Antwort: ‚Du, das sind vertrauliche Daten, und du weißt, dass ich dir die nicht geben darf oder werde.'"

Konsterniert murmelte er: „Ja, ja, stimmt."

Ich setzte nach und fragte direkt: „Klaus-Harald, was möchtest du von mir? Habt ihr mir irgendetwas vorzuwerfen?"

„Nein, nein, ich will dich ja nur sensibilisieren!"

„Das musst du nicht, denn ich bin von Natur aus vorsichtig. Verstoße ich denn gegen außerdienstliche Wohlverhaltenspflichten eines Polizeibeamten?"

„Äh, nein, aber ich möchte ja nur, dass du aufpasst."

„Ja, aber was mich an dieser Stelle einmal interessieren würde, inwiefern könnte ich denn dagegen verstoßen?"

Jetzt begann der baustellengeschulte Expertenschädel zu arbeiten: „Ja, äh, wenn du zum Beispiel mit einer Gruppe von Hells Angels Motorrad fährst, ihr von der Polizei angehalten werdet und du deinen Dienstausweis ziehst und sagst, dass alles in Ordnung wäre."

Ich tat begeistert: „Mensch, das ist gut zu wissen! Also im Fall einer derartigen Kontrolle, einfach nicht den Dienstausweis zeigen."

Er merkte langsam selbst, wie albern die gesamte Angelegenheit war. Daraufhin entließ er mich und wünschte mir noch viel Spaß mit meinem Motorrad.

Ich möchte an dieser Stelle hervorheben, dass ich zu jeder Zeit zu meinem Freund Thorsten gehalten und für ihn gesprochen habe. Dieses tat ich aus Überzeugung. Er ist ein fleißiger Mann, der nichts mit irgendwelchen krummen Geschäften zu tun hat. Genauso hatte ich den HAMC zu jeder Zeit in Schutz genommen, indem ich immer überzeugt sagte, dass „es überall schwarze Schafe gibt, aber man nicht alle über einen Kamm scheren kann und darf." Es gibt in diesem Club etliche Member, die reguläre Berufe bekleiden und es nicht verdienen, pauschal als kriminell abgestempelt zu werden. Diese Meinung teile ich auch heute noch.

Nach diesem Gespräch sollte es noch eine Ebene höher gehen, und ich wurde wenige Wochen später zum Leiter der Polizeiinspektion Detmold, Polizeioberrat (POR) Clemens Purzig bestellt. Purzig war ein „Goldener Fasan", trug zwei goldene Sterne und war zum damaligen Zeitpunkt Mitglied im Stadtrat. Er ist jemand, der immer mit den Wölfen heult, obwohl er immer ein Schäfchen war. Vielleicht urteile ich ein wenig ungerecht, aber ein Polizeibeamter, der nicht eine einzige Minute seiner Dienstzeit auf der Straße oder im Streifenwagen gearbeitet hat, weiß überhaupt nicht, was los ist. Seine polizeiliche Laufbahn führte über Studium, Kripo und LKA in den höheren Dienst. Das Ergebnis ist ein Polizist, der rein gar nichts von richtiger Polizeiarbeit verstand, weil er sie nie kennengelernt hatte. Leider ist er auch dafür bekannt, niemals eine klare Aussage zu treffen, und „seinen" Kollegen fällt er auf diese Weise in den Rücken, wie das nachfolgende Beispiel belegt: Uwe Brügge und Marian Illgner sind zwei Beamte, die für ihre Besonnenheit bekannt sind und als nicht aggressiv gelten. Sie bekamen folgenden Einsatz vor dem Landestheater Detmold zugewiesen: „Ruhestörung, Randalierer vor dem Landestheater. Es hält sich dort eine Gruppe alkoholisierter Jugendlicher auf, die Passanten anpöbeln und rechtsradikale Parolen rufen." Die Beamten trafen am Einsatzort ein, und das skizzierte Einsatzszenario stellte sich als wahr heraus. Der Horde wurde ein Platzverweis ausgesprochen. Bei abermaliger „Bestreifung des Einsatzortes" befanden sich die Ruhestörer wieder vor dem Theater. Also entschlossen sich Uwe und Marian, den Rädelsführer zur Verhinderung weiterer Straftaten und zur Durchsetzung des Platzverweises in Gewahrsam zu nehmen. Da er sich uneinsichtig zeigte, wurde er aus Eigensicherungsaspekten an beiden Armen ergriffen und auf der Motorhaube fixiert und durchsucht. Ein Besucher des Landestheaters beobachtete den Vorfall und prangerte das Verhalten der Beamten an. Er war zufälligerweise ein Bekannter von POR Purzig und rief umgehend bei seinem Bekannten Purzig durch und empörte sich auf das Äußerste über das überzogene Einschreiten der Beamten gegenüber dem armen Jugendlichen. Purzig rief im Handumdrehen auf der Wache an und wollte sofort mit PHK Uwe Brügge sprechen. Brügge schilderte ihm das gerade Erlebte und beteuerte, dass Kollege Illgner und er rechtlich und einsatztechnisch einwandfrei gehandelt hätten. Am Ende des Telefonats entgegnete POR Purzig trotzdem, dass für ihn immer noch eine Art Restzweifel bestehen würde. Uwe Brügge, über 30 Jahre Polizist, konnte dieses Verhalten und den Zweifel an seiner Integrität nicht fassen und war dermaßen aufgewühlt, dass er zu einem späteren Zeitpunkt seinen PI-Leiter noch einmal privat anrief, um ihm seine Enttäuschung mitzuteilen. Dieser beharrte jedoch auf seinem Standpunkt. So steht POR Purzig also zu „seinen" Untergebenen. Eine klare Ansage an seinen „Bekannten" wäre hier notwendig gewesen.

12. Das Gespräch

Am Tag des Gesprächs mit ihm hatte ich eigentlich frei, und so fand ich mich am frühen Morgen in Zivil und mit einem Exemplar des Lokalblattes unterm Arm im Gebäude der Kreispolizeibehörde Lippe ein. Mein Handy hatte ich auch dabei. Ich schaltete es jedoch vorsorglich ab und betrat das Büro, wo ich von POR Purzig begrüßt wurde. Zu meiner Verwunderung saß auch mein DGL Kurt Fleischer am Tisch. Purzig fragte mich etwas, ich hörte aber nicht genau hin und verstand nur „Wetter und Hemd" und entgegnete: „Ja, ist relativ luftig draußen. Übrigens, warum ist Herr Fleischer hier, soll ich mir auch jemanden hinzuziehen?"

„Ach, Herr K., Sie sind aber heute dünnhäutig. Herr Fleischer hat mich gebeten, bei dem Gespräch anwesend sein zu dürfen. Ansonsten hätte es nämlich mitprotokolliert werden müssen."

„Ich habe ja kein Problem damit, bin nur etwas irritiert", erwiderte ich und setzte mich. Purzig sprach mich noch auf mein Handy an, das ich in meiner linken Hand zusammen mit meinem Schlüsselbund hielt, und fragte scherzhaft, ob ich mitfilmen wollte. Dies verneinte ich wahrheitsgemäß und legte das Handy samt Schlüsselbund auf den freien Stuhl links von mir. Als sich Purzig mir gegenüber hinsetzte und eine Kopie des Zeitungsartikels mit dem Foto von Thorsten und mir auf den Tisch legte, änderte sich das Klima im Raum schlagartig. Es trat eine Eiseskälte ein. Ich kam Purzig zuvor und sagte: „Mensch, dasselbe habe ich auch mitgebracht, allerdings im Original und in Farbe."

„Oh, Herr K., Flucht nach vorne?"

„Herr Purzig, Flucht bedeutet ja, dass ich vor etwas weglaufen würde. Das muss ich gar nicht. Ich habe doch nichts zu verheimlichen."

„Ja, Herr K., wie dem auch sei. Es geht in diesem Gespräch um Ihre Beziehung zu diesem Thorsten Gartsch."

„Ja, und was ist daran nun auszusetzen?"

„Herr K., dieses ist dienstlich nicht erwünscht. Geschäftlich auch, jedoch kann man Ihnen das nicht verbieten. Ich lege Ihnen nahe, den Kontakt zu unterbinden!"

„Herr Purzig, das halte ich jetzt aber für gefährlich, denn da kommen in mir Gedanken auf an eine Zeit, die wir schon einmal in Deutschland hatten: ‚Deutsche, kauft nicht bei Juden!'"

„Herr K., nun hören Sie aber auf und werden nicht albern! Es ist inzwischen schon soweit, dass ich von Kollegen darauf angesprochen werde, dass ein Beamter meiner Behörde mit einem von den Hells Angels befreundet ist."

„Das finde ich jetzt aber interessant. Nennen Sie mir doch mal einen Kollegen, der Sie angesprochen hat."

„Das will ich gerne tun. Vor Kurzem gab es eine Veranstaltung bei der auch Mitarbeiter der OK-Dienststelle B.-Stadt anwesend waren und dort wurde ich von dem Kollegen Haupt angesprochen, dass es ja bei uns in Lippe Kontakte zwischen einem Kollegen und einem Hells Angel gäbe. Der Kollege Haupt ist übrigens ein Experte auf dem Gebiet und wäre jederzeit bereit, einmal mit Ihnen zu sprechen."

„Das ist ja schön, aber wenn er mit mir sprechen möchte, dann kann er sich auch gerne bei mir melden."

„Also wollen Sie nicht mit ihm sprechen?"

„Das habe ich doch gar nicht gesagt. Aber wie stellen Sie sich das eigentlich vor? Nach dem Motto ‚Hallo, hier ist der unerfahrene Dorfpolizist K., bitte helfen sie mir?'"

POR Purzig resignierte, „Herr K., es hat keinen Sinn. Wir kommen hier nicht weiter. Sie sind naiv und verblendet."

„Ich bin naiv und verblendet? Was werfen Sie mir eigentlich vor?"

„Herr K., begreifen Sie denn nicht, dass man etwas von ihnen will? Haben Sie schon einmal von der Philologie der Kriminalität gehört? Diese besagt, dass die organisierte Kriminalität ihre Fühler in bestimmte Bereiche der Gesellschaft ausstreckt, und Sie merken gar nicht, wie Sie eingespannt werden."

„Herr Purzig, ich passe schon auf, was ich tue. Ich habe mir nicht das Geringste vorzuwerfen. Oder habe ich bereits gegen meine Wohlverhaltenspflichten verstoßen?"

„Herr K., das habe ich noch gar nicht prüfen lassen. Das weiß ich nicht."

„Sie kennen diesen Menschen doch gar nicht. Der steht morgens um 6:00 Uhr auf und ist den ganzen Tag am arbeiten."

Jetzt schaltete sich auch „das Fleisch" ein: „Und dann verkauft er in 15 Jahren nur 50 Motorräder? Tim, der Gartsch ist bei uns als Raufbold und Schläger bekannt. Und was die da in Kassel gemacht haben, spricht ja auch für sich."

„Was haben die denn da gemacht? Einen Drogendealer aus dem Club geworfen und ihm die Klamotten weggenommen, die dem Klub gehören."

„Nach unserem Recht ist das ein Raub", sagte Kurt.

Jetzt schaltete sich wieder Purzig ein: „Der Gartsch ist Sergeant at Arms. Das heißt, er ist auch für die Bewaffnung des Clubs zuständig."

„Wie stellen Sie sich das eigentlich vor, Herr Purzig, dass bei ihm zu Hause die Sturmgewehre an der Wand hängen? Ich habe noch keins gesehen."

„Selbstverständlich hat der Waffen. Wenn ‚die' ‚ausfahren', fährt immer ein Fahrzeug hinter der Gruppe, in dem sich die Waffen befinden."

Ich dachte mir: „Warum wird dieses angebliche Transportfahrzeuge dann nicht einfach angehalten und kontrolliert?"

Es folgten weitere Unterstellungen von POR Purzig, z.B., dass der Gartsch „voll Geld steckt". Ich musste schmunzeln, denn ich wusste ja ungefähr um Tonis Verhältnisse Bescheid. Und es folgte nochmal der Hinweis, dass mein Kontakt zu ihm unerwünscht war. Ich entgegnete: „Sie verlangen gerade, dass ich einem Freund die Freundschaft kündigen soll, und das tue ich nicht. Ich habe mein Leben immer auf der Grundlage von gewissen Werten gelebt, und ich besitze Rückgrat. Wenn ich jetzt meinem Freund die Freundschaft kündige, kann ich mich abends nicht mehr im Spiegel betrachten."

Purzig stammelte daraufhin, dass auch er Rückgrat besitzen würde – ich lachte innerlich. Das Mitarbeitergespräch, das schon etwa 45 Minuten andauerte, näherte sich damit dem Ende. Purzig bilanzierte noch, dass seine Botschaft bei mir nicht angekommen sei und man nun gucken müsse, wie es weiterginge. Er wisse noch nicht, ob jetzt ein Disziplinarverfahren eröffnet werde, aber er würde den Leiter GS, Herrn Wendtland, über das Gespräch informieren, da dieser ohnehin Rapport in dieser Angelegenheit erwarte. Ich nahm es zur Kenntnis, schnappte mein Handy und den Schlüsselbund vom Stuhl, verabschiedete mich höflich und verließ das Büro.

Dieses Gespräch eröffnete die Treibjagd auf mich. Es sprach sich in der gesamten Behörde samt Nebenstandorten herum. Schon bald wusste jeder, dass „K." bei POR Purzig „antanzen" musste, und den Grund konnte sich jeder zusammenreimen. Dieses Gespräch wurde meine öffentliche „Hinrichtung" in der Behörde, denn wenn ein kleiner Streifenbeamter wie ich zu einem „Goldenen Fasan" zitiert wurde, dann musste schon etwas Bedeutendes passiert sein. Fakt war jedoch, dass rein gar nichts passiert war, sondern alles nur unnötig aufgebauscht wurde. Führungstechnisch eine glatte Sechs für POR Purzig.

Als ich meine Niederschrift des Gesprächs dann einem meiner besten Freunde vorlas, sagte er mir voller Respekt: „Tim, alle Achtung! So eine Geradlinigkeit und Standhaftigkeit ist beeindruckend. Von 100 wären 99 eingeknickt. Du aber nicht, und dieses Gespräch hast du klar für dich entschieden." Diese Aussage meines Freundes machte mich sehr stolz. Ich nenne jetzt nicht seinen Namen, aber er wird wissen, dass ich ihn meine. Ich grüße dich, mein Freund!

13. Folgeerscheinungen

Das Gespräch mit dem Polizeiinspektionsleiter hatte in mehrfacher Hinsicht genau das Gegenteil dessen bewirkt, was es erreichen sollte. Ich war noch „uneinsichtiger" als vorher, und was noch schwerer wog: Aus den aufgezogenen Gewitterwolken wurde nun ein Taifun, der gegen mich losbrach. Ich war für die Kollegen ein Aussätziger und wurde folglich ausgestoßen. Ein mir noch wohlgesinnter Kollege brachte es treffend auf den Punkt, als er mir sagte: „Weißt du, was du für die bist? Ein Verräter, das personifizierte Misstrauen und einer, der die Seiten gewechselt hat." Für mich war das unbegreiflich. Welche Seiten hatte ich gewechselt, und was, ganz einfach gefragt, hatte ich eigentlich falsch gemacht?

Beim nächsten Nachtdienst fuhr ich mit meinem Streifenpartner Michael Pohlhans. Er war ein vorbildlicher Kollege, der niemals gegen das System aufbegehrt hatte oder hätte und viel älter wirkte, als er war. Michael war Ende 30 und hatte das volle Beamtenpaket bereits erreicht: Frau, Kinder, Eigenheim, Hund. Vor Jahren war er beim Einstellungstest zum SEK kläglich gescheitert, was ihm bis heute sehr zu schaffen macht. Dafür hatte er gegen einen wesentlich dienstälteren Kollegen „geschrieben", was bedeutet, dass er ihm viel Ärger eingebrockt hatte, indem er sich darüber beschwert hatte, dass der Kollege einen betrunkenen und am Boden liegenden Randalierer noch nachträglich geschlagen hätte. Dieser ältere und erfahrene Kollege hatte mir die Begebenheit jedoch völlig anderes geschildert, nämlich so, dass der Betrunkene sich vorher mit Händen und Füßen gewehrt hatte und damit auf dem Boden liegend fortfuhr. „Kollege" Pohlhans war eben ein vorbildlicher Polizeibeamter.

Er begann das Gespräch mit folgender Frage: „Und, hattest du ein Gespräch mit Purzig?"

„Ja, hatte ich."

„Ich finde ja, dass Herr Purzig recht hat."

„Womit hat er denn recht?"

„Dass er deinen Kontakt da unterbinden will."

„Das ist also deine Meinung? Na gut, aber jetzt frage ich dich ganz direkt: Hast du denn was an mir auszusetzen? Hast du ein Problem, mit mir mittelfristig zusammenzuarbeiten?"

Pohlhans überlegte einen Augenblick und sagte: „Jein".

Ich guckte ihn an und entgegnete: „Jein indiziert ja zumindest zu 50 %, dass du damit ein Problem hast. Womit hast du denn ein Problem? Was könnte ich denn Schlimmes anrichten?"

„Also, ich finde deine Freundschaft da schon sehr bedenklich. Du kannst doch noch gar nicht absehen, in was für Situationen du da reingeraten kannst."

„Dann hilf mir, und erzähle, was das für Situationen sein könnten."

„Stell dir mal vor, du fährst jetzt mit dem zusammen Motorrad, und auf einmal hält der vor einem Restaurant, steigt ab, geht da rein, um Schutzgeld abzuholen."

Im ersten Augenblick dachte ich, „Kollege" Pohlhans wollte mich veräppeln, begriff aber schnell, dass er es ernst meinte. „Sag mal, das glaubst du doch wohl nicht allen Ernstes?"

„Wieso denn nicht? Weißt du das?"

„Ich kann dir versichern, dass so etwas nicht passieren wird."

„Aber wenn so etwas mal passiert und du nichts davon wusstest, dann haben ‚die' dich in der Hand und können dich zwingen, bei anderen Sachen mitzumachen."

„Sag mal, guckst du zu viel Fernsehen? Das ist doch lächerlich. Außerdem kann ich dich beruhigen, die wollen mit ‚Bullen' nichts zu tun haben. Ich könnte noch nicht mal mit zu einer Party kommen, denn als ‚Bulle' wäre ich da nicht willkommen."

„Trotzdem habe ich da ein Misstrauen. Du könntest ja auch was verraten."

„Wieso hast du ein Misstrauen? Ich bin ein kleiner ‚Streifenbulle', der Verkehrsunfälle aufnimmt und Streitigkeiten schlichtet. Selbst wenn ich wollte, und ich würde das nie tun, was könnte ich denn verraten? Wir kriegen doch überhaupt gar nichts mit, wenn Aktionen gegen die Angels laufen, da die hohen Kripoleute gar nicht mit uns dummen ‚Schutzis' sprechen. Oder hast du schon jemals von einer Razzia oder einer Aktion erfahren?"

„Ja, da hast du natürlich auch wieder recht."

So erstarb langsam die Unterhaltung, und wir fuhren wieder „rein". Es wurde allerdings zur Tagesordnung, dass ich während der Streifenfahrten von unterschiedlichen „Kollegen" höhnische Fragen gestellt bekam. Wenn wir an einem Imbiss vorbeifuhren, hieß es: „Na, habt ihr da schon Schutzgeld kassiert?" Wenn wir am örtlichen Bordell vorbeikamen, in das angeblich Mitglieder der Hells Angels involviert waren: „Steht da dein Motorrad drin?" Einmal trug ich, als ich zum Dienst erschien, ein Poloshirt, auf dem die Nummer „zwei" auf den Ärmel genäht war. Ich begrüßte einen Kollegen mit Handschlag und kurzer Umarmung, worauf ein anwesender Vorgesetzter frotzelte:

„Begrüßt ihr euch so im Chapter?"

„Das heißt Charter", antwortete ich, ohne auf das dumme Geschwätz einzugehen.

„Steht die Zwei für deine erlegten Gegner?"

„Damit kommste aber nicht hin."

Beim privaten Training im Fitnessstudio begrüßten mich dort ebenfalls trainierende Kollegen mit: „Hey, bist du jetzt der neue Waffenwart? Ist das eine Hose von euch?" Ich trug eine kurze rote Trainingshose. Innerhalb des Dienstgebäudes verweigerten mir „Kollegen" den Handschlag oder blickten in eine andere Richtung, wenn sie mich sahen. Ein hochrangiger Kripobeamter, den ich privat aus dem Fitnessstudio kannte, guckte mich während des Dienstes erst feindselig an, um dann bewusst zur Seite zu blicken. Mit der Zeit hatte ich sogar abteilungsübergreifend meinen Stempel aufgedrückt bekommen. Auch auf der „Leitstelle" zerriss man sich schon das Maul über mich. Selbst in Bad Salzuflen, einem entfernten Außenstandort, war der Polizist K. bekannt als „der mit den Hells Angels".

In der Anfangszeit fand ich das noch witzig, und ich stieg oft genug in scherzhafte Dialoge ein. Jedoch höhlt der stete Tropfen auch den härtesten Stein. Mittlerweile gab es Vorgesetzte, die mich nicht mehr bei sogenannten Sondereinsätzen (Volksfeste, Kirmessen, Tanzveranstaltungen) als Einsatzkraft dabei haben wollten, weil ich ja als Aggressor und Schläger bekannt sei. Früher hatte man um meine Anwesenheit gebuhlt. Auf einer Fortbildungsveranstaltung saß ich ziemlich nah am Ein-/Ausgang. Als die Pause begann, strömten die zahlreichen Teilnehmer durch die Tür, an der ich nun stand. Mein Dienstgruppenleiter bewegte sich ebenfalls mit mehreren Kollegen auf diese zu, sah mich und sagte vor der gesamten Gruppe zu mir: „Na Tim, das ist der richtige Job für dich, oder? Türsteher!"

Ich antwortete: „Kurt, hier gibt's doch keine Gegner."

Er durfte dann auch wieder das nächste Mitarbeitergespräch mit mir führen. Dieses Mal versuchte er mir zu suggerieren, dass meine anfänglich guten Leistungen inzwischen in den Keller gerutscht seien und ich mit keiner guten Beurteilung mehr rechnen dürfe. Ich entgegnete, dass ich wie immer arbeiten würde, aber sollte ich nicht befördert werden, könnte ich damit auch gut leben. Auf die mit der Beförderung verbundenen 200 Euro könne ich getrost verzichten. Man konnte ihm jetzt förmlich ansehen, dass in diesem Augenblick eine Welt in ihm zerbrach. Beförderung und Geld sind für die meisten im Verein die alles entscheidenden Triebfedern.

Mittlerweile dauerte dieses Mobbing, die Lästerei und das Ausgrenzen schon fast ein Jahr. Und was ich anfangs nicht für möglich gehalten hatte, war inzwischen eingetreten: Erste gesundheitliche Folgen machten sich bemerkbar. Ich litt inzwischen an Schlafstörungen, die ich mit Unmengen von Tabletten erfolglos zu lindern versuchte. Übelkeit und Depressionen gesellten sich hinzu. Wenn ich an den Dienst dachte und an das Zusammentreffen mit den „Kollegen", zog sich mir der Magen zusammen, und alles sträubte sich dagegen. Wut, Hass und eine regelrechte Aversion gegen die Polizei hatten sich in mir breitgemacht. Ich verabscheute meine Uniform, den Anblick eines Streifenwagens, und wenn ich im Fernsehen Polizei sah, musste ich umschalten. Ich fragte mich zunehmend, was sich diese Lemminge einbildeten. Was maßen sich diese Speichellecker an? Ich war voller Idealismus und mit dem Gefühl zur Polizei gekommen, dafür berufen zu sein. Ich hatte die feste Absicht, in meinem Wirkungskreis Gutes zu tun, den Schwachen und Bedürftigen zu helfen, die Schlechten und das Böse zu bekämpfen. Meiner Meinung nach habe ich diesen Vorsatz auch bestmöglich umgesetzt. Ich war niemand, der dem normalen Bürger in einer 30er-Zone auflauerte und ihn über den Tisch zog. Ich kümmerte mich eher um die, die den Schwächeren weh tun oder schaden wollten. Natürlich bewältigte ich auch das tägliche Einsatzgeschehen, aber mein Hauptanliegen war es, Recht und Gerechtigkeit durchzusetzen. Hehre Werte hatte ich mir auf die Fahne geschrieben. Und jetzt kam diese größtenteils heuchlerische, verlogene und feige „Herde" daher und bezeichnete mich als „Verräter", „Nestbeschmutzer" und „Kriminellen". Man hatte mir ungeschminkt ins Gesicht gesagt: „Jetzt wissen wir, wo die dicken Autos und die Harley herkommen." Und nicht wenige munkelten, dass schon intern gegen mich ermittelt wurde. Für mich brach eine Welt zusammen, und alles, woran ich geglaubt hatte, wurde zerstört. Natürlich hinterfragte ich mein Verhalten, aber ich fand keinen plausiblen Grund, der das Verhalten, das Mobbing meiner „Kollegen" gegen meine Person rechtfertigte. Ich hatte nichts Falsches oder Unrechtes getan.

Der Tropfen, der das Fass zum Überlaufen brachte, wurde mir durch meinen Lieblingskollegen eingeschenkt. Er war und ist auch einer meiner besten Freunde. Uns verbinden die gleichen Werte, daraus resultierende kostbare Gespräche, eine besondere Art des Humors über die Nichtig- und Belanglosigkeit des Dienstes und der Gesellschaft und nicht zuletzt das gemeinsame Interesse an den vielen Facetten der Kampfsportarten. Damals trainierten wir des Öfteren in unserer Freizeit miteinander, und im Dienst waren wir ein unschlagbares Team. Jeder wusste, in welchem Maße wir miteinander befreundet waren. Dieser Kollege sprach mich also eines Tages an, um mir etwas zu sagen. Es schien, als ob er mit sich gerungen hatte. Letztlich vertraute er sich mir aber aufgrund unserer Freundschaft an und berichtete, dass mehrere Kollegen an ihn herangetreten wären, um ihm zu verstehen zu geben, dass „sein Kontakt und seine Nähe zu mir seinem Ruf schadeten". Als ich das hörte, war für mich das Fass übergelaufen. Nicht mal im Traum hatte ich daran gedacht, jemals eine solche Entscheidung treffen zu müssen, im Gegenteil, es sollte gelten: „Die kriegen mich nicht klein und beißen sich an mir die Zähne aus." Nach dieser „Beichte" stand mein Entschluss sofort fest: Zu diesem abstoßenden „Haufen" willst du nicht mehr gehören. Wer war ich denn? Ein Aussätziger? Ein Ekzem, dem man sich nicht nähern sollte? Jetzt war Schluss, denn das musste und wollte ich mir nicht mehr bieten lassen. Noch am selben Tag fuhr ich zu einer bekannten Psychologin nach Lemgo, Frau Dr. Jensen-Pauls. Ich kam nach einiger Wartezeit auch ohne Termin dran und schilderte ihr meine Erlebnisse und meine Gefühlswelt des letzten Jahres. Sie war schockiert und fassungslos. Und schon während dieses ersten Termins war ihr klar, dass eine Rückkehr zur Polizei undenkbar war. Schon während des Gesprächs fragte sie mich nämlich nach meiner zukünftigen beruflichen Vorstellung. Und ob Sie es glauben oder nicht, sie schlug mir schon damals vor, ein Buch über meine Erfahrungen und Erlebnisse zu schreiben.

Frau Dr. Jensen-Pauls überwies mich dann zu einer Weiterbehandlung. Ich wählte hierfür Frau Dr. Wermeling aus, die auch als Bereitschaftsärztin für die Detmolder Polizei tätig war und Psychiaterin ist. Ich suchte sie schon am nächsten Tag auf und fühlte mich bei ihr sofort gut aufgehoben und in besten Händen. Nachdem ich auch ihr meine Erlebnisse geschildert hatte, sagte sie zu mir: „Herr K., wie konnten Sie das nur so lange aushalten? Wieso sind Sie nicht schon viel eher gekommen?"

„Frau Doktor, ich bin kein Mensch, der aufgibt oder zusammenbricht. Außerdem bin ich niemand, der gerne krankgeschrieben ist, aber irgendwann ging es nicht mehr."

„Das hat doch überhaupt nichts mit aufgeben zu tun. Die Situation, der Sie ausgesetzt waren, ist doch einfach nur unerträglich und nicht hinnehmbar. Ich nehme Sie jetzt drei Wochen raus. Sie müssen erst einmal zur Ruhe kommen. Das ist ja unerträglich."

Das Datum war der 25.4.2009. Seit diesem Tag habe ich nie wieder eine Uniform getragen. Als ich Wochen später mit meinem Hausarzt Dr. Wang, einem Chinesen, sprach, fragte er mich, ob ich denn nicht dem Wunsch der Kollegen hätte entsprechen können. Ich antwortete: „Dr. Wang, stellen Sie sich einmal vor, ich würde angesprochen werden, warum ich denn ausgerechnet bei Ihnen Patient bin. Es würde doch auch genügend deutsche Ärzte geben." Er verstand sofort, und seit diesem Tag stand auch er bedingungslos hinter mir und konnte nur den Kopf über das Verhalten „unserer" sogenannten Polizei schütteln.

14. Ein glänzender Anwalt und Freund

Frau Dr. Jensen-Pauls erteilte mir während meines ersten Besuchs bei ihr zwei Auflagen: Ich sollte mich um einen Psychotherapeuten bemühen und mir gleichzeitig einen Anwalt besorgen. Zu diesem Zeitpunkt wusste ich noch nicht, wie unermesslich wichtig dieser zweite Punkt sein würde. Ich bin ein Mensch, der an das Schicksal und Fügungen glaubt. Dinge geschehen, weil sie geschehen sollen, und man trifft die Menschen, die man treffen soll. Wenn wir an einen bestimmten Punkt, eine Weggabelung, kommen, dann ist es gleichgültig, ob wir vorher dreimal links und einmal rechts abgebogen sind oder einmal links und zweimal rechts. Es ist egal, weil wir an einem uns vorherbestimmten Punkt stehen. Das ist zumindest meine Ansicht.

Einige Tage vor meinem ersten Arztbesuch erhielt ich eine SMS von einem kostbaren Freund. Seine Frau hatte ihm von einem Anwalt in B.-Stadt erzählt, der über einen sehr guten Ruf verfügte und zudem ein Experte auf dem Gebiet des Beamten- und Verwaltungsrechts war sowie ein Fachmann im Bereich des Waffenrechts. Einer inneren Stimme folgend, schickte mir mein Freund den Namen des Anwalts mit dem Zusatz, dass ich mich in nächster Zeit dort einmal melden sollte. Es gab keine Absprache oder sonstiges zwischen ihm und seiner Frau. Entweder war diese SMS ein glücklicher Zufall, oder es war eine dieser schicksalhaften Fügungen. Der Name des Anwalts ist Ahrend, Erster Polizeihauptkommissar a.D. Er kommt also auch aus diesem „Laden".

Die Auflage meiner Ärztin im Hinterkopf und der Empfehlung meines Freundes folgend, ermittelte ich die Anschrift und Telefonnummer der B.-Stadter Kanzlei und rief an. Die freundliche Empfangsdame gab mir kurzfristig einen Termin, den ich auch sehr gespannt wahrnahm. Ich wusste nicht, wer oder was mich erwartete, als ich zu Rechtsanwalt Ahrend herein gebeten wurde, aber bereits nach wenigen Augenblicken hatte ich das Gefühl, dass ich einen Vertrauten gefunden hatte und sehr gut aufgehoben sein würde. Rechtsanwalt Ahrend war ein älterer, gütiger Herr, der Entschlossenheit ausstrahlte und von Werten erfüllt ist. Ich bezeichne ihn als Ritter und Offizier, und ich meine damit, dass er ein Ehrenmann ist, von denen es heute leider nur noch sehr wenige gibt. Seine Integrität und Zuverlässigkeit suchen ihresgleichen. Auf sein Wort ist unbedingt Verlass. Ich bilde mir ein, dass auch ich ihm sympathisch war.

Ich schilderte ihm nach anfänglichem Plausch und der obligatorischen Vorstellung, was mir in den letzten Monaten bei der Polizei widerfahren war. Ich sagte ihm auch, dass es nie meine Intention gewesen war, diesen Weg zu gehen, meine gesundheitliche Situation mir jedoch keine andere Wahl ließe. Herr Ahrend stand auf und fragte mich: „Herr K., wollen Sie raus oder wollen Sie bleiben?"

Ich überlegte nur einen kurzen Moment und antwortete: „Ich will raus."

Er reichte mir seine Hand, und ich schlug ein. „Herr Ahrend, selbst wenn ich es wollte, ich könnte gar nicht mehr zurück, und ich will es auch nie mehr."

„Herr K., ich kenne diesen Verein, und Sie müssen mir gar nichts mehr erzählen."

Im Laufe unserer Gespräche stellte sich heraus, dass der Rechtsanwalt seine Polizeilaufbahn beendete, als er begann, Dinge zu hinterfragen. Weil er des heuchlerischen und cliquenhaften Verhaltens überdrüssig wurde, studierte er neben dem Polizeidienst Rechtswissenschaften in Münster und schied nach dem Abschluss aus dem Dienst aus. Er wurde ein guter Anwalt. Damit hatte die Polizei einen ihrer Besten verloren, denn Ahrend war ein Polizeiführer mit Ausstrahlung, jemand, dem seine Leute vertrauten und der die Einheiten von vorn führte; er war ein Offizier, der Verantwortung übernahm, Unannehmlichkeiten selbst ausfocht und keine Zweifel aufkommen ließ, wenn die Führungs- und Einsatzmittel zur Verfügung gestellt wurden. Zur Ausrüstung der Einsatzkräfte gehörten bei ihm immer Maschinenpistolen und Sturmgewehre. Ahrend bewegte sich stets auf dem Boden des Rechts. Das war kein Wunder, denn dieses beherrschte er wie kein Zweiter aus seinen Reihen.

Als Anwalt war Ahrend in unterschiedlichen Funktionen tätig. Er war Justitiar im Landtag von Sachsen-Anhalt, Kommentator des Waffenrechts, Repetitor und mit erheblichen Rechtssachen befasst. Er hat auch die GSG 9 nach dem tödlichen Schusswaffeneinsatz in Bad Kleinen erfolgreich vertreten. Ahrend gab auch nicht auf, als er durch einen Schlaganfall zu Boden geworfen wurde. Während des Mandats suchte ich ihn mehrfach im Krankenhaus auf. Es war bemerkenswert, wie er gegen die gesundheitlichen Einbrüche ankämpfte. Im Krankenhaus frönte er auch seinem Hobby, der Militärluftfahrt. Aber auch Gesetzestexte und Kommentare standen parat.

Als seinen Dienstgrad nennt Ahrend immer den des regulären Polizeiwachtmeisters, was seine Bindung an die alte Polizei verdeutlichen soll. Für ihn gibt es keinen Stillstand, sondern nur die Verbesserung und den Fortschritt. Eine seiner Fähigkeiten ist, dass er unmittelbar aus dem Gedächtnis heraus ganze Paragraphenketten nur so aus sich heraussprudeln lässt. Einmal fragte ich ihn, wie er sich all das merken könne. Er antwortete: „Lieber Herr K., der Herrgott hat mir eine ganz gute Birne gegeben", und schmunzelte.

Bei meinem zweiten Besuch in der Kanzlei brachte ich Bilder mit, die mich im Einsatzoverall des SEK zeigten und Urkunden von meinen dienstlichen Schießerfolgen, die ihn erfreuten. Im Gegenzug erhielt ich ein Bild von ihm und General Wegener, dem legendären Kommandeur der GSG 9, der bei der Erstürmung der Lufthansamaschine „Landshut" in Mogadischu den Einsatz geleitet und als einer der ersten das Flugzeug gestürmt hatte. Das Vertrauen zwischen uns wuchs stetig, und während einer schlaflosen Nacht schrieb ich ihm einmal folgende SMS: „Die Garde stirbt, aber sie ergibt sich nie." Er sagte mir später, dass er nach dieser Nachricht wusste, wes Geistes Kind ich war. Kurze Zeit später erhielt ich von ihm folgende SMS: „Lieber Herr K., Sie sind kein PK, sondern Offizier. Ein Leutnant ist eben kein Kommissar." Das aus der „Feder" eines solchen Mannes zu lesen erfüllte mich mit Stolz, und er hätte mir kein schöneres Kompliment machen können. Ich begann nach vorne zu blicken und war mir sicher, dass ich nichts mehr mit diesem „Haufen" zu tun hatte. Herr Ahrend sollte mir Anwalt, Vertrauter, Leidensgenosse und väterlicher Freund zugleich werden und mich bei allen behördlichen Terminen begleiten. Er war schließlich der Einzige, dem ich in dieser Hinsicht vertrauen konnte. Dieser Mann sollte mir irgendwann das Leben retten.

15. Das hässliche Gesicht

Das B.-Stadter Charter des HAMC hatte sich mittlerweile etabliert, und Toni fuhr jeden Donnerstag zum Clubabend. Irgendwie kam es mir häufig so vor, dass er nach Feierabend lieber noch mit uns vor seinem Laden gesessen hätte, als sich fertig zu machen und aufzubrechen. Später stellte sich heraus, dass ich mich nicht getäuscht hatte. Aber Pflicht war nun einmal Pflicht. Toni besuchte zuverlässig beinahe jeden Clubabend seines MCs.

Präsident Paul B., überall bekannt als Braunbär, spielte sich gerne als Alleinherrscher auf, und man konnte meinen, dass er seinen Lehrmeister Falk aus Hannover kopieren wollte. Der wiederum war froh, dass er diesen Primaten, der in Hannover sein Laufbursche und Mann fürs Grobe gewesen war, nicht mehr um sich haben musste. Braunbär war fast zwei Meter groß, massig, über 130 Kilogramm schwer und früher als brutaler Türsteher und Käfigkämpfer bekannt. Inzwischen war er vom regelmäßigen Alkoholkonsum ordentlich aufgedunsen. Zudem ließ er keine Line aus, und seine guten Jahre schienen lange hinter ihm zu liegen. Braunbär war ein alter Bekannter der B.-Stadter Polizei, da er bereits mehrere Male wegen BTM-Handels im Gefängnis gesessen hatte. Aus „unerklärlichen" Gründen durfte er das letzte Mal seine Haftstrafe vorzeitig beenden, ganz im Gegensatz zu seinen beiden Mittätern, welche voll absitzen mussten. Ein Schelm, wer Böses dabei denkt …

Aus Kampfsportkreisen hörte ich, dass „Brauni" andere Dealer ans Messer lieferte und in der jeweiligen Disco, in der er gerade tätig war, niemals eine Razzia stattgefunden hatte.

Braunbär besitzt eigentlich gar keine Nase mehr, sondern nur noch ein plattgedrücktes Stück Fleisch mitten im Gesicht, was dieses nicht nur primitiv, sondern auch abgrundtief hässlich aussehen lässt. Gepaart mit einem sehr schlicht strukturierten Verstand, machte es diesen Typen zum abstoßendsten Individuum, das man sich nur vorstellen kann. Über das Schicksal seiner Nase kursieren unterschiedliche Gerüchte. Einige behaupten, eine Hantel sei auf die Nase gefallen, andere sagen, er habe sich das Nasenbein entfernen lassen müssen, nachdem ein paar Südländer ihm nach einem Streit einen Baseballschläger durchs Gesicht gezogen haben. Er selbst macht in der Stern-Reportage über die Höllenengel Hannover den Witz, dass das „vom häufigen Oralverkehr kommt".

Man möchte meinen, dass der Präsident eines Hells-Angels-Charters eine mächtige und wohlhabende Persönlichkeit sein muss. Das ist auf Grund von guten Kontakten und Beziehungen (siehe z.B. Hannover) in anderen Chartern auch oft gegeben. Nicht jedoch in B.-Stadt. Offiziell bezog „Brauni" Hartz IV und machte eine Umschulung zum Fernfahrer. Er fuhr einen alten verrosteten Opel Corsa, für den er sich offensichtlich schämte, denn er parkte ihn immer abseits. Ab und zu fungierte er in einer Disco in Herford noch als Türsteher. Trotzdem konnte er sich für seine verbeulte Harley, die neben der von Falk G. in Tonis Werkstatt stand, nicht einmal eine Batterie für 100 Euro leisten. Wie gesagt, „Braunis" beste Zeiten waren zumindest in finanzieller Hinsicht schon lange vorbei – wenn es sie überhaupt einmal gegeben hatte. Toni hingegen fuhr einen großen schwarzen Mercedes, tolle Motorräder und flog oft in seine angemietete Wohnung nach Marbella. All das stieß Paul mit der Zeit immer mehr auf. Anfangs hatten sich die beiden noch sehr gut verstanden und sogar gemeinsam mit ihren Freundinnen eine Boxveranstaltung von Mario Huck in B.-Stadt besucht. Bei solch einer Gelegenheit konnte er natürlich mit seiner

Kutte auf wichtig machen, stolz „Schau laufen" und jeglichem Gesocks eifrig die Hände schütteln.

Dies ist das ungeschönte Bild von Braunbär. Ich möchte, dass Sie diese Art von Leuten so sehen, wie sie wirklich sind: Es sind nämlich keine tollen Typen mit Macht und Einfluss, sondern Versager, Gescheiterte mit schlechtem Charakter und großer Klappe. Ohne ihre Kutte sind solche Individuen weniger als nichts. Hier in der JVA Dortmund habe ich jemanden aus Minden kennengelernt, der einmal von „Brauni" in einem Bordell seiner Heimatstadt angepöbelt wurde. Er zog sofort seine Pistole und hielt sie dem Braunbär vor sein Gesicht, worauf der zwar rumschrie, sich aber nicht mehr bewegte. Trotz allem war „Brauni" nicht zu unterschätzen, denn während einer Zechtour in B.-Stadt mit acht seiner Brüder schlug er einen Mann, der ihm auf die Nerven ging, mit zwei Schlägen krankenhausreif. Auch diese Meldung ging mit dem Hinweis auf das flüchtige Fahrzeug durch die Polizeirechner. Es war auf Toni zugelassen, und wieder einmal hielt Toni brav seinen Arsch hin.

Mit der Zeit erhärtete sich mein Verdacht, dass gewisse Kreise der Polizei mit diesem vorbestraften Drogenhändler zusammenarbeiteten. Als Toni seinen Präsidenten von der Existenz des VS-Rundschreibens bezüglich der Gründung des B.-Stadter Charters informierte, reagierte dieser nicht wie erwartet erfreut oder erstaunt, sondern eher gereizt und schockiert.

„Woher weißt du das? Das weiß ich auch schon längst. Ich habe es sogar im Original."

„Woher hast du denn das?"

„Ich kenne da eine in der Poststelle."

Als Toni mir diesen Dialog schilderte, gab ich nur zu bedenken: „Eine E-Mail läuft heutzutage also noch über eine Poststelle, und dazu erhält eine zivile Mitarbeiterin Einblick in ein VS-Rundschreiben?" Obwohl auf jedem Clubabend über jede noch so belanglose Neuigkeit gesprochen wurde, unterließ es „Brauni" sogar, seinen Mentor und eigentlichen Gründer des B.-Stadter Charters, Falk, darüber zu informieren. Während eines Einkaufs in einem Elektromarkt traf ich zu jener Zeit zwei Kollegen der ZKB Detmold, zwei, mit denen ich mich noch verstand und die noch keine allzu großen Vorbehalte gegen mich hegten. Wir kamen ins Gespräch, welches natürlich irgendwann bei meinen Kontakten zu den Engel landete. Ich verteidigte Tonis B.-Stadter Brüder sogar noch und sagte: „Aber jetzt mal ehrlich: Die machen doch gar nichts." Daraufhin vertraute mir einer der Beamten an, dass zumindest gegen Braunbär noch offene BTM-Verfahren anhängig waren. Das war für mich überraschend, denn ich besaß den „09-Ausdruck" (für den Laien übersetzt: den Polizeirechnerausdruck der Person), in dem alle Verfahren, Personendaten und personengebundenen Hinweise ausgewiesen waren. Seit etlichen Jahren gab es in diesem jedoch keine aktualisierten Eintragungen bezüglich stattgefundener Straftaten. Vielleicht wurden diese bewusst nicht eingetragen. Ich wurde hellhörig. Braunbär war zumindest für mich ein „Bullenspitzel". War das der Grund, warum er noch immer frei herumlief, oder ließ man den Loser mit der Absicht draußen, ihn bei Bedarf aus dem Hut zu zaubern und der Bevölkerung zu zeigen, wie gefährlich und dumm die Rocker sind?

16. Ein Spitzel kommt selten allein

Mittlerweile war ich ein bekennender Supporter der Hells Angels geworden. Ich trug Support-Shirts und Pullover – einige davon hatte mir Toni geschenkt – und meine Kutte, die offizielle rot-weiße Aufnäher, sogenannte Patches zierten. Ich zog diese jedoch nur zum Motorradfahren über. So manch' Member, der bei Toni zu Besuch weilte, dachte wohl im ersten Augenblick, dass einer von „ihnen" ankommen würde, wenn ich auf meinem Bike und in meiner Kutte vorfuhr. Ich wurde immer mit Respekt begrüßt. Es wusste ja auch keiner, dass ich offiziell noch ein „Bulle" war. Mein Engagement und die Begeisterung für den Club rührten in erster Linie daher, dass ich mit Toni befreundet und er für mich der Inbegriff eines Hells Angels war: ehrlich, zuverlässig, loyal, freiheitsliebend und bereit, für sich und seine Freunde mit allen Mitteln einzustehen. Braunbär verkörperte für mich genau das Gegenteil. Und solche Exemplare „Mensch" lehnte ich schon immer ab.

Noch im Jahr 2008 berichtete Toni mir einmal, dass ein unter 20-Jähriger beim B.-Stadter Charter vorgesprochen und eine sehr gute Figur abgegeben habe. Ein Kernpunkt seiner Ansprache war, dass er Kameradschaft und eine Gruppe mit Werte suche, die er in rechtsradikalen Kreisen nicht gefunden habe. Ich sagte zu Toni: „Sag mal, ich dachte ihr seid die Hells Angels und kein Kindergartenverein. Was wollt ihr denn mit so einem Balg? Der kann erst mal erwachsen werden und in ein paar Jahren wiederkommen. Ihr macht euch doch lächerlich." Das war am selben Abend, an dem wir die Fertigstellung meines Babys feierten, erst beim Italiener und anschließend im Puff. Genauer gesagt im Saunaclub Harem. Toni war aber schon zu voll, um darauf zu antworten. Ich denke, dass er genau so dachte.

Dieses Kind wurde dem Club von Ray zugeführt, ehemals Antares MC Herford, dann Hells Angels Hannover, jetzt B.-Stadt und bekannt als Sprachrohr und Stiefellecker von Braunbär. Das Balg besaß noch keinen Motorradführerschein, geschweige denn ein Motorrad, war aber bereits im Umfeld der Angels angekommen. So viel zu den Selektionskriterien der B.-Stadter Abteilung des bekanntesten Motorradclubs der Welt.

Der kleine Scheißer hieß Pfeifer, und als neuer Hangaround im Charter durfte er von nun an den großen Hartz-IV-Empfänger-Präsidenten rund um die Uhr durch die Gegend chauffieren und andere Frondienste verrichten. Irgendwann rief Paul bei Toni an und fragte, ob der Kleine bei ihm ein Praktikum und danach gegebenenfalls eine Lehre als Zweiradmechaniker machen könne. Gutmütig, wie Thorsten war, und weil die Bitte von einem Bruder kam, willigte er ein. Paul bedankte sich und nahm die positive Antwort wohlwollend auf. Heute sind Toni und ich uns einig, dass die Anfrage nur dem Zweck diente, Toni auszuhorchen und zu observieren, denn seit dieses Balg den ersten

Schritt in Tonis Werkstatt gesetzt hatte, ging für Toni clubmäßig alles steil bergab. Der Braunbär hatte nun seinen persönlichen Informanten, der wahrscheinlich jeden Tag berichtete, was Toni tat und sagte.

Einerseits säte man Zwietracht in den Reihen der Angels, und andererseits war abzusehen, dass der „Kollege" von den Angels zurückgewiesen werden würde. Logisches Denken war aber nicht unbedingt des B.-Stadter Präsidenten Stärke, und vorausgesetzt, es gab einen solchen Plan der Polizei, dann spielte „Brauni" hervorragend mit. Das Verhältnis zwischen Toni und Braunbär verschlechterte sich jedenfalls schon sehr bald dramatisch.

Ich besuchte Toni und Jerry weiterhin regelmäßig und traf dabei zwangsläufig des Öfteren auch auf den neuen Praktikanten. Pfeifer war, wie bereits erwähnt, sehr jung, trug sein Haar seiner früheren Szene entsprechend und war von schlichtem Gemüt. Der Familie gehörten Fitnessstudios, in denen Braunbär selbstverständlich umsonst trainieren durfte.

Eines Tages sah ich, dass Pauls Scherge mehrere Verletzungen im Gesicht und auf dem Kopf hatte. Ich fragte ihn, was passiert war. Zuerst wollte er nicht mit der Sprache rausrücken, erzählte dann aber folgende Geschichte: Im Fitnessstudio sei er in letzter Zeit des Öfteren mit einem Türken aneinandergeraten. Dieser habe ihn persönlich beleidigt, und als es keine Wirkung zeigte, hätte der Typ seine Freundin beleidigt. Als auch das nichts fruchtete, sprudelte „das Falsche" aus dem Türken heraus: „Du und deine Scheiß Hells Angels ..." Und da sei er halt durchgedreht. Man könne ja alles zu ihm sagen, aber nichts gegen die Engel. Also verabredeten sich die beiden in einem Steinbruch, um den Streit Mann gegen Mann auszutragen. Der Türke war zwar besser gebaut, aber unser Pfeifer rechnete sich dennoch gute Chancen aus. Als sie aufeinandertrafen, zog der Türke plötzlich eine

Pistole und schlug Pfeifer den Knauf ins Gesicht, woraufhin der zu Boden ging und getreten und geschlagen wurde.

So lautete Pfeifers Version. Die Version, die ich für realistischer halte, liest sich wie folgt: Unser Jung-Hangaround dealte in kleinem Maße bereits mit Gras. Dabei war er wohl seinem Widersacher in die Quere gekommen, der dem Business bereits seit längerer Zeit nachging. Also stellte er den Neuling zur Rede und haute ihm erst einmal gepflegt eins auf die Schnauze. Es ging Pfeifer nämlich niemals um die Ehre der Engel, und es war auch nicht die Leidenschaft fürs Motorradfahren, die ihn zu den Hells Angels zog. Der kleine Scheißer wollte schlichtweg Schutz für seine kleinkriminellen Geschäfte, und den versprach er sich von den großen Hells Angels.

Diese Behauptung wird durch folgenden Dialog gestützt, den Pfeifer schon kurz nach Beginn seines Praktikums mit Jerry führte. Pfeifer war so dämlich, Jerry zu erzählen, dass er ein bisschen was mit Gras machen würde. Er holte das Zeug mit einem Freund aus Holland, um es dann hier zu verkaufen. Jerry fragte ihn, ob er noch ganz richtig im Kopf sei. Wenn das im Charter rauskomme, gebe es auf die Schnauze, und er würde hochkant rausfliegen, denn Dealen sei ein sofortiger Ausschlussgrund. Daraufhin entgegnete Pfeifer jedoch ganz ruhig, dass das kein Problem sei. Schließlich wüssten zwei Member des Charters davon. Einer von beiden würde auch immer etwas für seine Frau abkriegen. Uns war sofort klar, um wen es sich bei den beiden handelte: Braunbär und Ray. Die beiden hingen ohnehin ständig zusammen und waren Pfeifers vorrangige Bezugspersonen. Des Weiteren hätte Pfeifer es niemals gewagt, hinter Pauls Rücken derartige Geschäfte zu tätigen. Und das Ray eine Frau hatte, die gerne mal einen durchzog, war auch bekannt. Bingo! Die Annahme, dass zumindest Paul bei diesen Geschäften selbst ganz gerne die Hand aufhielt, lag natürlich auch nicht fern. Und so ist es wohl zu erklären, dass „Brauni" am Kleinen festhielt, obwohl er sich mehrere Verfehlungen leistete und auch sonst nicht den klügsten Eindruck hinterließ. Pfeifer hatte allein dreimal vergessen, an Pauls Motorradbatterie zu denken und sie ihm mitzubringen.

Ich begegnete Pfeifer dennoch niemals feindselig. Schließlich gehörte er als Hangaround offiziell zum Charter B.-Stadt. Der Kleine wusste inzwischen, dass ich mehrere Eigentumswohnungen besaß, und fragte mich irgendwann, ob ich nicht eine für ihn und seine Freundin hätte. Als Grund nannte er die anstehende Lehre bei Toni. Er wolle in der Nähe seines Ausbildungsplatzes wohnen und plane zudem, mit seiner Freundin zusammenzuziehen. In der Erwartung, dass er langfristig bei und für Toni arbeiten würde, verschaffte ich ihm eine passende Wohnung. Nein, ich vermietete ihm keine meiner eigenen Wohnungen, sondern besorgte ihm eine in dem Mehrfamilienhaus, in dem ich selbst wohnte. Den Eigentümern versicherte ich, dass er und seine Freundin ordentliche junge Leute sein. Glücklicherweise zog er nicht ein und entschied sich anders. Sie war übrigens ein reizendes junges Mädchen, das in einer Parfümeriekette arbeitete. Als sie die Wohnung besichtigten, lief unser „Nachwuchs-Röckerchen" in Hemd und Cowboystiefeln auf. Süß! Ich fragte mich unwillkürlich, wieso die größten Vollidioten oft ganz bezaubernde Freundinnen haben. Ist es Mitleid oder Hilfsbereitschaft?

Dass Pfeifer ein kompletter Vollidiot war, beweist die Tatsache, dass er sich kurze Zeit später, ähnlich wie Mike Tyson, im Gesicht tätowieren ließ. Pfeifer war bisher ohne Berufsausbildung und noch keine 20. Diesmal übte sogar Braunbär Kritik, und so standen wir überraschenderweise auf der gleichen Seite.

17. Suspension

Toni passte nie in dieses Charter. Vom gesellschaftlichen Stand und seinem Auftreten her unterschied er sich von den meisten seiner Brüder. Er gehörte eher in ein Charter ohne provinziellen Anstrich, was wiederum erklärt, warum er sich in Kassel und Hannover immer sehr wohl gefühlt hatte. In B.-Stadt wurde Toni stets ungläubig anguckt, wenn er mit dem Motorrad zu Partys anderer Charter fahren wollte. Die meisten seiner „Brüder", allen voran Braunbär, bevorzugten hierfür das Auto. Echte Biker!

Nach mehreren Wochen Praktikum hatte die kleine Ratte offensichtlich genug abgeliefert, damit Braunbär gegen Toni losschlagen konnte. Aus fadenscheinigen Gründen ließ „Brauni" Toni auf „suspended" setzen. Er warf ihm u.a. vor, dass Toni nicht genügend für den Club tat, weil er einmal ein paar Gastgeschenke für ein anderes Charter verzögert hatte, zu oft in Marbella weilte und sogar gegenüber einem Hannoveraner eine interne Information ausgeplaudert hatte. Es ging dabei lediglich um den Status eines Prospects. „Suspended" bedeutet, dass die Kutte für mehrere Monate im Clubhaus eingeschlossen wird, der Betroffene sie natürlich nicht tragen kann und in diesem Zeitraum auch nicht an den Clubmeetings teilnehmen darf, sondern mit den Prospects und Hangarounds vor dem Meetingraum warten muss. Ich denke, die wahren Gründe für diese Entscheidung waren die Freundschaft zu einem „Bullen" und der Neid eines Besitzlosen. Auf der einen Seite der Präsident, arbeitslos, Hartz IV und Eigentümer eines durchgerosteten Opel Corsa, auf der anderen der stets gut gelaunte, von der Sonne Marbellas gebräunte und einen Mercedes 500 fahrende Toni. „Der Prinz", wie er oft genannt wurde.

Ich kann mich noch gut an den Abend erinnern, an dem ihm diese Entscheidung im Clubhaus mitgeteilt wurde. Ich hatte ein Date im Raum Schloß Holte, als Toni mich anrief und mir die Neuigkeit erzählte. Er befand sich gerade auf der Rückfahrt. Wir verabredeten uns noch am selben Abend in der Senne, da wir beide denselben Rückweg hatten, trafen uns und fuhren zu „unserem" Thai-Restaurant. Ich konnte Toni seine maßlose Enttäuschung und Wut förmlich ansehen und fühlte sie auch selbst in mir. Ich versuchte ihn zu beruhigen und erfuhr, dass der Suspendierung ein Telefonat zwischen Paul und Toni vorausgegangen war, in dessen Verlauf „Brauni" wörtlich zu Toni sagte: „Wie redest du überhaupt mit mir? Wenn du willst, dann komm vorbei, und wir regeln das wie richtige Männer. Außerdem kann ich dich sowieso nicht leiden, und in B.-Stadt wirst du keine Zukunft haben."

Redet man so mit seinem Bruder? Mit dem, der während seiner Prospect-Zeit in Hannover die schmutzige Wäsche von Braunbär, der zu diesem Zeitpunkt gerade einsaß, aus der JVA abgeholt und gewaschen hatte? Mit dem Bruder, den man unbedingt für das B.-Stadter Charter haben wollte? Solch ein Verhalten ist das eines Arschlochs und hat nichts mit Bruderschaft zu tun.

Ich riet Toni: „Du musst da so schnell wie möglich weg. Nur darfst du jetzt keine Fehler machen. Verhalte dich ruhig, zeig Einsatz, lass ihn in dem Glauben, dass er sich durchgesetzt hat, damit du die Kutte wiederkriegst, und dann hau so schnell wie möglich ab." Thorsten hegte insgeheim schon eine längere Weile den Plan, in das Hells-Angels-Charter Costa del Sol nach Spanien zu wechseln. Dort kannte man ihn bereits, lag es doch nur eine Stunde von Marbella entfernt, und wenn er in Spanien war, weilte er dort so oft es ging. Das Charter bestand aus Skandinaviern und Deutschen, und man hatte Toni bereits vorgeschlagen, dorthin zu wechseln. Voraussetzung war, dass er sich einmal im Monat blicken ließ. „Brauni" hätte wohl nichts dagegen einwenden können, schließlich hatte er verlauten lassen, dass er niemanden, der sein Charter verlassen wolle, daran hindern würde. Eigentlich stand Thorstens Entscheidung, an die Costa del Sol zu wechseln, schon fest. Dort wollte er mich auch zum Prospect machen, so jedenfalls sein Plan. Aber erst mal musste Toni seine Kutte wiederbekommen.

18. Das erste Mal

Noch während die kleine Ratte Praktikant bei Toni war, beschloss ich nach längerer Überlegung, mich tätowieren zu lassen. Toni war auf der Rückseite beider Oberarme und auf beiden Brustmuskeln tätowiert. Auf dem linken Arm trug er den Schriftzug „Hells" und auf dem rechten „Angels", auf der linken Brust den geflügelten Totenkopf des Hannoveraner Charters, auf der rechten den des Kasseler. Mir gefiel die Stelle auf beiden Trizeps, und dort sollte die Nadel auch bei mir unter die Haut dringen. Dort wollte ich jene Werte unter meiner Haut tragen, die mir im Leben am wichtigsten waren und sind, für die ich lebe und auch sterben würde: Ehre und Treue! Mit dem Begriff „Ehre" verbinde ich ein aufrichtiges, stolzes und verlässliches Gemüt, was für mich bedeutet, dass man ein guter und ritterlicher Mann sein soll, der sich für seine Überzeugung und das Gute einsetzt, selbst wenn die Majorität gegen einen steht. Der Begriff „Treue" bedeutet für mich, seiner Überzeugung, seinen Ansichten und Ideen gegenüber bedingungslos loyal zu sein. Ich lebe nach diesen Werten und habe immer Menschen bewundert, die für diese Werte alles gegeben haben. Sich für andere Menschen einzusetzen, ihnen zu helfen oder sie zu beschützen, ist für mich „dienen". Dienen nicht in einem unterwürfigen Sinn, sondern erfüllt von Stärke, Stolz und Hingabe. Treue heißt aber vor allem auch, sich selber treu zu bleiben. Deshalb habe ich mich niemals verbogen oder verbiegen lassen. Ich war mir gegenüber immer aufrichtig.

Da ich nicht mit Rechtsradikalen in Verbindung gebracht werden wollte, wählte ich für die Worte „Ehre" und „Treue" die lateinischen Übersetzungen „Honor" und „Fides". Ich hegte den Wunsch, unbedingt von einem Hells Angel tätowiert zu werden. Da bot Charlie sich an, der Vize-Präsident von Tonis Charter, der ein Tätowierstudio im Münsterland betrieb. Toni hatte sich vor Jahren in Kassel tätowieren lassen, und da die Qualität seiner Tattoos wirklich erstklassig war, riet er mir, meine auch dort stechen zu lassen. Vor allem die Qualität der Schattierungen begeisterte mich, dennoch blieb ich bei meinem Wunsch eines Hells-Angels-Tätowierers, und so verschaffte mir Toni einen Termin bei seinem Vize.

An dem verabredeten Tag verspätete ich mich um einige Minuten und traf Toni in Arbeitsklamotten in seiner Werkstatt an. Er begrüßte mich mit den Worten: „Ja, Junge, jetzt brauchen wir auch nicht mehr los. Du bist zu spät." Dann lachte er und sagte: „Warte, ich zieh mich schnell um." Auch Pfeifer und Jerry lachten. Ich war erleichtert, und kurze Zeit später fuhren wir im dicken schwarzen Mercedes in Richtung Münster los. Im Auto bedankte ich mich bei Thorsten, dass er es für mich möglich gemacht hatte. Er antwortete: „Ist doch kein Problem. Mach ich doch für einen Freund." Anderthalb Stunden später trafen wir vor dem Studio ein. Charlie erwartete uns bereits. Er hatte eine gemütliche Statur mit langen Haaren. Seine Arme und Hände waren szeneüblich mit lauter Tätowierungen bedeckt. Wann immer er Toni sah oder von ihm angerufen wurde, begrüßte er ihn mit seiner rauchigen Stimme und den schmeichelnden Worten „Toni, mein Bester!"

Charlie hatte schon die Schriftzüge in Hells-Angels-Lettern ausgedruckt und legte sie mir zur Ansicht vor. Ich staunte und fragte ihn: „Diese Schrift bekommt aber nicht jeder, oder?"

„Na hör mal. Natürlich nicht! Das ist ‚unsere' Schrift, und du kriegst sie, weil du ein Freund von Toni bist."

Das wollte ich hören und war stolz darauf. Dann lag ich auch schon bäuchlings auf der Liege, und Charlie tat seinen Job. Ich musste an einen Song der Böhsen Onkelz denken: „Keine ist wie du", womit die Nadel gemeint ist, die beim Tätowieren die Tinte unter die Haut sticht. Während ich auf der Liege lag und Charlie die Outlines (Außenlinien/Umrandungen) stach, erzählte ich ihm, dass ich ein „Bulle" sei. Er sagte, dass er damit kein Problem habe. Es gäbe schließlich solche und solche. Er selbst habe auch einen Bekannten bei dem „Verein". Ich sah die gute Stimmung als Chance, ihn zu fragen, ob man dann bei den Hells Angels vorsprechen könne. Vorausgesetzt natürlich, ich wäre kein „Bulle" mehr. Er antwortete: „Also, ich sehe da keine Probleme. Wenn du nicht mehr bei dem ‚Verein' bist, müsste das gehen. Das gleiche Thema hatten die im neuen Charter in Cottbus auch, da waren die aber bei der Militärpolizei. Ich kann mich mal für dich erkundigen." Nach ca. zwei Stunden waren beide Hinterarme fertig tätowiert, wurden verbunden und in Folie eingewickelt, und nach einem gemütlichen Pläuschchen vor dem Laden fuhren Toni und ich noch zu einem seiner Kunden nach Dortmund, wo er dessen Maschine verarztete.

Ich war natürlich sehr stolz auf meine ersten Tätowierungen. Damals befand ich mich noch im Dienst, und dort sollte schon bald die „Neuigkeit" die Runde machen, dass ich mir die Begriffe „Blut" und „Ehre" auf die Arme tätowiert hatte. Als ich das erfuhr, musste ich schmunzeln, da es erstens nicht zutraf und zweitens niemand die Tattoos unter meiner Kleidung bisher gesehen hatte. Trotzdem sollte meine anfängliche Freude über die Tattoos schon bald in Enttäuschung und Wut umschlagen.

Meine Tätowierungen bestanden aus je einem Wort, dessen Buchstaben an der Außenseite leicht schattiert sein sollten. Für jeden Tätowierer-Azubi wäre diese Arbeit eine Leichtigkeit gewesen. Nach dem Abheilen meiner Tattoos stellte sich jedoch heraus, dass Charlie, der behauptete, schon seit 15 Jahren zu tätowieren, absolut stümperhaft die Schattierungen versaut hatte. Die hellen Buchstaben standen auf einem schwarzen Balken. Es waren keine Schattierungen oder Graustufen zu erkennen, sondern einfach nur eine dunkle Umrandung. Ich konnte es nicht fassen. Toni rief umgehend bei Charlie an und schilderte ihm das Ergebnis. Dieser sagte: „Toni, mein Bester, bla, bla, bla. Kein Problem, in vier Wochen kümmere ich mich darum. Bald ist der Euro-Run, davor wird es eng, aber danach mache ich das." Ich wollte allerdings nicht mehr so lange warten. Deshalb rief ich Charlie ein paar Tage später selbst an und fuhr zu ihm.

Während der Fahrt rief Pfeifer an. Ich befand mich gerade in Bad Lippspringe auf einer Tankstelle, und es regnete in Strömen. Pfeifer hatte ein Problem: Er brauchte dringend Geld. Er hatte bereits Toni gefragt, ob der ihm Geld leihen könne, aber der hatte ihm das Geld verweigert. Da Pfeifer wusste, dass ich vor einigen Tagen von Toni Geld zurückbekommen hatte, das ich ihm zuvor für den Laden geliehen hatte, wandte er sich nun an mich. Er erkundigte sich, wie es mir gehe und ich antwortete, dass ich gerade auf dem Weg zu Charlie sei. Nun fing dieser Vollidiot an, mir verschlüsselte Fragen im Stile eines „gewieften und polizeierfahrenen Halbweltlers" zu stellen: „Du hast doch dem Meister vor Kurzem noch Werkzeug geliehen?"

„Was faselt dieses Kind denn jetzt?" dachte ich, konnte dann aber die Verbindung zu dem geliehenen Geld herstellen.

„Ja, und?"

„Ja, könntest du mir eventuell auch etwas leihen? Ist auch nur für zwei Wochen, und du kriegst Zinsen darauf."

„Hör mal, es geht mir nicht um die Zinsen. Wenn, dann leihe ich dir das so. Aber wie viele Werkzeuge brauchst du denn?"

„Ja, ich bräuchte vier und nochmal zwei."

Der Vollpfosten meinte 4.200 Euro. Da begriff ich, dass es sich um ein Drogengeschäft handelte. Es war klar, dass er keinen Cent von mir erhalten würde, und mir war nun ebenfalls klar, warum er von Toni eine Absage erhalten hatte. Meine Überraschung über die hohe Summe musste ich nicht heucheln, und so vertröstete ich ihn damit, dass ich mir das überlegen müsse, aber bei einer derartig hohen Summe schwarz sehe. Enttäuscht nahm er es zur Kenntnis und kündigte an, dass er dann zu einem Bekannten nach Hannover fahren würde, um dort den Betrag zu holen. Ich stimmte ihm zu, dass es die beste Lösung sei, und wir legten auf.

4.200 Euro kostete damals ein Kilo Gras in Holland. 5.000 Euro wollte er mir zwei Wochen später wieder zurückzahlen. Ich weiß bis heute nicht, ob der Typ wirklich so dämlich war, oder ob es sich um eine Falle handelte. Ich werde es wohl auch nie erfahren. Aber dieser kleine Idiot sprengte auch wirklich jeglichen Rahmen, um noch kurz beim Thema zu bleiben. Toni hatte ihm wegen der Geschichte mit dem Türken eine Auflage erteilt. Er sollte seine Schmach durch eine Revanche wettmachen. Kurze Zeit später berichtete Pfeifer voller Stolz, dass er sich mit seinem Gegner getroffen und unter Aufsicht inklusive Pausen fast zehn Minuten lang geprügelt hatte. Mit diesem Kampf hatten sie sich auch angeblich wieder vertragen und wären jetzt sogar wie Brüder miteinander. Es spricht nicht gerade für die Schlagkraft der Kontrahenten, wenn man zehn Minuten aufeinander einschlägt, irgendwelche Anzeichen des Duells aber nicht erkennbar sind. Wobei wir wieder bei den Aufnahmekriterien der B.-Stadter Engel sind ... Ich bin mir sicher, im restlichen Deutschland, in den USA, England, Skandinavien, Holland ... nirgendwo wäre das so möglich. Aber es läuft viel mehr falsch, und ich denke, dass das Gros der Brüder schon lange keinen Einfluss mehr darauf hat. Einige Angels scheinen sich immer mehr zu verselbstständigen.

Als ich das Tattoostudio erreichte, kam Charlie gerade von einem Döner-Imbiss um die Ecke und leckte sich gerade noch die Finger sauber, bevor er sich seine „Arbeit" anguckte. „Kein Problem", begann er, „das kriege ich hin. Die Schattierungen ziehe ich dir richtig schön raus." Nur rückte er nicht von dem Zeitplan ab, den er schon Toni mitgeteilt hatte. „Vor dem Euro-Run schaffe ich das aber nicht mehr", war seine lapidare Antwort. Dieser sollte aber erst in ein paar Wochen in Italien stattfinden. Aber er versprach mir, während des Euro-Runs ein paar hochrangige Angels zu fragen, ob ein Ex-„Bulle" überhaupt vorsprechen könne.

19. Room 68

Nichts geschieht zufällig, und schon gar nicht, wenn es von so einer Bedeutung ist. Gemeint ist die Verschandelung meiner Hinterarme durch diesen Dilettanten Charlie. Oder war er gar kein Dilettant und hat es absichtlich versaut, weil ich ein „Bulle" und damit ein Feind war – Freundschaft zu Toni hin oder her? Das denke ich eigentlich weniger, denn Toni war einfach der Meinung, dass Charlie es schlicht nicht drauf hatte – 15 Jahre Berufserfahrung hin oder her. Aber hätte ich auf Tonis Empfehlung gehört, wäre das Folgende wohl kaum passiert.

Ich konnte die versauten Tätowierungen nicht mehr ertragen und suchte fieberhaft nach einem neuen Tätowierer. Mehrere tätowierte Freunde und Tätowierer, deren Studios ich aufsuchte, hatten sich meine Arme angeguckt und konnten es nicht glauben.

„Was ist das denn?"

„Wer hat das denn gemacht?"

„Das hätte hier jeder Anfänger oder sogar meine Frau wesentlich besser hinbekommen."

„Das ist aber richtig scheiße!"

... sind nur ein paar Beispiele der Reaktionen. Ich schämte mich, und aus Respekt vor Tonis Bruder verriet ich den Namen des Pfuschers nicht. Ich hatte allerdings ernsthaft überlegt, ihn noch einmal zu besuchen und meine Faust die restliche Arbeit erledigen zu lassen. Charlie sah jedenfalls wie das geborene Opfer aus. Ich hakte die Sache ab, als ich jemanden fand, der es „reparieren" wollte. Ich begann mich darauf zu freuen und wieder positiv in die Welt zu blicken.

Ein Kampfsportschüler aus Ankes Schule, ein Mitglied des Outlaws MC, hatte ihr Stefan empfohlen, der den Room 68 in der Nähe von Gütersloh betreibt. Glücklicherweise bekam ich zügig einen Termin bei ihm und fühlte mich von Anfang an an der richtigen Adresse. Ich hatte mir bereits Gedanken gemacht und mehrere Tätowiervorschläge ausgedruckt. Beide Schriftzüge sollten von Tribals eingebettet werden, um die grausigen dunklen Balken verschwinden zu lassen. Nachdem ich Stefan die Entwürfe gezeigt und wir alles durchgesprochen hatten, handelten wir einen Stechtermin wenige Tage später aus.

Stefan kam auch aus der Bikerszene und war einstmals Prospect beim Outlaws MC. Da er zusätzlich als Messetätowierer agiert, gab es irgendwann ein Problem. Die meisten Tattoomessen werden nämlich von der rot-weißen Fraktion ausgerichtet, und diese mag es nun mal nicht, wenn Mitglieder rivalisierender Clubs auf „ihren" Messen arbeiten. Als bekannt wurde, dass Stefan Prospect des Outlaws MC war, musste er sich entscheiden: Club oder Geld verdienen auf Messen. Stefan entschied sich für seine Familie, denn diese ernährte er schließlich neben dem Studio auch durch seine Arbeit auf den zahlreichen Conventions in ganz Deutschland. Deshalb verließ er den Club im Guten und pflegt weiterhin freundschaftliche Verbindungen. Da ich oft meinen „Big red Machine"-Gürtel und diverse Support-Kleidung trug, war ich für Stefan immer einer von den „Rot-Weißen", was jedoch unserer Bekanntschaft keinen Abbruch tat.

An einem Samstagmittag fing Stefan mit meiner linken Seite an, und nach elf Stunden tätowieren war er – besser gesagt wir – fertig.

Seine Frau Steffi und er waren sich danach einig: „Hier wurden ja schon Tausende tätowiert, aber elf Stunden am Stück ohne das geringste Klagen durchzuhalten, das haben wir noch nicht erlebt. Du bist echt eine harte Sau. Eine einzigartige Leistung." Das Kompliment freute mich natürlich. Um der Ehrlichkeit Genüge zu tun: Die letzten Stunden taten schon höllisch weh. Und es wäre sicherlich vernünftiger gewesen, das Motiv wie üblich in mehreren Sitzungen zu erledigen. Aber ich wollte es einfach fertig haben. So sehr hasste ich die alte Version.

Am Abend gingen wir gemeinsam Essen und tranken danach noch etwas. Ich hatte mit meinen unter der Folie frisch blutenden Tätowierungen noch Sex mit einer Freundin der beiden im Gästezimmer, und am nächsten Vormittag ging es mit der rechten Seite weiter. Das Tribal dort war allerdings wesentlich kleiner, und so waren wir diesmal schon nach drei Stunden fertig. Das Ergebnis, das konnte jeder schon unmittelbar nach Fertigstellung sehen, war wunderbar. Stefan ist wirklich ein Meister auf seinem Gebiet, weshalb er später noch mehrere andere Meisterwerke auf meinem Körper verewigen durfte. Ich taufte ihn irgendwann auf den Namen „Tattoogott".

20. Marbella

Toni ging es geschäftlich allmählich wieder besser. Der Prinz lebte wieder sein Leben: dicke Autos, Wohnung in Marbella, schöne und einzigartige Motorräder. Ein Projekt, das sich just zu dieser Zeit in Arbeit befand, war der Harley-Umbau für den Tattoo-Pfuscher Charlie. Dieser hatte von einem wohlhabenden skandinavischen Bruder, der es liebte, mit Charlie zu feiern, eine nagelneue Harley-Davidson-Nighttrain geschenkt bekommen, die Toni nun umbauen sollte. Gewünscht wurde ein breiteres Hinterrad. Dafür mussten die Schwinge und der Fender verändert werden. Der Prinz beherrschte dieses Handwerk par excellence. Und weil es sich bei Charlie um einen Bruder und den Vize-Präsidenten seines Charters handelte, bekam der den gesamten Umbau selbstverständlich fast zum Selbstkostenpreis. Abgesprochen war, dass Charlie eine Anzahlung leisten und den Rest in monatlichen Raten abtragen sollte. Unmittelbar vor dem Euro-Run wurde Charlies Bike gerade noch fertig. Toni musste leider geschäftsbedingt daheim bleiben. Die meisten der anderen B.-Stadter Angels fuhren hingegen Richtung Italien. Mit dabei war Tonis VW-Firmenbully, den er dem Charter inklusive Werkzeug und Motorradrampe zur Verfügung stellte. Am Steuer des Bully saß der zukünftige Auszubildende Pfeifer. Während der Fahrt nach Italien riss jedoch der Fender von Charlies neuem Bike, und Ray rief Toni erbost an und wetterte, ob er Charlie umbringen wolle. Als die Maschine schließlich wieder auf Tonis Firmengelände stand, stellte sich heraus, dass es sich zweifelsfrei um einen Materialfehler handelte. Daraufhin beruhigten sich die Gemüter wieder. Trotzdem: Toni war derjenige, der Arbeit und Geld in den Club investierte, doch der Dank blieb aus. Im Gegenteil, er wurde noch blöde angemacht. Irgendetwas wurde bereits hinter den Kulissen gespielt, da bin ich mir sicher.

Ich war derweilen weiter krank. Meine Ärztin attestierte mir, dass ich vollkommen überlastet, ausgebrannt und zudem schwer depressiv sei. Sie riet mir, ein paar Wochen einfach zu verschwinden. Am geeignetsten sei ein Ort im Ausland, an dem mich niemand kennt und wo ich einmal vollkommen entspannen und abschalten könnte. Mir fiel sofort die Wohnung von Toni in Marbella ein. Mein Budget reichte zwar nicht für mehrere Wochen, aber ich beugte in zweierlei Hinsicht vor. Zum einen organisierte ich mir eine temporäre Urlaubsbegleitung für Marbella, und die restlichen Wochen wollte ich auf Mallorca verbringen. Für Marbella ergaben sich sogar zwei Urlaubsbegleitungen. Die eine war für einige Tage Paulina, eine scharfe Polin aus dem Saunaclub Harem, und die andere war meine süße Sorena, die für ein Wochenende aus der Schweiz herübergeflogen kam.

Nun ja, die Ärztin hatte mir geraten, allein zu verschwinden, und ich hatte mich nicht daran gehalten. Mein Fehler. Ich stritt laufend mit Paulina, deren tumbe und gleichgültige Art mich unter der Sonne Marbellas verärgerte. Schon nach zwei Tagen verließ sie auf mein Drängen mit gepackten Koffern die Wohnung. Sie war mir einfach unerträglich. Die restlichen Tage hatte ich umso mehr Spaß mit Daniel, einem gemeinsamen Freund von Toni und mir, der mit Frau und seinen beiden süßen Töchtern in Marbella in einer Luxuswohnung direkt am Strand wohnte. Die letzten Tage stieß planmäßig Sorena zu uns. Wir hatten mit ihr eine schöne Partyzeit im Traumhafen von Puerto Banus und auf einer exklusiven Privatfeier. Ich kannte so etwas bisher nur aus dem Fernsehen, aber Daniel machte es möglich. Er kannte alles und jeden und war in den High-Society-Kreisen von Marbella eine fest integrierte Person. Nach einer wundervollen Woche und einem tollen Wochenende für Sorena fuhren wir gemeinsam zum Flughafen. Ich flog nach Hannover für einen kurzen Zwischenstopp in Deutschland, und Sorena kehrte in die Schweiz nach Zürich zurück.

Zuhause wieder bei Anke, packte ich meinen Koffer für Mallorca und flog wenige Tage darauf mit guten Büchern, Musik und Sportsachen auf der Deutschen Lieblingsinsel Nummer eins. Ich hatte bereits ein Hotel in Paguera gebucht, da ich in diesem schon einmal einen Traumurlaub mit meiner ehemaligen Freundin verbracht hatte und noch viele Erinnerungen mit diesem Urlaub verband. Ich freute mich sehr.

21. Out

Während ich im Begriff war, in Richtung Marbella zu fliegen, traf Toni seinerseits Vorbereitungen, um nach Brasilien zu fliegen. Es sollte zum World-Run, dem jährlichen Treffen der Hells Angels weltweit, nach Rio gehen, und Toni freute sich auf derartige Anlässe eigentlich immer. Er konnte bei solchen Gelegenheiten Brüder aus anderen Ländern treffen und mit diesen gemeinsam feiern. Im Vorjahr hatte er auf dem Euro-Run in Hannover, der auf dem riesigen Areal des Saunaclubs FKK-Villa stattfand, das Reparaturzelt betrieben. Den aktuellen Euro-

Run hatte er aus geschäftlichen Gründen leider nicht wahrnehmen können, weshalb er sich umso mehr auf den World-Run freute. Auf einem Clubabend in B.-Stadt wurde verkündet, dass selbstverständlich der Club die Flugkosten übernimmt. Anschließend wurde in die Runde gefragt, wer teilnehmen wollte. Auf Grund der erheblichen Kosten für Flug, Unterkunft und Verpflegung meldeten sich nur Toni und Heinrich, ein ehemaliger Engel aus Kassel, der von Toni nach B.-Stadt gelotst worden war. Es war kein Wunder, dass es nicht mehr Meldungen gab. Das B.-Stadter Charter bestand vorwiegend aus Arbeitslosen und Membern mit „normalen" bis eher schlechten Einkommensverhältnissen, die alle nichts mit Geschäftsleuten und Rotlichtgrößen aus anderen Chartern gemein hatten. Und so war selbst bei Übernahme der Reisekosten durch den Club fraglich, ob sie über die finanziellen Mittel für den Aufenthalt in Rio verfügt hätten. Toni bot noch an, die Hotelkosten für einen weiteren Begleiter zu übernehmen. Er fragte selbstverständlich auch Braunbär, ob er nicht mitkommen will. Niemand wollte. Und da die beiden die Einzigen waren, die sich gemeldet hatten, fiel demnach auch die Entscheidung auf sie. Toni und Heinrich buchten den Flug sowie das Hotel, jedoch gab es noch ein „kleines" Problem: Tonis Kutte war immer noch unter Verschluss. Voller Enttäuschung verkündete er mir: „Wenn ich die nicht wiederkriege, dann fliege ich da gar nicht erst hin. Das wäre ja das Allerletzte." Er vermutete allerdings, dass ihm die Kutte unmittelbar vor dem Abflug auf dem Flughafen überreicht wird, da er das B.-Stadter Charter ohne Kutte nicht ordnungsgemäß vertreten können, und es sich somit vor den anderen Engeln lächerlich machen würde. Tatsächlich bekam er seine Kutte schon ein paar Tage vor dem Abflug zurück, durfte sie jedoch erst am Tag des Abfluges wieder anziehen. Ein reines Kindergartentheater.

Bereits am Flughafen traf er auf befreundete Engel aus anderen Chartern, und gemeinsam ging es nach Rio. Leider war die gesamte Veranstaltung von den brasilianischen Brüdern katastrophal organisiert worden. Eine Frage der Mentalität oder schlichtweg der fehlenden

Erfahrung? Es gab zu wenig zu essen, nach dem offiziellen Programm strömten die Member in unterschiedlichen Gruppen auseinander und feierten für sich weiter. Selbst das obligatorische T-Shirt mit Aufdruck des World-Run 2009 konnte Toni nicht mehr erlangen, da es keine mehr gab. Der Prinz verblieb mit Membern des Wiener Charters bis zum Schluss auf dem Festplatz, und seinen Worten zufolge war er der Letzte, der die Festivität verließ. Was ich ihm unbesehen glaube. Der Präsident der Wiener Hells Angels lobte ihn noch für seine Freundschaft und Beständigkeit, woraufhin Toni erwiderte: „Ist doch klar, ich bleibe hier bei meinen Brüdern." Der Präsident sagte nur: „So ist es richtig, Toni."

Mittlerweile wurden in B.-Stadt bereits andere Pläne geschmiedet. Kurz nach Tonis Rückkehr saß ich mit ihm zusammen im Büro, als der Braunbär anrief und fragte: „Wie war es denn?" Toni berichtete und teilte ihm auch enttäuscht mit, dass die Organisation schlecht war. Die beiden telefonierten wie alte Freunde, und Paul sagte zum Abschied, dass sie sich ja bald auf dem Clubabend sehen würden.

An dieser Stelle haben wir dann die Zeit eingeholt. Toni war aus Rio und ich aus Marbella zurück. Es war Anfang der Woche, und ich verabschiedete mich ein zweites Mal innerhalb kurzer Zeit von ihm, um zum zweiten Abschnitt meiner ärztlich verordneten Entspannungskur in Richtung Mallorca aufzubrechen. Ich befand mich gerade zwei Tage auf der Insel und kehrte am späten Nachmittag in mein Hotelzimmer zurück, hängte meine noch nassen Badesachen auf dem Balkon zum Trocknen auf und genoss den fantastischen Ausblick auf das Meer. Meine Handys hatte ich wie jeden Tag im Zimmersafe belassen, holte sie jetzt hervor und schaltete sie ein. Auf dem silbernen Handy las ich folgende SMS von Toni: „Das war es. Bin ‚out' weil ich 'nem ‚Bullen' eine Wohnung vermietet habe." Ich verstand diese Nachricht zuerst gar nicht. Nach einiger Zeit dämmerte mir, was passiert war. Obwohl ich nichts dafür konnte, rief ich voller Schuldgefühle meinen Freund Thorsten an. Vielleicht war ja doch alles nur ein schlechter Scherz von ihm.

„Sag mal, willst du mich verarschen? Was ist passiert?"

„Ach weißt du, ich habe die Schnauze voll. Das sind doch wirklich alles Primaten. Ich bin ‚out', weil ich dir die Wohnung in Marbella vermietet habe."

„Das gibt es doch gar nicht. Sind die total bescheuert? Du hast doch gar nichts gemacht. Thorsten, auch wenn ich nichts dafür kann, aber ich habe jetzt wirklich Schuldgefühle."

„Hör auf, du kannst da überhaupt nichts für. Wir sprechen, wenn du wieder da bist. Wir sitzen grad mit Kai und Sabse im Garten und essen etwas."

„Es tut mir echt leid, und ich weiß nicht, was ich dazu sagen soll. Wir sehen uns bald wieder."

Wir verabschiedeten uns und legten auf. Ich war fassungslos und geschockt. Ich rief sofort Anke an und erzählte ihr diese unglaubliche Nachricht. Auch sie konnte so ein Kindertheater nicht fassen. Später rief ich auch Jerry an und fragte, wie es Thorsten geht. Jerry teilte mir mit, dass er einfach stinksauer und enttäuscht ist. Ich teilte auch ihm mit, dass ich mir Vorwürfe machen würde. Er entgegnete: „Das musst du nicht. Thorsten weiß, wer seine Freunde sind. Und du bist einer. Mach dir keinen Kopf." Guter Rat! Konnte ich nur nicht. Mit der Ruhe und der Erholung war es vorbei, und ich zählte die Tage bis zum Rückflug. Für mich war eine Welt zusammengebrochen. Auf einmal lösten sich alle Costa-del-Sol-Pläne in Luft auf. Obwohl diese B.-Stadter Chaostruppe mir zu keinem Zeitpunkt wie ein richtiger Hells Angels MC erschien, so war der Ausschluss doch eine Nummer zu unbegreiflich.

Wieder daheim erfuhr ich die Einzelheiten und das geradezu lächerliche Ausmaß der Entscheidung. Als sich Toni wie jeden Donnerstagabend im Clubhaus des B.-Stadter Charters zum Clubabend eingefunden hatte, war er umgehend in den Memberraum zitiert worden, wo Braunbär und die anderen ihn schon erwartet hatten. Ersterer hatte ihn sofort angeschrien, dass er jetzt raus sei, weil er einem „Bullen" in Marbella eine Wohnung vermietet hatte. Er fragte: „Was ist, wenn der dir die Wohnung verwanzt hat? Was sollen unsere spanischen Brüder denken, wenn das rauskommt?" Es folgte der Vorwurf, dass Toni mit dem „Bullen" auch im Clubhaus in Spanien gewesen sei. Und es wurde obendrein auch die Bankgeschichte ausgepackt und verzerrt dargestellt: Toni sei mit dem „Bullen" zu seiner Bank gegangen, als sein Konto gesperrt war. Der „Bulle" habe dann seinen Dienstausweis vorgezeigt, damit das Konto wieder freigegeben wurde. Wie jeder weiß, kann kein Polizist ein gesperrtes Bankkonto wieder entsperren. Aber solche Vorwürfe brachte dieser Hampelmann gegen seinen Bruder vor und führten zu dessen Rauswurf. Nach einigen Verbalattacken musste Toni seine Kutte und alle Hells-Angels-Kleidungsstücke, die er am Leib trug, abgeben und wurde umgehend vom Grundstück verwiesen.

Braunbärs offensichtlich schon lang gehegter Plan war aufgegangen und Tonis Lebenstraum zerstört. Fast zehn Jahre war er nun im Club, war stets für seine Brüder da, hatte über sechs Monate im Bau gesessen, große finanzielle Einbußen erlitten, war aber immer ein stolzer und loyaler Hells Angel geblieben. Und nun wurde ihm dies von einem falschen, niederträchtigen und ehrlosen Subjekt genommen. Viele werden sich sicherlich fragen, ob es überhaupt so leicht ist, einen Höllenengel rauszuschmeißen. Normalerweise geht das nicht so einfach, da das gesamte Charter über solche Dinge abstimmen muss. In Tonis Fall hatte Braunbär sich jedoch eines Tricks bedient. Er berief eine außerordentliche Sitzung ein, zu der nur vier Member erschienen waren, weil der Rest es so kurzfristig nicht hatte einrichten können. Obwohl also gar nicht beschlussfähig, wurde der Ausschluss von Braunbär zur Abstimmung gebracht und besiegelt. Da in B.-Stadt ohnehin niemand wagt, dem Präsidenten zu widersprechen, fragte keiner seiner sogenannten „Brüder" nach oder machte sich für Thorsten stark. Niemand! Dazu fällt mir die Losung der Angels ein: „AFFA – Angels forever forever Angels. Einer für alle und alle für einen." Schon vor diesem Hintergrund verkommt die B.-Stadter Clique zu einem lächerlichen Haufen von Möchtegern-Engeln. Man kann noch so viele Sprüche klopfen, Abzeichen tragen und behaupten, gewisse Eigenschaften zu leben. Aber was letztlich zählt, sind Taten. Taten sagen mehr als Worte, oder anders ausgedrückt: „An den Taten sollt ihr sie erkennen, nicht an ihren Worten."

Bevor Braunbär Thorsten rauswarf, rief er beim Vizepräsident von Hannover an, um diesen über den bevorstehenden Schritt zu informieren und sich „abzusichern". Ihm erzählte er den gleichen Schmunz. Da Manfred ein Hells Angel der alten Schule und zudem kein dummer Mann ist, rief er persönlich beim Charter Costa del Sol an und erfuhr so, dass „Brauni" bezüglich des Clubhausbesuchs gelogen hatte. Doch konnte niemand den Vorgang stoppen, weil derartige Entscheidungen im jeweiligen Charter geklärt werden. Das ist die Devise der Engel: Jedes Charter trifft für sich Entscheidungen, die es selbst betreffen.

Für Toni war die Angelegenheit aber noch lange nicht abgeschlossen. Er besaß noch etliche ihm wohlgesinnte Brüder in Hannover, und auch dessen Präsident hielt weiterhin große Stücke auf ihn. Das war ja auch der Grund, warum er ihn aus Kassel nach Hannover zurückgeholt hatte. Als Toni Falk telefonisch unterrichtete, bekam der einen Wutanfall: „Was hat der gemacht? Dieses asoziale Schwein, dem schlage ich den Schädel ein. Wir reden persönlich darüber." Tage später traf sich Toni mit ihm und Manfred in Hannover. Man zog sich in einen Wirtschafterraum eines Bordells zurück, und Toni schilderte die Vorfälle und den Rauswurf. Manfred ereiferte sich, dass Ray unter ihm niemals Member geworden wäre, und fügte enttäuscht hinzu: „Wenn man nicht immer alles alleine macht." Nur ändern konnten sie auch nichts. Es war und blieb eine interne Charter-Angelegenheit. Falk, der nie über viel Zeit verfügte, verließ daraufhin das Treffen. Als Toni mit Manfred draußen an der frischen Luft saß, beging er wohl einen entscheidenden Fehler. Manfred fühlte vor: „Dieser asoziale Hartz-IV-Penner. Toni, wenn du irgendetwas hast, irgendwas von diesem Penner, dann sag es mir. Hast du nicht irgendetwas? Denk mal nach. Falk wartet nur darauf."

Toni antwortete: „Ich habe nichts."

Ich verstehe sein Verhalten nicht, denn bereits zu diesem Zeitpunkt muss Thorsten klar gewesen sein, dass Braunbärs Vorgehen gegen ihn einen bestimmten Grund hatte. Es war die Angst, dass Toni ihm gefährlich werden konnte. Auf der einen Seite war Toni strikt gegen Drogengeschäfte, und, was noch schwerer wog, auf der anderen war er eng mit einem Cop befreundet. **Zensiert!** Als Manfred Thorsten fragte, wusste der bereits von unzähligen Verdachtsmomenten gegen Braunbär. Ehrlich und treu, wie er war, reichten ihm diese jedoch nicht als Beweise aus. Somit schwieg er lieber. Manfred versprach ihm jedoch, dass er die Möglichkeit bekommen würde, seinen Fall vor dem bald stattfindenden Germany-Meeting persönlich vorzutragen. Er würde ihn anrufen und ihm Ort und Zeit mitteilen.

Das Meeting fand einige Wochen später statt. Toni sollte sich an einem Samstagnachmittag im Raum Frankfurt bereithalten. Dies tat er und wartete acht Stunden vergeblich auf den Anruf, der ihn hereinrufen sollte. Irgendwann verlor Toni die Geduld und rief Manfred an, um zu erfahren, dass man am heutigen Tag keine Zeit für sein Anliegen gehabt hatte. Toni hatte die Schnauze gestrichen voll.

Nach seinem Rausschmiss erschien eine zweiköpfige Abordnung der B.-Stadter Angels bei ihm zu Hause mit dem Auftrag, alle Kleidungsgegenstände, Bilder und sonstige Insignien des Hells Angels MC abzuholen. Bei den beiden Angels handelte es sich um Maurer und Matthias alias „Knick-Knack". Maurer ist ein echter Old-School-Angel: Bauch, Vollbart und von ruhiger Natur. Matthias wurde von Toni aus Hanau nach B.-Stadt „abgeworben". Er war ein früherer Bruder von ihm aus Kassel und musste nach dem „Einfrieren" des Charters nach Hanau wechseln. In Paderborn lebend, war es für ihn eine große Erleichterung, nur noch nach B.-Stadt fahren zu müssen. Zu verdanken hatte er das seinem Bruder Toni, der den Transfer möglich gemacht hatte. Der Name „Knick-Knack" soll übrigens daher stammen, dass er während seiner Prospect-Zeit einem Ebay-Verkäufer, der ohne Erlaubnis der Engel Gegenstände mit Hells-Angels-Motiven im Netz verkaufte, die Finger brechen sollte. Knick-Knack ist um die 1,90 Meter groß, hat lange Haare und ist von breiter, aufgeschwemmter Statur. Im Leben erfolglos, den Mund voller verfaulter Zähne, immer eine ausgefranste Jogginghose und Schlappen tragend, half er auf dem Schrott-

Meine Anfänge bei den Paderborn Dolphins: als Kick-Returner gegen die Dortmund Giants.

Als College-Football-Spieler der Nicholls State University.

Wieder Paderborn Dolphins, diesmal 1. Bundesliga.

Während einer innerdienstlichen Ausbildung zum Thema „Geiselnahme/Amoklauf"

Einer meiner letzten Tage im Streifendienst 2005. Gut zu erkennen, wie „abgemagert" ich vor der anstehenden SEK-Ausbildung war.

POLIZEI

Schießausbildung beim SEK in Schloß Holte-Stukenbrock.

Im Umkleideraum beim SEK.

Urkunde

Preisschießen
der
Kreispolizeibehörde Lippe
2005

Tim   K

erreichte mit 301 Ringen im Wettkampf mit der Dienstpistole P6 den
1. Platz.

Detmold im Juni 2005

 Leiter VL    Landrat    Leiter GS

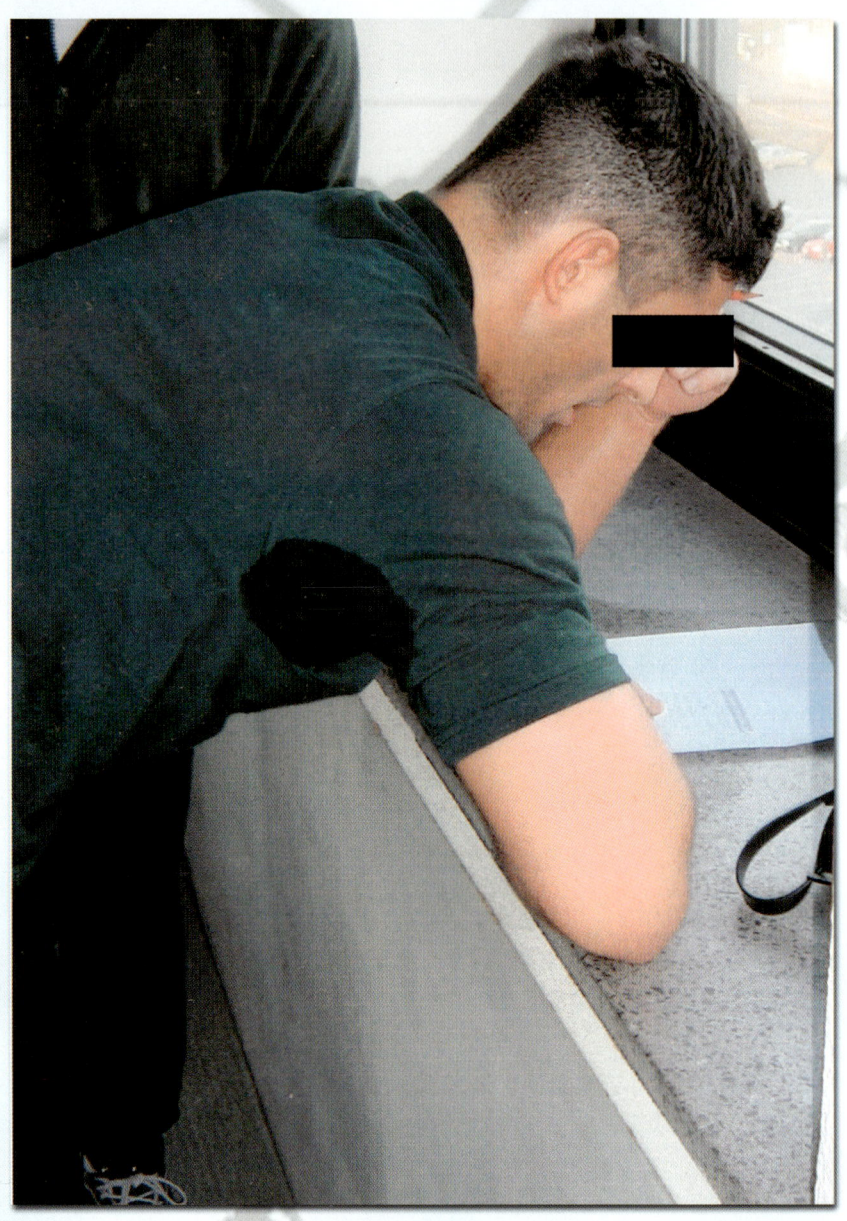

Schweißtreibend: erst physisches Training, nun Denksportaufgaben lösen.

Katharina im Fitnessstudio.

Mein ehemaliges Topmodel Sorena.

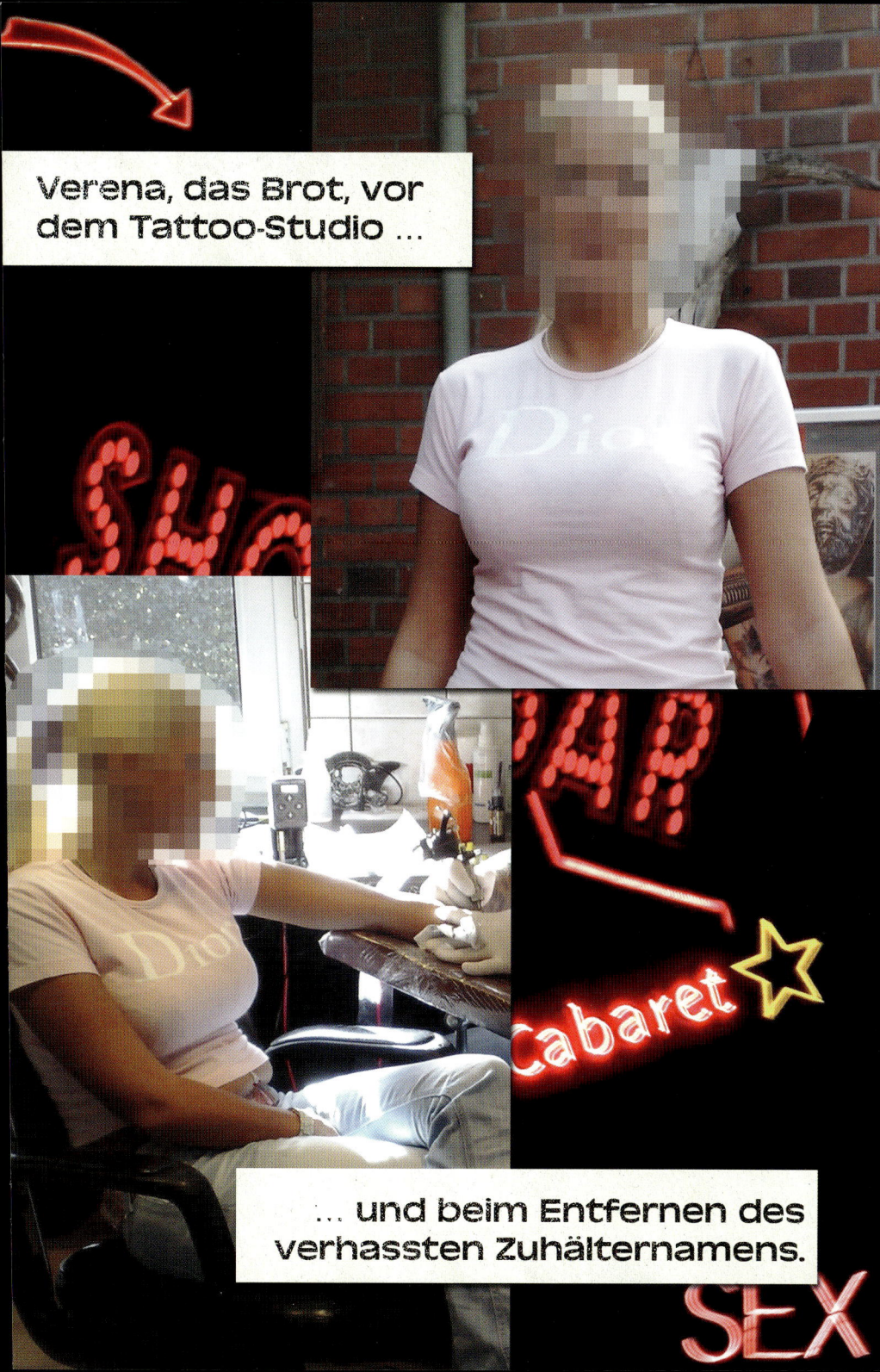

Rechtsanwalt Ahrend vor einer Verhandlung von Salem in der Nähe des LG Dortmund.

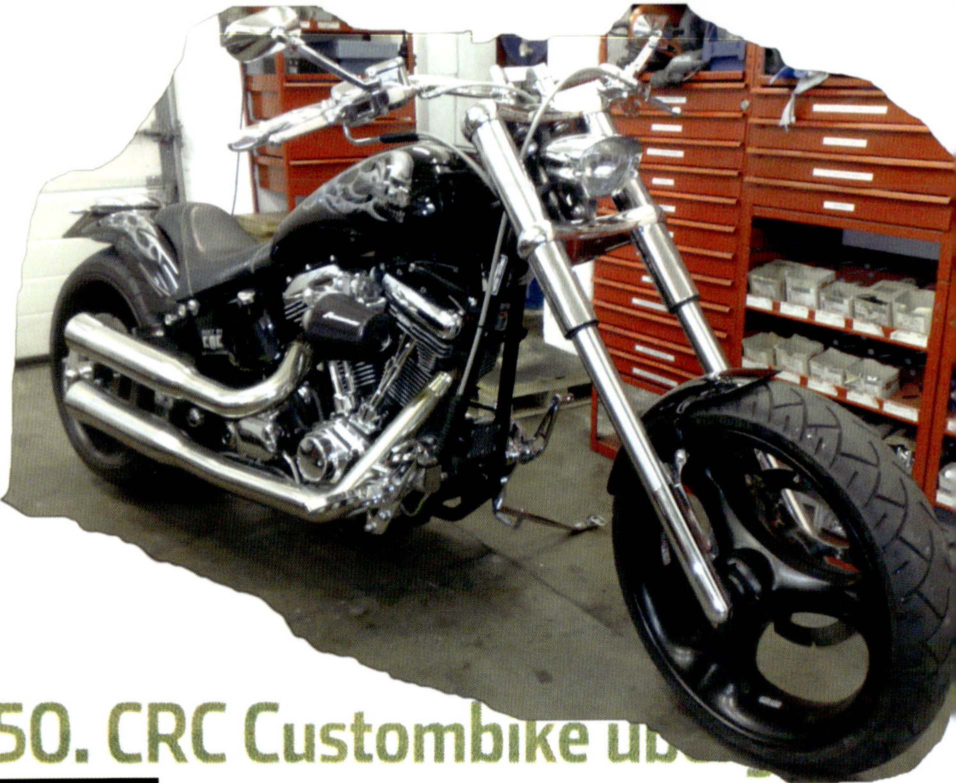

50. CRC Custombike u...

Einen ganz besonderen Grund zum Feiern hatte kürzlich die in ▇▇▇ ansässige Firma CRC. Inhaber T▇▇ G▇▇ hatte nach siebenwöchiger Bauzeit sein 50. Custombike fertig gestellt, welches sofort nach der Zulassung an den neuen Besitzer Tim K▇▇ übergeben wurde. »Es ist ein Traum-Motorrad mit zwei Litern Hubraum und 115 PS geworden, bei dem nur beste Materialien verbaut wurden. Dieses Unikat hebt sich deutlich von der Masse ab«, erklärte T▇▇ G▇▇ mit Stolz bei der Übergabe. Der gelernte Kfz-Meister und Zweiradmechaniker fertigt nun schon seit 15 Jahren mit seiner Firma CRC▇▇ Service und Zubehör für Harley Davidson und Custombikes, Motorräder nach den individuellen Wünschen der Kunden. Ferner betreut er die Harley- und Custombikefahrer im Raum Lippe mit Service, Umbauten und allem, was dazu gehört.

T▇▇ G▇▇ (links) und Tim K▇▇ bei der Übergabe.

platz seines Bruders aus oder verdiente sich als Türsteher in einer heruntergekommenen Stripbar in Paderborn-Sennelager ein Zubrot. Jetzt hatte er den Posten des Sergeant at Arms von Toni „übernommen" und stand vor dessen Schreibtisch, um Gegenstände an sich zu nehmen. Er hatte es auch auf Tonis goldene Angels-Kette und seine goldenen Kuttenknöpfe abgesehen. Hells-Angels-Death-Heads zierten beide Schmuckgegenstände. Die niederträchtige Absicht, sich der Gegenstände in unredlicher Weise anzunehmen, schien für Matthias nichts Ungewohntes zu sein. Er hatte bereits vorher dem Verräter Bad Boy Ulli dessen Armbanduhr gestohlen, was zum Erstaunen seiner Brüder aber erst bei der Verhandlung in Kassel zum Vorschein kam.

Toni gab ihm nur den Totenkopfanhänger und behielt die dazugehörige Kette. Knick-Knack wurde daraufhin laut und fing an, Toni zu drohen, woraufhin der ihm zu verstehen gab, dass er jetzt besser verschwinden solle: „Matthias, jetzt reicht es aber! Hast du vergessen, dass wir sechs Monate zusammen im Bau saßen? Jetzt sieh zu, dass du hier raus kommst."

Der eine entledigt sich mit Lügen und List eines möglicherweise gefährlichen Widersachers, der andere steht wie ein armseliger Dieb und Räuber vor seinem ehemaligen Bruder und fordert dessen Schmuck heraus. Welch eine Schmach und Schande für diesen einstmals so stolzen Club. Toni schenkte die Knöpfe dann Manfred, der sie erst gar nicht annehmen wollte. Erst als Toni ihn darauf hinwies, dass er sie den Clubstatuten folgend ohnehin abgeben müsse und er deshalb wolle, dass Manfred sie bekäme, nahm er sie an. Es gibt eben auch andere Engel.

Inzwischen erhielt Toni feindselige Anrufe vom neuen Sergeant at Arms Matthias, der ihm auftrug, seine Tattoos zu entfernen oder unkenntlich zu machen. Die Aufforderung war ein ebenfalls übliches Vorgehen. Betroffen waren Tonis Schriftzüge auf den Hinterarmen sowie die beiden Death Heads auf der Brust. Toni hatte sechs Wochen Zeit erhalten, dann sollte es kontrolliert werden. Toni scherte sich aber einen Dreck darum und trägt sie heute noch. Er beruft sich darauf, dass ihm das Tragen des Hannoveraner Death Heads von dort weiterhin erlaubt wurde und der Kasseler Death Head zu einem Charter gehört, dass nicht mehr existiert. Die Schriftzüge auf den Armen behielt er aus Trotz und Überzeugung.

22. Wenn es einen ... gab ...

Weil Paul wusste, dass Toni über viele freundschaftliche Kontakte zu Brüdern aus zahlreichen Chartern verfügte, setzte er ihn schließlich noch auf „bad standing". Dieses weist ihn als Feind des Clubs aus und verbietet es jedem Höllenengel, mit ihm zu reden oder in Kontakt zu stehen. Mehr noch, sollte ihn ein Member sehen, wäre er dazu angehalten, ihm physischen Schaden zuzufügen.

„Brauni" ist ursprünglich ein altes Mitglied der Bones, die vor etwa zehn Jahren mit den Hells Angels fusionierten. Er war bekannt für wenig Hirn, aber äußerste Brutalität, und demzufolge avancierte er in Hannover zu einem nützlichen Schläger, der oft als Türsteher vor Discotheken oder als Wirtschafter in Bordellen arbeitete. Zusätzlich war er aber auch schon als Dealer bekannt. Und so geschah, was irgendwann absehbar war: Wegen Handels mit BTM musste er eine mehrjährige Haftstrafe verbüßen. Ich bin mir nicht sicher, ob er sogar zweimal deswegen einsaß, da ich hier in der JVA nur aus der Erinnerung berichten kann, aber jeder wusste, dass sein Name mit dem Handel von Drogen verbunden war. Aber irgendwann war es wieder so weit, und er wurde zu zwei Jahren und neun Monaten verurteilt. Im Gegensatz zu seinen zwei Mittätern durfte er schon nach 13 Monaten vorzeitig die Haftanstalt verlassen. Warum wird ein wegen des gleichen Deliktes mindestens schon einmal Verurteilter nach der Verbüßung von lediglich einem Drittel seiner Strafe wieder auf freien Fuß gesetzt, während seine beiden Mitverurteilten ihre Zeit vollständig absitzen müssen? Er wurde mithilfe einer akustischen Pkw-Innenraumüberwachung sowie mittels Observation des Handels mit 200 g Kokain überführt. Und neben der vorzeitigen Freilassung gab es noch eine kleine Merkwürdigkeit: Es war der Verdacht der Fluchtgefahr gegeben. Mittels TÜ (Telefonüberwachung) hatte man in Erfahrung gebracht, dass Braunbär sich zu den damals noch existierenden Hells Angels Thailand absetzen wollte. Trotzdem kam ein bereits vorbestrafter Drogendealer wieder auf freien Fuß. Die Haftbeschwerde wurde von mehreren Instanzen abgelehnt, bis sie Erfolg hatte. Die Krönung des Ganzen: Die Kosten trug die Landeskasse.

Aber beginnen wir noch einmal von vorne und listen die Fakten und Hinweise auf, auch wenn sie vorher schon Erwähnung im Text fanden: Als Toni Braunbär über die Existenz von Papieren des Fachdezernats B.-Stadt/KK 21 (Bekämpfung der Organisierten Kriminalität) unterrichtete, aus denen hervorging, dass die Polizei Informationen über die Gründung des B.-Stadter Charters inklusive einer vollständigen Namensliste des Vorstandes besaß, reagierte dieser merkwürdig. Er meinte, dass er die Information selbst besitze. Auf Tonis Frage woher, „stammelte" Paul, dass er eine Bekannte in der Poststelle habe. Nun, die Papiere wurden als E-Mail mit Anhang verschickt, und diese „Post" läuft heutzutage bekanntlich nicht mehr über eine physische Poststelle. Des Weiteren unterließ er es, Hannover davon zu unterrichten, obwohl sie die Gründung des Charters initiiert hatten und es sie demzufolge sehr wohl etwas anging. Unterließ er es aus Angst, dass man Verdacht schöpfen könnte? Als die Polizei von der Chartergründung Kenntnis erlangte, wusste nur eine Handvoll Angels davon, darunter der zukünftige B.-Stadter Präsident. Aus dem Polizeipersonenausdruck von Paul B. geht hervor, dass seit dem Jahr 2000 keinerlei Straftaten oder Delikte mehr erfasst wurden. Am 14.1.2009 wurden jedoch drei personengebundene Hinweise eingefügt: bewaffnet, gewalttätig, BTM-Konsument. Ein personengebundener Hinweis wird jedoch nur dann eingetragen, wenn ihm ein Vorfall oder Ereignis zugrunde liegt. Keine Delikte seit 2000, aber eine Aktualisierung 2009? Dies könnte sich mit den Informationen der Beamten der ZKB (Zentrale Kriminalitätsbekämpfung) Detmold decken, dass gegen ihn noch offene BTM-Verfahren im Jahre 2008 liefen.

Einige Zeit nach der Gründung des B.-Stadter Charters hielten Beamte des Fachdezernats KK 21/OK aus B.-Stadt aus aktuellem Anlass eine Veranstaltung über „Rockerkriminalität" im Gebäude der KPB Lippe ab. Thema waren die Hells Angels in Ostwestfalen-Lippe. Zu dieser Veranstaltung waren nur Führungskräfte zugelassen. Glücklicherweise kannte ich einen Besucher dieser Veranstaltung, den ich bat, einmal die Frage zu stellen, ob die Mitglieder des neuen Charters abgehört oder observiert würden. Wie er ja wisse, sei ich mit einem Engel befreundet, und insofern hätte diese Frage auch für mich eine Bedeutung. Er versprach, mir diesen Gefallen zu tun. Kurz nach dem Ende der Veranstaltung telefonierten wir, und er teilte mir mit, dass er ohnehin gerade im Dienst sei und wir uns irgendwo treffen könnten. Ich begriff sofort, dass er das Thema nicht am Telefon bereden wollte. Also trafen wir uns einige Stunden später. Ich konnte es vor Neugierde kaum erwarten und fragte ihn umgehend: „Was hast du erfahren?" Die Antwort übertraf meine kühnsten Erwartungen. Nach Beendigung der Veranstaltung hatte er die Möglichkeit, unter vier Augen mit einem der referierenden OK-Beamten zu reden. Als er diesem nun die Frage stellte, antwortete der Experte sowohl in „kollegial-konspirativer" als auch „überheblicher" Art: „Abhören? Wir müssen nicht mehr abhören. Wir haben einen in der höheren Ebene in Hannover drin und um B.-Stadt müssen wir uns in Zukunft auch keine großen Sorgen machen." Punkt! Die restliche Information war auch „nett": Mitglieder der Angels werden finanziell regelrecht geködert, und das notwendige Geld würde von den zuständigen Staatsanwaltschaften genehmigt und beschafft. Notwendige Treffen mit den VP (Verbindungspersonen) verliefen ähnlich wie in Spionagefilmen. Z.B. laufen sich Beamter und Spitzel „zufällig" in einem Reisezug über den Weg und tauschen sich unbemerkt aus.

Die eigentliche Tragweite der Äußerung des OK-Beamten wurde mir allerdings erst später voll bewusst. Lassen wir uns den Satz noch einmal auf der Zunge zergehen: „WIR haben Einen in der höheren Ebene in Hannover drin." Wieso hat die Polizei B.-Stadt/Fachdezernat OK „einen in Hannover drin"? – Fällt Ihnen etwas auf? – Hannover ist ein ganz anderes Bundesland, nämlich Niedersachsen. Und damit verbietet es sich schon von allein, dass B.-Stadt mit Hannover etwas zu tun hat. Die Kollegen dort würden es nicht lustig finden, wenn die Behörde eines anderen Bundeslandes in ihrem Hoheitsgebiet aktiv werden würde. Aber: Wenn es Braunbär wäre, ist die Antwort ganz einfach, weil der alte Bekannte schon seit jeher in der Region wohnt, und somit der örtlichen Zuständigkeit der hiesigen Polizei unterliegt. Einzig der Term „höhere Ebene" bereitet Kopfschmerzen. Aber für die Behörden ist wahrscheinlich jeder, der seit Jahren Member ist, in der höheren Ebene eines Charters anzusiedeln. Und Paul B. ist bekanntlich seit den Anfängen des Hannoveraner Charters dabei und galt inoffiziell als zum engen Führungskreis gehörend, auch wenn es aus intellektueller Sicht keinesfalls zutrifft. Paul war nämlich nur der Mann fürs Grobe.

Und nun betrachten wir den zweiten Teil der Aussage, dass man sich in Zukunft auch um B.-Stadt keine Sorgen mehr machen müsse. Wären zwei verschiedene Personen gemeint, müssten beide im Hannoveraner Charter Member sein, und eine Person davon so hoch, dass sie Kenntnis vom Plan „B.-Stadt" hatte. Die andere müsste für das Charter B.-

Stadt vorgesehen gewesen sein. Diese Konstellation wäre eine sehr, sehr glückliche Fügung und ist daher denkbar unwahrscheinlich. Meine Annahme ist logischer: Von wem sollte die Polizei zukünftig bessere Infos erhalten als vom designierten Präsidenten selbst?

Je mehr ich nachdachte und Antworten auf meine Fragen fand, desto mehr ergriffen mich Wut und Zorn. Ich verstand, dass mein Freund Toni nur deswegen rausgeschmissen wurde, weil es einem vermeintlichen „Bullenspitzel" offensichtlich zu heiß geworden war. Natürlich konnte auch alles immer noch auf purem Neid basieren. Doch so gutmütig, wie Thorsten war, hätte das gesamte Charter aus seinem Wohlstand Nutzen ziehen können, erst recht der Präsident selbst. Eine Kuh, die man melken kann, verjagt man nicht so ohne Weiteres. Das weiß auch der dümmste Bauer.

Angetrieben von Freundschaft und Gerechtigkeitssinn, wollte ich mehr herausfinden. Mein Ziel war es, meinen Freund zu entlasten und ihm seine Ehre zurückzugeben. Außerdem verachte ich Verräter mehr als alles andere. Für mich war und ist Braunbär nur ein schlechter und böser Mensch. Es widert mich an, dass die Polizei mit „so einem" möglicherweise „Geschäfte" macht. Ich meine damit die Kooperation und den Handel von Informationen gegen Zugeständnisse oder Erleichterungen.

Ich wollte den Typen auffliegen lassen und verfolgte damit mehrere gute Absichten: Zum einen würde ich den Angels helfen, eine Ratte aus ihren Reihen zu entlarven, zum anderen würde ich unterbinden, dass solch ein Subjekt in die Gunst von Straffreiheit und anderen Erleichterungen oder Vorteilen kommt, denn keine Mitgliedschaft = kein Deal mehr. Mein Hauptanliegen war es jedoch, meinem Freund zu helfen. Wegen seiner Freundschaft zu mir hatte man ihn rausgeworfen, und so wollte ich dafür sorgen, dass er wieder ehrenvoll aufgenommen wurde.

Die Informationen und Fakten, die ich immer zahlreicher zusammentrug, sprachen eine eindeutige Sprache und ließen meinen Zorn stetig wachsen. Von alten Kontakten aus der Kampfsportszene erfuhr ich, dass bereits vor vielen Jahren in B.-Stadt das Gerücht umging, dass Braunbär ein „Bullenspitzel" war. Er soll damals mehrere Dealer verraten haben, und komischerweise blieb die Diskothek, in der er als Türsteher arbeitete, stets von Razzien verschont. Eine andere Geschichte besagt, dass er einmal in einer Diskothek von einem Gast mit einer Waffe bedroht wurde. Dieser Gast wurde einige Zeit später niedergestochen, überlebte jedoch. Ein Tatzusammenhang konnte Paul B. nicht nachgewiesen werden. Dafür erzählte Paul selbst, dass ein Verfahren wegen Körperverletzung gegen Zahlung einer Geldbuße in Höhe von 1.500 Euro eingestellt wurde. Er hatte einen Mann in einem Lokal niedergeschlagen, was er Toni beiläufig erzählte, als die beiden noch „Brüder" waren. Es gab keine Verhandlung, und obwohl acht Brüder die Tat beobachtet hatten, wurde keiner dazu befragt oder wegen einer „positiven" Zeugenaussage von Paul angesprochen. In B.-Stadt hieß es dazu, dass Braunbär über eine „ich muss nicht in den Knast"-Garantie verfügt(e). Unterstrichen wird dies von einer kleinen Begebenheit: Ich bat einen Bekannten mit gutem Draht zur Kripo B.-Stadt, etwas über den Namen Paul B. herauszubekommen. Einige Zeit später bekam ich zur Antwort, dass das Thema „zu heiß" sei.

Zum Schluss wollen wir nicht vergessen, dass Toni sich noch einen Vorwurf anhören musste, der zwar völlig verfälscht war, aber einen wahren Kern hatte: Toni war mit einem „Bullen" in einer Bank. Die Information konnte ihm nur aus Polizeikreisen zugetragen worden sein. Wie berichtet, war ich tatsächlich einmal mit Toni und einem Italiener in der Volksbank in Detmold. Doch dieses war bisher nur meinem Vorgesetzten bekannt. Der kann es höheren Chargen zugetragen haben, und schließlich ist es bei der OK-Abteilung (KK 21) gelandet, die es wiederum an ihren Informanten weiterleitete. Klingt dies zu hypothetisch? Andere Ideen?

23. Tattoos

Trotz ständiger Veränderung und Bewegung in meinem Leben blieben die schon seit langem bestehenden Beziehungen und Begebenheiten unverändert. Anke war wie eh und je meine Vertraute und beste Freundin, mit der ich viel Zeit verbrachte, regelmäßig Wing-Tzun und Free Fight trainierte. Während meiner depressiven Phasen war sie mir zudem eine große Stütze. Mit meinem kleinen „Topmodel" Sorena telefonierte ich mehrmals täglich und stand ihr als „Topmanager" in privaten und beruflichen Fragen mit Rat und Tat zur Seite. Ich kümmerte mich wie eh und je um alles Organisatorische hier in Deutschland. Toni und ich sahen uns regelmäßig, schließlich verfügte ich auf Grund meiner sich stetig verlängernden Krankschreibung über genügend freie Zeit.

Während eines Besuchs bei Toni – ich kam gerade von meiner Ärztin und war mit Toni zum Frühstück verabredet – traf ich auf zwei „Kollegen" der ZKB Detmold, die im Auftrag der B.-Stadter OK-Beamten des Kriminalkommissariats KK 21 unterwegs waren. Sie brachten Toni seinen PC wieder, der Wochen zuvor bei einer ominösen Hausdurchsuchung in Tonis Werkstatt und seinen Büroräumen sichergestellt worden war. Bei diesem Einsatz waren die B.-Stadter „nur" mit mehreren Zivilbeamten aufgekreuzt, und der Vorwurf erschien eher fadenscheinig. Er lautete auf Pkw-Diebstahl bzw. Handel mit einem gestohlenen Pkw. Woher rührte dieser Vorwurf? Tonis silberner Peugeot Kombi war angeblich gestohlen. Dieses hätten die Beamten von der italienischen Polizei gesteckt bekommen. Komisch ist nur, dass der Wagen von Toni bei einer Gerichtsversteigerung erworben wurde und er Papiere und zwei Originalschlüssel erhalten hatte. Die Beamten nahmen den Peugeot also zur Überprüfung mit, und er landete in einer abgeschlossenen Halle. Schon wenige Tage später erhielt ihn Toni wieder zurück. Als ich das erfuhr, teilte ich ihm sofort mit: „Ist doch klar, was die damit gemacht haben. Die haben dir die Karre verwanzt." Im Rahmen dieser Ermittlung wurde jedoch nicht nur das angebliche Diebstahlgut sichergestellt, sondern sowohl sein Büro als auch sein Wohnwagen an der Ostsee durchsucht. Im Büro wurden zahlreiche Akten und eben jener Rechner sichergestellt, an der Ostsee wurde der auf einem Campingplatz weilende Wohnwagen aufgebrochen. Ob dieses Vorgehen der Aufklärung angeblicher Straftaten diente, sich gegen seine Hells-Angels-Aktivitäten richtete, oder der Entdeckung von möglichen Beweismaterial, das unserer Freundschaft hätte „entsprungen" sein können (zum Beispiel Polizeiauszüge etc.), blieb unklar.

Es war mir unangenehm, die Detmolder „Kollegen" bei Toni anzutreffen, aber dann entwickelte sich ein kurzes und nettes Gespräch. Einer der beiden fragte mich, wie es mir gehen würde. Er wusste, dass ich krankgeschrieben war, und daher hatte die Frage einen vorsichtigen Unterton. Ich antwortete, dass es mir nicht sonderlich gut gehen würde. Woraufhin er ergänzte, dass man nichts daran ändern könne, wenn Leute eine vorgefertigte Meinung hätten, und gab mir damit unmissverständlich zu verstehen, dass er sehr wohl wusste, was für ein ungerechtes Theater in Detmold gegen mich gespielt wurde. Das freute mich natürlich, war es für mich nur eine objektive Bestätigung dafür, nichts Falsches getan zu haben. Mittlerweile war auch der zweite Beamte aus Tonis Räumlichkeiten herausgekommen und begrüßte mich. Auf meine Frage, was sie denn schon wieder zu Thorsten führte, gab mir dieser durch die Blume zu verstehen, dass er die fortwährenden Aktionen gegen Thorsten nicht nachvollziehen könne. Beinahe schon entschuldigend fügte er hinzu, dass sie wieder einmal die Handlanger der B.-Stadter waren, die ihm jetzt seinen PC zurückbringen müssen. Wahrscheinlich habe man in B.-Stadt große Furcht vor dem bösen Hells Angel. Er selbst habe Thorsten immer als netten und freundlichen Mann kennengelernt. Nach einigen gewechselten Sätzen mehr fuhren sie, und wir frühstückten wie geplant.

Dieses Ereignis lag inzwischen Monate zurück, und ich entfernte mich immer weiter von der gesellschaftlichen Norm, was sich in meiner Kleidung, vor allem aber in meiner neu entdeckten Leidenschaft für Tattoos widerspiegelte. Ich hatte mit Stefan einen grandiosen Künstler gefunden und freute mich zusehends daran, ihn sein Können an meinem Körper entfalten zu sehen. Nach einem schlichten Schriftzug über der Brust empfand ich meinen rechten Oberarm als noch zu "leer". Da fehlte noch etwas. Wochenlang suchte ich nach dem passenden Motiv und entschied mich letztlich für einen antiken Krieger in prunkvoller Rüstung mit gezogenem Schwert in der Hand, was die von mir gesuchte symbolische Wirkung besaß. Der antike Krieger sollte meinen gesamten rechten Oberarm und Teile der Schulter zieren – eine aufwendige Arbeit, und so uferte die Sitzung wieder aus. Stefan realisierte die feinsten Verzierungen der Rüstung und setzte die Vorlage in unglaublicher Art und Weise um. Schattierungen, Umrisse und kleinste Details erstrahlten wiederum nach zehn Stunden in Perfektion unter meiner Haut. Wir hatten am frühen Nachmittag begonnen und näherten uns gegen Mitternacht dem Ende. Zum Schluss wollte meine Haut die weiße Farbe, die für die Effekte ein Übriges tat, gar nicht mehr annehmen. Aber wir kämpften uns durch. Ganz fertig waren wir aber immer noch nicht, und so verabredeten Stefan, seine Frau und ich, dass wir das Tattoo einige Wochen später auf der «Tattoo Convention» in Hannover fertig stechen würden, um damit möglicherweise noch einen Preis zu gewinnen.

Vor geraumer Zeit hatte ich bei Stefan im Studio einen Prospect des Outlaws MC kennengelernt. Sein Name war Chavez, und wir waren uns von Anfang an sympathisch. Während einem Gespräch über übliche Bikerthemen und Clubgerede fielen auf einmal die Namen von Braunbär und seinem Adlatus Ray. Ich war für Chavez ein Supporter der Rot-Weißen, deshalb stellte ich mich ein wenig unwissend und fragte ihn, was er von den beiden so wisse. Nachdem er mir einige belanglose Dinge erzählt hatte, fragte ich ihn direkt, ob ihm bekannt sei, dass die beiden irgendetwas mit BTM am Laufen hätten. Chavez bejahte es und antwortete, dass er das genau wissen würde. Ich sprang aus meinem Stuhl und hakte sichtlich interessiert, aber gleichzeitig auch ernst nach: „Jetzt mal keinen Scheiß und ganz im Ernst! Weißt du das wirklich?"

„Ganz bestimmt. Ich weiß es aus zuverlässiger Quelle, denn ich kenne jemanden, der mit Braunbär regelmäßig abhängt. Mit dem saß ich schon mal ein. Ich weiß sogar, wer ihm direkt etwas abnimmt."

Ich war außer mir vor Freude, denn das waren Informationen, die ich benötigte, um Tonis Ehre wieder reinzuwaschen. Ich vertiefte das Thema an jenem Tag nicht weiter, verblieb mit Chavez jedoch so, dass wir später darauf einmal näher eingehen sollten. Er war damit einverstanden, denn auch er konnte den Braunbär nicht leiden, so viel stand fest Ich musste ihm jedoch versichern, die Informationen vertraulich zu behandeln und seinen Namen auf keinen Fall zu erwähnen. Er versprach mir Namen, Routen und Weiteres, bräuchte dafür aber ein bisschen Zeit. Ich garantierte ihm die Diskretion und freute mich auf die Neuigkeiten.

So hatte ich also Chavez kennengelernt. Und nun sollten wir uns wiedersehen, denn Chavez hatte am gleichen Abend wie ich auch einen Termin bei Stefan.

24. Nach Hannover

Chavez hatte um 20:00 Uhr einen Termin, um seine Sleeves (komplett tätowierte Arme) zu vervollständigen. Weil meine Tätowierung aber noch nicht fertig war, begnügte er sich damit, dem Meister bei der Arbeit zuzusehen und sich mit uns zu unterhalten. Chavez war vor einiger Zeit von Stefan als Tätowierer angelernt worden und durfte im Clubhause des Outlaws MC (Prospective-Chapter) arbeiten. Obwohl ich ihn mochte, hätte ich mich niemals von ihm stechen lassen, denn er war ein blutiger Anfänger, der sein Handwerk noch gar nicht beherrschte. Durch Stefan war er überhaupt erst zu den Outlaws gekommen und durchlief gerade seine Prospect-Zeit.

Chavez war anfangs überhaupt nicht einzuschätzen. Wir konnten uns zwar von Beginn an gut leiden, aber schon bald fiel mir auf, dass er zwar sehr viel erzählte und auch ankündigte, aber keine Resultate oder Ergebnisse folgten. Mit seinen schätzungsweise 40 Jahren hatte er im Leben noch nicht viel erreicht, saß angeblich zwei Jahre im Knast und gab immer vor, ein ganz Harter mit exklusiven Kontakten zu sein, über die er z.B. angeblich super Mädels besorgen könne, die anschaffen würden. Auch eine ganze Palette von Waffen und Hightech-Überwachungsgerätschaften könne er besorgen, da er bei den Outlaws auch für die Sicherheit und Aufklärung zuständig sei. Letzteres konnte seine Kenntnisse und Informationen über die Szene, verfeindete Clubs und somit Braunbär erklären.

Chavez war in meinen Augen kein harter Typ, aber ich glaubte ihm. Kein normaler und gesunder Mensch würde sich in dieser Szene mit derartigen Erzählungen schmücken, wenn sie nicht der Realität entsprachen. Für mich war Chavez anfänglich ein Schlüssel, ein Werkzeug, um Toni helfen zu können. Er hatte mir in Aussicht gestellt, Beweise für Braunbärs Tätigkeit als Dealer zu besorgen. Ich selbst hatte mittlerweile eine Menge Anhaltspunkte für seine Funktion als mögliche VP (Verbindungsperson) der Polizei erfahren, und so entschloss ich mich, in die Offensive zu gehen.

Die Initialzündung dazu war ein „aktueller Ausdruck" von Braunbärs Polizeiabfrage-Datensatz, den ich jederzeit über Kontakte bekommen konnte, wenn ich gewollt hätte. Diesen Datensatz erhält man, wenn der Beamte den Namen und gegebenenfalls das Geburtsdatum in den Rechner eingibt. Mir wurde berichtet, dass mehrere Personen aus aktuellem Anlass abgefragt wurden, darunter der Präsident und Vizepräsident aus Hannover sowie der gesamte Vorstand des B.-Stadter Charters. Das Erstaunliche war, dass alle Personen ohne jegliche Probleme abgefragt werden konnten und alle vorhandenen Daten vom Rechner ausgeworfen wurden. Alle Personen bis auf eine: Paul B. alias Braunbär. Bei ihm erschien in der Mitte des Bildschirms ein neues Eingabefenster, in dem zu lesen war: „Bitte geben Sie die gültige Ftb-Adresse ein." Zusätzlich wurde die Eingabe eines Kennwortes verlangt. Beim ersten Versuch dachte der/die Kollege/n/in, ein Fehler in der Bedienung läge vor, doch jeder Versuch lief identisch ab. Folglich wurde an dieser Stelle abgebrochen. Zufälligerweise gelang die Abfrage einige Tage später einem anderen Beamten. Auch da erschien das Eingabefenster, jedoch klickte er es einfach weg. Daraufhin gelangte er an den Datensatz. Natürlich entfachte es eine Diskussionen, und nachdem man über das Erscheinen des neuen Eingabefensters gefachsimpelt hatte, kam man zu folgender Schlussfolgerung: Jeder Polizeibeamte bzw. jede Polizeibeamtin hat seinen/ihren persönlichen und individuellen Login. Dieser besteht aus einer Kennnummer und einem Passwort. Meldet man sich im System an, ist demnach der Abfrager oder die Abfragerin zu identifizieren. Bei einer Abfrage einer „besonders relevanten" Person erscheint ein neues Eingabefenster, welches eine gültige Ftb-Adresse abfragt. Diese verweist auf einen speziellen externen Server. Die erhöhte Sicherheitsvorkehrung lässt eindeutig den Schluss zu, dass es sich um einen besonderen Datensatz handelt, auf den nur eine spezielle Personengruppe innerhalb der Polizei Zugriff haben soll. Der „normale" Beamte, der durch das Weiterklicken den allgemeinen Datensatz erhält, hinterlässt jedoch seinen persönlichen „Abfrage-Fingerdruck". Die Fachdienststelle, in so einem Fall die Verbindungsbeamten der möglichen VP aus dem Bereich OK, erfährt somit zum einen, welcher Kollege die „Zielperson" wann, wo und aus welchem Grund abgefragt hat und zum anderen, wo sich die „Zielperson" eventuell befunden hat.

Der abfragende Polizeibeamte war ein „persönlicher" Bekannter von Braunbär. Es war der Polizeihundeführer Fuzzy, der vor Ur-Zeiten noch nebenberuflich als Fahrlehrer fungierte. Und wie es der Zufall so wollte, als Paul seinen Motorradführerschein machte, war Fuzzy sein Fahrlehrer. Seitdem kennen sich die beiden. Der eigentliche Grund der Abfrage war folgender: Fuzzy und Braunbär wohnten zu der Zeit beide in Bad Salzuflen. Paul saß gerne in einem Bistro und trank seinen morgendlichen Kaffee. Eines Tages schlenderte Fuzzy vorbei, beide begrüßten sich und wechselten auch ein paar Worte miteinander. Braunbär beklagte sich bei Fuzzy, dass die B.-Stadter Polizei sein Charter nicht in Ruhe ließe, also ständige Personenkontrollen bei den „offenen Abenden" (zu denen jeder kommen kann) und häufige Polizeipräsenz am Clubhaus. Er endete mit der Frage, ob Fuzzy nicht einmal etwas in Erfahrung bringen könne. Fuzzy sagte ihm, dass er nichts mit den B.-

Stadtern zu tun habe und deshalb auch nichts wüsste. Paul sagte daraufhin: „Am Freitag haben wir wieder offenen Abend. Komm doch einfach mal vorbei. Ich würde mich freuen." – So viel zum Thema gleiches Recht. Seinem Bruder wirft er Kontakte zu einem „Bullen" und den gemeinsamen Besuch in einem Clubhaus vor und selber lädt er einen offiziell zur Party ins Clubhaus ein. – Fuzzy lehnte dankend ab, hatte aber einen Grund, Braunbär zu „durchleuchten".

Zensiert!

Die Führungsspitze des größten Hells-Angels-Charters der Welt sowie der gesamte Vorstand des B.-Stadter Charters sind alle problemlos abfragbar, bis auf einen? Ich brannte darauf zu handeln, und mir war klar, dass der einzig richtige Weg nach Hannover führte, und zwar zum inoffiziellen „Europa-Chef" der Hells Angels. Doch es war gar nicht so einfach, an den Mächtigen heranzukommen. Also musste ich einen Zugang finden. Ich weiß zwar nicht, ob Braunbär auch seine Brüder verraten hatte, aber dass er mit der Polizei kooperierte, schien mir nun mehr als wahrscheinlich. Und sei es „nur" aus dem Grund, andere Dealer ans Messer zu liefern. Aber Kooperation mit den Strafverfolgungsbehörden bedeutet nun mal: „Bullenspitzel"! Mir war jetzt vor allem wichtig, dass die elementaren Informationen über Braunbär und den damit verbundenen Rauswurf meines Freundes in Hannover überhaupt erst einmal ankamen. Und der Zugang fügte sich rasch. Toni hatte einen guten Bekannten namens Marko, dem er mittlerweile schon zwei Maschinen gebaut hatte. Marko war mit einem Hannoveraner Hells Angel befreundet, den er an den Wochenenden häufig während seiner Arbeitszeit besuchte, was nicht so schwer war, da der Angel als Türsteher vor einer Bar im stadtbekannten Rotlichtviertel Steintor arbeitete.

25. Am Steintor

Es war an einem Freitagabend, als ich gegen 23:00 Uhr in Richtung Hannover aufbrach. Marko hatte das Zusammentreffen mit dem Hannoveraner Angel bereits im Vorfeld arrangiert, und ich wurde schon erwartet. Bei dem Hells Angel handelte es sich um ein langjähriges Mitglied der Hannoveraner Engel, das seit den Gründungstagen dabei war und einen guten Draht zum Präsidenten besaß. Aus Respekt gegenüber den Hannoveraner Engeln, die ich von dem Abend an in dieser Angelegenheit noch treffen sollte, nenne ich keine Namen. Ich bin von allen freundlich und respektvoll behandelt worden, obwohl sie wussten, dass ich noch ein „Bulle" war. Das war jedoch sekundär, da sie wussten und spürten, dass ich aufrichtig und für meinen Freund, ihren ehemaligen Bruder erschienen war. Wobei das „ehemalig" für sie eigentlich nicht zutraf, denn Toni genoss weiterhin ihre Sympathie, zumal sich niemand vorstellen konnte, dass die Vorwürfe gegen ihn auch nur im Geringsten zutrafen.

Unmittelbar nach Mitternacht parkte ich meinen Golf in einer der Parkreihen hinter dem Steintorviertel. Ich schaltete meine Handys aus und legte sie zusammen mit dem Navigationsgerät in den Kofferraum. Von meinem Treffen in Hannover an diesem Abend wussten insgesamt nur drei Personen: Marko, der Angel und ich. Um genau zu sein, wusste Anke auch davon. Kein Toni, kein Chavez, niemand sonst war involviert. Auch auf Seiten der Angels wusste niemand davon, denn Sinn und Zweck des Treffens war es, sich anzuhören, was ich zu erzählen hatte. Marko hatte bereits Vorarbeit geleistet, jedoch war ich auch ihm gegenüber mit Informationen sehr zurückhaltend gewesen. Ich wollte, dass es direkt beim Präsidenten ankam, aber dazu musste ich den Weg über einen ihm vertrauten Engel wählen.

Ich bog in die Straße des Rotlicht- und Vergnügungsviertels ein, in der sich die Bar befand, vor der Marko und sein Freund bereits auf mich warteten. Ich trug eine Jeans, Turnschuhe und ein Harley-Davidson-Sweatshirt und sah aus wie ein normaler Besucher des Viertels. Der

Angel trug die dunkle Bekleidung der Sicherheitsfirma Bodyguard-Security, die das ganze Viertel bewachte und für Ruhe und Ordnung sorgte. Das sieht so aus, dass in der Regel zwei bis drei Securityleute vor jeder Kneipe bzw. Bar postiert sind, den Einlass kontrollieren und mögliche Streitigkeiten in oder vor den Läden unterbinden oder entschärfen. Die Firma Bodyguard-Security ist natürlich im Besitz eines Hells Angel und beschäftigt sowohl Engel als auch „normale" Türsteher. Des Weiteren ist das gesamte Steintorviertel kameraüberwacht. Das mag sich erst einmal martialisch anhören, aber man muss Präsident Falk und seinen Engeln Respekt zollen für die Entwicklung des Vergnügungsviertels. Was vor etlichen Jahren noch ein dreckiger, versiffter Bereich war, in dem sich Osteuropäer und Südländer gegenseitig niederschossen und abstachen, war zu einer Ansammlung von Lokalen, Kneipen, Bordellen und Diskos geworden, in der das Nachtleben pulsierte und normale Partygäste miteinander ausgelassen feierten und sich amüsierten. Inzwischen zählt der Hannoveraner Kiez zu den sichersten und saubersten in ganz Deutschland, und das ist zweifellos den Angels zuzuschreiben. Über die Ereignisse und Geschehnisse hinter den Kulissen kann und mag ich nicht urteilen.

Ich begrüßte Marko, der mich seinem Freund vorstellte. Der zog sich seine Lederhandschuhe aus, gab mir die Hand und begrüßte mich freundlich. Er schlug vor, kurz in einen Häusereingang um die Ecke zu verschwinden, denn unser konspiratives Gespräch sollte nicht vor Fremden oder gar bekannten Beobachtern geführt werden. Ich zeigte ihm etwas und teilte ihm meinen Verdacht mit, dass es allen Anschein nach im B.-Stadter Charter einen Spitzel gebe und aus dem Charter heraus möglicherweise gedealt würde. Das Gesehene und Gehörte reichte ihm bereits, um mir sofort zu sagen: „Das musst du Falk erzählen! Wir machen das so, ich bin demnächst erst einmal zwei Wochen im Urlaub, und danach arrangiere ich ein Treffen. Marko meldet sich bei dir." Mir erschien das zwar etwas spät, ich willigte aber ein und war unterm Strich zufrieden. Er fügte noch hinzu, dass es nicht so gut wäre, wenn wir allzu lange miteinander reden würden, da man nie wisse, wer zuguckt oder -hört. Also verabschiedeten wir uns zügig und ich fuhr guter Laune wieder heimwärts.

Nun geschah jedoch etwas, was mich mehr als irritierte und zur Vorsicht rief. Mitte der Woche erhielt ich einen Anruf meines Freundes Chavez. Wir telefonierten inzwischen regelmäßig, und das gegenseitige Vertrauen wuchs stetig. Deswegen hatte ich ihm auch von meiner Annahme erzählt, dass Paul für die „Gegenseite" arbeitete. Chavez meinte in seiner unnachahmlichen Weise, dass er mal schauen wolle, was er so alles in Erfahrung bringen könne. Ich war gespannt und beschloss, mich überraschen zu lassen. Trauen wollte ich jedoch nur mir und meinem beschafften Material. Es reichte meiner Meinung nach schon aus, um die Schlinge um Braunbärs Hals zu legen.

Dass mich Chavez anrief, war die absolute Ausnahme. Er hatte immer viel um die Ohren. Nachmittags bis in den Abend hinein tätowierte er, und nach Feierabend war er oft in Clubangelegenheiten oder in Sachen Liebhaberinnen unterwegs. Gelegentlich war er auch bei seiner Freundin, mit der er auf einem alten Bauernhof zusammenwohnte. Es war Usus, dass ich ihn zwischendurch immer mal anrief, um mich mit ihm auszutauschen. An diesem Abend rief er aber mich an und betonte gleich zu Beginn des Gesprächs, dass er mir helfen wolle, weil er mich mögen würde. Und dann kam es: Er wolle mich warnen. Jetzt wurde ich hellhörig, zumal er sehr besorgt und ernst klang.

„Warst du vor kurzem in einer großen Stadt im Norden?"

Ich reagierte perplex: „Woher weißt du das?"

„Ich habe es aus einer gut unterrichteten Quelle. Deshalb will ich dich warnen, denn eventuell kommt da Ärger auf dich zu. In B.-Stadt ist nämlich bekannt geworden, dass einer in Hannover aufgetaucht ist, um einigen Leuten in B.-Stadt ans Bein zu pissen. Mach dir aber keine Gedanken, dein Name ist dort nicht bekannt, und ich habe meinen Teil dazu beigetragen, die Sache zu entschärfen. Wie es aussieht, fällt der Verdacht auf deinen Kumpel. Passt einfach in Zukunft ein bisschen mehr auf."

Nachdem ich das gehört hatte, war ich erst einmal geschockt. Wir kamen deswegen schnell zum Ende des Telefonats und wollten alles

Weitere in Kürze persönlich besprechen. Noch am selben Abend fuhr ich zu Toni, um ihn zu warnen, er war aber nicht da. Und so ließ ich es ihn anders wissen.

Chavez' Anruf hatte mich erschreckt. Wie zum Teufel konnte jemand von meinem Besuch in Hannover wissen, außer dem kleinen Kreis von Eingeweihten? Es gab nur zwei Möglichkeiten: Entweder hatte einer aus dem Kreis gesprochen, dann hätten die Hannoveraner Engel die B.-Stadter informiert. Das erschien mir jedoch abwegig, da die Angelegenheit so heiß war, das sicherlich nicht leichtfertig damit umgegangen wurde. Oder in B.-Stadt gab es tatsächlich eine oder mehrere Ratten, die durch ihre Verbindungsbeamten vorsorglich gewarnt worden waren. Chavez hatte angeblich einen sehr guten Draht zu jemanden, der über beste Kontakte innerhalb der Polizei verfügte. Woher sonst sollte Chavez von meinem Besuch in der großen Stadt „X" im Norden wissen?

Die zweite Variante machte Sinn. Anhand eines Bewegungsprofils (zum Beispiel durch Auswertung von Handydaten) konnten die „Bullen" mich überwachen. Und genau das traute ich ihnen auch zu, dass sie nichts anderes zu tun hatten, als für mich extra „Kollegen" abzustellen, die mich „im Auge" behielten. Was macht der „Noch-Polizist" und Hells-Angels-Freund Tim K. an einem Freitagabend direkt am Steintor? Anhand der möglicherweise abgehörten Handygespräche zwischen Toni und mir mussten die „Bullen" ohnehin schon Verdacht geschöpft haben, dass ihr möglicher Spitzel Braunbär kurz vor dem Verbrennen war. Toni hatte sich bereits mehrfach abfällig über das „Dreckschwein" und den „Bullenspitzel" Braunbär geäußert. Es ergibt demzufolge Sinn, die gefährdete(n) Person(en) zu warnen, dass eventuell ernsthafte Schwierigkeiten auf sie zukommen könnten, wenn Verdachtsmomente in Hannover bekannt würden. Gleichzeitig dürfen die Beamten den Namen der Quelle natürlich nicht preisgeben, ansonsten wären sie in zweierlei Hinsicht in die Bredouille geraten: Verrat eines Noch-Kollegen und eventuelle gewalttätige Racheaktionen, was als Anstiftung zur Begehung von Straftaten auszulegen ist. Insofern blieb es bei der allgemeinen Warnung. Für mich kam nur diese Möglichkeit in Betracht.

Trotzdem kontaktierte ich Marko von meinem Dritthandy, der mir bestätigte, dass weder er noch sein Freund irgendjemandem etwas erzählt hätten. Also fragte ich ihn, ob sein Freund vor seinem Urlaub noch einmal arbeiten würde? Die Antwort hieß „ja", und am Wochenende fuhr ich erneut nach Hannover. Die Sache ließ mir keine Ruhe. Da nach B.-Stadt bereits etwas durchgesickert schien, veränderten sich die Brisanz und das Gefährdungsrisiko für Toni und mich. Ich hoffte, den Engel an seiner Arbeitsstätte anzutreffen, denn Marko hatte mir gesagt, dass an diesem Abend Falk G. in einer anderen großen Bar im Steintorviertel seinen Geburtstag feiert. Als ich schließlich vor Ort war, wurde ich von einem anderen Mitarbeiter der Firma begrüßt, den ich fragte, ob sein Kollege heute nicht arbeiten würde. Es sagte mir, dass dieser auf der großen Geburtstagsparty sei. „Na toll!" dachte ich. „Bin ich jetzt den ganzen Weg umsonst gefahren? Auf keinen Fall. Dafür ist die Sache zu wichtig." Ich entschloss mich, den Empfänger meiner Nachricht dann eben auf der Geburtstagsfeier seines Präsidenten zu suchen.

Die große Feier fand in einer Bar in der Parallelstraße statt. Schon beim Einparken hatte ich mehrere hünenhafte Hells Angels aus Köln gesehen, die wohl dem Hannoveraner Bruder ihre Aufwartung gemacht hatten und jetzt die Heimreise antraten. Auf der Straße vor der mit rot-weißen Farben geschmückten Lokalität wimmelte es nur so von Hells Angels aus ganz Deutschland und anderen exotischen Gestalten, Lebemännern und attraktiven Frauen. Es war eine Mischung aus Kuttenträgern und Abendgarderobe, und die lange Reihe der geparkten Harley-Davidsons in der Straße komplettierte die einzigartige, besondere Atmosphäre. Ich überquerte die Straße und ging auf das Lokal zu, als ich Zeuge eines beeindruckenden Schauspiels wurde. Auf der Straße vor der Bar stand das Geburtstagskind, umringt von Freunden und Brüdern. Mit fast zwei Metern Körpergröße und seiner weißen Jacke mit dem Aufdruck „Hells Angels Hannover" stach er wie ein Leuchtturm aus der Menge heraus. In diesem Augenblick fuhr ein ganz in schwarz gekleideter Biker auf seiner Harley-Davidson die Straße entlang und hielt unmittelbar vor der Gruppe an. Dann gab er Vollgas und hielt gleichzeitig die Vorderradbremse gezogen, so dass das Hinterrad unter ohrenbetäubendem Lärm und einer großen Qualmwolke auf dem Asphalt durchdrehte. Ein sogenannter Burnout. Unter dem Jubel und frenetischen Anfeuerungen der umherstehenden Gäste und normaler Steintorbesucher ließ er das Rad fast 15 Sekunden lang durchdrehen und dampfen, bis das Profil aufgebraucht war. Der Geburtstagsengel lachte, und beide gaben sich ein High Five zur Gratulation. Anschließend fuhr er davon. Eine gelungene Aktion, die perfekt in die herrschende Atmosphäre hineinpasste. Aber auch das Geburtstagskind ging wieder rein, und ich fragte mich, wo ich meinen Ansprechpartner finden würde. Sein Security-Kollege hatte bereits erfolglos versucht, ihn anzurufen. Zum Glück erblickte ich auf der Straße vor der Bar einen Prospect der Hells Angels Hannover, den ich noch von der «Custom Bike Messe 2008» kannte, weil er ein guter Bekannter Tonis und dessen ehemaliger Freundin Maren war. Er war gerade im Gespräch mit einem anderen Engel, als ich an ihn herantrat. Ich begrüßte ihn kurz und sagte, dass ich ein Freund von Toni und Maren sei. Er gab mir zu verstehen, dass er mich vom Sehen her kennen würde.

„Weißt Du wo … ist? Ich muss mal mit ihm sprechen."

„Der ist drin."

„Kannst du ihm nicht Bescheid sagen, dass er mal rauskommen soll?"

„Geh doch rein. Der ist drin und trägt einen dunklen Anzug."

„Also gut", dachte ich, „dann werde ich da jetzt mal hineinmarschieren."

Ich trug wieder Jeans und Harley-Davidson-Sweater und darunter ein weißes „Puta de madre"-Shirt mit roter Schrift und meinen rot-weißen „Big red Machine"-Gürtel. Ein passendes Outfit also. Ich wollte gerade reingehen, als mich ein Türsteher von Bodyguard-Security informierte, dass es sich um eine geschlossene Gesellschaft handelte. Ich antwortete, dass ich zu … wolle. Daraufhin wurde ich wie selbstverständlich durchgewunken. Die Bar war innen sehr weiträumig, und neben einer großen Theke und einer Tanzfläche gelangte man nach hinten in den Außenhof. Dort waren Tische, Bänke und Schirme aufgestellt, an denen die Gäste aßen, tranken und sich amüsierten. Die Feier war stark frequentiert und es wimmelte nur so von „bekannten" Gesichtern der Hells Angels Germany. Ich bemerkte auch dieselbe interessante Mischung aus Gästen wie schon draußen. Und mittendrin ein Polizeibeamter. Obwohl ich bereits alles abgesucht hatte, fand ich meinen Ansprechpartner nicht. Mir wurde warm, und ich zog meinen Harley-Sweater aus. Jetzt kam das eng anliegende Shirt zum Vorschein, und gut trainiert und breit wie ich war, fiel ich in der Traube der Gäste nicht auf. Endlich erblickte ich den Gesuchten an der Theke und kämpfte mich durch die Gäste an ihn heran. Er war sichtlich erstaunt, mich auf der Feier anzutreffen. Wir begrüßten uns, und ich sagte ihm, dass ich ihn dringend sprechen müsse. Da die Musik sehr laut war, verstand er mich nicht richtig, wie ich im Nachhinein erfuhr. Er dachte nämlich, dass ich mit Falk sprechen wollte, und sagte: „Das ist schlecht heute Abend". Ich wiederholte, dass in B.-Stadt etwas durchgesickert sei und wir dringend reden müssten.

„Ich habe nichts gesagt!"

„Das weiß ich, aber wir müssen reden."

„Heute Abend schlecht. Lass uns telefonieren."

„Ich habe doch gar nicht deine Nummer."

„Machen wir über Marko."

Ich erkannte, dass inmitten der lauten Musik keine richtige Verständigung möglich war, und war enttäuscht, weil er die Brisanz nicht sah. Auf die Idee, ihm mittels Stift und Papier eine kurze Nachricht aufzuschreiben, kam ich leider nicht. Ich war einfach zu perplex.

Eine Frau sprach mich von hinten mit den Worten an: „Das sind aber schöne Tattoos" und wies auf meine Oberarme. Ich war jetzt aber nicht mehr in der geeigneten Stimmung, bedankte mich daher für das Kompliment, verließ die Feier und ging wieder zu meinem geparkten Wagen.

Noch auf der A2 Richtung Heimat war ich innerlich aufgebracht. Ich konnte nicht fassen, dass ich mir den Arsch aufriss, fast drei Stunden spätabends aus einem wichtigen Anlass durch die Gegend fuhr und mein Gegenüber einfach nicht begriff, worum es überhaupt ging. Ich rief Marko an und schilderte ihm das gerade Erlebte. Er konnte natürlich auch nichts daran ändern und sagte mir zu, dass er sich darum kümmern werde. Wenige Tage später trafen wir uns, und Marko berichtete mir, dass mein Ansprechpartner gar nicht verstanden hatte, dass ich mit ihm habe sprechen wollen. Er ging davon aus, dass ich mit Falk sprechen wollte, und das wäre auf dessen Geburtstagsfeier eher ungeeignet gewesen. Das war mir natürlich auch klar: „Guten Abend und herzlichen Glückwunsch zum Geburtstag! Ich bin ein ‚Bulle' und wollte dir sagen, dass es möglicherweise einen Spitzel bei euch gibt und dass im B.-Stadter Charter gedealt wird." Das wäre bestimmt gut gekommen ... Marko sagte mir, dass sich mein Gesprächspartner darum kümmern werde, den Chef in Kenntnis zu setzen, sobald er aus seinem Urlaub zurück wäre. Jetzt reichte es mir aber! Hatte noch immer niemand verstanden, dass die Angelegenheit keinen zeitlichen Aufschub mehr duldete? Ich sagte Marko, dass ich nunmehr direkt mit Falk sprechen wollte. Marko wollte nun ein anderes hochrangiges Mitglied der Hannoveraner Engel einschalten, aber vorher von mir wissen, was ich so an Informationen zu bieten hätte. Ich gab ihm daraufhin unmissverständlich zu verstehen, dass ich darüber nur persönlich mit Falk sprechen würde. Er verstand, und ein paar Tage später stand das Treffen mit dem „Botschafter".

26. Papiere und Namen

Mittlerweile war auch der „Sicherheitsexperte" Chavez tätig geworden. Nachdem ich ihm von meinem Verdacht gegen Braunbär erzählt hatte, gab er an, Bilder, Dokumente und sogar Auszüge der Gerichtsakten anfordern zu wollen. Da dies alles sehr heikel war, bräuchte er ein bisschen Zeit dafür. Als sich abzeichnete, dass ich schon bald nach Hannover fahren würde, bat ich ihn darum, endlich etwas Handfestes zu liefern. Chavez sagte es mir zu.

An einem schönen sonnigen Tag fuhr ich in einen Ort nahe Minden. Als ich das Ortseingangsschild passiert hatte, rief ich ihn wie vereinbart an. Kurze Zeit später setzte er sich mit einem geliehenen Fiat vor mich und leitete mich zu unserem Treffpunkt, ein Parkplatz vor einem Lokal, das in einer Seitenstraße lag. Alles erweckte den Anschein, dass es ein hoch geheimes Treffen war. Warum es so aussah, erfuhr ich sofort. Während er sich ständig nervös umdrehte, um zu gucken, dass uns keiner beobachtete, erzählte er, dass er nicht von „seinen Jungs" dabei gesehen werden dürfe, wie er sich mit einem von den Rot-Weißen trifft. Nachdem er sich sicher fühlte, zeigte er mir ein Schriftstück, aus dem hervorging, dass Braunbär eines Drogendeals überführt worden war und angeblich dort als V-Person agierte. Weil Chavez mal wieder keine Zeit mitgebracht hatte, konnte ich das mehrseitige Dokument nur überfliegen. Ich war natürlich begeistert, zumal das Schriftstück wie eine Fotokopie eines amtlichen Dokuments aussah. Ich wollte die Kopien gleich mitnehmen, doch Chavez meinte, dass er dieses Exemplar nicht aus der Hand geben dürfe, ich später aber eine Kopie bekommen würde. Ich erklärte mich einverstanden und fuhr erwartungsvoll wieder nach Hause.

Unglaublich, aber wahr: Am selben Tag hatte Anke interessehalber den Namen „Braunbär" bei Google eingegeben und auch mehrere Ergebnisse erhalten. Ein Treffer führte auf die Website eines Strafrechtsanwalts, der spezielle Dokumente auf seiner Seite zur Schau stellte, eines davon war die Haftbeschwerde des Paul B. Sein Anwalt, so wurde dokumentiert, hatte erfolgreich Beschwerde gegen seine U-Haft eingelegt. Es war inklusive des Aktenzeichens dasselbe Dokument, welches mir Chavez präsentiert hatte. Einerseits war ich irritiert und enttäuscht, andererseits froh, das Dokument, nachdem ich es ausgedruckt hatte, in den Händen zu halten. (Die Haftbeschwerde müsste eigentlich immer noch für jedermann im Internet einsehbar sein, insofern man bei Google Braunbärs richtigen Spitznamen eingibt.)

Marko war inzwischen ebenfalls tätig geworden und hatte ein Treffen mit dem hochrangigen Angel verabredet. Sicherlich wollte er seinem Freund Toni helfen, jedoch sah er auch seine Chance darin, sich bei den Hannoveranern einen Namen zu machen und sich Respekt zu verschaffen. Den „Ritterschlag" des mächtigen Präsidenten hatte er bereits erhalten, als der ihn auf einer Feier mit Handschlag begrüßte. Marko sah sich mittlerweile auch als wichtigen Bestandteil der bevorstehenden Geheimtreffen. Ich möchte ihm an dieser Stelle noch einmal meinen speziellen Dank bekunden, denn ohne ihn wäre niemals zustande gekommen, was noch vor mir lag.

Nachdem der erste Anlauf in Hannover eher unfruchtbar verlief, suchte ich selbst nach Alternativen, um mit den richtigen Leuten sprechen zu können. Ich stand kurz davor, den prominenten Hannoveraner Anwalt von Falk G. zu kontaktieren, um über diesen Weg an ihn heranzukommen. Dank Marko musste ich diesen Schritt nicht gehen. Das Treffen fand wiederum an einem noch sonnigen Frühabend in Hannover statt. Treffpunkt war der Parkplatz hinter dem Steintor. Auf Grund der Verkehrslage auf der A2 verspätete ich mich um wenige Minuten, und Marko schrieb mir schon nervös eine SMS: „Wo bleibst du? Der Kunde wartet schon gespannt." Eigentlich mag ich diese Art gar nicht, sah es ihm jedoch nach, weil er natürlich hochgradig nervös und angespannt war. Im Vorfeld hatte er mich bereits mehrmals gefragt: „Ist das auch gut, was du hast? Ich muss das auch vorher sehen." Ich sagte ihm jedoch lediglich: „Mach dir keine Sorgen."

Ich parkte meinen Golf etwas abseits und ging das letzte Stück zu Fuß, als ich Marko und seinen Begleiter schon von Weitem sah. Ich erkannte den Angel sofort, zumal er oft auf Bildern zu sehen ist und auch in der Sternreportage abgebildet war. Ich wurde freundlich begrüßt, danach stiegen wir in Markos Auto und fuhren zu einer Bar einige Straßen weit entfernt. Als wir ausstiegen, erhielt Marko die Anweisung, im Wagen sitzen zu bleiben. Der Angel und ich gingen in das Bistro, wo er mir eröffnete, dass er selbst erst einmal mit mir reden wolle, ehe ich mit Falk sprechen könnte. Ich muss eingestehen, dass ich fest davon ausgegangen war, schon an diesem Tag mit ihm zu sprechen. Da ich von Anfang an ein gutes Gefühl hatte, meinem Gesprächspartner trauen zu können, erklärte ich mich bereit. Ich spielte mit offenen Karten und berichtete von meinem Beruf und meiner Krankheit, strich immer wieder heraus, dass es mir um meinen Freund Toni und das ihm zugefügte Unrecht ginge. Natürlich wurden auch die existierenden Verdachtsmomente auf den Tisch gelegt. Dem Angel ging es komischerweise gar nicht so sehr um den Ratten-Verdacht, sondern mehr um den möglichen BTM-Handel. Sein Standpunkt war: „Es gibt eine klare Linie und Abmachung, dass nicht mit Drogen gehandelt wird. Es ist klar, dass man damit viel Geld verdienen kann, jedoch halten sich alle daran. Deshalb ist es eine Sauerei, wenn einige doch meinen, gegen diese Regel verstoßen zu müssen." Diese Einstellung gefiel mir, und ich war beeindruckt. Nach dem Ende des Gesprächs verabredeten wir uns auf die darauf folgende Woche an der selben Straßenkreuzung des Bistros. Der Kontakt sollte von nun an nur noch direkt zwischen uns laufen und auch nicht mehr über Telefon vereinbart werden. Deshalb tauschten wir auch keine Nummern aus, was mir beim nächsten Treffen beinahe zum Verhängnis wurde.

Marko löcherte mich im Anschluss natürlich mit Fragen, und ich antwortete, dass alles gut sei. Ich erzähle Chavez zu keinem Zeitpunkt, wann und mit wem ich mich in Hannover traf, obwohl er es sich mittlerweile auch zu seinem Anliegen gemacht hatte, den vermeintlichen „Bullenspitzel" Braunbär beweiskräftig zu entlarven. Auf die Frage, warum er das eigentlich tun würde und was seine Beweggründe wären, antwortete er, dass die Entlarvung eines möglichen Spitzels die mit den Outlaws rivalisierenden B.-Stadter Hells Angels deutlich schwächen würde und er Braunbär auch einfach nicht ausstehen könnte. Außerdem fügte er als „langjähriger Rocker" an, dass eine Ratte innerhalb der Szene nichts zu suchen hätte, egal in welchem Club. Dieses entspricht im Übrigen auch ganz meiner Meinung, denn es gibt im Allgemeinen nichts Schlimmeres und Verwerflicheres als den Verrat.

Bisher wussten weder Stefan noch Chavez, dass ich offiziell noch als Polizeibeamter geführt wurde. Es gab mehrere Gründe, warum Letzterer es noch nicht erfahren hatte. Ich hatte ihm des Öfteren angeboten, mich einmal bei mir zu Hause zu besuchen, dann würde ich ihm einiges über mich erzählen. Da er nie Zeit hat, war es dazu noch nicht gekommen. Außerdem hielt ich mich zurück, da ich befürchtete, dass er mir dann alle zugesagten Informationen vorenthalten oder sogar den Kontakt beenden könnte. Ich war natürlich auch neugierig, inwiefern er wirklich zu einem/einer Polizist/-in aus „höheren" Kreisen der Gütersloher Kripo Kontakt hatte. Dies hatte er zumindest behauptet. Er sagte mir noch, dass er ihn/sie aus dem Umfeld des Motorradclubs kennen würde und er ihm/ihr sogar einmal Gras verkauft hätte. Insofern bestünde da eine gewisse Schuld und Abhängigkeit, da er ihn/sie deshalb gewissermaßen in der Hand hätte. Da mir bekannt ist, dass es einige „Bullen" gibt, die Gras rauchen, klang es glaubhaft.

Auf der Fahrt zum zweiten Treffen mit dem Angel in Hannover geriet ich in einen Stau auf der A2. Zum Glück war ich überpünktlich losgefahren und hatte eine zeitliche Knautschzone. Ich kam dennoch ganz schön ins Schwitzen, während ich hilflos in der Blechlawine stand. Wir hatten ja keine Handynummern ausgetauscht, und Marko wollte ich auf keinen Fall anrufen. Schließlich war er nach erfolgreicher Kontaktherstellung „wegrationalisiert" worden. Kurz nach 18:00 Uhr parkte ich meinen Wagen in einer Seitenstraße neben dem Treffpunkt, als ein schwarz gekleideter Biker ohne Kutte auf seiner Harley langsam an mir vorbeifuhr. Mir war sofort klar, dass die Angels offensichtlich Vorsorge getroffen hatten und die Aktion von ihrer Seite aus abgesichert war. Es hätte sich ja auch um eine Finte meinerseits handeln können. Von Weitem sah ich schon meinen Gesprächspartner. Wir begrüßten uns wie alte Freunde und umarmten uns. Der Respekt war auf beiden Seiten vorhanden. Ich denke, dass er extra für unser Treffen aus dem Bett gekrochen war, wo ihn die Grippe festhielt. Wir saßen wieder in dem Bistro und unterhielten uns über „dieses und jenes", und schließlich gab ich ihm einen DIN-A4-Umschlag für seinen Präsidenten, den ich bis dahin unter meinem Pullover trug. Des Weiteren berichtete ich ihm, dass ich mit viel Glück in Kürze über die Namen der möglichen Ratten verfügen würde. Nach unserem Treffen fuhr er auf direktem Wege zu seinem Präsidenten. Inzwischen hatte ich für das nächste Treffen seine Nummer bekommen, da der nächste Termin vereinbart werden sollte, sobald ich im Besitz des oder der Namen wäre. Ich brauchte den oder diese Namen, um endlich persönlich mit Falk G. sprechen zu können. Also drängte ich jetzt Chavez, bei seinen Leuten nicht locker zu lassen. Einige Tage später telefonierten wir, und er sagte, dass er an jenem Tag die Namen bekommen würde. Er müsse nur noch jemanden dafür persönlich treffen. Das Treffen verzögerte sich zwar, so wie sich alles immer bei Chavez verzögerte, doch schließlich gelangte er an die Namen, und wir verabredeten uns an einer Tankstelle wenige Kilometer von seinem Wohnort entfernt. Ich wartete am Straßenrand, als ein dunkel gekleideter Biker mit Gesichtsschutz neben mein Auto fuhr. Es war Chavez. Er parkte sein Motorrad auf der Tankstelle und stieg dann bei mir ein. Später erfuhr ich von ihm, dass er überhaupt gar keinen Motorradführerschein besaß. Wir freuten uns beide, uns endlich einmal wieder zu sehen, und er übergab mir einen Umschlag. Darin befanden sich die Kopie der Haftbeschwerde Braunbärs und eine mehrseitige Kopie eines Blanko-Formulares der Vereinbarung zwischen einer V-Person und der Polizei. Der Kopf des Formulars wies das KK 21 – VPF (Verhandlungsperson-Führer) aus. In dieser Vereinbarung erklärt die VP gegenüber der Polizei beispielsweise, dass sie Informationen weitergibt, aber keine Straftaten verübt und diverses anderes. An der Kopie war ein kleiner Zettel angetackert, auf dem handschriftlich zwei Namen notiert waren. „Hannover: Markus", „B.-Stadt: Paul B." Das sollten die angeblichen Spitzel sein. Auf dem Briefumschlag waren noch zwei weitere Namen vermerkt, die angeblich für die Polizei B.-Stadt das besagte Charter unterwandern sollten. Beide waren Supporter, der eine ein Kumpel von Paul und gleichzeitig ein alter Knastbekannter von Chavez, der andere ein Fahrschulbesitzer aus B.-Stadt. Letzterer soll Steuervergehen auf dem Kerbholz haben und wurde von der Polizei angeworben, sich dem Umfeld der B.-Stadter Angels als Supporter zu nähern. Ich war nicht gerade begeistert. Chavez hatte mir verbindliche Namen zugesichert, nicht bloß Spitznamen oder Abkürzungen. Außerdem sollte das Material „beweissicher" sein. Jetzt besaß ich einen Zettel und einen Umschlag mit je zwei Namen, die jeder raufgeschrieben haben konnte. Das Einzige, was mich ein wenig beruhigte, war die Kopie der VP-Belehrung des KK 21, denn an dieses Dokument kam man nur über sehr, sehr gute Beziehungen zu ganz speziellen Polizei-Kreisen oder zu Personen, die eben über solche verfügen. Ich selbst war Polizist, aber ein solches Papier hatte ich während all der Jahre noch nie gesehen und wäre „offiziell" auch nie in den Besitz gekommen. Die Echtheit des Originals der mehrseitigen Kopie stand zweifellos fest. So viel konnte ich sehen. Deshalb sah ich es als vertrauensbildende Maßnahme in die Informationen Chavez'. Zwar verfügte ich bereits über genügend eigene Papiere und Indizien, aber die „bestätigten" Namen war noch ein zusätzliches Bonbon. Ich würde schon bald meinen Termin bei Falk bekommen.

27. Der Pate des Steintors

Der langersehnte Tag war schließlich gekommen, und endlich sollte ich die Möglichkeit haben, mich an höchster Stelle für meinen Freund Toni einzusetzen. Obwohl ich am Rauswurf schuldlos war, trug ich tief in mir Schuldgefühle mit mir herum. Mit dem heutigen Gespräch wollte ich also auch meine innere Absolution erhalten, denn was hätte ich noch mehr tun können? Toni war schließlich wegen mir rausgeworfen worden, deswegen tat ich alles dafür, dass ihm Gerechtigkeit widerfuhr. Mit Gerechtigkeit meinte ich in seinem Fall, dass die vermeintliche Spitzelratte „entsorgt" und Toni wieder in den eigenen Reihen aufgenommen wird. Ich ging fest davon aus, dass man ihn vor die Wahl stellen würde, ob er wieder nach B.-Stadt oder lieber nach Hannover zurückkehren wollte. Wie ich ihn kannte, tendierte sein Herz nach Hannover, die Aussicht auf eine Führungsposition zog ihn möglicherweise nach B.-Stadt. Er hatte ein zu gutes Herz, als dass ihm Rachegedanken gegen die Brüder, die sich nicht für ihn eingesetzt hatten, in den Sinn gekommen wären. Nach seinem Rauswurf hatte er noch einen Appellbrief an jeden Member geschrieben und diese dem neuen Sergeant at Arms Matthias mit der Bitte übergeben, jedem diesen Brief zukommen zu lassen. Er appellierte an die Brüderlichkeit, ihm das zuteil werden zu lassen, was er auch jedem Einzelnen hätte zuteil werden lassen: Ein einfaches und offenes Gespräch unter Freunden und Brüdern, in dem er sich erklären und die Lügen ausräumen könnte. Das Ergebnis seiner Aktion? Die Briefe wurden ungeöffnet zerrissen.

Der hochrangige Angel und ich trafen uns an der einstmals vereinbarten Stelle. Er fragte mich sofort, ob ich die Namen hätte, was ich bejahte. Wir fuhren in seinem Auto ein paar Straßen weiter, wo er parkte und wir zu Fuß weitergingen. Die Szenerie hätte ebenso gut einem Gangsterfilm entsprungen sein können, in dem jemand möglichst unbemerkt zum Boss geführt wird. Der Weg führte durch eine verwinkelte, enge und nicht vollständig übersehbare Gasse, in der jede Verfolgung schwierig war. Nach einiger Zeit gelangten wir dann in einen belebteren Teil der Hannoveraner Altstadt. Die Passanten saßen in Scharen vor den Cafés und Lokalen, weil die Sonne schien und viele bereits Feierabend hatten. Ich trug ein schlichtes weißes Hemd, eine Jeans und eine Zeitung unter dem Arm. Der Angel fiel durch sein ziviles (er trug keine Clubinsignien), aber individuelles Erscheinungsbild auf. Wir gaben ein interessantes Gespann ab und zogen daher viele Blicke auf uns. Der Angel erklärte mir, dass sie komplett von der hiesigen Polizei observiert und abgehört wurden. Insofern diene die Vorsichtsmaßnahme auch meinem Schutz.

Schließlich endete unser kleiner Spaziergang vor einem stilvollen italienischen Restaurant in der Altstadt, in welches mein Begleiter plötzlich entschwand. Ich folgte ihm durch das sehr schöne Lokal bis in die hinterste Ecke. Dort saß er, der Pate des Steintorviertels, der gefürchtete, omnipotente Präsident der Hells Angels Hannover und inoffizielle Europa-Chef der Engel. Er trug eine Art Holzfällerhemd, darunter ein T-Shirt der Hells Angels und auf dem Kopf eine umgedrehte Schirmmütze des Clubs. Die Ärmel hatte er hochgekrempelt, und man konnte seine mächtigen, mit Tribals tätowierten Unterarme sehen. Er war von beeindruckender, kräftiger Statur, gleichzeitig verströmte er die Ausstrahlung eines mächtigen und respekteinflößenden Anführers. Ich war vor unserem Zusammentreffen zwar gespannt, aber weder nervös noch besorgt gewesen. Im Gegenteil, ich hatte mich lange darauf gefreut und ging selbstbewusst und reinen Herzens in dieses Gespräch.

Von Falk G. hatte ich im Vorfeld nur Gutes gehört, und ich schätzte ihn als eine Persönlichkeit ein, die seine Position nur hatte erreichen können, weil sie eben auch gewisse Werte in sich trug. Ich schätzte ihn als einen Mann ein, dessen Wort galt, und das war für mich eine Voraussetzung für eine derartige Unterredung. Anderenfalls hätte es für jeden von uns unangenehme Komplikationen geben können. Für mich sah dies so aus, dass die Polizei hätte versuchen können, mir Geheimnisverrat anzuhängen. Ich hatte mich aber nicht in ihm getäuscht. Er begegnete mir mit Respekt, Unvoreingenommenheit und Diskretion. Das ist auch der Grund, warum ich nicht im Detail darauf eingehe, was wir besprochen haben und was er mir entgegnet oder möglicherweise anvertraut hat.

Als ich mich zu ihm an den Tisch setzte, bemerkte ich sofort, dass er sich eine schwere Erkältung eingefangen hatte. Er gab mir die Hand und fragte mich, ob ich auch etwas trinken wolle. Ich bejahte, und er bestellte mir ein Mineralwasser. Dann begannen wir unser Gespräch. Ich breitete die Zeitung aus. Es war das Lokalblatt mit dem Artikel und dem Bild von Toni und mir, dann diverse Dokumente wie zum Beispiel meine Krankschreibung. Ich erzählte ihm die gesamte Geschichte von Anfang an und verbarg nichts. Ich betonte, dass ich kein Verräter sei und trotz allem niemals einen Kollegen verraten würde. Ich trachte nicht nach Vorteilen und würde mich lediglich für meinen Freund Toni einsetzen. Nun sprach ich meinen Verdacht an und bezog mich unter anderem auch auf die unerklärliche vorzeitige Haftentlassung Braunbärs. Des Weiteren widerlegte ich alle Lügen und Anschuldigungen gegen Toni.

Wir unterhielten uns beinahe eine dreiviertel Stunde lang, und obwohl er äußerlich ruhig und abgeklärt erschien, hatte ich den Eindruck, dass er innerlich kochte. Einmal ballte er beide Hände zur Faust und drückte nur die kleinen Finger mit großem Druck auf die Tischkante. Ergebnis: Das Problem besteht darin, dass die Entscheidung gegen Toni eine Charterangelegenheit war, was bedeutet, dass kein anderer Präsident oder ein anderes Charter sich der Sache annehmen kann, darf oder wird. Die einzige Möglichkeit war, den Fall auf einem Germany-Meeting anzusprechen, das in der Regel einmal im Quartal stattfindet.

Während des Gesprächs wurden wir von dem Angel abgeschirmt, der mich hergeführt hatte. Er hielt sich im Eingangsbereich auf, um mögliche unwillkommene Zuhörer von uns fernzuhalten. Zu dieser Uhrzeit war das Restaurant zwar leer, jedoch verirrte sich trotzdem ein Gast in die Nähe unseres Tisches. Unser Bewacher folgte diesem Besucher, der sich in Richtung Toiletten bewegte, und als er unseren Tisch passierte, einen interessierten Blick auf die Zeitung warf. Wir drei waren uns sofort einig, dass es sich um einen Zivilbeamten handeln musste. Die Kleidung und das Verhalten des Mannes erschienen mehr als auffällig. Es gab ohnehin nichts mehr zu besprechen. Ich ging noch schnell auf die Toilette und entledigte mich hinsichtlich einer möglichen Personenkontrolle einer handschriftlichen Notiz. Beim Abschied vergaß ich nicht, Falk nachträglich alles Gute und Gesundheit zum Geburtstag zu wünschen. Vor dem Lokal trennten wir uns. Er verschwand in der Altstadt, mein Begleiter und ich gingen auf einem anderen Weg zum Auto zurück. Während des Gangs verabredeten wir uns für die «Tattoo Convention», die kurze Zeit später in der Hannoveraner Steintor-Event-Hall stattfinden sollte und vom Hells Angels MC Hannover ausgerichtet wurde. Stefan wollte ja auf der Convention meinen antiken Krieger zu Ende stechen.

28. Krankentermine

Krankgeschrieben war ich nunmehr seit fast einem halben Jahr, und mein Zustand verschlechterte sich trotz Krankschreibung weiter.

Depressionen, Wut, Jähzorn, Enttäuschung, das Gefühl der Ohnmacht und die Schlaflosigkeit gingen Hand in Hand. Gegen die Depressionen nahm ich Medikamente ein, ebenso gegen die furchtbaren Schlafstörungen. Physisch und psychisch geschwächt, unternahm ich dennoch alles, um meinem Freund zu seinem Recht zu verhelfen, Sorenas Formalitäten zu erledigen und wenigstens ein Mindestprogramm an Training, von Kampfsport über Fitnessübungen bis hin zu Jogging, aufrechtzuerhalten. Vor meiner Erkrankung hatte ich täglich bis zu drei Stunden Sportprogramm absolviert. Ich lief beinahe täglich, besuchte das Fitnessstudio viermal die Woche, trainierte Wing-Tzun und ging obendrein auch eine Weile zum Ringen. Daraus entwickelte sich eine neue Richtung, die ich einschlug. Die Kombination vieler Kampfsportstile hatte mich zu einem MMA-Kämpfer (Mixed-Martial-Arts) werden lassen. Ich betrieb zwar weiterhin als Grundlage Wing-Tzun, trainierte aber zunehmend auch Boxen, Muai Thai und den Bodenkampf mit seinen „vernichtenden" Hebeln. Und so war ich mit den Jahren auch zu einem Fan und Experten der UFC (Ultimate Fighting Championship) geworden. Gleichzeitig hatte ich nicht aufgehört, zu lesen, Filme zu gucken und Musik zu hören. Körperlich und geistig lebte ich im Einklang.

Mit dem Beginn des Mobbings und der Ablehnung im Beruf hatte man mir im wahrsten Sinne des Wortes meine Lebenskräfte geraubt. Ich fuhr quasi nur noch auf Notstrom und konnte nur noch ein Mindestmaß meiner ursprünglichen Lebensweise aufrechterhalten. Mein Alltag bestand aus antriebslosem Rumhängen, Arztbesuchen und Anwaltsterminen. Ich war mir fast egal. Mehr Schein als Sein. Es ging es nur noch darum, den Tag zu überstehen. Begleitet wurde ich in dieser Phase von ständigen „Neuigkeiten" aus meinem beruflichen Umfeld. Immer neue Abfälligkeiten, Gehässigkeiten und Unwahrheiten wurden mir durch wohlgesinnte Kollegen zugetragen. Inzwischen interessierte mich dieses Gerede aber kaum noch.

Aufgrund der langen Krankschreibung wurde ein Gespräch mit dem Leiter VL, Ludwig Bentheim, anberaumt. Es sollte darüber entscheiden, wie es mit mir weitergehen würde. Innerlich sträubte ich mich entschieden gegen den Termin, setzte er doch voraus, dass ich das verhasste Gebäude der Kreispolizeibehörde Detmold betreten musste. Ich beriet mich mit meinem Anwalt, der mir aber nahelegte, den Termin wahrzunehmen. Ich stimmte unter der Voraussetzung zu, dass er mich begleitete, da ich wusste, wie diese Gespräche ablaufen und dass einem später das Wort im Munde verdreht wird. Mein Anwalt erklärte sich dazu bereit.

Als wir an jenem Tag mit seinem schönen dunklen AMG auf den vorderen Besucherparkplatz der Behörde fuhren und dann pünktlich die Wache betraten, um durch den Sicherheitsbereich hineingelassen zu werden, hatte sich bereits eine Traube von Neugierigen versammelt. Auch der Leiter der Polizeiinspektion, Polizeioberrat Purzig, befand sich darunter. Ich ließ mir nichts anmerken und begab mich mit Herrn Ahrend in den Aufzug. Ehemalige „Kollegen", denen ich begegnete, grüßten knapp und kühl und wohl auch nur, weil ich in Begleitung meines Anwalts war.

Herrn Bentheim erwartete uns bereits mit seiner Sekretärin im Vorzimmer. Wir begrüßten uns und wurden in das Büro des Chefs gebeten, wo wir am Besuchertisch Platz nahmen. Mit einem Schlag wich meine innere Anspannung und Beklommenheit einer Art Schockstarre. Ich war so angewidert und angeekelt, dass ich innerlich komplett blockierte. So etwas hatte ich noch nicht erlebt. Bentheim fragte mich, wie es mir gehe. Für mich hatte die Frage nichts Aufrichtiges an sich, und ich konnte nur ein kurzes „Beschissen!" antworten. „Erzählen Sie doch mal, was ist denn los?"

Ich starrte ihn an, schaute aus dem Fenster, sah zu Herrn Ahrend hinüber und reagierte auf nichts mehr. Völlige innerliche Blockade.

„Herr K., hallo, hören Sie mich?" fragte er erneut und mit lauterer Stimme, um sich dann aufrichtig geschockt und verwirrt meinem Anwalt zuzuwenden.

Herr Ahrend sagte: „Ich habe Ihnen ja bereits die Situation geschildert, wie es um den Gesundheitszustand des Beamten steht."

Er bezog sich damit auf die vorangegangenen Telefonate zwischen den beiden.

„Ja, aber dass es so schlimm ist, habe ich ja wirklich nicht angenommen", sagte Bentheim, wandte sich mir erneut zu und fragte mich mit noch lauterer Stimme abermals: „Herr K., hören Sie mich?"

Ich kam mir vor wie im Zoo und starrte ihn teilnahmslos an, guckte wieder aus dem Fenster und wandte mich ihm erneut zu. Herr Ahrend kommentierte mein Verhalten mit den Worten: „Herr K. ist nicht ansprechbar. Der Einzige, der dann Zugang zu ihm hat, bin ich."

„Aber das ist ja erschreckend."

„Herr K. hat immer mal wieder diese Phasen. Mal ist er ganz normal und dann wieder in diesem Zustand."

„Also, ich habe ja schon einige Krankheitsfälle bei Kollegen erlebt, aber so etwas noch nie."

Um mich möglicherweise zu schocken oder aus der Reserve zu locken, sagte er zu mir und Herrn Ahrend gleichzeitig: „Da muss man sich ja auch Gedanken darüber machen, ob Herr K. überhaupt noch Autofahren kann. Ich erwäge, eine Mitteilung an das Straßenverkehrsamt zu schreiben. Wie ist er denn heute hier hergekommen?"

„Ich habe ihn abgeholt", antwortete Rechtsanwalt Ahrend.

Wieder wandte sich der Leiter VL mir zu und sprach mich direkt an: „Bei diesem Zustand muss man auch darüber nachdenken, ob man Herrn K. nicht stationär einweisen lassen muss und ihn erst einmal zur Beobachtung dabehält."

„Diese Erfordernis sehe ich nicht als gegeben an."

„Guckt denn mal einer nach ihm zu Hause?"

Der Anwalt bejahte. In meinem Kopf rotierten die Gedanken: „Was faselt der Bentheim da denn jetzt schon wieder? Überprüfung der Fahrtauglichkeit anregen? Zum einen ist er gar kein Polizeibeamter, und zum anderen muss man dafür im Straßenverkehr beim Führen eines Kfz auffällig in Erscheinung getreten sein. Das traf in meinem Fall jedoch nicht zu. Und da ich weder für mich noch für andere eine Gefahr darstellte, konnte niemand mich gegen meinen Willen einweisen lassen. Was sollte der ganze Blödsinn? So ahnungslos konnte Bentheim doch gar nicht sein, um solchen Unfug zu labern." Äußerlich reagierte ich jedoch so, wie ich seit dem Beginn des Gesprächs reagiert hatte, nämlich überhaupt nicht.

Herr Bentheim fragte noch voller Mitleid: „Macht er denn noch Sport? Er war ja mal so sportlich."

Die beiden unterhielten sich weiter, und ich saß teilnahmslos wie ein fünftes Rad am Wagen auf meinem Stuhl. Ich guckte aus dem Fenster, nach unten, nach oben, zu den beiden Gesprächspartnern und wieder aus dem Fenster. Ich war ja schließlich kein Bestandteil der Unterhaltung mehr und nahm sie auch nur bruchstückhaft wahr. Herr Bentheim echauffierte sich noch über meine behandelnde Ärztin Frau Dr. Wermeling und beschuldigte sie, mich verantwortungslos unter zu starke Medikation gesetzt zu haben. Des Weiteren avisierte er einen Termin bei der Polizeiärztin in Münster. Dort sollte ich auf meine Dienstfähigkeit untersucht werden. Der Leiter VL und mein Anwalt verblieben so, dass jedweder weiterer Kontakt nur über Herrn Ahrend (meinem „Quasi-Vormund") laufen würde. Sie verabschiedeten sich, und wir verließen das Büro. Auf den Gängen lief der Leiter VL schnellen Schrittes an uns vorbei. Was kümmerte es mich? Wir verließen die Liegenschaft, bestiegen unter den Augen einiger neugieriger Beobachter den AMG und fuhren davon.

Später erfuhr ich den Grund seiner Eile. Er wollte in jedem Fall sichergehen, dass ich wirklich nicht selber fuhr. Zu diesem Zweck hatte er einen Streifenwagen in Bereitschaft versetzen lassen. Aber niemand musste einschreiten, denn jeder konnte sehen, dass ich gefahren wurde.

Wenn ich auf dieses Gespräch zurückblicke, erkenne ich, dass er sich wirklich Sorgen um mich machte. Nur konnte er eben nicht verstehen, dass er und „seine" Polizei die Ursache für meine Probleme waren. Wenn man sich seine Psyche näher anschaut, lebt er in seiner Welt, aus der er nicht heraus kommt. Er kann sich nicht in andere hineinversetzen und es auch nicht tolerieren, denn es würde sein Bild von der Welt und damit ihn selbst zerstören. Solche Leute verstehen nur, wenn sie es am eigenen Leibe erfahren. Nur sind die Erfahrungen, die ich machen musste, nicht meinen schlimmsten Feinden zu wünschen. Aber vielleicht sollte ich sie doch wünschen, weil aus dem Feuer der Vernichtung der Phönix der Neugeburt steigt.

29. Bei der Polizeiärztin in Münster

Bereits wenige Tage später erhielt mein Rechtsanwalt Herr Ahrend eine schriftliche Benachrichtigung, dass schon in wenigen Wochen eine Untersuchung beim polizeiärztlichen Dienst in Münster stattfinden sollte. Wegen meiner noch guten Kontakte zu sehr wenigen Kollegen/-innen innerhalb der KPB Lippe erfuhr ich ebenfalls sehr schnell, dass mein „Gespräch" mit dem Leiter VL Entsetzen und Bestürzung hervorgerufen hatte. Tenor war, dass ich ein Wrack und nicht mehr wiederzuerkennen sei. Nun, wenn das Gespräch bei Bentheim diesen Eindruck hinterlassen hatte, so sollte es mir recht sein. Von meiner behandelnden Ärztin Frau Dr. Wermeling musste ich bei meinem nächsten Termin erfahren, dass Herr Bentheim sie tatsächlich am Tag nach dem Gespräch erbost angerufen und regelrecht „zur Sau gemacht" hatte. Er habe sie unverschämt und lautstark angeschrien und wissen wollen, welche Medikamente ich bekam und unter welcher Krankheit ich genau litt. Frau Dr. Wermeling verbat sich diesen Ton und beendete das Telefonat. Vorher wurde sie von Bentheim noch darauf hingewiesen, dass ich Waffen zu Hause hätte. Als Sportschütze verfügte ich über eine Waffenbesitzkarte mit zwei eingetragenen Pistolen, einer SIG Sauer und einer Heckler und Koch. Wollte er mich als einen potentiellen Amokläufer hinstellen oder dachte er, ich könne mir damit in meinem Zustand selbst etwas antun? Jedenfalls erwog meine Ärztin nach diesem Telefonat, eine Dienstaufsichtsbeschwerde zu erstatten, sah dann aber vorerst davon ab. Der Leiter VL hatte seine Kompetenzen einmal wieder, wie schon oft zuvor, maßlos überschritten. Er benahm sich absolut cholerisch und wies mangelnde Selbstbeherrschung auf.

Unverständlicherweise verschob sich der Untersuchungstermin in Münster zweimal, was mein Anwalt nicht als Zufall wertete. Mehrere Wochen später als ursprünglich vorgesehen fand der Termin bei der Polizeiärztin Frau Dr. von Wenning statt. Da ich keinen behördlichen Termin mehr ohne Herrn Ahrend wahrnahm, stieg dieser in den frühen Morgenstunden in Detmold in ein ziviles Dienst-Kfz um. Ich dagegen hatte das Vergnügen, vom Fahrer der Behörde an meiner Wohnanschrift aufgesammelt zu werden. Gemeinsam ging es anschließend nach Münster. Ich kannte zwar den Fahrer, es entwickelte sich jedoch kein Gespräch, da ich den Hinweg auf dem Rücksitz halb schlafend, halb dösend verbrachte. Herr Ahrend hingegen unterhielt sich prächtig. Endlich in Münster angekommen, durchquerten wir das Eingangstor der Polizeiliegenschaft an der Weseler Straße. Vor etwa zehn Jahren hatte ich dieses Tor schon einmal durchquert, um meine Einstellungstests zu absolvieren, und ein paar Jahre später erneut, um erfolgreich das Einstellungsverfahren der Spezialeinsatzkommandos zu durchlaufen. An diesem Tag diente mein dritter Besuch dem entgegengesetzten Grund, nämlich meinem Ausscheiden aus dem Polizeidienst. Wieder führte mich mein Weg in das Gebäude des polizeiärztlichen Dienstes, dieses Mal in die erste Etage. Dort wurden mein Anwalt und ich bereits erwartet, und man bat uns, Platz zu nehmen, bevor die Polizeiärztin Frau Dr. von Wenning sich meiner annehmen würde.

Als sie uns schließlich in Empfang nahm, konnte ich sie auf den ersten Blick nicht genau einschätzen. Sie war Mitte bis Ende 40, trug eine sehr individuelle Weste mit Pelzkragen und entsprach überhaupt nicht dem „seriösen und spießigen" Bild, das ich von einer Polizeiärztin (Amtsärztin) hatte. Als wir uns gegenseitig vorstellten, stieß ein Weißkittel dazu. Meine Untersuchung sollte mit diversen medizinischen Tests beginnen. Auf der Agenda standen die Überprüfung der Seh- und Hörfähigkeit sowie eine Blutabnahme. Ich betonte vorher noch ausdrücklich, dass ich nichts ohne meinen Anwalt machen würde. Dem Weißkittel, der sich selbst immens wichtig nahm, passte das sichtlich nicht: „Das geht nicht. Außerdem haben wir das hier noch nie so gemacht."

„Gut, dann mache ich es eben nicht."

Frau Dr. hatte das letzte Wort, und als ich auf den anderen Arzt verwies, klärte sie mich auf, dass er nur ein Mitarbeiter war. Sani „Wichtig" hatte also keine Kompetenz. Warum plusterte er sich dann so auf?

Ich absolvierte die Tests mit Bravour. Ein zusätzlicher Beweis, dass ich absolut fahrtauglich war. Abschließend stand noch ein Belastungs-EKG auf einem Ergometer an. Ich hatte mich bisher tapfer geschlagen, doch die Anwesenheit in dem Polizeigebäude, umgeben von Uniformen und Streifenwagen, lähmte mich zusehends, erzeugte eine beklemmende Schwere und ließ Übelkeit aufsteigen. Daher musste ich erklären, dass mir schlecht ist und ich das Belastungs-EKG nicht absolvieren kann. Der mir ohnehin schon feindselig gesinnte Pseudoarzt sah meinen muskelbepackten, tätowierten Oberkörper und blickte verunsichert die anwesende Ärztin an. Sie fragte mich: „Wollen Sie vorher noch etwas essen? Oft ist es ja so, dass man auf leeren Magen nicht so gut treten kann."

Der Scherge posaunte nun leicht gereizt den Befehl heraus, dass ich jetzt das EKG absolvieren solle. Jetzt ebenfalls gereizt erwiderte ich: „Es geht nicht um den leeren Magen und es wird sich auch nicht bessern. Mir ist schlecht, weil ich dieses ganze Polizeiumfeld zum Kotzen finde."

Die Ärztin erkannte, dass es keinen Sinn mehr hatte und erklärte die Tests für beendet. Kurze Zeit später saßen Herr Ahrend und ich mit der Ärztin in ihrem großräumigen Büro, und nach anfänglichem Smalltalk ging es ans Eingemachte. Sie befragte mich nach meinem Lebenslauf und meinem Werdegang bei der Polizei. Schließlich kam ich an den Punkt, an dem das Mobbing gegen mich begonnen hatte. Ich berichtete detailliert und wahrheitsgemäß, was mir nach meinem Motorradkauf alles widerfahren war und wie sich mein Krankheitsbild verschlechtert hatte. Herr Ahrend unterstützte mich in meinen Ausführungen und überreichte der Ärztin mehrere Atteste meiner Psychotherapeutin Frau Dr. Wermeling, die eine kontinuierliche Verschlechterung meiner Psyche attestierten.

Frau Dr. von Wenning überraschte uns mit ihrer scharfen Analyse: „Den Grund der Feindseligkeiten und des Mobbings Ihrer Kolleginnen und Kollegen gegen Sie sehe ich größtenteils im Neid der anderen. Sie sind eben eine Persönlichkeit und ein Individualist, der zudem noch materiell in Form von Kleidung, Porsche und Harley-Davidson deutlich aus der normalen Masse der Kollegen heraussticht. Ich persönlich kann diese Hetze nicht nachvollziehen, zumal es gerade im Bereich Münster schon viele Polizeieinsätze im Zusammenhang mit den Hells Angels oder den Bandidos gegeben hat, an denen ich beteiligt war. Da sind durchaus völlig normale Leute darunter. Wahrscheinlich hat ihr Problem auch einen geographischen Grund, da Sie ja in einer eher ländlichen Behörde ihren Dienst verrichten. In einer Großstadt hätte das Ganze wahrscheinlich niemanden interessiert." Ich war wirklich erfreut und dankbar über ihre objektive Betrachtung und Einschätzung meines Falls.

Nach einem ausgiebigen Gespräch mit reichlich Notizen erklärte sie uns durch die Blume, dass ihr der Fall eigentlich klar sei. Die Vorschriften sähen jedoch ein zusätzliches psychologisches Gutachten vor, das in ihr Abschlussgutachten mit einfließen würde. Für Herrn Ahrend und mich stand fest: Die Polizeiärztin Frau Dr. von Wenning hatte ihre Entscheidung bereits getroffen. Es stand mir also noch ein letzter Arztbesuch bevor, bis meine Polizeidienstunfähigkeit feststehen würde.

30. Psychiatrische Klinik in Bad Salzuflen

Das Zusatzgutachten sollte von Herrn Dr. Menzke in der psychiatrischen Klinik in Bad Salzuflen gefertigt werden. Natürlich begleitete mich wieder mein Anwalt Herr Ahrend zu diesem Termin. Wir fuhren diesmal mit seinem Wagen von B.-Stadt aus nach Bad Salzuflen und erreichten die Klinik pünktlich zum vereinbarten Termin. „Fünf Minuten vor der Zeit ist des preußischen Soldaten Pünktlichkeit!" sagte er, und uns verblieben noch ein paar Minuten auf dem Parkplatz vor der Klinik, bis wir hinein gingen. Der Empfang wies uns den Weg, und als wir am Büro ankamen, bot sich uns ein Bild des Schreckens. Es war eine Gammelbude: unordentlich, unaufgeräumt, schmuddelig, für einen ordentlichen Menschen schlichtweg eine Zumutung. In der Muffbude stellte sich uns jemand als Dr. Menzke vor. Ein Patient, der den Doktor spielte, oder der Arzt selbst? In dem „Räuberzivil" entsprach er dem Bild eines 68er-Revoluzzers. Dazu schien er nicht sonderlich motiviert zu sein und erweckte den Eindruck, dass er bis eben noch auf der Liege im Behandlungszimmer gepennt hatte. Das Oberbett war krumm und schief, und das Weiß schon grau. Es war kein Patient, es war Dr. Menzke persönlich und mir war blitzartig klar, dass der Arzt offensichtlich mit der Welt und sich unzufrieden war. Ich fand, das Zimmer passte zu seinem Erscheinungsbild, sozusagen eine Einheit von Person und Sache. Trotzdem wollte ich nicht aufgrund des Äußeren voreingenommen sein. Aber die Vorgeschichte belastete meinen Standpunkt zusätzlich: Dr. Menzke hatte in einem Brief an den Leiter VL explizit betont, dass er während seiner ärztlichen Applikation keine dritte anwesende Person dulden könne. Herr Bentheim hatte in meinem Fall Partei für mich ergriffen und Dr. Menzke dringend geraten, eine Ausnahme zu machen. Dennoch spürten wir eine gehörige Portion Feindseligkeit in seiner Art mir gegenüber. Er jammerte herum, dass ihm dies noch nie untergekommen wäre. Er könne mich durch die Anwesenheit einer weiteren Person nicht wie gewohnt untersuchen. Ich musste unwillkürlich denken, was für „geheime Praktiken" er wohl anwenden würde, dass er mich nicht wie gewohnt untersuchen kann, bloß weil mein Anwalt anwesend ist. Mir absolut schleierhaft, wie man als Erwachsener, mitten im Berufsleben Stehender sich derartig aufführen kann. Dr. Menzke und ich setzten uns nach diesem Auftakt an einen Tisch mitten im Büro, und Herr Ahrend durfte abseits in der Ecke des Zimmers Platz nehmen.

Der Doktor musterte mich scharf und fragte dann direkt: „Wie geht es Ihnen?"

Kurz und knapp erwiderte ich mit meiner Standardantwort: „Beschissen!"

„Erzählen Sie mal. Wie macht sich das bemerkbar? Welche Symptome haben Sie?"

„Ich habe oft Kopfschmerzen, ein mulmiges Gefühl, aufkommende Übelkeit und Angstzustände."

„Wo genau haben Sie denn die Kopfschmerzen? Hier vorne oder weiter hinten?" Dabei zeigte er mit seinem Finger an die gemeinten Stellen auf seinem Kopf.

Ich schloss innerlich wieder ab und starrte aus dem Fenster. Blickte den Doktor wieder eine lange Weile an und dann zu Herrn Ahrend. Man konnte merken, wie der Zorn in Dr. Menzke aufstieg.

„Wollen Sie nicht mit mir reden?" fauchte er mich an.

Ich reagierte nicht.

„Wenn Sie meinen, dass Sie hierher kommen und einen auf dienstunfähig machen und dann eine Pension kassieren, so läuft das nicht. In Ihrem Fall kann man auch über eine stationäre Behandlung nachdenken. Als Beamter haben Sie da eine Mitwirkungspflicht."

Jetzt schaltete sich unvorhergesehen Herr Ahrend ein und sagte zu Dr. Menzke: „Herr K. will ja Dienst versehen."

Das war anscheinend zu viel für den Doktor. Er hatte wohl mit allem gerechnet, nur nicht damit. Man konnte förmlich sehen, wie er innerlich kapitulierte. Er wandte sich mir wieder zu und sagte: „Wenn Sie nicht mit mir reden wollen, dann brechen wir jetzt hier ab. Das hat ja keinen Sinn."

An Herrn Ahrend gerichtet, sagte er: „Ich werde dazu einen Bericht verfassen und diesen dann der Behörde zukommen lassen."

Wir verabschiedeten uns anständig und verließen schon nach kurzer Zeit wieder die Klinik. Noch im Auto stellten wir unisono fest: „Was für ein ... !" Aber vielleicht irrten wir uns ja auch. Es erscheint mehr als wahrscheinlich, dass der gute Dr. Menzke bereits im Vorfeld „geimpft" worden war, wenn nicht sogar verhetzt. Anders war sein feindseliges Verhalten mir gegenüber nicht zu erklären. Meine innere Blockade erwies sich im Nachhinein also als wahrer Glücksfall, denn egal was ich gesagt hätte, dieser Mann hätte mir in seinem Bericht jedes Wort im Mund umgedreht, mit dem einzigen Ziel, mich wieder gesund zu schreiben. Dazu sollte nun es nicht kommen.

31. Die süße Verrückte

Trotz des ganzen Stresses, der Sorgen und Nöte gab es immer mal wieder einen Lichtblick. Einer davon war mein Zusammentreffen mit einer sehr attraktiven, jungen russischstämmigen Studentin. Da aus ihr einmal eine richtige Lehrerin werden soll, nenne ich sie an dieser Stelle Katharina. Und wenn sie nicht eine bedeutende Rolle in meinem Leben spielen würde, hätte ich ihr bestimmt kein eigenes Kapitel in diesem meinem Buch gewidmet.

Ein Freund von mir war Vater geworden. Seine Frau hatte einen wundervollen kleinen Jungen zur Welt gebracht. Bei dem Freund handelte es sich um einen Hünen von Mann osteuropäischer Herkunft. Nun stand seine „Pinkelparty" an, und er verkündete, dass auch einige hübsche Damen aus seinem Bekanntenkreis kommen würden.

Am Nachmittag kaufte ich ihm eine Flasche Champagner, band einen Schnuller daran und erwartete den Abend mit Vorfreude. Ich trinke zwar so gut wie nie, aber für diesen Abend nahm ich es mir vor. Ich wollte einfach mal alle Sorgen und Nöte für ein paar Stunden vergessen und mich dafür des sonst eher ungeliebten Alkohols bedienen. Freundlicherweise holten mich ein paar Bekannte, die auch eingeladen waren, von zu Hause ab. Perfekt! Ich konnte loslegen.

Kaum auf der Party angekommen, fiel mir Katharina schon ins Auge: dunkle, lange Haare, braune Augen und ein hautenges gelbes

Sommerkleid, aus dem alles herausfiel. Porno! Genau meine Zielgruppe. Ich beglückwünschte meinen Freund, trank für meine Verhältnisse ordentlich und hatte viel Spaß mit den Jungs. Ich hatte mir den ganzen Abend schon vorgenommen, diese Frau anzusprechen, aber irgendwie dauerte es eine ganze Weile, bis ich endlich Zugang zu ihr fand. Wir verstanden blendend und passten auch gut zusammen: Ich sah nicht wie ein herkömmlicher Polizeibeamter aus, und sie entsprach nicht dem Bild einer Lehramtsstudentin. Später meinte sie, dass sie mich für einen Zuhälter gehalten hatte. Ich musste darüber schmunzeln, weil ich sie für eine Friseurin, Partymaus und, um ehrlich zu sein, auch für eine Escortlady hielt. Aber genau diese Mixtur von Erotik und Intellekt hat mich schon immer fasziniert. Was will man(n) mehr? Eine Frau, die einen als Sexbombe anmacht und mit der man sich ebenfalls toll unterhalten kann.

Der Abend näherte sich dem Ende, und die Nacht begann. Mit insgesamt drei Männern und zwei Frauen fuhren wir in eine große russische Disco, in der wir bis in die frühen Morgenstunden feierten. Aus irgendwelchen Gründen kann ich innerhalb kürzester Zeit bestimmte Menschen bis ins kleinste Detail charakterisieren, regelrecht durchschauen und in ihnen wie in einem offenen Buch lesen. Leider gelingt mir das nur bei wenigen, denn sonst wäre ich wohl nicht in bestimmte Sachen hineingeschliddert. Katharina entschlüsselte ich bereits in dieser Nacht und konnte ihr einen imaginären Spiegel vorhalten: den Spiegel ihrer eigenen Gedanken, Gefühle und des Schmerzes, der sich in ihr verschanzte. Sie war beeindruckt, und es kam ihr schon fast unheimlich vor. Unter Tränen offenbarte sie sich mir. Hinter der Fassade der coolen, unnahbaren Sexbombe verbarg sich (wie so oft) ein liebevolles, sensibles und verletzliches Mädchen. Ich gewann sie richtig gern und bereits am nächsten Tag bot ich an, sie mit meinem Auto nach Hannover zu fahren. Katharina war als sparsame Studentin mit dem Zug angereist. Nach anfänglichem Sträuben nahm sie mein Angebot dankend an. Von diesem Augenblick an verstanden wir uns mit der Zeit immer besser.

Als sie merkte, dass ich an ihr interessiert war und nicht an oberflächlichen Dingen oder einer schnellen Nummer, verlor sie ihre anfängliche Zurückhaltung und Scheu. Wir telefonierten stundenlang, simsten uns oft und hatten schon bald darauf unser erstes Date: Wir tranken in Hannover ein paar Cocktails. Am darauf folgenden Wochenende kam sie zu mir und blieb ungeplant über Nacht. Wir hatten eine unbeschwerte Zeit miteinander. Es gefiel ihr, dass ich ihre Freiheit nicht beschnitt und auch sonst kein eifersüchtiger, besitzergreifender Typ war. Sie lebte ihr Leben, ich meines, und ab und zu trafen wir uns. Ich bemerkte jedoch, dass Katharina unglücklich darüber war, noch zu Hause bei ihren Eltern zu leben. Außerdem verband sie mit ihrer Heimatstadt unschöne Erinnerungen, die mit ihrem Exfreund zusammenhängen.

Ich besaß selbst Wohnungen, die ich vermietete. Meine Vorgehensweise war, eine günstige, aber ansprechende Wohnung zu kaufen und diese komplett herzurichten. Allerdings wollte ich nie Fremde in meinen eigenen Wänden haben, weswegen ich die Wohnungen im Freundes- oder Bekanntenkreis zu günstigen Konditionen vermietete. In vielen Fällen können Fremde bequemer und sorgenfreier sein. „Freunde" können sich nämlich als falsch herausstellen, unzuverlässig und auf ihren Vorteil bedacht. Und ein Freund kann sich in einen Feind verwandeln, und ein folgender Krieg ist härter als mit „Unbekannten".

Eine Wohnung übertraf hinsichtlich Lage und Ambiente alle anderen. Noch heute ist sie meine Traumwohnung. Sie liegt auf einem Berg und befindet sich in einem Mehrfamilienhaus, das äußerlich wie ein abgeschiedenes Sanatorium wirkt. Dieses Haus liegt abseits der Straße direkt an einem kleinen Waldstück, durch das sich ein kleines Bächlein schlängelt. Von der übergroßen Terrasse der Wohnung blickt man genau auf dieses Waldstück und wird morgens von der aufgehenden Sonne wachgeküsst. Eine Oase des Friedens.

Mir war von Anfang an klar, dass ich diese Wohnung nur an einen sehr guten Freund oder Freundin vermieten würde. Die Wohnung war einfach zu schön, um sie irgendeinem losen Bekannten oder gar Fremden zu vermieten. So war sie noch frei, und ich bot sie Katharina an. Sie war sprachlos. Als sie wieder reden konnte, meldete sie finanzielle Bedenken an. Also machte ich ihr einen Freundschaftspreis, der ihr gar keine andere Wahl ließ. Und weil ich sie wirklich mochte, richtete ich sie gleich vollständig mit ihr zusammen ein. Ich hatte dabei keinerlei Hintergedanken, freute mich zu sehen, wie Katharina sich freute. Es war perfekt. Sie bewohnte nun eine Wohnung, von der sie nur hatte träumen können und die zudem in der Nähe ihrer Universität lag. Sie hatte nur noch wenige Semester vor sich, wohnte endlich weit weg von ihrer Heimatstadt und dazu ganz in der Nähe ihrer besten Freundinnen, die zufälligerweise auch alle in dieser Region wohnten.

Unsere Freundschaft wurde immer fester, wir gingen regelmäßig zusammen essen und ins Fitnessstudio. Trotzdem wurde aus uns nie ein richtiges Paar, weil wir eben beide keine feste Beziehung wollten. Ich war ähnlich wie für Sorena mehr ihr großer Bruder, der jederzeit mit Rat und Tat zur Seite stand.

32. «Tattoo Convention» Hannover

Der Tag der «Tattoo Convention» in Hannover war gekommen, und ich hatte auf dieser Veranstaltung der Hannoveraner Angels drei Verabredungen. Erstens war ich mit meinem Freund und Tätowierer Stefan und seiner Frau Steffi verabredet, der mir meinen antiken Krieger auf dem rechten Oberarm zu Ende stechen sollte. Was dem Tattoo noch fehlte, waren die Feinheiten und Verzierungen der Rüstung. Wir rechneten fest damit, dass dieses Kunstwerk ihm am Ende des Tages einen Preis einbringen würde. Zweitens war ich flüchtig mit dem Angel verabredet, der mich wenige Wochen vorher zum Großen geführt hatte, und drittens war ich mit Katharina verabredet, die mich auf der Messe besuchen und abends mit mir nach Hause fahren wollte. Bei dieser Gelegenheit wollte sie die ersten persönlichen Gegenstände in ihre neue Wohnung bringen. Und ehe ich es vergesse: Auch mit Marko war ich verabredet, denn auch er wollte seine Freunde und Bekannten auf der Messe besuchen.

Ich kam gegen Mittag an und begab mich direkt an den Stand von Stefan und Steffi. Wir verabredeten, dass er mich am Nachmittag „behandeln" würde. Vorerst wollte er noch ein bisschen Geld verdienen, dazu war er ja auf der Messe. Es gibt nämlich sehr viele junge Mädchen, die sich Sterne und Blumen tätowieren lassen möchten. Chinesische Schriftzeichen sind ebenfalls hoch im Kurs. Und all das ist schnell gestochen, demzufolge schnelles Geld.

Ich traf mich derweil außerhalb der unterirdisch gelegenen Event-Hall, die sich mitten im Steintorviertel befindet, mit Marko. Es war ein hochsommerlicher Tag, überall hatten Hells Angels und deren Unterstützerclub Red Devils ihre Maschinen geparkt, und auch Marko war mit seinem neuen weißen Custombike erschienen. Toni hatte es vor einiger Zeit fertig gebaut, und das Ergebnis zog viele bewundernde Blicke auf sich, was Marko sichtlich mit Stolz erfüllte. Wie es der Zufall wollte, rief mich in diesem Augenblick der Erbauer an, der seine Exfreundin Maren auf einer Gesundheits-Messe besucht hatte. Als er fragte, wo ich wäre, und ich ihm antwortete, ich sei auf der «Tattoo Convention» in Hannover, ärgerte er sich, denn er war kurze Zeit vorher daran vorbeigefahren und nun fast schon wieder daheim.

Ich schlenderte mit Marko ein bisschen über die Messe, als sich Katharina telefonisch ankündigte. Stefan hatte übrigens nur wenige Tage vorher auch Katharinas linke Brust ganz wunderbar mit einer Rose tätowiert. Als sie eintraf, hatte Stefan schon begonnen, mich zu tätowieren. Er stach mich dieses Mal jedoch in mehreren Abschnitten, und während der Pausen kümmerte ich mich um Katharina, die während meiner Sitzungen neben mir saß und mir ganz lieb den Rücken streichelte. So ist es richtig! Sie sah mal wieder umwerfend aus und zog alle Blicke auf sich. Wir gaben äußerlich das Paar schlechthin ab: der Rocker-Zuhälter und seine Prosti. Dieses Bild drängte sich noch mehr auf, als ich mit ihr durch das Rotlichtviertel ging, um mit Marko und dessen Freundin gemeinsam im Little Italy, einem stilvollen Italiener mit Außenanlage, etwas zu essen und zu trinken. Gerüchten zufolge, soll Falk hier investiert haben.

Zwischen all diesen Begebenheiten hatte ich mich kurz mit dem Engel getroffen und ihm einen Umschlag übergeben. Ich hatte die Haftbeschwerde von einem Anwalt durcharbeiten lassen, und der war zu folgender Erkenntnis gekommen: Die Anerkennung der Haftbeschwerde und die damit verbundene Aufhebung des Haftbefehls war nicht nachzuvollziehen und nur damit zu erklären, dass eine Absprache mit einer übergeordneten behördlichen Stelle stattgefunden hatte. Jetzt fehlte eigentlich nur noch die von Paul B. unterschriebene Vereinbarung zwischen Polizei und VP, um auch die letzten Zweifler von seiner möglichen Nebentätigkeit zu überzeugen. Braunbär gilt als erklärter Polizistenhasser und war bereits mehrere Male vom SEK festgenommen worden. Beim ersten Zugriff durch das SEK-Münster wurde er im vollgekoksten Zustand schlafend im Bett überrascht. Trotzdem wehrte er sich verbittert und verletzte wohl auch mehrere Beamte, ehe er von „Büffel" seine gesamten Vorderzähne ausgeschlagen bekam. Der SEKler „Büffel" erhielt seinen Spitznamen wegen seiner Statur, und wie ich schon während meiner Zeit beim SEK erfuhr, schaffte dieser Beamte niemals die erforderliche Zeit bei der alljährlichen Sportüberprüfung. Im Gegensatz zu anderen gereichte es ihm niemals zum Nachteil, denn die Zeit wurde für ihn einfach „angepasst".

Bei der zweiten Festnahme vor seinem Fitnessstudio ließ „Brauni" nach kurzer Ansprache seine Sporttasche fallen und hob beide Arme, ehe er von ca. 20 zitternden SEK-Beamten mit Schrotflinten und Hunden festgenommen wurde. Doch der „Bullenhass" rückt höchstwahrscheinlich in den Hintergrund, wenn man sich durch Kooperationsbereitschaft über die Hälfte seiner Gefängnisstrafe schenken kann. Wie auch immer die „bereitwillige Mitarbeit" aussah.

Der Umschlag war zumindest auf dem Weg, und mehr konnte ich nun wirklich nicht mehr tun. Auf der Convention wimmelte es natürlich von Angels und Red Devils. Jeder wollte sich präsentieren, und auch der inoffizielle Europa-Chef überquerte mit einer großen attraktiven Blondine und samt Gefolge die Messe. Stefan hatte mittlerweile mein Tattoo fertiggestellt, und viele Besucher bewunderten seine Arbeit und wünschten uns viel Glück. Oft genug hörten wir: „Das wird gewinnen." Die Siegerehrung rückte immer näher, und schließlich ging es zur Bewertung. Mit freiem Oberkörper, schwarzer Cargo-Hose, „Big red Machine"-Gürtel, muskelbepackt und schwer tätowiert, stand ich nun auf der Bühne und wurde von mehreren Fotografen abgelichtet. Mir gefiel es nicht, da ich nicht gern im Mittelpunkt stehe. Und mit Event-Fotos (Remember: Baby) hatte ich negative Erfahrungen. Um für Stefan und mich den Sieg zu erringen, war es jedoch notwendig. Doch wir schafften es nicht einmal unter die ersten drei. Alle, insbesondere Katharina, waren maßlos enttäuscht. Anschließend stand ich noch vor Stefans Stand und unterhielt mich mit dem „Hausfotografen" der Hannoveraner Hells Angels, als plötzlich deren Präsident noch einmal des Weges kam. Als er mich mit freiem Oberkörper und frisch tätowiert so stehen sah, grinste er mich freundschaftlich an und gab mir die Hand. Wir wechselten ein paar Worte, und beinahe mitten im Gespräch war er schon wieder verschwunden. Der Fotograf meinte nur: „Ja, so ist er. Nie Zeit." Ich nickte, bekam noch die Visitenkarte des Fotografen und entschloss mich dann, mit Katharina nach Hause zu fahren. Wir verabschiedeten uns von allen und fuhren nach einem langen Tag mit einem guten Gefühl gen Heimat. Es lief alles planmäßig und ich war fest davon überzeugt, dass mein Freund Toni schon bald wieder die Flügel tragen würde.

33. Am Vorabend der Niederlage

Die Überschrift dieses Kapitels ist von symbolischer Bedeutung. Der Vorabend bezeichnet einen neuen Zeitabschnitt, und der Begriff der Niederlage weist auf einen Kampf hin, in diesem Fall eher Krieg. Ich möchte hier auf die Symbolik näher eingehen. Bis zu diesem Zeitpunkt hatte ich ein relativ sorgenfreies Leben geführt. Sicherlich gab es gerade auch in letzter Zeit aufgrund meiner schweren Erkrankung Schwermut und Komplikationen, aber dennoch besaß ich die Kontrolle über mich und mein Leben. Ich hatte Schwierigkeiten gemeistert, Pläne realisiert und war vor allen Dingen unabhängig und in gewisser Weise auch unantastbar. Sicherlich gab es viele Neider und Missgünstige, aber keiner hatte zu irgendeinem Zeitpunkt Macht über mich. Dies war mir immer das Wichtigste im Leben: Frei und unabhängig zu sein und so zu leben, wie ich es für richtig hielt.

Das erklärt womöglich auch den Konflikt mit meinem Arbeitgeber, der einen Krieg vom Zaun brach, der aus Hass, Niedertracht und Rache gegen mich geführt wurde. Ich wurde feige hinterrücks angegriffen. Als Folge war ich anfangs wie gelähmt und konnte mich nur schwer zur Wehr setzen. Ich war zum ersten Mal in meinem Leben total überrumpelt und meinen Gegnern ausgeliefert. So geriet ich in das dunkelste Kapitel meines Lebens. Bildlich gesprochen, hatte ich meine Rüstung, mein Schild und mein Schwert abgelegt und wurde von „vertrauten" Gefährten heimtückisch ohne Vorwarnung angegriffen, so wie sich Hagen über Siegfried hermachte, wie Kain Abel erschlug. Aber selbst wenn der Feind einige Schlachten gewinnt, so bedeutet es noch lange nicht, dass er auch den Krieg für sich entscheidet. Denn auch oder vielleicht gerade in schweren Schicksalszeiten verliert man nicht nur, sondern gewinnt auch dazu: Freunde, Feinde, Erfahrung und Charakter. Je dunkler es wurde, und je mehr sich von mir abwandten und verschwanden, umso heller erstrahlte das Licht derer, die blieben und hinzukamen. Und Qualität schlägt bekanntlich fast immer Quantität.

Wenn ich heute zurückblicke, kann ich auf jeden Fall sagen, dass ich viel gelernt habe und stärker geworden bin. Wenn es hoch kommt, gibt es in unserem Leben nur eine Handvoll von Leuten, auf die man sich wirklich verlassen kann. Lässt man sich mit Dreck ein, wird man unweigerlich selbst dreckig. Ich habe den Schmutz leider erst zu spät erkannt, ansonsten hätte ich einen großen Bogen darum gemacht.

Wenn man es überhaupt als Fehler bezeichnen kann, so war ich zu gutmütig und hilfsbereit. Ich wurde von Schlangen gebissen, die im Dickicht lauerten. Zum Glück wirkte das Gift nur eine Weile und verfehlte somit das Ziel. Man möge mir einige Kraftausdrücke und Formulierungen in diesem Buch nachsehen. Für mich ist es eine Art von „Wiedergutmachung", und ich habe mich für die schriftliche Form der Vergeltung entschieden, weil sie die einzige Art des Zurückschlagens ist, ohne mich in irgendeiner Art strafbar zu machen. Für derartige Subjekte will ich nämlich nie wieder ein Gefängnis von innen betrachten.

34. Sandy

Aufgrund meiner psychischen Beschwerden machte ich notgedrungen und unfreiwillig oft die Nacht zum Tag und den Tag zur Nacht. Trotz zahlreicher Schlaftabletten fand ich keinen Schlaf, und wenn, dann wachte ich nach ein oder zwei Stunden wieder auf. So pendelte es sich ein, dass ich bis morgens wach blieb, Filme guckte oder vor dem Computer saß und den Schlaf am Tage nachholte. Die Dunkelheit war mir willkommen, das Tageslicht, die vielen Menschen und das geschäftige Treiben weniger. Wenn es mir sehr schlecht ging, versuchte ich hin und wieder, mich abzulenken oder mir etwas zu gönnen, um mich danach oft nur noch schlechter zu fühlen. Nicht weit entfernt von meinem Wohnort, direkt an der Bundesstraße 1, befand sich ein riesiger Saunaclub mit dem treffenden Namen Harem. Der Club wirbt für sich, Europas größter Saunaclub zu sein und dem Besucher ein unvergessliches Erlebnis zu bieten. Nun, wie man auch immer zu Werbung stehen mag, ich fand es nicht übertrieben.

Als ich den Club zum ersten Mal besuchte, kam ich aus dem Staunen nicht mehr heraus. Seine Größe, die Einrichtung und Atmosphäre sind schlichtweg begeisternd. Der Club erstreckt sich über mehrere Etagen und wird von weitläufigen Gängen durchzogen, mitten drin befinden sich ein großer Whirlpool, mehrere Saunen, überdachte Zelte und vieles mehr, was dem Besucher das Gefühl gibt, als Gast in einem Harem zu weilen. Vervollständigt wird dieser Eindruck durch die zahlreichen Damen, die sowohl leicht bekleidet als auch nackt überall herumlaufen oder sich auf orientalischen Liegekissen räkeln.

Ich besuche den Saunaclub in der Regel alle bis zwei bis drei Monate, und normalerweise war auch immer etwas für meinen Geschmack dabei. Sicherlich kam es auch mal vor, dass ich nur etwas trank oder aß und unverrichteter Dinge wieder nach Hause fuhr, aber das war eher selten der Fall. Eines Abends besuchte ich mit einem Freund den Harem. Der Abend war schon weit fortgeschritten und meine Zielgruppe „blond, braungebrannt, Brüste" nicht auszumachen. Schließlich sah ich doch noch eine junge, langhaarige Blondine, die in der hintersten Ecke zusammen mit dem Schichtleiter und einem Gast am Tisch saß. Ich nahm mit ihr Blickkontakt auf und hoffte, dass sie noch nicht „reserviert" war. Ihre Unterhaltung dauerte und dauerte, und ich wurde langsam ungeduldig. Entweder jetzt, oder wir würden heimwärts fahren. Als sie das nächste Mal herüberblickte, winkte ich sie zu mir herüber. Sie beendete sofort das Gespräch an ihrem Tisch, stand auf und wackelte auf ihren hohen Absätzen schnurstracks zu uns herüber. Noch bevor sie aufgestanden war, hatte ich gehofft, dass sie einer näheren Betrachtung standhielt und vor allen Dingen über schöne Brüste verfügte. Auf die zwei Punkte gucke ich in genau dieser Reihenfolge immer zuerst: Gesicht, Busen. Je näher sie kam, desto mehr freute ich mich, denn sie besaß genau die Attribute, die mir gefielen: Sie war hübsch, braungebrannt, hatte lange platinblonde Haare und einen großen Silikonbusen. Selbst wenn ich jetzt Gefahr laufe, als oberflächlich oder gar primitiv abgestempelt zu werden: Ich steh' nun mal auf Porno.

Wir wechselten die üblichen Floskeln und gingen dann gemeinsam aufs Zimmer. Auch wenn das albern klingt, so wage ich als (ehemaliger) erfahrener und regelmäßiger Bordellbesucher zu behaupten, dass wir uns von Anfang an sehr sympathisch waren. Sie hieß „Sandy" mit Künstlernamen und war ungefähr 20. Mir gefiel, dass sie eine der wenigen Deutschen war und anders als die meisten Prostituierten kein abgewichstes und abgezocktes Verhalten an den Tag legte. Im Gegenteil, sie war von einer liebenswürdigen und offenen Art, die mich für den Moment in ihren Bann zog. Ich will nicht zu sehr ins Detail gehen, aber mir kam es vor, als hätte ich Sex mit einer besonders sympathischen Errungenschaft und nicht mit einer Prostituierten. Es war, gemessen an den üblichen Besuchen, etwas Besonderes. Ich war begeistert und erkundigte mich, ob es nur ein kurzes Intermezzo wäre oder sie auch in Zukunft im Harem arbeiten würde. Sie bejahte Letzteres, und so beschloss ich, sie in den nächsten Wochen wieder zu besuchen. Wir gingen erst eine ganze Weile nach der ausgehandelten Zeit wieder runter zu den Umkleidekabinen, wo ich ihr das Geld übergab und wir uns herzlich verabschiedeten. Mein Freund hatte sich bereits gewundert, warum es so lange dauerte, und ich versicherte ihm, dass sich jede Minute gelohnt hätte.

Wir fuhren Heim, und ich hatte ein Grinsen auf den Lippen. In den darauf folgenden Tagen erwischte ich mich immer häufiger dabei, dass ich an Sandy dachte. Das Treffen hatte mir sehr gefallen, da es ganz anders gewesen war, als in solchen Etablissements üblich. Irgendeine innere Stimme drängte mich dazu, Sandy möglichst schnell wieder einen Besuch abzustatten. Es war ihre liebe und umsorgende Art, die mir gerade in dieser Phase außerordentlich gut tat. Meine Exfreundin, die ich bis dahin immer in mir trug, hatte bereits seit geraumer Zeit einen neuen Freund, einen SEK-Beamten aus B.-Stadt, den ich persönlich kannte. Ich besaß deswegen keinen Zugang mehr zu ihr. Und um Kummer, Schwere und Leere zumindest kurzfristig kompensieren zu können, zog es mich zu Sandy. Also setzte ich mich eines Nachmittages wieder in mein Auto und fuhr in den Harem.

Nachdem ich mich umgezogen und in meinem weißen Bademantel den ganzen Laden nach ihr erfolglos durchsucht hatte, erkundigte ich mich an der Rezeption, ob Sandy überhaupt arbeitete. Die Dame bejahte, was mich freute, da ich keine Lust verspürte, häufiger als erforderlich in den Laden zu fahren. Einige Minuten später sah ich sie an der Seite eines fettleibigen Südländers die Treppe herunterkommen. Sie hatte gerade „ein Zimmer gemacht". Als sie mich sah, konnte ich erkennen, wie sehr auch sie sich freute, mich wiederzusehen. Sie rechnete schnell mit dem Dicken ab und kam sofort zu mir.

„Ich dachte, du würdest erst in ein paar Wochen wiederkommen."

„So lange wollte ich nicht mehr warten", gab ich lächelnd zurück.

„Ich mach mich nur kurz frisch, um mich dann angemessen um dich zu kümmern."

Ich nahm im Erholungsbereich Platz und freute mich schon auf sie. An dem Tag gefiel sie mir noch besser, denn sie hatte sich für mich „aufgestylt": Weiße Unterwäsche, duftende Haare und schönes Make-up. Auf dem Weg zu „unserem" Zimmer, sprich dem Zimmer von unserer ersten Begegnung, fiel mir ein Schriftzug an ihrem Unterarm auf. Ich fragte, ob dies der Name ihres „Freundes" sei. Die Frage war ihr sichtlich unangenehm, und sie wich beinahe schamhaft mit den Worten aus: „Ach, das war einmal." Da es sich augenscheinlich um einen ausländischen Vornamen handelte, gab ich ihr zu verstehen, dass ich normalerweise mit solchen Frauen nichts tun haben möchte. Bei ihr würde ich also eine Ausnahme machen, und sie könne sich geehrt fühlen. Das freute sie, und sie wechselte schnell das Thema.

Ich teilte ihr das jedoch nicht grundlos mit, und es hatte auch nichts mit Vorurteilen zu tun. Durch meine bisherigen beruflichen Berührungen mit solchen Elementen wusste ich, wie gerade diese Art Männer mit „ihren Frauen" umgingen, die für sie anschafften: nämlich brutal und respektlos. Ich möchte an dieser Stelle aber auch betonen, dass ich den für mich typischen Zuhälter – egal welcher Landsmann – verachte, ja regelrecht hasse. Es gibt für mich zwei Arten: Die eine übt physischen oder psychischen Druck auf die Frau aus, und die andere heuchelt und täuscht Liebe vor, um die Dame auf den Strich zu schicken. Widerwärtig! Auf der anderen Seite widern mich jene Frauen aber auch an, die für diese meist zutiefst primitiven Typen die Beine breit machen und ihr „hart" zusammengevögeltes Geld in die dicken Autos dieser faulen Proleten investieren. Ich brach also mit meinen Prinzipien.

Als wir zusammen auf dem großen Bett lagen, eröffnete mir Sandy, dass sie sich sehr freuen würde, dass ich da wäre. Obwohl sie angenommen hatte, mich erst nach Wochen wieder zu sehen, hatte sie die ganze Zeit nach mir Ausschau gehalten und gehofft, dass ich doch früher erscheinen würde. Und heute habe ihr Herz auf der Treppe einen Sprung gemacht. Ihre Worte freuten mich, waren sie doch der Beweis, dass ich mich nicht getäuscht hatte. Es existierte von Beginn an eine wohltuende Verbindung zwischen uns, und diese tat uns beiden gut. Das gegenseitige Vertrauen wuchs schnell. Sie erzählte mir, dass sie eine siebenjährige, süße Tochter habe, die sie mir voller Stolz auf ihrem Handy zeigte, und in Hamm wohne. Ich spürte jedoch auch, dass sie irgendetwas sehr bedrückte, und nach einer Weile eröffnete sie mir verschämt, dass sie mit jemanden zusammenwohnte – dem Träger des Namens auf ihrem Unterarm. Ich hörte genau hin, und als ich sie nach dem Namen und dessen Herkunft fragte, zog sich mir bei der Antwort der Magen zusammen. Ihr Typ ließ L. – ein albanischer Name. Wir waren wieder beim Thema. Aus dienstlicher Erfahrung wusste ich, dass gerade albanische Zuhälter „ihre Frauen" besonders schlimm behandeln. Ich fragte sie, wie sie mit so einem Typen zusammen sein könne. Zuerst wiegelte Verena, so lautete ihr wirklicher Name, ab, wohl aus der Sorge heraus, mich zu „verlieren". Schließlich hatte sie meine Reaktion eindeutig wahrgenommen. Mit dem sei ja gar nichts mehr, und sie würden lediglich zusammen wohnen, sagte sie mir. Und schnell fügte sie an, ich wäre endlich mal ein Mann, dem sie vertrauen könne und der ihr guttue. Deswegen wollte sie auch die Handynummer mit mir austauschen. Das ging mir jedoch entschieden zu weit, und ich machte ihr klar, dass ich respektieren würde, dass sie in gewisser Weise noch einen Freund habe und ich deshalb keinen privaten Kontakt mit ihr wünschte. Sie war sichtlich enttäuscht und sagte nur: „Schade."

An diesem Tag verließ ich enttäuscht und ernüchtert das Etablissement. Natürlich saß ich von Anfang an keiner Illusion auf, dass es sich bei ihr um eine Prinzessin handeln könnte, trotzdem waren diese Neuigkeiten eine Spur zu krass für mich. Mit einem derartigen Hintergrund wollte ich nichts zu tun haben. Dieser erfüllte mich mit Aversion und Ekel. Und so hatte der Drang, sie bald wieder zu sehen, stark nachgelassen. Trotzdem musste ich an sie denken. Die gemeinsame Zeit mit ihr tat mir einfach zu gut, als dass ich darauf verzichten wollte. Und so machte ich mich doch wieder zügig auf den Weg. Als wir uns dann wiedersahen, war es erneut erfrischend und beglückend. Sandy vertraute mir jetzt Weiteres an, was mich erst erschrecken und dann erzürnen ließ. Unter Tränen erzählte sie, dass ihr Leben nur noch eine einzige Qual sei. Der Typ würde sie schlagen, demütigen und täglich dazu zwingen, für ihn anschaffen zu gehen. Von dem Geld, das sie verdiente, ließe er ihr täglich fünf bis zehn Euro zum Einkaufen für sie und die Kleine, den Rest nehme er ihr ab. Jeden Morgen bringt sie ihre Tochter zur Schule. Danach kutschiert sie der Albaner ohne Rücksicht auf ihr Wohlbefinden jeden Tag vormittags zur Arbeit und holt sie abends auch wieder ab. Während sie arbeitet, passt er zu Hause auf ihre Tochter auf und kümmert sich um sie. Jedenfalls was so einer kümmern nennt: Einmal täglich mit ihr zu McDonald's fahren und ihr einen Hamburger und Pommes zu essen kaufen. Ansonsten schließt er ihre Tochter entweder in ihrem Zimmer ein oder lässt sie mit ihm zusammen Fernsehen gucken. Wenn die Kleine nicht gehorcht, schlägt er sie auch. Der Typ hängt den ganzen Tag zumeist faul zu Hause herum oder fährt sinnlos durch die Gegend. Wenn er etwas gegessen hat, räumt er nicht einmal ab, und jeden Abend muss sie noch für ihn die Beine breitmachen, ob sie wolle oder nicht.

Ich konnte nicht ganz glauben, was mir Verena unter Tränen gestand. Ich fragte erst, ob sie mich verarschen will, und dann, wie sie an solchen Typen geraten war und warum sie ihn nicht verlassen hatte. „Geh doch zur Polizei", schloss ich ab. Sie erzählte mir nun folgende Vor-Geschichte: Sie hatte ihn vor mehreren Jahren kennengelernt, und damals sei er ein liebevoller Mann gewesen. Irgendwann schlug er ihr vor, mit ihrem guten Aussehen Geld zu verdienen – Geld für die gemeinsame Zukunft. Sie sagte zu und arbeitete zunächst widerwillig, ehe sich die Routine einstellte. Das „gemeinsame" Geld floss jedoch in die Taschen der albanischen Sippschaft, in Häuser und dicke Autos. Ihr „Freund" fährt einen schwarzen 600er Mercedes, obwohl er offiziell Hartz-IV-Empfänger war.

„Warum lässt du dir das gefallen? Warum verlässt du ihn nicht?" fragte ich sie erneut.

„Ich weiß doch gar nicht wohin ich soll. Ich habe keine Freunde, keinen Führerschein und mit meiner Familie bin ich auch zerstritten. Ich bin schon mal weggelaufen, aber meine Mutter hat mich denen verraten. Er ist umgehend mit seinen Brüdern erschienen, und gemeinsam haben sie mich geschlagen und getreten."

„Du musst zur Polizei gehen", sagte ich ihr mit langsam wütender Stimme. „Noch leben wir hier in Deutschland."

„Die machen doch nichts. Außerdem lässt der mich zu Hause keine Minute unbewacht. Selbst wenn ich auf Toilette bin, kommt er mir nach, und guckt was ich mache. Er droht mir immer, dass wenn ich etwas bei der Polizei sage, er dafür sorgen würde, dass mir das Jugendamt meine Tochter wegnimmt."

Sie bedankte sich, dass ich ihr zugehört hatte. Einerseits war ich sprachlos und geschockt, andererseits aber auch zornig. Bisher kannte ich dieses Milieu nur aus Erzählungen und der Theorie der Polizeiarbeit, aber nun saß ein richtiges Opfer dieser Kerle vor mir. Inzwischen glaubte ich ihr, denn dieses ganze Martyrium konnte sich diese Frau nicht einfach ausdenken. Ich empfand unglaubliches Mitleid für Verena und schloss sie immer mehr ins Herz. Ich war hin- und hergerissen. Mich widerte ihr gesamtes Umfeld an. Andererseits war sie ein hilfloses Opfer, das in diese Situation hineingezwungen wurde.

An diesem Tag tauschten wir doch unsere Handynummern aus, und als ich ihr meine Nummer mitteilte, sagte sie beseelt: „Na endlich!"

35. Annäherung

Von dem Tag an standen wir in regelmäßigem Kontakt. In erster Linie schrieben wir uns zahlreiche SMS, ab und zu telefonierten wir aber auch. Auf diese Art und Weise erhielt ich immer mehr Einblick in Verenas qualvolles Leben. Oft schrieb sie mir, dass ihr Kerl sie schon wieder geschlagen hatte und es ihm ausschließlich nur noch um das Geld ginge, dass sie nach Hause brachte. Dieses Geld wurde jedoch immer weniger, da Sandy, sicherlich auch im Wissen, dass sie nun einen guten Freund besaß, immer weniger Lust hatte, für ihren Typen anzuschaffen. Die Schläge wurden häufiger, und der Druck, arbeiten zu müssen, nahm stetig zu. Unwohlsein und Magenkrämpfe waren bei ihr die Regel. Dies war auch am Abend unserer ersten Begegnung der Fall und sie war erst nach einem Tee überhaupt in der Lage, zu „arbeiten". Sie schrieb aber auch immer wieder, dass ich ihr Prinz wäre und dass ich ihr so gut tun würde. In einer anderen SMS schrieb sie, dass sie in mich verliebt sei und Schmetterlinge im Bauch habe, wenn sie an mich denke oder meine Stimme am Telefon höre. Ich sei das Beste, was ihr jemals passiert sei, und ohne mich wäre sie schon längst zusammengebrochen. Sie berichtete mir von Nervenzusammenbrüchen und Ohnmachtsgefühlen, aber ich würde sie immer wieder aufrichten und ihr Kraft geben. Ihre lieben und dankbaren Nachrichten häuften sich.

Als ich das nächste Mal bei ihr war, offenbarte sie mir, dass sie es körperlich und seelisch nicht mehr aushielt. Dieses Arschloch machte sie kaputt. Und ich kann bestätigen, dass dieser kleine Scheißer eine außerordentliche Penetranz an den Tag legte. Während ich bei ihr war, klingelte das Telefon am laufenden Band, und eine SMS nach der anderen erreichte sie. Alles hatte nur einen Tenor: „Warum meldest du dich nicht, und wie viel hast du schon gemacht?" Bei so viel Stumpfsinn konnte der froh sein, wenn überhaupt noch was kam. Welcher Freier hat Bock, ständig das Telefon klingen zu hören, weil der Zuhälter jede Minute seinen „Kontostand" abfragen will?

An diesem Tag fragte ich sie, ob sie ihn wirklich verlassen wolle. Sie bejahte es in flehendem Ton und brach in Tränen aus: „Kannst du mir nicht helfen? Bitte hilf mir doch!"

Ich war etwas perplex und musste mit der Situation erst einmal klarkommen. Dann sagte ich zu ihr: „Pass auf, wenn du es wirklich willst, dann helfe ich dir."

Es war, als würde ein Beben sie erzittern lassen. Sie blickte mich an und fragte inständig: „Würdest du das wirklich tun?"

„Wenn du es wirklich willst, dann helfe ich dir."

„Ja, ich will das! Ich kann nämlich nicht mehr. Bitte hilf mir!"

„Ich mache mir darüber Gedanken, also mach dir keine Sorgen. Das Einzige, was du zu tun hast, ist noch eine Weile auszuhalten."

„Das werde ich schon schaffen. Schließlich habe ich ja jetzt meinen Prinzen, der mir Kraft gibt."

Sie strahlte bei diesen Worten über das ganze Gesicht. Ich war für sie zum Leuchtturm auf rauer, dunkler See geworden, ihre letzte Rettung, wie sie später betonte.

Nachdem ich sie an diesem Abend verlassen hatte, stieg in mir ein beklemmendes Gefühl auf. Was hatte ich ihr zugesagt, und was bedeutete das für mich? Diese Frage beschäftigte mich auch in den kommenden Tagen. Ich hatte Verena bereits in mein Herz geschlossen, und das schier unglaubliche Mitleid, das ich für sie empfand, bestärkte mich in meinen Entschluss, dieser Frau auf jeden Fall zu helfen. Es bestand schon länger keine geschäftliche Verbindung mehr zwischen uns, und wenn wir uns im Harem trafen, hatten wir nicht immer Sex miteinander. Ich musste auch nicht mehr bezahlen, gab ihr aber trotzdem einmal etwas, allerdings nur unter der Prämisse, dass sie es nicht diesem kleinen Stricher gab, sondern sich etwas davon gönnte. Daraufhin lief sie mit dem Geld zu einer Parfümeriekette und verkündete, dass sie sich ihren Lieblingsduft gekauft hatte. Sie war halt ein großes, süßes Kind. Das mochte ich so an ihr.

Zu der Zeit stand in dem Mehrfamilienhaus, in dem Anke und ich wohnten, eine Wohnung frei. Als ich wieder einmal bei Sandy war, berichtete ich ihr davon: „Wenn du willst, kann ich mal die Eigentümer fragen, ob sie die Wohnung vermieten." Sie konnte es kaum glauben und bat mich inständig, es zu tun. Letztlich lief alles zu ihren Gunsten, die Vermieter waren bereit, zu vermieten. Ich muss allerdings erwähnen, dass ich für sie bei den Vermietern gebürgt und sie obendrein als bezaubernde Mieterin angekündigt hatte. Ich bot Verena weiterhin an, die Wohnung samt Kinderzimmer kostengünstig einrichten zu lassen. Aus dem Grund möge sie zusehen, dass sie in den nächsten Wochen noch so viel wie möglich für sich auf die Seite legen könnte. Wenn Sie 2.500 bis 3.000 Euro schaffen würde, wäre das natürlich gut. Anderenfalls bot ich ihr an, das Geld für sie vorzustrecken. Sie könne es mir dann später zurückgeben. Sie meinte aber, dass sie das schon schaffen würde. Schließlich verstecke sie schon jetzt immerzu Geld vor ihm in ihrer Unterwäsche, und ein wenig hätte sie bereits zusammen. Ich riet ihr, dass sie sich nichts anmerken lassen und Streit vermeiden solle. Die Geschäfte würden eben nicht mehr so gut laufen. Trotzdem sollte sie ihm weiterhin etwas geben, damit er keinen Verdacht schöpft. Sie versicherte mir, auf sich aufzupassen und mögliche Misshandlungen zu vermeiden.

Sie beichtete mir nun noch, dass die Albaner-Sippe sie mit einem Cousin zwangsverheiratet hatte, so dass dieser eine Aufenthaltserlaubnis für Deutschland erhielt. Außerdem stünde hinter ihrem kleinen Scheißer sein größerer Bruder: 26 Jahre, sehr brutal und gefährlich. Insgeheim musste ich über diese kleinen Aushilfszuhälter schmunzeln. Bekam der Prügel von seinem großen Bruder, wenn er nicht genug in die Familienkasse einlieferte? Jedoch überwog die Wut darüber, dass er dieser liebenswürdigen und hilflosen Frau so sehr weh tat.

Eine weitere Gelegenheit, Sandy ein wenig hilfreich zur Seite zu stehen, bot sich mir nun. Sie hatte einen Außentermin (Escort) mit Michael, einem ihrer Stammkunden aus dem Harem. Sie gingen zusammen essen und kehrten anschließend wieder im Harem ein. Nachdem er sich dort noch einige Stunden vergnügt hatte, übernachtete Michael im Hotel, das zum Harem gehörte, ohne Sandy für den gemeinsamen Abend mit den vereinbarten 500 Euro entlohnt zu haben. Als sie schließlich das Geld von ihm einforderte, begab er sich in sein Hotelzimmer, gab ihr 50 Euro und schlug ihr dann die Tür vor der Nase zu. Sie war außer sich vor Wut und veranstaltete ein Riesentheater. Schließlich einigte sie sich mit dem Schichtleiter, dass sie sich am nächsten Tag gemeinsam des Problems annehmen würden. Dieses geschah aber nicht, und Michael verließ den Saunaclub, ohne bezahlt zu haben. Als sie das ihrem kleinen Albaner zu erklären versuchte, denn dieser wollte ja schließlich das Geld haben, beschimpfte er sie, wie sie sich so verarschen lassen könne. „Dann unternimm doch was!" schrie sie ihn an.

„Was soll ich denn jetzt machen?" antwortete der tapfere Frauenschläger, der offensichtlich nicht einmal das Einmaleins des Zuhälterjobs beherrsche.

Trotz darauf folgender Gespräche und Telefonate mit dem Schichtleiter konnte keine Lösung erzielt werden. Aber Stammgäste nennt man so, weil sie oft und regelmäßig anzutreffen sind, und folglich kehrte eines Tages auch Michael wieder im Harem ein. Sandy forderte sofort ihr ausstehendes Geld ein, was dieser nur mit einem hämischen Grinsen und den Worten „was für Geld?" beantwortete. Obwohl sie ihm am liebsten einen Barhocker übergezogen hätte, blieb sie ruhig und schrieb mir, dass ihr säumiger Kunde wieder da wäre und er sie beleidigt hätte. Sie bat mich, mal vorbeizuschauen. Ich hatte ohnehin gerade Zeit, packte meine Sachen und saß schon im Auto. Ursprünglich wollte ich noch Toni oder einen anderen Freund mitnehmen, um sicherheitshalber einen Zeugen zu haben. Keiner hatte jedoch Zeit oder befand sich in der Nähe. Ich kannte bereits das Kennzeichen des unverschämten Freiers und sah sein Auto mitten auf dem Parkplatz vor dem Harem. Ich beeilte mich, und als ich die Umkleideräume betrat, kam auch Sandys Schuldner herein, grüßte mich und ging an mir vorbei. Ich erkannte ihn sofort, weil Sandy mir ein Handybild von ihm während des gemeinsamen Abendessens gezeigt hatte. Ich fragte ihn, ob ihm der graue BMW mit dem Kennzeichen XXX gehörte. Er hielt mit vor

Schreck geweiteten Augen inne und krächzte ein kurzes „Ja" heraus. Daraufhin fragte ich ihn, ob er vor Kurzem einen Außentermin mit Sandy gehabt habe. Auch dieses bejahte er, um sofort etwas hinzuzufügen. Ich fiel ihm mit ruhiger Stimme ins Wort und erklärte ihm, dass ja noch ein Betrag für Sandy offen sei. „Nein, das ist ganz anders", stammelte er. Wiederum hörte ich nicht weiter zu und erklärte ihm mit langsamer und ruhiger Stimme, dass er zu Sandy gehen, ihr das Geld geben und sich zudem noch bei ihr entschuldigen solle. Ich fügte noch hinzu, dass ich jemandem beim Straßenverkehrsamt kennen würde und bis heute Abend eh seine Adresse hätte. Er fragte mich ängstlich, ob dies eine Drohung wäre. Ich verneinte es und erklärte ihm, dass Feststellungen keine Drohungen seien. Er verschwand, und ich zog mich um und folgte, um mich zu Sandy zu setzen, die abseits auf einem Ledersofa saß. Michael schickte einen Freund, die Sache glücklich zwischen ihr und ihm zu vermitteln. Ich wies ihn freundlich darauf hin, dass es nichts zu verhandeln gäbe und Sandy einfach das Geld zu bekommen hätte, das ihr zustünde. Daraufhin stand ich auf und setzte mich ein Stück entfernt alleine hin. Es dauerte nicht lange, und Michael stand auf einmal vor ihr. Danach kam sie überglücklich zu mir und berichtete mir voller Genugtuung, dass er mit Tränen in den Augen vor ihr gestanden und sich entschuldigt hatte.

„Hast du alles bekommen?"

„Ja, alles! Die ganzen 500 Euro."

„Und dieses Geld sparst du jetzt auch."

Sie lächelte mich an und küsste mich voller Stolz. Es ist wirklich nicht zu fassen, was sich einige Freier einbilden und wie sie sich gegenüber den Mädels verhalten.

Mittlerweile hatte ich alles mit der Wohnung geklärt. Nun wollte ich Verena ihre neue, eigene Wohnung vorher noch einmal persönlich zeigen. Ich freute mich darauf, sie einmal außerhalb des Clubs zu treffen, und ihr ging es genauso. Ich trug ein schönes Hemd und holte sie mit meinem großen Cayenne im Club ab. Auf der Mittelkonsole stand eine kleine Tüte mit einem Schutzengel aus Keramik, den ich ihr vorher noch schnell gekauft hatte. Er sollte sie von nun an begleiten und beschützen. Sie stieg zu mir in den Wagen und freute sich sehr. Gleichzeitig verhielt sie sich außergewöhnlich schüchtern, was sie noch lieblicher erscheinen ließ. Ich betrachtete sie von der Seite, und als ich sie da so sitzen sah, erhärtete sich mein Entschluss, ihr zu helfen. Ich freute mich sogar, sie aus ihrem Martyrium herauszuholen. So fuhren wir zur Wohnung, und ich zeigte Verena ihr künftiges Domizil. Sie war voller Freude und erklärte sofort, dass die Wohnung für sie und ihre Tochter passt. Ich erklärte und beschrieb ihr die Wohnungseinrichtung und die Möbel, die ich bereits angeguckt hatte, und holte mir ihren Segen. So nahm also alles Gestalt an.

Ich war mir sicher, richtig zu handeln, wollte aber eine mir sehr bedeutende Meinung einholen: Die Meinung von Anke. Ich hatte sie schon vorher informiert, dass ich mit Verena die Wohnung besichtigen würde, und sie gebeten, uns einen Kaffee zu bereiten. So konnte Anke Verena auch kennenlernen, um mir dann ihr Gefühl mitzuteilen. Wir saßen eine Weile zusammen und unterhielten uns. Verena war weiterhin auf eine süße und kindliche Art schüchtern und zurückhaltend. Sie trank nur wenige Schlucke ihres Kaffees, fühlte sich jedoch in unserer Mitte sichtlich wohl. Es war eine Umgebung, die ihr bisher unbekannt war: Ordnung, Zuvorkommenheit und Freundlichkeit. Sie kannte bisher nur das Gegenteil.

Schon auf der Rückfahrt schrieb mir Anke bereits, dass sie ein gutes Gefühl hatte. Später ergänzte sie mir noch persönlich, dass Verena eine ganz liebe Person sei und wir ihr und ihrer Tochter unbedingt helfen sollten. Das beruhigte und bestärkte mich, denn ich weiß nicht, was ich ohne Ankes Zustimmung getan hätte. Anke war Teil meiner Familie, und ihrer Meinung vertraute ich. Ich verabredete mich beim Abschied von Verena für die kommende Woche, um ihren bevorstehenden Umzug zu besprechen. Bis dieser Termin stattfand, hatten wir noch per SMS und Telefon Kontakt. Ich riet ihr, schon einmal vorsorglich alle ihre Unterlagen und die ihrer Tochter zusammenzusuchen. Außerdem machte ich ihr noch einmal klar, dass ich mich über eine kleine neue Mitbewohnerin im Haus zwar freuen, aber keinen Vaterersatz oder Ernährer abgeben würde. Diese Ansage erschien mir nur fair. Verena schrieb mir, dass sie das auch gar nicht erwarten oder verlangen würde.

Es ereilten mich aber auch noch mehrere Hiobsbotschaften. Zum einen hatte der kleine Scheißer all das versteckte Geld gefunden und es folglich komplett an sich genommen, zum anderen war das Jugendamt bei ihnen zu Hause gewesen, um ihr mit der Wegnahme ihrer Tochter zu drohen. Die Hintergründe erschlossen sich mir damals nicht, und so fragte ich sie nochmals und wiederholte die Frage auch mehrmals: „Willst du immer noch ausziehen?"

„Ja, ich will das auf jeden Fall!", war ihre Antwort.

Daraufhin trafen wir uns wie vereinbart noch einmal im Harem. Es sollte unser letztes Treffen dort sein. Wir vereinbarten den kommenden Sonntag als Umzugstermin. Anke und ich würden sie in Hamm abholen. Der Sonntag war der Tag, an dem sie normalerweise frei hatte und ihr Zuhälter in der Regel öfters mal unterwegs war. Sie hatte bereits große Angst, insbesondere davor, wie ihr Typ reagieren würde. Sie vermutete, dass innerhalb kürzester Zeit seine Brüder und Verwandten bei ihm wären. Ich tröstete und beruhigte sie.

Es war geplant, dass ich sie gegen 21:00 Uhr abholen würde. Viel würde sie ohnehin nicht mitnehmen, sondern nur das Nötigste. Ich solle ihr schreiben, wenn wir auf dem Weg wären.

Gegen Ende der Woche reservierten Anke und ich zwei Mietwagen, die wir bereits Samstag abholten.

36. Umzug

Am Sonntag den 4.10.2009 war es dann soweit. Anke fuhr den einen Mietwagen, ich den anderen. Ich hatte Verenas Adresse in das Navigationsgerät eingegeben und nach dessen Berechnung mussten wir gegen 21:00 Uhr dort ankommen. Auf dem Weg dorthin erhielt ich eine SMS, ob wir auch wirklich kommen würden und dass ich sie nicht im Stich lassen soll. Sie war schon den ganzen Tag unheimlich nervös und aufgeregt, und es war auch wieder zum Streit gekommen, bei dem sie mehrmals geschlagen wurde.

Natürlich ließen wir sie nicht hängen, wir waren ja schon unterwegs. Angekommen, klingelte ich, und Anke wartete im Auto. Was sich nun ereignete, wird Verena später wiedergeben. Als Verena mit einigen Begleitern, die ihr beim Tragen halfen, nach guten zwanzig Minuten endlich draußen angekommen war, konnte man ihr die Anspannung ansehen. Ihre eilig zusammengepackten Sachen wurden in den einen Mietwagen geladen, sie stieg mit der Kleinen zu Anke. Zuvor wollte sie jedoch noch in den Golf gucken, ob dort ihre EC-Karte zu finden sei, die ihr Unterdrücker ihr bis dato vorenthalten hatte, um selbst von dem Konto jederzeit das Kindergeld abzuheben. Ich fragte Verena noch schnell, ob alles in Ordnung sei, was sie mit einem Kopfnicken beantwortete. Für längere Gespräche war an dieser Stelle keine Zeit, das konnten wir auch in der neuen Wohnung ausgiebig tun. Danach fuhr sie mit ihrer Tochter und Anke los und ich mit ihren Sachen hinterher.

Während der Fahrt in ihr neues Zuhause rief sie noch ihre Schwester an, um dieser zu sagen, dass sie jetzt endlich abgehauen sei. Und der Schlüssel des Golfs flog auf der Autobahn einfach aus dem Fenster. Als sie mit ihrer kleinen Tochter die neue Wohnung betrat, konnte sie diese zum ersten Mal komplett eingerichtet bewundern. Trotz des Schocks, unter dem sie stand, konnte sie ihre Freude nicht verbergen. Sie besaß nun ein großes Wohnzimmer mit dunkelbraun und schwarz glänzenden Möbeln: eine schöne Wohnzimmerfront, einen Esstisch und ein großes Sofa. Die moderne Einbauküche hatte mir der Vorbesitzer für einen günstigen Preis überlassen. Das Schlafzimmer bestand aus einem großen weißen Wandschrank und einem Doppelbett mit zwei Nachttischen. Und zu guter Letzt war das Kinderzimmer mit einem Kleiderschrank, einem Bett und einem Schreibtisch eingerichtet. An der Wand hatte ich sogar ein gerahmtes Prinzessin-Lillifee-Bild angebracht. Alle Betten waren bezogen, und selbst der Kühlschrank war mit Lebensmitteln gefüllt. Anke und ich hatten uns um alles gekümmert, so dass Verena und ihre Tochter sich vom ersten Augenblick an wohl fühlen konnten. Sie umarmte mich und hatte Tränen in den Augen.

„Setz dich erstmal hin, ruhe dich aus und kümmere dich um deine Kleine", riet ich ihr. Ich holte derweil ihre Habseligkeiten aus dem Auto. Es war ein bedeutender und anstrengender Tag für sie gewesen, und so ließen Anke und ich sie erst einmal alleine. Wir brachten die Mietwagen weg. Es war bereits spät geworden, aber Verena war noch viel zu aufgewühlt zum Schlafen. Als ich wieder zurückkehrte, besuchte ich sie deshalb noch einmal in ihrem neuen Zuhause. Ich setzte mich zu ihr auf das Sofa und nahm sie in den Arm. Unaufgefordert holte sie daraufhin Geld aus der Seitentasche ihres rosa Bademantels hervor und fragte mich, wie viel sie mir für die Möbel und den Umzug schuldete. Ich war erfreut, dass sie so zuverlässig war, und teilte ihr mit, dass die Möbel und die Mietwagen insgesamt 2.500 Euro gekostet hatten. Die Rechnungen dafür würde ich ihr noch geben. Sie nickte und gab mir das Geld. Im anschließenden Gespräch beruhigte ich sie und sprach ihr gut zu. Alles würde jetzt gut werden, und sie könne endlich ihr eigenes Leben in Freiheit und ohne Schläge und Misshandlungen leben. Sie sagte mir, dass sie so froh sei, endlich dort weg zu sein, und erzählte mir mit einer großen Portion Genugtuung und Schadenfreude, was sich beim Umzug in der alten Wohnung abgespielt hatte: Der kleine Zuhälter befand sich, wie beinahe ständig, auf seinem Lieblingsplatz, dem Sofa, und ging seiner Hauptbeschäftigung nach, dem Fernsehgucken. Irgendwann abends klingelte es an der Haustür, und Verena öffnete. In Sekundenbruchteilen waren vier bis fünf riesige, maskierte schwarze Schränke in die Wohnung gestürmt und hatten ihren Zuhälter zusammengeschlagen und in das Wohnzimmer geschleift. Sie konnte noch sehen, dass er im Wohnzimmer mit Klebeband und Kabelbindern gefesselt lag, bevor sie in aller Schnelle ihre Sachen zusammenraffte und sich noch von einem der Maskierten die Lederjacke ihres Zuhälters aus dem Wohnzimmer herausreichen ließ. Darin befand sich ihr hart erarbeitetes Geld der letzten Monate. Sie entnahm der Jacke das Geldbündel und zudem die Autoschlüssel des Zweitwagens des Hartz-IV-Empfängers, eines Golf V. Diesen nutzte ihr langjähriger Peiniger hauptsächlich, Verena spritsparend zu ihren Arbeitsplätzen zu fahren. Vor allem die Stelle mit ihrem Ex kostete sie weidlich aus, dass der kleine Scheißer anfangs wie ein quiekendes, ängstliches Ferkel gewimmert hätte, ehe er auf einmal verstummt und in eine Art Schockstarre verfallen war. „Ich glaube, der hat sich vor Angst in die Hose gemacht." Ich konnte mir ein Grinsen nicht verkneifen …

37. Im neuen Zuhause

Schon in der ersten Nacht nach Verenas Umzug quälten mich viele Gedanken. Ich begann zu realisieren, dass sich für mich eine vollkommen neue Lebenssituation ergeben hatte. Die Rolle als Vaterersatz oder Lebensgefährte hatte ich zwar im Vorfeld bereits abgelehnt, es stellte sich mir aber die Frage, wie es jetzt für Verena und ihre Tochter weitergehen würde. Das konnte mir schon deshalb nicht egal sein, da ich die Wohnung, die sie bewohnte, auf meinen Namen angemietet hatte.

Und noch etwas veränderte sich schlagartig: Von einem Tag auf den anderen hatte ich es nicht mehr mit der lieben Sandy, sondern mit einer vom Leben zerstörten, jungen Frau namens Verena zu tun. Viele mögen jetzt den Kopf schütteln und erhaben mahnen: „Aber so etwas weiß man doch vorher." Ich kann dazu nur ganz klar sagen: „Nein, das kann man in diesem Ausmaß nicht vorher wissen!" Jedenfalls bei ihr nicht. Verena bzw. Sandy hatte sich die ganze Zeit über als liebenswürdige, vernünftige und gepflegte junge Frau ausgegeben, die durch Schicksalsschläge des Lebens in ihr unerträgliches und jahrelang andauerndes Martyrium gerutscht war. Das war allerdings nur ihr Gesicht, das sie jederzeit wie auf Knopfdruck im Club aufsetzen konnte. Jetzt setzte ich

Stückchen für Stückchen das Puzzle ihres realen Lebens zusammen: Schon als kleines Mädchen war sie von ihrem Vater und dessen Arbeitskollegen vergewaltigt worden. Ihr Vater hat sie sogar einmal fast mit einem Telefonkabel erwürgt. Als der Alte schließlich weg war und sie mit ihren Geschwistern alleine bei der Mutter wohnte, hat sie ab dem neunten Lebensjahr Alkohol getrunken und ihrer Mutter beim Drogenkonsum zugesehen. Mit 13 Jahren hat sie „konsequenterweise" ebenfalls angefangen, Marihuana zu rauchen. Nach der Trennung vom Vater hat die Mutter die Wohnung offensichtlich in die reinste Alkohol- und Drogenhöhle verwandelt, in der die Männer ein- und ausgingen. Die Mutter besorgte sich vom Kindergeld Drogen und feierte jeden Tag mit vielen Freunden exzessive Partys. Als „Beweis" zeigte Verena mir Fotos aus dieser Zeit. Ich bin aufgrund dieses total asozialen Niveaus vor Schock beinahe hinten übergekippt. Logisch, dass sie eine Hauptschule besuchte, auf der sie auch noch als Schlägerin auffiel – wenn sie die Schule überhaupt mal besuchte und nicht schwänzte. Schon früh hat sie die Schule ohne Abschluss geschmissen und ist nur wenig später schwanger geworden und hat ihre Tochter bekommen. Zu jener Zeit begegnete sie ihrem Kosovo-Albaner, der anfangs noch ganz lieb war, sie aber mit 18 Jahren dann zum Anschaffen geschickt hatte.

Offensichtlich war es ein Familiengeschäft, denn sein größerer Bruder hatte auch einige Frauen am laufen. Da man damit eine Menge Geld verdienen kann, hatte er ihr die Lüge von der gemeinsamen Zukunft aufgetischt. Tatsächlich bezahlte ihr Exfreund damit seine Luxuskarossen, die Sippe kaufte sich ein Haus in Albanien und zudem ein Mehrfamilienhaus in Hamm, das von Verenas Geld komplett renoviert wurde. Sie zeigte mir ihre Abrechnungs-Bücher, in denen sie jeden Tag alle ihre Einnahmen eingetragen hatte. Im Jahr verdiente sie rund 80.000 Euro. Aber das reichte noch nicht. Nach der Clubarbeit hatte sie häufig noch Escort-Dienst verrichten müssen und somit oft gar nicht schlafen können. Und sie wurde für 8.000 Euro mit einem Cousin zwangsverheiratet, damit der eine Aufenthaltserlaubnis bekam.

„Baust du Scheiße, dann schneide ich dir die Finger ab", soll der größere Bruder ihr gedroht haben, der in der Familie offensichtlich den Ton angibt und folglich als Oberhaupt fungiert. Der kleine Scheißer brüstete sich überdies mit Sprüchen wie diesem: „Wenn du einmal zu alt geworden bist, dann nehme ich deine Tochter zur Frau, und dann wird sie für mich arbeiten."

Was mir den absoluten Rest gab, war ihr Geständnis, dass sie zuletzt fast ein halbes Jahr in einem so genannten Party-Treff gearbeitet hatte. Das war für mich ein noch wesentlich größerer Schock als ihre gesamte Geschichte bisher und ließ mich von nun an vor ihr wirklich ekeln. Ich konnte das nicht fassen! Sie war wirklich ein hübsches Mädchen, und so, wie ich sie kennengelernt und wie sie sich immer gegeben hatte, konnte das einfach nicht wahr sein. Im Harem hatte sie mir noch erzählt, dass sie immer nur in guten Etablissements arbeite, zu sehr guten Konditionen. In Sachen Gesundheit hatte sie beinahe krankhaft auf sich aufgepasst und bei der geringsten Hygieneverletzung schon Herpes vor Ekel bekommen. Und jetzt offenbarte sie mir, dass sie für 300 Euro am Tag in einem Flatrate-Sex-Club gearbeitet hatte, wo die asozialsten Typen reihenweise über die Frauen rüberklettern. Mindestens einmal pro Woche hat es eine Gang-Bang-Party gegeben, bei der sie, Sandy, mit bis zu fünf Typen gleichzeitig Sex hatte oder drastischer ausgedrückt, wie ein Stück Vieh von anderen Tieren durchgevögelt wurde. Und als ob dies nicht schon genug war: An einem Tag, an dem der Laden aufgrund des Besuchs einer prominenten holländischen Pornodarstellerin sehr gut besucht war, hat sie ihren persönlichen Rekord aufgestellt: 75 (!) Typen an einem Tag. Es begann, als der Club seine Türen öffnete, und endete in den frühen Morgenstunden.

Kein Wunder, dass sie, um das alles ertragen zu können, jegliche Art von Drogen in ihren Körper gepumpt und sich in einen dauernden Vollrausch versetzt hatte. Koks, Speed, Hasch, Alkohol und sogar Heroin habe sie geraucht, um dieses Leben auszuhalten. Mir war völlig unklar, wie man in so einem Club arbeiten kann, wenn man anderweitig sehr viel mehr Geld verdienen kann. Und das sollte doch wohl auch im Interesse ihres Blutsaugers sein. Sie antwortete auf meine Frage, dass eben jener schuld daran wäre. Dieser Vollspast von Aushilfszuhälter war offensichtlich so dusslig, dass er in die Clubs gestürmt kam, um sie mitten im Laden anzuschreien und zu schlagen, wenn sie nicht genügend Geld verdient hatte. Einmal habe er sogar nach einem Streit in Wuppertal vor einem lokalen Bordell mit einer scharfen Waffe zwischen ihre Füße geschossen, was einen großen Polizeieinsatz auslöste. Nachdem sie wegen des nicht gerade geschäftstüchtigen Benehmens ihres Kerls im Umkreis nicht mehr arbeiten konnte, hatte er sie an diesen Laden vermittelt. Dort musste sie dann bis zu zwei Wochen am Stück arbeiten. Mit ihrer Tochter hatte sie dann nur telefonisch Kontakt. Trotzdem sei das eine Zeit gewesen, wo sie zumindest an normalen Tagen weniger Stunden arbeiten musste und ein kleines bisschen mehr an Freiheit genießen konnte. Denn obwohl der Albaner ihr ab und zu sogar bei der Arbeit im Club zugesehen hatte, so war sie doch meistens weit weg von ihm.

Einerseits war ich zornig und enttäuscht, andererseits voller Mitleid. Ich gab ihr keine Schuld für ihre Vergangenheit und das Erlittene. Dennoch begriff ich, dass ich einer Frau geholfen hatte, ein neues Leben zu beginnen, die große Chancen gehabt hätte, bei «Deutschland sucht seine asozialste Prostituierte» ganz weit vorne zu landen. Nachdem ich all das erfahren hatte, plagten mich starke Gewissensbisse. Ein derartig widerwärtiges Niveau war mir schlichtweg zu abstoßend. Ich berichtete Anke von dem Erfahrenen und gestand ihr meinen inneren Kampf, der darin bestand, dass ich Verena auf der einen Seite zwar ins Herz geschlossen hatte, auf der anderen jedoch eine Frau mit einer derartigen Vergangenheit nicht mehr als liebenswürdig oder gar liebenswert erachten konnte. Meine Ehre gebot es mir, dass ich sie nicht fallen lassen durfte, da ich doch um ihre Hilflosigkeit und Unselbstständigkeit wusste. Anke beruhigte mich und erklärte mir, dass ich Verena nicht für das Erlebte und Erlittene verurteilen dürfe. Sie hätte schließlich keine andere Wahl gehabt und sei dazu gezwungen worden. Von sich aus hätte sie das niemals getan. Ich stimmte ihr zu und nahm mir fest vor, Verena beim Neuanfang tatkräftig zu helfen.

Ich sah sie von nun an jedoch mit anderen Augen, denn die imaginären Bilder von ihr in diesem Club gingen mir nicht mehr aus dem Kopf. Wenn man wirkliche und aufrichtige Gefühle besitzt, dann zerreißen solche Bilder die Vorstellung der ursprünglich liebenswürdigen Person. Ich denke, es gibt viele Girls in diesem Gewerbe, die mit sich und ihrem Körper zumindest einigermaßen bewusst umgehen, und nicht mehr oder weniger hatte ich bisher auch von ihr angenommen.

Also, ich wollte ihr helfen, ein neues Leben zu beginnen. Allerdings stellte sich dieses als äußerst schwierig heraus. Verena lebte in der Angst, dass ihr Peiniger und seine Sippschaft nach ihr suchen würden. Sie schlief fast gar nicht, und bereits frühmorgens begann sie bei lärmender Discomusik ihre neue Wohnung zu putzen. Jeden Tag putzte sie diese bis zu drei Mal, was mir krankhaft erschien. Da sie keine Drogen mehr nahm, geriet sie schnell auf Entzug und knibbelte sich am ganzen Körper blutig. In den ersten Tagen fuhr ich oft mit ihr und der kleinen Tochter einkaufen. Schließlich fehlte ja noch sehr viel, um den Haushalt zu komplettieren. Auch fuhr ich mit ihr zum Arzt, ins Solarium und abends sogar einmal gemeinsam zum Sport.

Als Sorena wieder einmal zu Besuch war, gingen wir zu dritt nach B.-Stadt in eine Disco. Die beiden hatten großen Spaß und ließen es richtig krachen. An diesem Abend „lernte" Sorena auch meinen ehemaligen Spindnachbar beim SEK B.-Stadt, den schönen Lolli, kennen, der wie ein „Beckham für Arme" einen kleinen Zopf trug. Den Spitznamen hatte er von mir und meiner damaligen Freundin erhalten, als er einmal ganz in Kojak-Manier mit einem Lutscher in seinem Mund in eben diesen Club hineinstolzierte. Und jetzt schlug er Sorena vor, dass sie ja mit ihm zusammen in seine benachbarte Dienststelle (Polizeiwache Ost, Am Kesselbrink) kommen könne, um dort mit ihm zu übernachten. Er hätte zwar seit acht Jahren eine feste Freundin, aber die würde ja nichts davon erfahren. Die Nummer mit der Dienststelle ist wohl seine Lieblingsmasche, wie mir scheint. Sorena lehnte dankend ab, um in den darauffolgenden Tagen noch zahlreiche Anrufe von ihm zu erhalten.

Ich tat alles nur Erdenkliche, um Verena beim Einleben ein bestmöglicher Helfer zu sein. Ich suchte die Grundschule in unserem Ort auf und sprach mit dem Direktor über die Einschulung der kleinen Tochter. Dabei wies ich mich als Polizeibeamter aus und erklärte ihm die prekäre Situation, dass der ehemalige Lebensgefährte womöglich nach Kind und Mutter suchen würde. Am nächsten Tag begleitete Anke Verena in die Schule, um ihr bei der Anmeldung zu helfen. Weiterhin fuhr ich mit Verena und ihrer Tochter zum Jugendamt Detmold, das uns dann an das zuständige Jugendamt Lippe verwies. Ich fertigte für Verena Briefe an das Jugendamt Hamm und das dortige Jobcenter, um auch dort die zuständigen Stellen von ihrem Umzug zu unterrichten. Kurzum, ich riss mir den Arsch auf und war beinahe täglich mit Erledigungen für unsere beiden neuen Mitbewohnerinnen beschäftigt. Schulbücher mussten bestellt werden, die Ummeldung musste mit einer Auskunftssperre beim Einwohnermeldeamt erfolgen, und vorsorglich fragte ich Katharina, ob sie künftig als Kindermädchen fungieren könne. Verena wollte nämlich, nach einer Pause von wenigen Wochen, endlich wieder Geld verdienen.

Da gerade Herbstferien waren und die Kleine für zwei Wochen nicht zur Schule musste, schlug ich vor, mit den beiden für ein paar Tage in Tonis Wohnung nach Marbella zu fliegen. Der Vorschlag stieß auf große Begeisterung und ich buchte den Flug und machte die Wohnung klar. Vorher aber wollte sich Verena noch eines abstoßenden Details an ihrem Körper entledigen, das sie zunehmend quälte: die Tätowierung des Namens ihres ehemaligen Zuhälters. Ich rief Stefan an, der sich kurzfristig bereit erklärte, ihr behilflich zu sein. Stefan realisierte wieder einmal die Vorstellung seiner Kundin in Perfektion und überdeckte den verhassten Namen mit mehreren rosa Rosen. Verena war begeistert und erleichtert, diesen Makel nicht mehr auf beziehungsweise unter ihrer Haut tragen zu müssen.

Die wenigen Tage in Marbella waren zwar überwiegend verregnet, aber trotzdem hatten wir eine schöne Zeit. Die Kleine konnte im Pool baden und Verena einmal das Nachtleben im Hafen von Puerto Banus kennenlernen. Eines Tages, als wir spät zurück in die Wohnanlage fuhren, begann sie zu weinen und gestand mir: „Ich habe Angst, dass ich das alles nicht schaffe. Ich habe auch Angst, dass ich wieder an Drogen komme, wenn ich wieder arbeite."

Ich ergriff ihre Hand und sagte ihr: „Du schaffst das. Mach dir keine Sorge. Ich helfe dir!"

Sie lehnte sich an mich, und in diesem Moment tat sie mir erneut unendlich leid.

Mittlerweile gab es auch wieder Neuigkeiten von Chavez. Er erwischte mich im Urlaub mit Verena und ihrer Tochter in Marbella. Es sprudelte förmlich aus ihm raus, dass er – und dieses wäre kein Scherz – den sogenannten „Sargnagel" Braunbärs besorgen könne. Zur Erklärung: Der Sargnagel war unser Synonym für den realen Beweis, dass Paul B. als V-Person für die Polizei arbeiten würde. Chavez kündigte also an, dass er eine Kopie der von Paul unterschriebenen Vereinbarung beschaffen könne. Ich teilte ihm mit, dass ich zur Zeit einige Tage in Marbella weilen würde und bat ihn, nicht immer nur zu reden, sondern Fakten zu liefern. Denn in meinen Ohren klingelte dieses „ich kann besorgen" schon sehr lange. Er versicherte mir, dass ich mich darauf verlassen könne, bei meiner Rückkehr das Papier in den Händen zu halten. „Ich bin gespannt", gab ich zurück.

Kurze Zeit später erhielt ich von Chavez eine SMS. Die Aussage lautete ungefähr so: „Ola Hermano, du kannst dich jetzt mal ganz entspannt zurücklehnen und schön an dir rumspielen. Ich habe ihn!" Mit „ihn" meinte er wohl den Sargnagel. Ich glaubte es nicht, rief ihn sofort zurück und fragte, ob das wirklich stimmen würde. Er war ja schließlich nicht gerade für seine Schnelligkeit bekannt. Aber er bestätigte es mir und sagte unterstützend: „Ich halte ihn hier in meinen Händen." Ich war außer mir vor Freude. Wir verabredeten, dass ich „ihn" sofort auf dem Rückweg von Hannover aus abholen würde. Dies hob meine

Stimmung natürlich gewaltig, und ich freute mich zusehends auf die Heimkehr.

Als wir in Hannover landeten, wurden wir von Toni abgeholt. Leider erschien es Chavez aus zeitlichen Gründen nicht möglich, dass wir uns noch am selben Abend trafen, und somit verschoben wir die Übergabe.

38. Vergebene Anzeigenbemühungen oder Arbeitsverweigerung?

Der großspurig angekündigte „Sargnagel", den Chavez besorgt hatte und auf den ich ja schon gehörig an mir „rumspielen" sollte, entpuppte sich beinahe als Frechheit. Wie sah das „beweiskräftige" Papier aus? Es war eine schlichte Kopie des mir bereits vorliegenden Blankovordrucks mit der Überschrift „Vereinbarung V-Person". Dort, wo die V-Person unterschreiben sollte, befanden sich lauter große schwarze Xe, als wenn die Unterschrift „übergeixt" worden war. Darunter standen mit weiblicher Handschrift der vollständige Name von Braunbär und seine Wohnanschrift geschrieben. Für die Polizei hatte eine KOKin (Kriminaloberkommissarin) mit unleserlicher Schrift unterschrieben.

Ich fragte Chavez, was ich damit anfangen solle. Er war nicht auf den Kopf gefallen und erklärte, dass seine Bekannte die Kopie nur so aus den Diensträumen „herausbekommen" hätte. Das eindeutig zu erkennende Original würde aber noch kommen. Ich war sehr enttäuscht, konnte ihm jedoch nicht böse sein. Einerseits war er mein Freund, und zweitens stimmte die Adresse von Paul B. bis ins Detail (der Buchstabe hinter der Hausnummer). Woher sollte er die bekommen haben? Chavez sagte mir erneut zu, dass ich den endgültigen „Sargnagel" bald bekommen würde.

Ein paar Tage später sollte ein Treffen mit der Beamtin an einer Autobahn-Raststätte bei Gütersloh stattfinden. Chavez und ich waren da, nur komischerweise die Polizistin nicht. Chavez meinte, sie hätte wohl kalte Füße bekommen. Telefonisch war sie leider auch nicht zu erreichen. Für ihn lag der Treffpunkt eh auf der Strecke zu einem anderen Termin. Ich war vergebens den Weg gefahren. So langsam kotzte mich die ganze Aktion immer mehr an. Ich ließ mir jedoch nichts anmerken, da ich auf ihn angewiesen war.

Chavez hatte ja damit geprahlt, Frauen zum „Anschaffen" besorgen zu können. Nun wollte er mir mal ein paar angekündigte „Mädels" vorstellen. Es sollte sich um zwei „super scharfe" Russinnen handeln, die eigentlich schon so gut wie „sicher" wären. Nur wurden sie ihm kurz vor Zieleinlauf doch noch von jemand anderem abgeworben. Mir war schon früher aufgefallen, dass Chavez immer nur Dinge ankündigte, letztlich aber nichts davon eintrat. Dennoch schaffte er es weiterhin, mein Vertrauen zu behalten und meine Geduld nicht überzustrapazieren. Unterm Strich blieb nämlich immer etwas hängen. Sei es die weiter bestehende Hoffnung aufgrund eines unkenntlich gemachten Dokuments, oder sei es eine Bekannte seiner Freundin, die tatsächlich in Hannover am Steintor zu arbeiten anfing. Dieses machte ich durch gewisse Kontakte zwar erst möglich, jedoch hatte er die mittelmäßige Blondine „besorgt". Und das war es ja, was er ursprünglich behauptet hatte, nicht, sie auch unterzubringen.

Bei mir Zuhause nahm unterdessen alles seinen Lauf. Verena und ihre Tochter lebten sich weiter ein, und sie kam immer mehr zur Ruhe. Dann ereignete sich aber etwas Eigenartiges. Verena wollte unbedingt zur Polizei gehen, um Anzeige gegen ihren ehemaligen Zuhälter zu erstatten. Sie versprach sich davon Schutz und die Genugtuung, ihm seiner gerechten Strafe zuzuführen. Entgegen meinem Rat hatte sie nämlich doch ihr altes Handy eingeschaltet und mit ihrer kleineren Schwester telefoniert. Von ihr erfuhr sie, dass der jüngere Bruder ihres Exzuhälters sie angerufen und gedroht hatte Verena umzubringen, wenn er sie finden würde. Auch die Leute, die ihr geholfen hatten, wären tot. Es waren angeblich schon Verwandte aus dem Süden gekommen und suchten schon überall, selbst in Nachbarländer, nach ihr.

Zusätzlich hatte sie von einer ehemaligen Kollegin aus dem Harem erfahren, dass der kleine Scheißer in Begleitung eines größeren Typen dort nach ihr gefragt hatte.

All das war zu viel für sie, und die furchtbare Angst brach wieder durch. Ich beruhigte sie zwar, dass sie bei mir sicher sei, aber das linderte ihre Panik nur unwesentlich. Sie wollte unbedingt zur Polizei, was ich im Übrigen sehr begrüßte. Daraufhin fuhr Anke mit Verena zur Polizei nach B.-Stadt. Dort angekommen, fragte die zivile Angestellte am Empfang erst einmal, worum es denn gehe. Ich kannte die Angestellte noch aus meinen Tagen bei der Polizei in B.-Stadt. Sie war körperbehindert und bekleidete diesen Posten aufgrund einer Quotenregelung. Als Verena ihr sagte, dass es um Gewalt und Vergewaltigung gehe, verstand die Dame ihre leise Stimme nicht richtig und fragte lautstark: „Sexualdelikt?" Wenn man am Anfang einer Schlange von Wartenden steht, wie Anke und Verena es taten, ist dies natürlich nicht gerade „kundenfreundlich".

Schließlich wurden sie an den zuständigen Kripobeamten, einen Kriminaloberkommissar vom KK 11 (Todesermittlungen, Sexualstraftaten usw.) weitergeleitet, der einen freundlichen und einfühlsamen Eindruck machte. Es bedurfte erst wieder Ankes Unterstützung, ehe Verena schüchtern begann, dem Beamten zu erzählen, warum sie erschienen war. Schon vor dem Grundschuldirektor in unserem Ort schob sie aus Unsicherheit den auszufüllenden Personalbogen Anke herüber. Sie schilderte dem Beamten, was ihr angetan worden war und was sie alles hatte erleiden müssen. Der Kripobeamte notierte ihren Namen und überprüfte ihn im Rechner. Daraufhin zog er sich zu einem längeren Telefonat zurück. Als er wiederkam, eröffnete er ihr und Anke, dass ihr ehemaliger Lebensgefährte sie in Dortmund als vermisst gemeldet hätte. Da Verena ihm bereits von den Morddrohungen erzählt hatte und die Schwere der ihr zugefügten Straftaten, insbesondere der sexuellen Nötigungen, erheblich war, hielt er eine weitere Vernehmung durch eine weibliche Kollegin für sinnvoll. Er wolle jetzt gar nicht ihre aktuelle Wohnanschrift erfahren und habe sich eh alles notiert. Er schloss mit der Aufforderung, in den nächsten Tagen einen Termin für die Vernehmung zu vereinbaren, und reichte ihr seine Visitenkarte.

Wohlgemerkt: Eine Anzeige, obwohl Verena sie erstatten wollte, wurde nicht aufgenommen. Dies stellt ein schweres Vergehen dar, denn der Polizist war verpflichtet die Anzeige aufzunehmen.

Als Verena in den nächsten Tagen einen Termin vereinbaren wollte, war die besagte Kollegin „zufälligerweise" krank. Auf die Nachfrage, ob nicht eine andere Beamtin die Vernehmung durchführen könne, erhielt sie die lapidare Antwort, dass zur Zeit ein Erpressungsfall laufe, der die Personalkapazitäten bindet. Verena überkam eine furchtbare Panik. Sie erbrach sich zu Hause ständig, weinte fast pausenlos und fand so gut wie zu keinem Zeitpunkt ausreichend Schlaf.

Offensichtlich hatte die Polizei B.-Stadt kein Interesse, der jungen Frau zu helfen. Und so entschlossen sich Anke und Verena, zur Polizei nach Paderborn zu fahren, um dort endlich die ersehnte Hilfe zu bekommen und Anzeige zu erstatten. Vorher rief Anke jedoch dort an und schilderte die Passivität der B.-Stadter Polizei, was den Beamten am Telefon hörbar verärgerte: „Eine Anzeige muss aufgenommen werden", waren seine Worte.

In Paderborn wurden Verena und Anke wesentlich freundlicher und diskreter empfangen, und die aufnehmende Beamtin, eine Kriminaloberkommissarin vom dortigen KK 11, erschien erstaunt, als sie von dem passiven Verhalten ihrer B.-Stadter Kollegen erfuhr. Leider hielt sie telefonisch Rücksprache mit B.-Stadt und lenkte danach ebenfalls bedingt wieder ein. Die B.-Stadter Kollegen hatten die Sache bereits angelegt und somit seien sie dafür zuständig. Nächste Woche sollte die Vernehmung in B.-Stadt durchgeführt werden und Frau Pfahl würde demnächst einen Termin erhalten.

Fazit: Auch in Paderborn wurde keine Anzeige aufgenommen, obwohl der Beamte am Telefon alles zu dem Thema gesagt hatte.

Es bedeutete eine weitere Woche der Angst und Qual für Verena, was auch wir durchaus miterlebten und mitleiden mussten.

Man muss sich den Sachverhalt noch einmal vor Augen führen: Eine junge Frau wird jahrelang von Familienmitgliedern einer kriminellen Sippschaft, die als Flüchtlinge auf Duldung in Deutschland und auf Kosten des Steuerzahlers leben, gequält, zwangsverheiratet, geschlagen, vergewaltigt und zur Prostitution gezwungen. Endlich gelingt ihr die Flucht, und sie hat gemeinsam mit ihrer Tochter die Chance auf ein neues Leben. Sie erhält Morddrohungen seitens des Clans und wendet sich ohnmächtig vor Angst hilfesuchend an die Polizei. Die Polizei nimmt keine Anzeige auf, veranlasst keinerlei Gefährdungsansprachen (die in diesen Fällen dienstlich vorgeschrieben sind) und leistet auch sonst keinerlei Hilfe oder Schutz. Die junge Frau wird vertröstet und mit ihrer Tochter im Stich gelassen. Kurzum, die Polizei verweigert ihr die Hilfe und verstößt somit gegen ihren gesetzlichen Auftrag. In was für einem Land leben wir, in dem die Polizei, dein „Freund und Helfer", die Opfer alleine lässt und die Täter schützt? Und zu so etwas gehörte ich immer noch. Ekelerregend! Kein Wunder, dass Beamte in der Bevölkerung oftmals einen schlechten Leumund haben.

39. Hannover

Um der Angst zu entfliehen, normal zu leben und Geld zu verdienen, drängte es Verena immer mehr, wieder zu arbeiten. Sie benötigte noch Geld für ihre neue Wohnung, und das Weihnachtsfest lag auch nicht mehr in allzu weiter Ferne. Zu diesem Anlass wollte sie ihre Tochter mehr als fürstlich beschenken. Verena war sich im Klaren darüber, dass die Sippe überall nach ihr suchte, deshalb kam ihre alte Arbeitsstätte nicht mehr infrage. Ein möglicher neuer Club sollte deshalb ein ganzes Stück in die entgegengesetzte Richtung entfernt liegen. Weiterhin wollte sie auch nicht im Internet eindeutig wiederzuerkennen sein. Und mir wiederum war es zudem überaus wichtig, dass sie in einem stilvollen Club arbeitet, der zudem Sicherheit bietet. Die Entscheidung musste Verena selbst tragen. Nach allem Abwägen waren wir uns einig, dass die Arbeitsstelle in Hannover sein sollte.

Ich verabredete mich deshalb noch einmal mit dem mir bekannten Engel in Hannover. Unsere Unterhaltung kündigte ich ihm als privat an, und er sagte sofort zu. Wir trafen uns eines Abends an gewohnter Stelle, gaben uns die Hand und umarmten uns, um dann einen Spaziergang um den Block zu machen. Ich erzählte ihm von meiner „Umzugshilfe". Er hörte aufmerksam zu. Dann fragte er, woher das Mädel komme, wo sie vorher gearbeitet habe und wo sie nun arbeiten wolle. Ich sagte ihm, dass sie aus Hamm kam, vorher im Harem gearbeitet hat und demnächst in Hannover arbeiten wolle. Er redete nebulös: „Solange ihr euch gut versteht, ist alles schön. Aber die Frau wird dir zum Verhängnis werden." Ich dachte mir nicht viel dabei. Was sollte schon passieren? Die Sippschaft? Pah! Er bot mir an, die Sache einmal mit dem Großen besprechen zu wollen. Er könne mir jedoch nichts versprechen, da das Problem Verenas ehemaliger Typ sei. Gelegentlich würden sie hier in Hannover auch mit Albanern Geschäfte machen. Es bestünde daher die Gefahr, dass man jemanden davon verärgern könne.

Ich war wirklich erfreut, dieses Angebot von ihm zu erhalten, gleichzeitig erlitt aber auch das Bild der Hells Angels Hannover einen gehörigen Riss. Wie konnten sie mit derartigen Subjekten gemeinsame Geschäfte machen? Noch vor Jahren wurde im Steintorviertel geschossen und Kontrahenten abgestochen, eben weil derartige Gruppierungen die Vorherrschaft besaßen. Heutzutage, wo sich das Blatt durch die Rocker gedreht hatte, machte man gemeinsame Geschäfte? Ich behielt meine Gedanken aber für mich, und wir gingen weiter. Das Gespräch wandte sich nun dem „Spitzelthema" zu. Ich konnte merken, wie sich unter uns ein regelrechtes Vertrauensverhältnis gebildet hatte. Wir respektierten uns gegenseitig und spielten mit offenen Karten. Ich erzählte ihm, dass ich weiterhin an dem „Sargnagel" dran sei, für mich der Fall aber ohnehin klar wäre: „Was braucht ihr denn noch? Der Name steht doch eigentlich schon fest."

Und jetzt sagte der Hells Angel etwas, was mich komplett überraschte: „Wir haben schon seit Längerem den Verdacht, dass er es ist. Da passt einiges nicht. Was wir brauchen, ist aber ein echter Beweis."

„Ich bin dran und tue alles, glaub es mir."

„Das weiß ich, und ich bin dir auch dankbar dafür."

Das wiederum war für mich ein Stichwort, um ihm die Frage zu stellen, die mich schon seit Längerem bewegte: „Wie sieht es eigentlich aus, könnte ich in Hannover vorsprechen, wenn ich es einmal wollen würde?" Gemeint war damit die mögliche Aufnahme als Hangaround in das Charter Hannover.

„Das geht nicht, weil es gegen die Regeln ist. Du bist ‚Bulle', und auch wenn du es einmal nicht mehr bist, ist das nicht möglich." Grinsend fuhr er fort: „Das musst du dir doch gar nicht alles antun. Wenn ich an meine Zeit zurückdenke … Und außerdem ist mir ein guter Freund lieber, als ein schlechter Bruder."

„Der Beruf hat doch gar nichts auszusagen, wenn ich nicht mehr bei dem ‚Haufen' bin. Jemand wie ich kann ehrlicher und zuverlässiger sein, als einige der so genannten richtigen ‚Engel'."

„Das weiß ich, und wir haben dich auch schon durchleuchtet. Wir wissen zum Beispiel, dass es ein Mädel in der Schweiz gibt, die für dich arbeitet."

Ich war völlig baff. Das hatte ich weder erwartet noch für möglich gehalten. Und mir fiel plötzlich ein, dass Sorena bei ihrer letzten Ankunft am Düsseldorfer Flughafen gezielt von Zollbeamten (oder Kripo) herausgegriffen wurde und man all ihre Sachen, insbesondere ihren Terminplaner und das Portmonee, durchsucht hatte. Da man nichts fand, begnügte man sich damit, ihre Luxustasche zu konfiszieren, da sie deren Einfuhr nicht steuerlich deklariert hatte. Es war bereits die dritte Kontrolle innerhalb kürzester Zeit gewesen. Während der ersten beiden wurden nur ihre Koffer in ihrer Abwesenheit durchsucht. Eine jeweilige Benachrichtigung des Zolls an ihrem Koffer zeugte davon. Ich hatte Sorena damals angeboten, dass mein Anwalt gegen die letzte Maßnahme juristisch vorgehen könnte. Es war ihr aber zu mühsam. Weil Sorena eine Aufenthaltserlaubnis für die Schweiz besaß, bekam sie die Tasche Wochen später sowieso wieder zurück. Der Verdacht lag nahe, dass man mir Zuhälterei und uns beiden Steuervergehen nachzuweisen versuchte. Irgendeine Behörde steckte unsichtbar dahinter, da war und bin ich mir sicher. Und welche, konnte ich sehr gut vermuten. Dass ich abgehört wurde und unter Beobachtung stand, war mir ohnehin klar. Ich sah dss jedoch gelassen, schließlich tat ich nichts Verbotenes.

Wir verabschiedeten uns, und er versprach, mir eine SMS zu schicken, sobald er mit Falk gesprochen hatte. Sie trudelte schon auf dem Nachhauseweg ein, und ihr Wortlaut war ungefähr folgender: „Wie ich es dir schon gesagt habe, es ist allein deine Sache, wo sie arbeiten wird, denn der Start war bekanntlich nicht sehr glücklich." Es war natürlich eine Enttäuschung für mich. Ein sogenannter „Freund" des Clubs wird alleine gelassen, nur weil man mögliche Differenzen mit möglichen Geschäftspartnern vermeiden möchte. Aber ich hatte ja eh vor, mich selbst um eine Arbeitsstelle zu kümmern, und dabei war ich ohnehin auf keine Hilfe angewiesen.

Ich nahm die Angelegenheit also wie geplant selbst in die Hand und fuhr mit Verena nach Hannover. Der auserwählte Club lag außerhalb des Steintorviertels, war aber trotzdem zentral gelegen. Das Penthouse-Hannover verfügte über einen großen Kreis gehobener Stammkunden, und angefangen von der Inneneinrichtung über die Sicherheit in Form von Kameras und einer Empfangsdame bis hin zur sympathischen Führung (Mutter und Sohn), schien der Club genau das Richtige für sie zu sein. Nach einem kurzen Vorstellungsgespräch wurde „Larissa", wie sie sich nun nannte, genommen. Am nächsten Tag folgte ein Fotoshooting. Ihr Gesicht wurde wegretuschiert, und die Tattoos waren auf den Fotos nicht zu erkennen. Sie schlug ein wie eine Bombe. Eine blonde Deutsche mit großen Brüsten und schlanken, aber weiblichen Formen fehlte nämlich noch in der Belegschaft. Außerdem stellen Neue immer einen Blickfang für die meisten Kunden dar. Verena plante, an vier Tagen in der Woche zu arbeiten, und die restlichen Tage ausschließlich für ihre Tochter da zu sein. Der süße Fratz besuchte mittlerweile schon die zweite Klasse. Verena, oder besser gesagt Larissa, arbeitete täglich von 12:00 Uhr bis 23:00 Uhr. Unser Wohnort lag mit dem Auto ungefähr eine Stunde von Hannover entfernt. Ich fuhr Verena morgens zu ihrem Arbeitsplatz, dann wieder nach Hause, holte manchmal die Kleine von der Schule ab, kümmerte mich nachmittags um sie und holte Verena abends wieder in Hannover ab. Das bedeutete täglich rund vier Stunden Fahrzeit und somit immense Spritkosten.

In den ersten Tagen hatte Anke glücklicherweise Urlaub, und so konnte sie öfter auf die Kleine aufpassen. Trotzdem war mir klar, dass dies nicht so weitergehen konnte. Die Kurze brauchte ein Kindermädchen und, wie sich obendrein herausstellte, eine Nachhilfelehrerin, da sie in der Schule große Schwierigkeiten hatte. Ich hatte bereits mit Katharina gesprochen, denn als zukünftige Lehrerin war sie hervorragend für diese Tätigkeit prädestiniert. Da Verena zum ersten Mal Geld verdiente, welches sie auch behalten konnte, verzichtete ich erstmal auf jegliche Beteiligung, da ich ihr den Neustart möglichst einfach gestalten wollte. Ich glaube, sie hat zweimal für mich die Tankrechnung beglichen, das war es dann aber auch an Unkosten für sie.

Einen Tag hatte sie sich extra frei genommen, weil an diesem Abend ein Laternenumzug durch den Kurpark stattfinden sollte. Wir gingen zusammen hin, und die Kleine tobte mit ihren neuen Freundinnen herum. Bei dieser Gelegenheit führte ich das erste und letzte Elterngespräch meines Lebens. – Davon gehe ich zumindest aus. – Ich sprach mit der Klassenlehrerin, da die Kurze sichtliche Probleme mit dem Lernstandard der Klasse und mit Unaufmerksamkeit zu kämpfen hatte. Alles Folgen der katastrophalen Verhältnisse, die noch in Hamm geherrscht hatten. Ich teilte der Klassenlehrerin mit, dass die Kleine bald eine Nachhilfekraft erhalten solle und wir uns des Problems voll bewusst seien. Ich fühlte mich fremd und unangenehm in der Rolle, jedoch war Verena einfach zu schüchtern und hilflos, um derartige Gespräche zu führen. Es wurde immer ersichtlicher, dass sie während der letzten Jahre wirklich nur „das eine" getan hatte und für alles andere leider zu unselbstständig war. Das Schuljahr war gerade erst ein paar Tage alt und der Umfang der Missstände noch nicht im Ganzen ersichtlich. Nach diesem konstruktiven Gespräch blickte ich jedoch hoffnungsvoll in die Zukunft.

Eines Abends wollte ich Verena abholen, sie war jedoch noch nicht fertig. Also fragte ich die Empfangsdame, die kurz nach 23:00 Uhr den Club verließ, ob Larissa noch drin sei. Sie erschrak zuerst, erkannte mich dann und antwortete, dass sie gleich herauskommen würde. Ich trug an diesem Abend eine rote Kapuzenjacke mit dem Aufdruck „Hannover 81". Am nächsten Tag wurde Verena von ihr mit den Worten angesprochen: „Gestern Abend habe ich mich ja erschrocken. Da spricht mich so ein Schrank vor dem Laden an. Ich wollte erst schnell ins Auto und dann weg, aber dann fragte er nach dir. Da habe ich ihn erkannt. Sag mal, ist der auch bei denen? Der hatte so einen Pullover an."

Verena grinste nur und antwortete: „Der fährt auch Motorrad."

Das war es nämlich, was sie sagen sollte, wenn irgendjemand sie nach mir oder meiner Zugehörigkeit fragen sollte. Nicht zu viel und auch nicht zu wenig.

Auch am letzten Freitag im Oktober holte ich Verena vor dem Penthouse in Hannover ab. Wir hatten vorher schon verabredet, eine Pizza essen zu gehen, und sie hatte schon großen Hunger. Ich sagte ihr, dass ich einen hervorragenden Italiener nicht weit entfernt wisse, und meinte damit das Little Italy. Verena trug zufälligerweise ihre Diesel-Jeans mit dem Hinternaufdruck „Angels" (die Firma hatte deswegen vor Jahren einen Markenrechtsstreit gegen den HAMC verloren) und eine weiße Bluse. Sie sah wirklich hübsch aus. Ich trug ebenfalls eine Jeans, weißes Hemd und darüber einen Harley-Davidson-Pullover. Der direkte Weg zum Little Italy führte quer durch das Steintorviertel. Ich wählte absichtlich eine andere Route durch eine Seitenstraße. Jedoch arbeiteten genau die zwei Angels dort, mit denen ich schon seit Wochen im Kontakt stand. Ich begrüßte beide mit Handschlag, wir umarmten uns, und ich stellte ihnen Verena kurz vor. Der eine sagte mir noch diskret, dass man bald nach B.-Stadt fahren würde. Mit dem anderen ging ich ein paar Schritte und erzählte ihm dabei, dass Verena das besagte Mädel sei.

Wir unterhielten uns noch eine Weile, ehe Verena und ich um die Ecke in Richtung Little Italy weitergingen. Das Restaurant, das an der Hauptstraße am Rande des Viertels lag, war wie gewohnt gut besucht. Trotzdem konnten wir einen freien Zweiertisch ergattern. Als wir uns setzten, erkannte ich den „prominenten" Gast, der in seiner grünen Armeetarnjacke in der Ecke des Lokals mit einigen Bekannten am Tische saß. Falk G. erkannte auch mich sofort, ließ sich jedoch nichts anmerken. Seine weiblichen und männlichen Tischnachbarn waren eindeutig der Oberschicht Hannovers zuzuordnen. Ich hatte sofort den Eindruck, dass er wieder mal nur auf der Durchreise war. Und … genau so war es! Einige Minuten später stand er auf und ging in Richtung Ausgang. Auf diesem Weg ließ er es sich nicht nehmen, kurz an unserem Tisch stehen zu bleiben und mich zu begrüßen. Ich stand auf, wir gaben uns die Hand, und ich stellte ihm Verena vor. Wir wechselten noch ein paar Sätze, ehe wir uns verabschiedeten und er das Restaurant verließ. Danach sagte ich zu Verena: „Mensch, wen du alles heute Abend kennen lernst …" und lachte.

„Wieso, wer war denn das?"

„Das war gerade der Präsident der Hells Angels Hannover."

„Wen du alles kennst, das möchte ich gar nicht wissen. Ich weiß immer noch nicht wer du wirklich bist." sagte sie mit einem Lächeln.

Das Essen war köstlich und reichlich, und mit einer Flasche von Verenas Lieblingsrotwein als Geschenk des Hauses verließen wir gut gelaunt und zufrieden das Lokal. Sie hatte mich unbedingt einladen wollen, aber ich hatte darauf bestanden, die Rechnung zu übernehmen. Es war alles leicht und unbeschwert, und es ging mir richtig gut. Sie hakte sich bei mir ein, und wir gingen zum Auto. Es war ein sehr schöner Abend.

In den nächsten Tagen erreichte Verena die Nachricht, dass sie am Donnerstag den 5. November 2009 um 12:30 Uhr endlich einen Termin bei der Polizei in B.-Stadt hatte. Das angstvolle Warten und Bangen sollte also endlich ein Ende finden. Anke nahm sich daher extra für diesen Tag frei.

40. Hausdurchsuchungen

Der 5.11.2009 sollte ein einschneidendes Datum in meinem bisherigen Leben sein. Ich musste an diesem Tag unbedingt zu meinem Freund Chavez nach Minden. Er hatte mir erzählt, dass ein Strafbefehl gegen ihn vorlag und er nur durch die Bezahlung von 750 Euro der Inhaftierung entgehen könne. Da ich ihn wirklich mochte und ihn als meinen Freund ansah, bot ich an, ihm das Geld zu leihen. Er war überglücklich, weil er wie gewohnt pleite war.

Am Vorabend hatte ich noch zusammen mit Verena einen Film geschaut und danach zum ersten Mal überhaupt bei ihr und mit ihr im Schlafzimmer übernachtet. Vor lauter innerer Unruhe und Angst hatte sie bisher nur auf dem Sofa im Wohnzimmer geschlafen. Der bevorstehende Termin bei der Polizei in B.-Stadt ließ jetzt Ruhe in sie einkehren.

Das Klingeln des Weckers überhörte Verena wie so oft. Sie hatte bereits mehrmals zuvor verschlafen und ihre Tochter kam deshalb zu spät zur Schule. Also stand ich auf, ging ins Kinderzimmer und weckte die Kleine, die ihrer Mutter in puncto Schläfrigkeit in nichts nachstand. Schließlich zog sie sich an, ging ins Badezimmer, um sich die Zähne zu putzen, und dann in die Küche, wo sie sich selbstständig ihre Pausenbrote mit Nutella schmierte. Die Kleine war schon zuckersüß. Wenn sie lachte, konnte man sehen, dass ihre vordere Zahnreihe fehlte, die gerade im Begriff war nachzuwachsen. Zu meinem Schrecken musste ich feststellen, dass die Kleine erst zur zweiten Stunde hatte und ich zu früh aufgestanden war. Ich unterhielt mich noch ein bisschen mit ihr und schickte sie dann ein paar Minuten eher auf den Schulweg. Aus dem Fenster sah ich ihr nach und winkte, um mich danach wieder neben Verena ins Bett zu legen.

Irgendwann wurde ich durch Geräusche an der Haustür wach und sah, wie mehrere Personen in die Wohnung kamen. Auf einmal blickte ein Mann mit dunklen, kurzgeschorenen Haaren ins Schlafzimmer, sah uns und trat mit der Hand an der seitlich getragenen Pistole ein. Mein erster Gedanke war: „Jetzt sind die Albaner da." Doch dann sah ich Anke, die inmitten der Männer und einer Frau stand. Der Mann trat an das Fußende des Bettes, schlug vorsichtig mit seinem Fuß die Bettdecke nach oben und schrie lautstark: „Ist das Herr K.?" Inzwischen war auch Verena voller Schrecken aufgewacht. „Aufstehen!" brüllte der Kerl weiter.

Ich blieb ruhig und fragte ihn: „Wer sind Sie überhaupt?"

„Ich bin Kriminalhauptkommissar Behrens, Kripo Dortmund. Wir haben einen Durchsuchungsbeschluss."

Ich blickte fragend zu Anke, die vollkommen verwirrt aussah und sich beinahe dafür schämte, die Tür mit ihrem Schlüssel geöffnet zu haben. Mittlerweile waren auch eine Polizistin und zwei weitere Beamte aus Dortmund ins Schlafzimmer gekommen, einer davon groß, der andere extrem dick, sie Anfang 40, Brillenträgerin. Alle trugen Schutzwesten und brüllten gleichzeitig: „Wo sind Ihre Waffen?" Ich wurde angewiesen, mich auf die Bettkante zu setzen. Die beiden Beamten flankierten mich, um mich jederzeit in Schach halten zu können. „Wo sind Ihre Waffen?" schrien sie noch einmal hysterisch im Chor.

„Eine liegt oben geladen neben dem Bett und die andere ist im Waffenschrank unten", antwortete ich. Erst jetzt sah ich, dass auch mehrere „Kollegen" der Kripo Detmold mit von der Partie waren. Sie schwärmten aus, um die Waffen zu sichern, während ich gleich von mehreren Beamten bewacht wurde. „Worum geht es überhaupt?"

„Es geht um einen erpresserischen Menschenraub in Hamm", sagte der dunkelhaarige Unsympath, das sich wie der Chef aufspielte, mit lauter und betont ernster Stimme. Ich musste erleichtert grinsen, schien sich doch jetzt das Missverständnis aufzuklären. Mir war sofort klar, was geschehen war. Der kleine feige Wicht von Zuhälter und Frauenschläger war tatsächlich zur Polizei gegangen und hatte Anzeige erstattet. Verena war inzwischen vollkommen weggetreten und weinte lautstark. Das unfreundliche Monster von Polizistin hatte sich ihrer angenommen. Als sich Verena genierte, sich vor ihr umzuziehen, sagte sie barsch: „Da gibt es nichts wegzugucken." Nachdem sich Verena angekleidet hatte, begab sie sich wie in Trance in die Küche und begann, das schmutzige Geschirr mit der Hand zu spülen. Dies war ihre Art der Stressbewältigung.

Ich wurde derweil von meinen beiden Bewachern in meine eigene Wohnung begleitet. Schon sehr früh zeichnete sich das Modell „guter Polizist, böser Polizist" ab. Der Dicke namens Peter, der mir gleich das „Kampf-Du" anbot, unterhielt sich mit mir, während der andere meine gesamte Wohnung durchsuchte. Es ist immer die gleiche Masche. Peter erzählte mir, dass er von mir gar nichts wisse und nur als Unterstützung mitgekommen sei. Natürlich! Als der Große fertig war, begaben wir uns in Ankes Wohnung, die auch schon komplett durchsucht wurde. Inzwischen hatte KHK Behrens Anke offenbart, dass nach einem größeren Geldbetrag und Schmuck gesucht würde, denn das sei dem Exfreund gestohlen worden. Als Anke KHK Behrens einige Sätze zum Martyrium Verenas als Antwort gab, erwiderte der sinngemäß: „Also, ich weiß nicht, ob ich das hier überhaupt sagen darf, aber ich habe mit dem ehemaligen Lebensgefährten und vielen Familienmitgliedern gesprochen und das waren alles ganz nette und ordentliche Leute. Ich kann mir nicht vorstellen, dass er etwas mit dem Rotlichtmilieu zu tun hat. Er hat sich immer ums Kind gekümmert." Anke war baff. Offenbar hatte niemand den „netten" Hartz-IV-Empfänger (!) gefragt, wie er eigentlich so viel Kohle vermissen kann.

Der offizielle Status von Verena war der einer Beschuldigten. Anke und ich waren Zeugen. Als solcher wurde ich von Anfang an wie ein Schwerverbrecher behandelt. Es ist mir noch nicht untergekommen, dass die Wohnungen der Zeugen durchwühlt werden und man sie anbrüllt. Obendrein war die gesamte Haltung vom offensichtlichen Einsatzleiter Behrens mir gegenüber von Anfang an feindlich, eisig und voreingenommen.

Nachdem alle Wohnungen durchsucht und Handys, eine Motorradsturmhaube, Turnschuhe und meine Waffen sichergestellt worden waren, durfte ich mich nur unter Aufsicht anziehen und nur ein Badezimmer benutzen, das kein Fenster besaß. Ich hätte ja fliehen können – als Zeuge! KHK Behrens hatte eigens die Durchsuchung von Verenas Schlafzimmer an sich gerissen, indem er dem mit dieser Tätigkeit beschäftigten Beamten sagte: „Ich mach' hier schon weiter." Danach durchwühlte er ihre Unterwäsche. Verena wurde schließlich zur Vernehmung nach Detmold verbracht, ich sollte ihr folgen. Es war ohnehin schon eine unangenehme Situation, ehemalige „Kollegen" in meiner Wohnung zu haben. Daher bat ich, ob man die mir auferlegte ED-Behandlung (erkennungsdienstliche Behandlung) irgendwo anders, aber nicht in meiner Heimatbehörde Detmold durchführen könne. Die Verbliebenen erklärten sich bereit, diese in Paderborn durchzuführen. Im Gespräch in meiner Wohnung hatte Peter erfahren, dass ich eine besondere Harley fahren würde. Da er sie unbedingt sehen wollte, fuhren wir auf dem Weg nach Paderborn bei Tonis Laden vorbei, wo mein Baby stand. Toni bot sich prompt an, mich in Paderborn abzuholen. Nach ein wenig Smalltalk und dem Bestaunen der Harley beim „bösen" Ex-Hells-Angel ging es dann weiter. Während der Fahrt hörte das Gefasel nicht auf.

„Du hast ja einen Aufkleber der Hells Angels Hannover auf deinem Motorradhelm. [Tatsächlich war es der „support your local Hells Angels Hannover"-Aufkleber – Anm. d. Autors] Was hast du denn mit denen zu tun? Du bist doch ein Kollege."

„Du, ich kenne ein oder zwei, und die sind wirklich in Ordnung. Ich fahre auch Motorrad und das war's."

„Aha. Aber du weißt schon, dass die in Hannover den ganzen Rotlichtbereich machen?"

„Ja, und seitdem die das machen, ist das Steintor ein sicherer Ort, an dem auch ganz normale Leute feiern gehen. Vor Jahren haben sie sich da noch gegenseitig abgeschossen. Da finde ich das heute doch gelungen."

„Ich kenne auch einen Ehemaligen von denen, und der hat mir da ganz andere Sachen erzählt ..."

Bla, bla, bla. Alles ganz schlimm und böse. Auf einmal erhielt der Große, der auf dem Beifahrersitz saß, einen Anruf auf seinem Handy. Nach dem Telefonat gab er Peter zu verstehen, dass er mal an die Seite fahren solle. Sie müssten unter vier Augen reden. Ich sagte noch humorvoll: „Kein Problem, ich höre auch nicht zu." Der Wagen fuhr auf der B1 in eine Nothaltebucht, und die beiden stiegen aus. Kurze Zeit später stiegen sie wieder ein, und der Dicke eröffnete mir: „Es gibt neue Erkenntnisse. Die Frau Pfahl hat dich schwer belastet. Deshalb bist du jetzt festgenommen. Wir fahren jetzt nach Dortmund. Dort will dich der Staatsanwalt sehen. Verhältst du dich ruhig, oder müssen wir dir die ‚Acht' [Handfessel – Anm. d. Autoren] anlegen?"

„Macht euch keine Sorgen, ich verhalte mich ruhig."

„Was sagst du dazu?"

„Ich bin geschockt und kann das überhaupt nicht verstehen, wie sie so etwas behaupten kann."

Dann fuhren wir nach Dortmund. Am Polizeipräsidium angekommen, hielt das Fahrzeug vor einem Rolltor, dahinter lag eine Art Garage. Von dort ging es mit dem vergitterten Fahrstuhl in den Gewahrsamsbereich, wo wir in einem kargen Büro Platz nahmen. Das übliche Prozedere begann mit der Aufnahme der Personalien. Für einen DNA-Test wurde mir Speichel entnommen. Zum ersten Mal in meinem Leben befand ich mich auf der Gegenseite. Ich wurde nochmals durchsucht, musste mich ausziehen, meine Wertsachen abgeben und fand mich dann in der Zelle eins wieder, der sogenannten „Pennerzelle".

Es ist ein enger, trostloser Raum, verdreckt und verkommen, mit vollgekritzelten Wänden und einem stinkenden Aluminiumklo. Mir wurde noch eine Decke gereicht, und dann lag ich dort im Neonlicht in meiner Unterhose. Meine lange Hose hatte ich abgeben müssen, da sie mit Bändern im Innern versehen war und ich mich damit ja hätte erhängen können. So lag ich also in der Zelle.

Einige Zeit später wurde ich zur ED-Behandlung geholt, fotografiert, vermessen, meine Tätowierungen wurden genau festgehalten und elektronisch meine Fingerabdrücke erfasst. Ich bekam noch mit, wie jemand sagte, dass das zweite Team jetzt auch da sei. Durch einen Spalt konnte ich dann erkennen, wie Verena in ein Büro geführt wurde. Ich wusste nicht, was ich denken sollte. Hatte sie mich tatsächlich belastet? War sie jetzt meine Feindin? Ich wusste ja gar nichts. Danach wurde ich wieder in meine Zelle gebracht. Zwischenzeitlich konnte ich mit meinem Anwalt Herrn Ahrend bei geöffneter Tür telefonieren. Unter vier Augen bzw. Ohren ließ man uns nicht miteinander sprechen. Er sprach mir Mut zu, musste sich jedoch erst einen Überblick über die Lage verschaffen. Es tat gut, seine Stimme zu hören. Am frühen Abend wurde ich abermals aus der Zelle geholt, diesmal zur Vernehmung. Inzwischen wusste ich, dass Verena einige Zellen neben mir lag. Gelegentlich hörte ich sie auf dem Steinboden an meiner Zelle entlangtackern und sah ihre hochhackigen Schuhe vor der Zellentür stehen. Es war ein komisches Gefühl: Ungewissheit, Sorge und Befürchtungen.

Später erfuhr ich, dass die Detmolder mich ursprünglich mit dem SEK aus der Wohnung herausholen wollten. Ich wäre schließlich psychisch krank und besäße Waffen. Letztlich blieb es dann aber bei den zehn regulären Kripobeamten in schusssicheren Westen. Lächerlich, ich hätte niemals einen „Kollegen" angegriffen, und so stellt sich mir die Frage, wer hier psychisch krank ist. Die Lüge mit dem „Zeugen" und der nicht zeugengemäßen Behandlung samt abgekarteter Show ... einfach nur peinlich. Aber so erklärte sich wenigstens die merkwürdige Behandlung eines angeblichen Zeugen. Mein Vorschlag, das kranke Hirn, welches sich die Verbrüderung mit der kriminellen Sippe ausgedacht hat, wird aus dem Polizeidienst entfernt und für den Rest des Lebens zu Sozialarbeit verpflichtet: sechs Tage die Woche, zwölf Stunden täglich bei „Entlohnung" auf Hartz-IV-Niveau.

41. Vernehmungen

Ich wurde in dasselbe karge Büro geführt wie bei meiner Ankunft und sah mich zwei feindseligen „Kollegen" gegenüber: dem federführenden und die Ermittlungen leitenden Kotzbrocken KHK Behrens und seiner frechen Gehilfin, dem Mannsweib KHKin Starke. Auf mich wirkte sie abstoßend und schien sichtlich vom Leben frustriert zu sein. Die Vernehmung wurde eröffnet: „Frau Pfahl hat Sie schwer belastet und Sie haben die ganze Aktion geplant. Eine schwere Straftat steht somit im Raum mit einer Mindestfreiheitsstrafe von fünf Jahren." Auf diese Eröffnung reagierte ich mit der Frage, ob sie sich nur annähernd vorstellen könnten, was diese Frau jahrelang erlitten hatte: Schläge, Vergewaltigungen und Zwang zur Prostitution. KHKin Starke erwiderte ungerührt und ohne jegliches Mitleid, dass dies jetzt nicht Bestandteil der Vernehmung sei. Darum würde man sich später noch kümmern. Dafür fragte man mich, ob ich als Beschuldigter aussagen wolle. „Natürlich sage ich aus. Ich habe ja nichts zu verbergen."

Inzwischen habe ich gelernt, dass man vor Polizei und Staatsanwaltschaft besser nichts aussagt. Es wird einem immer nur das Wort im Munde verdreht. Außerdem: Reden kann man immer, Schweigen nur ein einziges Mal. Weil ich es noch nicht gelernt hatte und aussagen wollte, wurde ich belehrt. Zuerst wurde ich nach meiner Dienstunfähigkeit gefragt. Ich antwortete, dass ich krankgeschrieben sei und Tabletten nehmen müsse. Anschließend schilderte ich meine Version der Begebenheit: „Ich lernte Frau Pfahl im Harem kennen, wir freundeten uns an, und es wurde mehr daraus. Sie fasste zu mir Vertrauen und offenbarte mir, dass sie von ihrem Exfreund geschlagen, vergewaltigt und zur Prostitution gezwungen wurde. Sie wusste nicht mehr weiter und bat mich schließlich um Hilfe. Ich riet ihr, zur Polizei zu gehen, was sie aber ablehnte. Ich bot ihr an, eine Wohnung zu besorgen und diese auch für sie zu möblieren. Ich bot ihr auch an, sie in Hamm abzuholen, aber aus der Wohnung sollte sie alleine kommen. Als ich gegen 21:00 Uhr angekommen war, schrieb ich ihr eine SMS, dass sie jetzt rauskommen könne. Frau Pfahl ist dann mit ihrer Tochter herausgekommen und in das zweite Auto gestiegen und wir fuhren zu ihrer neuen Wohnung."

„Was waren das für Autos?"

„Ich hatte mir zwei Mietwagen geliehen, und zu dem Fahrer des anderen Wagens sage ich nichts."

Ich wurde noch nach Einträgen, Verbindungsnachweisen und SMS in meinem Handy befragt und gab kurz und knapp unverbindliche, aber wahrheitsgemäße Auskünfte. Gegen Ende der Vernehmung machte man mir erneut deutlich, dass man mir nicht glauben würde, und fragte mich, ob ich mir erklären könne, warum Frau Pfahl mich so schwer belasten würde. „Ich bin erstaunt darüber und kann dies nicht", antwortete ich.

Als ich die Vernehmung noch einmal zum Durchlesen gereicht bekam, fielen mir mehrere Passagen auf, die ich so gar nicht gesagt hatte. Ich wies KHKin Starke darauf hin, worauf diese nur feindselig sagte: „Das hat der Kollege aber genauso gehört."

Daraus wird deutlich, dass die Vernehmungsprotokolle der Polizei nur Lügenberichte sein können. Geschrieben wird, was passt, und was nicht passt, wird passend gemacht. Von Vertrauensbildung kann also keine Rede sein. Die Polizei, dein Freund und Helfer? Nein! Aber die Polizei kommt und hilft dir gleich, Freundchen. Ja! Opfer werden verhaftet und Täter beschützt.

Ich befand mich zum ersten Mal in einer derartigen Situation und verhielt mich deshalb nicht so abgebrüht, wie es angebracht gewesen wäre. Aber wozu auch? Ich hatte schließlich nichts Verwerfliches getan. Ich war immer noch perplex, unterschrieb das Protokoll trotz der Fehler und wurde wieder in die Zelle verbracht. Es war alles ein lebendiger Albtraum. Ich dachte nur: „Jetzt ist alles aus. Die Alte beschuldigt dich, und du gehst in den Bau für nichts. Alles weg! Wohnungen, Porsche, Bezüge, alles dahin." Ich wollte nur noch sterben.

Irgendwann hörte ich, wie eine Polizeibeamtin zu ihrem Kollegen sagte: „Deine Besucherin hat mal wieder in die Zelle gekotzt." Damit konnte sie nur Verena meinen, die sich im Laufe der Nacht insgesamt drei Mal übergeben hatte. Einmal hörte ich, wie sie an meiner Zelle vorbeistöckelte. Am nächsten Morgen kam ein Polizist in meine Zelle und fragte nach einer Person, die mich identifizieren könne. Ich hatte schließlich keinen Personalausweis dabei. Außerdem übergab er mir ein Fax meiner Heimatbehörde, dass meine privaten Schusswaffen eingezogen waren.

Gegen ca. 12:00 Uhr besuchte mich dann wieder der „Kumpelbulle" Peter in meiner Zelle: „Tim, ich habe dir gesagt, die beiden sind gut." Damit meinte er das Ermittlerteam Behrens und Starke. „Ich war heute Morgen zufälligerweise in der Frühbesprechung und kann dir sagen, die haben die Sache durchermittelt. Ich kann dir nur raten, wenn du etwas weißt, dann sag es jetzt!"

„Peter, ich habe doch bereits gesagt, wie es war, und das ist die Wahrheit."

„Tim, hör mal, für die Sache gehst du mindestens fünf Jahre in Haft. Das wird hier in Dortmund vor dem Landgericht verhandelt und da gibt es keine Gnade!"

„Ich habe mit der Sache nichts zu tun."

„Es reicht ja schon, wenn du es mit geplant hast. Ich verstehe ja, wenn du niemand verpfeifen willst, aber es geht jetzt um deinen eigenen Arsch."

„Soll ich jetzt irgendwas erzählen? Ich habe mich echt schon gefragt, soll ich jetzt einfach irgendetwas erzählen, damit ihr zufrieden seid und mir entgegenkommt? Ich kann mir doch nichts ausdenken."

„Na gut, dann wirst du jetzt gleich dem Haftrichter vorgeführt", sagte der „nette" und „faire" Peter. Ich hatte mich bereits damit abgefunden und fragte ihn, in welche JVA ich kommen würde, ob es da eine Einzelzelle gebe und ich Sport treiben könne. Außerdem dürfe niemand erfahren, dass ich Polizist sei. Er versprach, sich darum zu kümmern. Dann wünschte er mir noch alles Gute und ging.

Etwa eine Stunde später wurde die schwere Zellentür geöffnet. Ich war mir sicher, dass es jetzt zum Haftrichter und dann direkt ins

Gefängnis gehen würde. Gleichzeitig wurde Verena aus ihrer Zelle geholt. Ich zog meine Schuhe an und guckte zu ihr hinüber. Ich wollte sie ansprechen, zögerte aber, da ich nicht wusste, wie sie zu mir stand und ob sie mich wirklich so schwer belastet hatte. Letztlich sprach ich sie doch an und sagte: „Verena". Sie begrüßte mich, und ich fragte: „Wie geht es dir?"

„Wenn wir jetzt die Kleine holen, dann gut."

Ich dachte nur „Mädchen, was faselst du denn da? Jetzt geht es in den Knast." Dann stutzte ich und fragte: „Wie, die Kleine holen? Können wir jetzt gehen?"

Der uniformierte Beamte und seine Kollegin bestätigten es wie selbstverständlich: „Ja, Sie sind entlassen."

„Wie jetzt?"

Ich fragte dreimal nach, ob sie das jetzt ehrlich meinen würden und mich nicht verarschen wollen. Sie lächelten, doch die Antwort blieb dieselbe. Mir schossen beinahe Tränen in die Augen, löste sich doch mit einem Male die ganze Anspannung. „Wieso können wir jetzt gehen?"

„Dem Staatsanwalt reicht es wohl nicht aus", gab man mir zurück. Ich ging nun zum Wachtresen des Gewahrsams, hinter dem mehrere Beamte saßen, und es sprudelte förmlich aus mir heraus: „Ihr wisst, dass ich ein Kollege bin. Und ich gehe jetzt hier raus, weil ich nichts getan habe."

Verena und ich verließen das Gebäude auf demselben Wege, auf dem wir vorher hereingekommen waren. Die Tür des vergitterten Aufzugs öffnete sich, und nach wenigen Schritten waren wir wieder an der frischen Luft. Wir nahmen uns erst einmal in den Arm und drückten uns. Auf Außenstehende müssen wir wie ein kriminelles Assi-Pärchen gewirkt haben. Ich war unrasiert und trug eine Harley-Davidson-Jacke, Verena sah aus wie eine ungepflegte Drogennutte.

Ich fragte sie: „Warum hast du mich so belastet? Hast du das wirklich getan?"

„Ich habe dich nicht belastet. Dasselbe haben sie mir auch gesagt, dass du mich belastet hast."

„Ich habe nichts gegen dich gesagt."

„Ich war die ganze Zeit wach und bin fast durchgedreht. Vor Aufregung habe ich dreimal in die Zelle gekotzt. Das war alles so eklig."

„Du Arme, wieso hast du denen nichts geglaubt?"

„Was meinst du, warum ich immer die ganzen Polizeiserien gucke? Da machen die das ja auch so. Ich habe die ganze Zeit immer nur gedacht: ‚Team, Team, Team, wir sind doch ein Team.'"

Dass sie das sagte, bedeutete wirklich viel für mich, weil es mir zeigte, dass ich mich wohl doch nicht in ihr getäuscht hatte und ich mich auf sie verlassen konnte. Herr Ahrend hatte mich ähnlich wie der Angel bereits vor dieser Frau gewarnt. Im Gegensatz zu diesem hatte Herr Ahrend aber Verena in meiner Begleitung kennengelernt und war von ihr und ihrer Art alles andere als begeistert gewesen. Nun strafte beide offensichtlich Verenas Teamgeist ab.

Ich rief zuerst Anke an, die außer sich vor Freude und schon fast den Nerventod gestorben war, und anschließend Herrn Ahrend, der hinter den Kulissen alles Erdenkliche für mich getan hatte. Er hatte bereits Anke mitgeteilt, dass Verena und ich aus der Haft entlassen werden müssten, weil die Tatbestände des Vorwurfs unter keinen nur denkbaren Umständen einschlägig wären. Er rechnete damit, dass wir beide am zweiten Tag, und zwar im Laufe der Mittagszeit, freikommen müssten. So ist es dann auch eingetreten.

Anke hatte sich sofort bereiterklärt, uns abzuholen. Zwei Stunden später stiegen wir in ihr Auto ein. Jetzt fehlte nur noch Verenas Tochter, die das Jugendamt in Obhut genommen hatte. Während des Rückwegs wollte Anke umgehend in Erfahrung bringen, wo sich die Kleine befand, um sie dann sofort mit Verena abzuholen. Anke überreichte mir meine übrigen Handys, die sich in ihrer Wohnung befunden hatten und von den „Bullen" komischerweise nicht mitgenommen worden waren. Dabei fiel mir auf, wie fragwürdig die Durchsuchung von Ankes Wohnung war. Gab es dafür überhaupt einen Durchsuchungsbefehl und wenn ja, auf was erstreckte sich dieser?

Ein immens wichtiger Anruf blieb mir aber noch. Ich musste Chavez anrufen. Es ging um die 750 Euro und vor allem um mein Wort. Durch die Verhaftung stand ich als Wortbrecher da. Für mich undenkbar, und deshalb musste ich dies schnellstmöglich regeln. Er wusste jedoch bereits, was geschehen war. Chavez war irgendwie immer auf der Höhe mit seinen Informationen. Dummerweise hatte er so auch erfahren, was ich ihm schon seit einer ganzen Weile schonend beibringen wollte: dass ich ein „Bulle" war. Aber woher erhält er diese Infos, verdammt noch mal?

Meine Verhaftung hatte einiges aufgewühlt und hohe Wellen geschlagen. Toni, der von Anke umgehend informiert worden war, befand sich bereits auf dem Weg nach Paderborn, um mich abzuholen. Marko, der mich stundenlang erfolglos versucht hatte zu erreichen, kontaktierte dann Toni: „Ich kann Tim nicht erreichen. Wo ist der denn?"

„Den wirst du wohl auch erst einmal nicht erreichen können!"

„Wieso?"

„Der ist erstmal da, wo ich auch eine Zeit lang war."

„Was? Was ist denn passiert?"

„Pass auf, ich sage es dir jetzt, aber tue mir einen Gefallen und behalte es einfach für dich und erzähl es nicht überall rum."

„Ja, natürlich!"

„Den haben sie wegen erpresserischen Menschenraubes oder so was festgenommen."

„Was? Das gibt es doch gar nicht."

„Ja, aber halt einfach deine Schnauze!"

Und was unternimmt Marko? Er fährt noch am selben Tag nach Hannover zum Steintor, wo Chavez' Bekannte „arbeitet", und erzählt dieser, dass man mich wegen Menschenhandels festgenommen hatte, und fügte hinzu: „Und das sechs Wochen, bevor er sowieso raus gewesen wäre."

„Raus? Wo?" fragte Sandra sichtlich schockiert.

„Wie, das weißt du nicht? Der ist doch noch Polizist, und in sechs Wochen wäre er wohl aus dem Dienst wegen Krankheit entlassen worden."

Bumm! Quasselstrippe Marko in Aktion. Sandra rief natürlich umgehend Chavez an und wandte sich total verwirrt und hilflos an ihn. Polizist, Verhaftung, Menschenhandel … ich will nicht wissen, was in diesem Moment in Chavez' Kopf vorging.

Am Telefon mimte er jedoch, dass er schon längst vollkommen im Bilde gewesen sei. Er teilte mir des Weiteren mit, dass er bereits seinen Anwalt mit einbezogen hatte, um mich herauszuholen. Zur Not hätte er das vorerst aus der Clubkasse des Outlaws MC bezahlt. Ich fühlte mich geschmeichelt. „Genaueres über die ganze Sache werde ich sicherlich noch aus Polizeikreisen über meine Kontakte erfahren, aber dass du ein ‚Bulle' bist, hat mich echt umgehauen."

„Ich hatte immer gesagt, dass ich dir bei mir Zuhause mal etwas erzählen wollte."

„Ja, ja, ich weiß. Ist ja auch o.k. Ich kenne dich ja. Übrigens, man hat nur auf Intervenieren deines ehemaligen DGL von einem SEK-Einsatz bei dir abgesehen."

Woher hatte er diese Info schon wieder, wenn er mit seinen Polizeikontakten noch nicht einmal geredet hatte? Alles, was er erzählte, konnte von mir zu keinem Zeitpunkt widerlegt werden. Noch heute kenne ich nicht seinen „wahren Auftrag".

Und dann erzählte er mir folgende Geschichte: Marko hatte schon am gestrigen Tage angerufen, da er die Nummer von Sandra erhalten hatte. Die beiden hatten sich verabredet, und Marko, oder „Conehead", wie er ihn vielleicht wegen seines Glatzkopfes mit ähnlicher Form nannte (obwohl Chavez nicht großartig anders aussah), marschierte mit seinem „Big Red Machine"-Schlüsselband aus der Hosentasche hängend ahnungslos direkt in das Tattoo-Studio im Clubhaus des Outlaws MC hinein. Chavez war glücklicherweise nur alleine da. Marko hat dann Chavez alles erzählt und ihn auch auf diverse Papiere, die noch ausstehen, angesprochen. An dieser Stelle zweifelte ich ein wenig. Entweder reimte Marko sich etwas zusammen, oder Chavez' Fantasie ging mit ihm durch. Marko wusste zu keinem Zeitpunkt von Chavez' Verknüpfung in dieser Sache. Niemand wusste, über welche

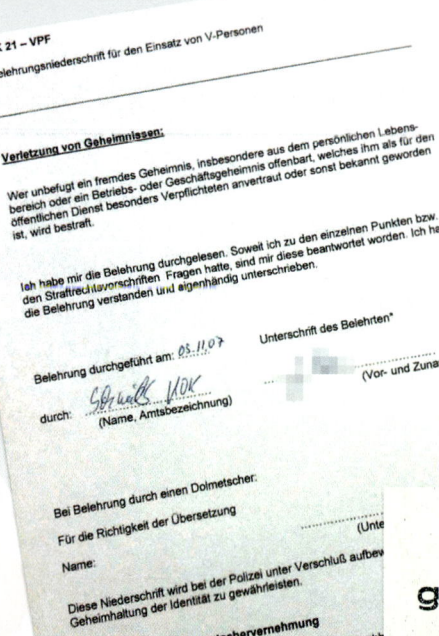

Links: die "Belehrungs-urkunde" mit der gefälschten Unterschrift

Unten rechts: Bad Boy Ulli
Unten links: Braunbär

Toni und seine „Schicksalskutte".

Linke Seite: JVA Dortmund – Außenansicht und Innenimpressionen.
Unten: Landgericht Dortmund.

Mein neues Baby, eine gebrauchte Fatboy „100 Jahre-Edition".

Wieder in Freiheit – endlich!

Auf der ersten gemeinsamen Ausfahrt in Freiheit ...

Polizist wegen schweren Menschenraubs angeklagt

36-jähriger Horn-Bad Meinberger sitzt in Dortmund in U-Haft – Prozess spätestens im September

Von Manfred Brinkmeier

Schwere Straftaten im Rotlicht-Milieu in zwei Fällen werden einem Polizisten aus Horn-Bad Meinberg vorgeworfen. Der 36-Jährige sitzt deshalb in der JVA Dortmund in U-Haft.

Horn-Bad Meinberg. „Erpresserischer Menschenraub, gefährliche Körperverletzung und versuchte schwere räuberische Erpressung" – so lauten die Vorwürfe gegen den Polizeikommissar Tim K. im Einzelnen. Die ermittelnde Staatsanwaltschaft Dortmund nennt als Tatorte Hamm und Horn-Bad Meinberg.

Nach Angaben der Oberstaatsanwältin Dr. Ina Holznagel habe der Beamte im vergangenen Jahr eine Prostituierte kennen gelernt und ihr versprochen, sie aus dem Rotlicht-Milieu herauszuholen. Dr. Holznagel: „Im Oktober soll der 36-Jährige mit drei weiteren Personen die Wohnung der Frau in Hamm aufgesucht, den Lebensgefährten niedergeschlagen, mit Kabelbindern gefesselt und 10 000 Euro gestohlen haben." Doch damit nicht genug: Tim K. habe der Frau in seiner Heimatstadt Horn-Bad Meinberg zunächst eine Wohnung besorgt. Nach Angaben der Frau habe sie aber plötzlich doch weiter auf den Strich gehen und die Polizisten am Liebeslohn beteiligen müssen. Im Januar soll es dann zwischen ihnen zu einem Streit gekommen sein.

Dr. Holznagel: „Der Polizist soll die Frau in ihrer Wohnung gewürgt, geschlagen und so an den Beinen über die Fußböden geschleift haben, dass sie im Gesicht verletzt wurde. Zudem soll er 25 000 Euro von ihr gefordert haben." Die Prostituierte habe daraufhin Anzeige erstattet.

Nach Angaben von Leo Weskamp, bei der Kreispolizei Lippe Abteilungsleiter Verwaltung und Logistik, sei der Polizist bereits im Juni 2009 erkrankt. „Das ist er auch nach wie vor." Um seine gesundheitliche Situation zu klären, sei er zur Universitätsklinik nach Münster gefahren. Dort wurde er dann festgenommen. Leo Weskamp: „Daraufhin ist ein Disziplinarverfahren eingeleitet worden. Mit Beginn der Polizist, der bis zur Erkrankung im Wach- und Wechseldienst tätig war, zudem vorläufig vom Dienst suspendiert worden."

Laut Dr. Ina Holznagel ist bereits Anklage erhoben worden. Spätestens im September werde es zum Prozess gegen den Polizisten kommen. Die Oberstaatsanwältin spricht von einer schwierigen Beweislage. Der Tatverdächtige bestreite die Vorwürfe und werfe der Prostituierten vor, zu lügen.

---

bekommt mildes Urteil

Strafe fast verbüßt

Horn-Bad Meinberg/Dortmund. Das Landgericht Dortmund hat einen ehemaligen Polizisten aus Horn-Bad Meinberg zu neun Monaten Haft auf Bewährung verurteilt. Er wurde der gefährlichen Körperverletzung und Freiheitsberaubung gegen den Lebensgefährten einer Prostituierten überführt.

Der Vorfall ereignete sich im vergangenen Jahr, nachdem Tim K. (Name geändert) der Frau versprochen hatte, sie aus dem Rotlicht-Milieu herauszuholen. Der damals 36-Jährige schlug den Lebensgefährten der Prostituierten, der er eine Wohnung in seiner Heimatstadt besorgte, nieder und fesselte ihn mit Kabelbinder. Die Annahme, dass der Ex-Polizist auch gegenüber der Frau handgreiflich wurde, erhärtete sich dagegen nicht.

Verteidiger ▮▮▮▮▮▮ ist zufrieden: „Neun Monate auf Bewährung ist quasi ein Freispruch, wenn man bedenkt, dass die Große Strafkammer ursprünglich an ein Urteil von mehr als fünf Jahren Freiheitsstrafe denken musste", erklärt der Anwalt. Zu der Strafe sei es durch Gespräche über eine einvernehmliche Lösung gekommen. Tim K. sei mit der Verurteilung einverstanden gewesen, um das Verfahren schnell zu beenden.

Die Bewährungsstrafe ist durch die siebenmonatige Untersuchungshaft bereits zum Großteil verbüßt. Als Polizist wird Tim K. nicht wieder arbeiten. Er ist laut seinem Verteidiger inzwischen auf eigenen Antrag in den Ruhestand versetzt worden. (jab)

Polizist in U-Haft

Horn-Bad Meinberg (lz). Schwere Straftaten im Rotlichtmilieu werden einem Polizisten aus Horn-Bad Meinberg vorgeworfen. Der 36-Jährige sitzt deshalb in Dortmund in Untersuchungshaft. Die Anklage lautet auf erpresserischen Menschenraub, gefährliche Körperverletzung und versuchte schwere räuberische Erpressung. Tatorte seien Hamm und Horn-Bad Meinberg, so die Staatsanwaltschaft. Tim K. habe voriges Jahr eine Prostituierte kennengelernt und ihr versprochen, sie aus dem Milieu zu holen. Mit Komplizen habe er ihren Lebensgefährten niedergeschlagen, gefesselt und bestohlen. Den Ermittlungen zufolge geriet die Frau bei K. danach vom Regen in die Traufe: Er habe sie auf den Strich geschickt und misshandelt.

Kreispolizeibehörde
Lippe

Kreispolizeibehörde Lippe, Postfach 2063, 32710 Detmold

PPPPP Rechtsanwälte

Herrn ▆▆▆

Oberntorwall 16-18

▆▆▆ B▆▆▆

10.05.2010

Seite 1

Aktenzeichen: ▆▆▆

(bei Antwort bitte angeben)

Telefon 052▆
Telefax 052▆

Polizeidienstfähigkeit des PK Tim K▆▆▆
Ihr Zeichen: 09/000273

@polizei.nrw.de

Polizeiärztliches Gutachten der RMDin Dr. ▆▆▆ vom 20.04.2010

Sehr geehrter Herr ▆▆▆

aufgrund der gesundheitlichen Situation Ihres Mandanten ist dieser am 08.09.2009 durch die Polizeiärztin des Polizeipräsidiums Münster, Frau RMDin Dr. ▆▆▆ ▆▆▆, untersucht worden. Zusatzbegutachtungen erfolgten am 03.11.2009, 05.03.2010 und 17.03.2010 durch entsprechend hinzugezogene Fachärzte. Inzwischen liegt mir das polizeiärztliche Gutachten gem. § 116 Abs. 2 Landesbeamtengesetz NW (LBG NW) und § 33 LBG NW vor.

Die Gutachterin stellt im Ergebnis die Polizeidienstunfähigkeit Ihres Mandanten fest. Darüber hinaus hält sie es für aussichtslos, dass seine Dienstfähigkeit innerhalb eines Zeitraumes von 2 Jahren wieder hergestellt wird.

Unter Würdigung des Gutachtens über die Polizeidienstfähigkeit Ihres Mandanten vom 20.04.2010 erkläre ich gem. § 34 Abs. 1 i. V. m. § 110 Abs. 1 LBG, dass ich Ihren Mandanten nach pflichtgemäßem Ermessen für dauernd unfähig halte, seine Amtspflichten zu erfüllen.

Gem. § 116 Abs. 1 LBG NW ist ein Polizeivollzugsbeamter dienstunfähig, wenn er den besonderen gesundheitlichen Anforderungen für den Polizeivollzugsdienst nicht mehr genügt und nicht zu erwarten ist, dass er seine volle Verwendungsfähigkeit innerhalb von zwei Jahren wiedererlangt.
Eine Wiederherstellung der vollen Dienstfähigkeit Ihres Mandanten ist nicht zu erwarten. Darüber hinaus ist auch nicht zu erwarten, dass er die konkret funktionellen

Dienstgebäude:
Bielefelder Str. 90
32758 Detmold

Telefon ▆▆▆
Telefax ▆▆▆

www.polizei-lippe.de

Öffentliche Verkehrsmittel:
Buslinie 706, 390
702 ab Bahnhof bis Kreishaus

Zahlungen an:
Landeskasse Düsseldorf

Kto-Nr.: ▆▆▆
BLZ: ▆▆▆
IBAN:
▆▆▆
BIC: ▆▆▆

Staatsanwaltschaft
Detmold

Staatsanwaltschaft Detmold - Postfach 27 53 - 32717 Detmold

04.10.2010
Seite 1

Aktenzeichen

Herrn
PK Tim K
JVA Dortmund
Postfach 102053
44020 Dortmund

bei Antwort bitte angeben

Telefon: 05
Durchwahl:
Telefax: 05
poststelle
@sta-detmold.nrw.de

Dienstgebäude und
Lieferanschrift:
Heinrich-Drake-Str. 1
32756 Detmold

Ermittlungsverfahren gegen Sie
Tatvorwurf: Straftat nach dem Waffengesetz und Zuhälterei

Sehr geehrter Herr PK K

das Ermittlungsverfahren gegen Sie habe ich im Hinblick auf die zu erwartende Strafe bzw. Maßregel aus dem Verfahren 190 Js 482/09 der Staatsanwaltschaft Dortmund gemäß § 154 Abs. 1 der Strafprozeßordnung eingestellt.

Die Ermittlungen können wieder aufgenommen werden, falls eine Strafe oder Maßregel der Besserung und Sicherung nicht ausgesprochen wird bzw. das vorläufige Absehen von einer Strafverfolgung nicht mehr rechtfertigt und in dem vorliegenden Verfahren keine Strafverfolgungsverjährung eingetreten ist.

Sollte das Verfahren wiederaufgenommen werden, erhalten Sie davon Nachricht.

Hochachtungsvoll

Staatsanwalt

Landgericht Dortmund

Landgericht Dortmund, Kaiserstr. 34, 44135 Dortmund - 35 -

26.11.2010
Seite 1 von 2

Herrn
Tim K█████

Aktenzeichen
█████
bei Antwort bitte angeben

Bearbeiter
█████

Durchwahl
█████

Sehr geehrter Herr K█████

nachdem das gegen Sie ergangene Urteil des Landgerichts Dortmund vom 21.10.2010 rechtskräftig geworden ist, teile ich Ihnen am Ende dieses Schreibens nochmals die Urteilsformel und den Auflagenbeschluss mit. Das Gericht hat in Sie das Vertrauen gesetzt, dass Sie in Zukunft ein gesetzmäßiges Leben führen werden. Es hat Ihnen deshalb die Gelegenheit gegeben, sich durch gute Führung während der Bewährungszeit den Erlass der festgesetzten Strafe zu verdienen.

Sie haben den Widerruf der Strafaussetzung zu erwarten, wenn Sie das in Sie gesetzte Vertrauen nicht rechtfertigen, insbesondere, wenn Sie eine weitere strafbare Handlung begehen oder den Bewährungsauflagen zuwiderhandeln. Denken Sie bitte vor allem auch daran, jeden Wechsel Ihres Aufenthaltsortes während der Bewährungszeit dem Gericht zu der oben angegebenen Geschäftsnummer mitzuteilen.

Die Bewährungszeit läuft bis zum 28.10.2012

Die Urteilsformel und der Auflagenbeschluss haben folgenden Wortlaut:

Der Angeklagte wird wegen gefährlicher Körperverletzung in Tateinheit mit Freiheitsberaubung zu einer Freiheitsstrafe von neun Monaten verurteilt.

Anschrift
Kaiserstr. 34
44135 Dortmund
Sprechzeiten
Montag bis Freitag 08:30 Uhr bis 12:00 Uhr, Montag bis Donnerstag 14:00 Uhr bis 15:30 Uhr
Telefon
█████
Telefax:
█████
Nachtbriefkasten: Kaiserstr. 34, 44135 Dortmund
Konten der Gerichtszahlstelle Castrop-Rauxel: Bundesbank BLZ █████
Konto-Nummer: █████,
Bundesbank BLZ █████
Konto-Nummer: █████,
Postbank BLZ █████,
Konto-Nummer: █████
Schalterstunden: Montag bis Freitag 8.00 Uhr- 12.00 Uhr und zusätzlich Dienstag von 13.00 Uhr bis 15.00 Uhr
Verkehrsanbindung: ab Dortmund Hbf. mit U 45 Ri Westfalenhallen oder U 41 Clarenberg oder U 47 Aplerbeck oder U 49 Ri Hacheney oder bis Kampstrasse und dann U 43 Ri Brackel/Wickede bis zum Ostentor

█████████████████
KPB Lippe
Ermittlungsführer

32760 Detmold, 03.02.2011
Waldweg 20-22
Tel. 05███████
Fax 05███████

████████████████@polizei.nrw.de

Gegen Empfangsbekenntnis

Herrn
Polizeikommissar
Tim█ K█████
████████████████████

Ermittlungen im Disziplinarverfahren gem. § 21 LDG NRW

Sehr geehrter Herr K██████

mit der Bezugs-Vfg. hat Ihr Dienstvorgesetzter, der Landrat als KPB Lippe, am 27.11.2009 ein Disziplinarverfahren gem. § 17 LDG NRW gegen Sie eingeleitet und gleichzeitig die Durchführung von Ermittlungen gem. § 21 LDG NRW angeordnet.

Die Anordnungsverfügung wurde Ihnen seinerzeit zugestellt.

Mit Vfg. des Landrates als KPB Lippe vom 21.01.2011 Az. 1-42.03 wurde ich zum Ermittlungsführer bestellt.

Das Disziplinarverfahren war zunächst bis zum Abschluss des gegen Sie eingeleiteten Strafverfahrens gem. § 22 (1) LDG NRW ausgesetzt.

Da das Strafverfahren rechtskräftig abgeschlossen ist, wird das Verfahren nun fortgesetzt.

Ihnen wird u.a. folgendes vorgeworfen:

1. Verstoß gegen das außerdienstliche Wohlverhalten gem. § 34 S. 3 BeamtStG, weil Sie im Verdacht stehen, Kontakte zum Rotlichtmillieu zu haben.

2. Verstoß gegen das außerdienstliche Wohlverhalten gem. § 34 S. 3 BeamtStG, weil Sie im Verdacht stehen, Kontakte zu tatsächlichen oder ehemaligen Angehörigen der „Hells Angels" zu haben.

Finanzamt für Steuerstrafsachen und Steuerfahndung B
- Straf- und Bußgeldsachenstelle -

Az.

Bitte bei allen Rückfragen angeben

Februar 2011

Anschrift
Ravensbergerstr. 90
B

Fax: 0

Auskunft erteilt

☎ 05

Zimmer

Herrn
Tim

Sehr geehrter Herr

das gegen Sie eingeleitete Strafverfahren wegen des Verdachts der Umsatz-, Einkommen- und Gewerbesteuerverkürzung 2007 bis 2009 ist gemäß § 154 Abs. 1 StPO eingestellt worden.

Hochachtungsvoll
Im Auftrag

Mitteilung der Einstellung des Verfahrens
Nr. 615/111

Kontakte ich was besorgen wollte. Marko konnte auch nicht wissen, ob von der Lieferung noch etwas offen ist. Nichtsdestotrotz soll er Chavez angeboten haben, dass dieser nun alles in seine Hände übergeben könne. Naja, Marko wollte sich bekanntlich seine Sporen verdienen und vielleicht stocherte er einfach nur im Dunkeln herum, um zu sehen, ob er was finden würde. Denkbar wäre dies. Wenn dem so war, erfuhr er damit, dass er ins Schwarze getroffen hatte, denn Chavez gab ihm zu verstehen, dass alles so weiter läuft wie bisher, egal ob ich im Knast wäre oder nicht.

„Ich bin stolz auf dich", antwortete ich.

„Na hör mal, ist doch klar. Wir sind doch Brüder!"

„Ich weiß nicht, wie Marko auf die Papiere zu sprechen kam. Ich habe dir versprochen, dass niemand die Quelle erfährt und habe ihm nichts davon gesagt."

Darauf wusste er nicht wirklich plausibel zu antworten und spekulierte, dass Conehead dies vielleicht vermutet habe. Es war mir zu diesem Zeitpunkt aber auch egal, wer sich hier was ausdachte, vermutete oder herumspekulierte. Fakt war, dass Marko irgendetwas erfahren hatte und Chavez etwas wusste, was er eigentlich gar nicht wissen konnte.

Es gab jetzt auch erstmal Wichtigeres: Wir mussten schließlich noch die Kleine abholen. Das Jugendamt erwies sich aber alles andere als freundlich gegenüber Anke als „Vertreterin" der Mutter. Mit dem Hinweis, dass es mittlerweile Freitagabend und somit Wochenende wäre, wurde das Gespräch mehr oder weniger abgewimmelt. Man sah sich schlicht nicht in der Lage, in Erfahrung zu bringen, wo sich die Tochter befinden würde. Und eine Notfallnummer des mit diesem Fall befassten Jugendamts besaß angeblich nur die Polizei. Super Organisation, sehr familienfreundlich!

Also fuhren Anke und Verena gemeinsam zur Polizeiwache nach Detmold, nachdem sie mich zu Hause abgesetzt hatten. Ergebnis: Die Kleine war bei einer Pflegefamilie und konnte erst nach Zustimmung des Jugendamtes Lippe wieder herausgegeben werden. Dies widersprach allerdings der Aussage der Dortmunder Polizei, die Verena zugesichert hatte, dass sie ihre Tochter unmittelbar nach Beendigung der polizeilichen Maßnahme wiederbekommen würde. Es war ein Schock für Verena und bedeutete zugleich den Anfang von ihrem Ende.

Die Polizei hatte übrigens bewusst keine Anzeige aufgenommen oder etwaige Schutzmaßnahmen für Verena eingeleitet. Dank Verenas Fehler mit dem Telefonat ihrer Schwester wurde ihr Handy geortet und die „Entführte" wiederentdeckt. Obwohl es also ein Leichtes gewesen wäre, den ganzen Sachverhalt aufzuklären, wurde lieber eine solch unwürdige Show abgezogen. Man gab ihr einen fiktiven Termin, um genau an diesem Tag bei uns „zuzuschlagen". Die „Polizei" verbündete sich mit albanischen Zuhältern und machte sich freiwillig zu willfährigen Helfern eines kriminellen Clans.

Es gab jedoch noch ein pikantes Detail. Nach unserer Entlassung saßen wir gemeinsam auf einer Bank vor dem Polizeipräsidium, als sie mir sagte: „Den einen von denen kannte ich. Das war ein Freier von mir."

„Wie bitte? Verarsch mich jetzt nicht!"

„Nein, das war ein Freier von mir aus dem Harem. Ich habe den gleich bei der Durchsuchung erkannt. Das ist ein ganz perverses Schwein, der mir richtig weh getan hat. Deshalb hat der wohl auch in meiner Unterwäsche rumgewühlt."

Nachdem wir uns von der Bank erhoben hatten, kam nach Feierabend der Beamte des Weges, der Verena ihre Fingerabdrücke abgenommen hatte. Sie wechselte ein paar Worte mit ihm und berichtete mir dann, dass der ganz nett gewesen sei. Und dann fügte sie noch hinzu, dass alle gelacht hatten, als sie ihnen sagte, dass sie einen von ihnen auch schon ‚gevögelt' hat.

„Wen denn?" haben sie neugierig gefragt.

„Den mit den dunklen, kurzen Haaren."

„Behrens?" fragten sie daraufhin noch mehr belustigt.

Genau der! Noch mehr Wut stieg in mir auf. Jetzt konnte ich mir auch die feindliche Art dieses „Kollegen" mir gegenüber erklären. Alles ergab nun einen Sinn. KHK Behrens, der ein Stamm-Freier bei Verena war, hatte bisher immer schön für seine abartigen Wünsche bezahlen müssen. Und nun sieht er einen Mann neben seiner Angebeteten im Bett liegen, der all das für lau bekommt. Und obwohl KHK Behrens „seine" Prostituierte von Anfang an erkannte, reißt er die Durchsuchung an sich und führt selber die Vernehmungen durch. Wohl nicht nur in meinen Augen ist dieser Schmutz eine absolute Schande für die Polizei.

42. Absturz

An einem Freitag waren wir wieder daheim. Verenas Tochter war in Obhut einer Pflegefamilie, und alle gingen davon aus, dass Verena sie am Montag ohne Probleme wieder zurückbekommen würde. Die ersten Unternehmungen, Benachrichtigungen und Anrufe führten mich zu meinem Anwalt Herrn Ahrend, zu Toni und zu Chavez, dem ich die 750 Euro überbrachte, die seine Rettung bedeuteten. Weiterhin besprach ich mit ihm das Geschehene und die Ereignisse mit Marko und Sandra. Ich war erbost über das dumme Gerede von Marko und dessen Verhalten. Ich rief Sandra an und stellte klar, dass an den Vorwürfen gegen mich nichts dran gewesen sei und sie kein Wort mehr mit diesem Clown sprechen sollte. Dieser hatte rein gar nichts zu melden. Sie bestätigte mir bei dieser Gelegenheit, dass Marko ihr gesagt hatte, dass er sich um alles kümmern würde. Ich rief ihn sofort an, machte meinem Ärger Luft und ihm klar, dass er überhaupt nichts mit dieser Angelegenheit zu tun hat. „Ich habe es doch nur gut gemeint und wusste nicht, wann du wieder rauskommst", entschuldigte er sich. Aber dass er Chavez auf irgendwelche Papiere angesprochen hatte, verneinte er. Ich wusste auch nicht mehr, wem ich jetzt glauben sollte.

Am Montag erfuhr Verena, dass sie ihre Tochter vorerst nicht zurückbekommen würde. Das Jugendamt Lippe stand schon im Kontakt mit dem Jugendamt Hamm und hatte bereits eine dicke Akte erhalten und somit von den gravierenden Missständen erfahren. Nun müsste erst der Ausgang des Strafverfahrens abgewartet und zudem die neue Lebens- und Wohnsituation der Mutter überprüft werden. Dafür sei ein Besuch einer Mitarbeiterin des Jugendamtes notwendig. Offensichtlich nahm das jetzt zuständige Amt die Sache wesentlich ernster als die zuständige Behörde am alten Heimatort. Der angekündigte Besuch erfolgte eine Woche später. Ich befand mich zufälligerweise gerade bei Verena, als es an der Tür klingelte. Ein Mann und eine Frau des Jugendamtes wollten sich mit ihr unterhalten und die neue Wohnung Verenas inspizieren. Die war wie immer blitzblank geputzt, ordentlich und aufgeräumt. Vorerst war kein Gespräch mit Verena möglich, da sie sofort in heftiges Weinen ausbrach, als sich abzeichnete, dass ihre Tochter nicht so bald zu ihr zurückkehren würde. Ich übernahm das Gespräch und veranschaulichte den Mitarbeitern des Amtes die neue Lebenssituation. Ich schloss mit den Worten: „Jetzt könnte Frau Pfahl endlich zum ersten Mal die Erziehung ihrer Tochter in die eigenen Hände nehmen, und gerade jetzt wollen Sie ihr die Tochter wegnehmen." Statt auf diesen eklatanten Widerspruch in ihren Handlungen einzugehen, richteten sie sich an Verena: „Wie bestreiten Sie ihren Unterhalt?" Da Verena immer noch indisponiert war, antwortete ich, dass ich Frau Pfahls Lebensgefährte sei und sie und ihre Tochter in jeglicher Hinsicht, insbesondere auch finanziell, unterstütze. Des Weiteren wies ich darauf hin, dass wir der Kleinen auch schon eine Nachhilfelehrerin besorgt hatten. Nützte aber nichts. Das Jugendamt lässt Kinder lieber bei prügelnden Assis, und wenn sich die Verhältnisse zum Guten wenden, schreiten sie ein. Gratulation!

Von dem Tag an, als Verena erfuhr, dass die Rückkehr ihrer Tochter in ungewisser Zukunft liegt, brach sie komplett in sich zusammen. Sie verlor jedweden Lebensmut, jegliche Lebensenergie und lag nur noch antriebslos auf dem Sofa. Dabei schüttete sie literweise Alkohol in sich rein und konsumierte Unmengen von Drogen, die sie sich wahrscheinlich von ihrem ehemaligen Dealer aus dem Harem besorgte. Das dauerte einen Monat und wurde immer schlimmer. Verena wurde immer dicker, obwohl sie nichts aß, war nur im Rausch, schlief oder kratzte sich den ganzen Körper und besonders das Gesicht blutig. Weder Anke noch ich kamen an sie heran. Die Frau war regelrecht kollabiert und hatte sich aufgegeben. Ich riet ihr viele Male, dass sie sich in Behandlung begeben und sich einer Therapie unterziehen solle, doch sie weigerte sich hartnäckig. Sie hatte Angst, dass sie ihre Tochter dann gar nicht mehr zurückbekommen würde. Ich denke bis heute, dass es richtig gewesen wäre, denn wen wollte sie in ihrem jämmerlichen Zustand davon überzeugen, künftig eine gute Mutter zu sein?

Die Lage änderte sich erst ein wenig, als Verena in Aussicht gestellt wurde, ihre Tochter unter Aufsicht des Jugendamtes alle zwei Wochen für eine Stunde sehen zu dürfen. Das erste Wiedersehen fand in den Räumlichkeiten des Jugendamtes des Kreises Lippe statt und war für Mutter und Tochter gleichermaßen größtes Glück und tiefste Trauer. Beide waren überglücklich, sich wiederzusehen, umso schwerer fiel dann der Abschied.

Inzwischen war dem Jugendamt die katastrophale Situation in Hamm bekannt. Befragungen in der Schule, bei Nachbarn, Verwandten und von früheren Besuchen des Amtes bei Verena und ihrem ehemaligen Lebensgefährten hatten ergeben, dass die Kleine total verstört, in ihrer Entwicklung zurückgeblieben und zudem häufig körperlich misshandelt worden war. Dies deckte sich mit den Erzählungen Verenas und auch mit ihrer Aussage bei der Polizei in Dortmund, wo sie angegeben hatte, dass ihr Zuhälter die Kleine geschlagen und eingeschlossen hatte. So musste sie beispielsweise einmal eine ganze Stunde lang mit erhobenen Armen vor dem Sofa stehen, weil sie „unartig" gewesen war. Mir absolut schleierhaft, warum das Jugendamt in Hamm nicht reagiert hatte, obwohl es um die Zustände wusste oder hätte wissen müssen. Denn die Erkenntnisse, welche die lippische Behörde schnellstens zusammensammelte, hätten ihre Hammer Kollegen ebenso schnell sammeln können. Ich will ja niemandem etwas unterstellen, doch die Frage drängt sich auf, warum man dem Zuhälter das Druckmittel „Tochter" einfach so überließ und ob nicht jemand davon profitierte.

Die Regelung sah vor, dass Verena alle zwei Wochen ihre Tochter sehen durfte, bis ein Richter des Familiengerichtes in Detmold über den Sorgerechtsstreit zwischen Verena Pfahl und dem Jugendamt des Kreises Lippe entschieden hatte. In dieser für Verena grausamen Zeit voller Trauer, Angst und Ungewissheit versuchte ich, ihren Kummer durch Freuden in Form von Geschenken zu kompensieren oder zumindest ein wenig zu lindern. Ich verwöhnte sie, indem ich mit ihr Schuhe, Bekleidung und Düfte kaufen ging. Weil sie nur noch faul zu Hause lag, schenkte ich ihr sogar eine Wii-Konsole mit Sportprogramm. All dieses erfreute sie zwar, allerdings immer nur für kurze Momente. Leider begriff ich Idiot nicht, dass Geschenke nicht helfen, weil sie nur oberflächliche Ablenkung bieten. Jemand mit Krebs kann auch nicht geheilt werden, indem man ihm Schuhe und Schmuck schenkt. Aber zu meiner „Entschuldigung" sei angemerkt, dass ich irgendwie versuchen wollte, sie aufzubauen und ihr Mut zu geben. Ich verzweifelte schier an ihrem Drogen- und Alkoholkonsum, war aber machtlos. Die Sucht beherrschte sie. Was hätte ich tun sollen? Sie einsperren? Sie war, zumindest auf dem Papier, volljährig und jegliche Art von Druck und Zwang zur Genüge gewohnt. Was hätte ich dem noch draufsetzen können? Nichts! Ohnehin ist es mir fremd und zuwider, Druck auf andere Menschen auszuüben.

Verena sprach ständig davon, dass sie Hunde über alles liebte und in ihrer Vergangenheit auch schon mehrere besessen hatte. Einen hatte ihr die Mutter weggenommen, und den anderen hatte ihr Zuhälter an einer Tankstelle ausgesetzt, weil der Hund krank gewesen sei und der Kerl kein Geld für den Tierarzt ausgeben wollte. Außerdem störte er beim Anschaffen, und so musste er sich dann um ihn kümmern. Wie diese Art von Leuten mit Tieren umgehen, so gehen sie auch mit Menschen um und verhalten sich gleichsam innerhalb der Gesellschaft.

Nun wünschte sich Verena wieder einen Hund, und zwar eine französische Bulldogge. Diese sollte ihr helfen, den Schmerz über den Verlust des Kindes ein wenig zu lindern und gleichzeitig eine Freude und Überraschung für die Kleine sein, wenn sie irgendwann wieder zu ihr zurückkehren würde. Ich hielt es für möglich, dass ein Hund ihr gut tun und neue Lebenskraft geben würde. Haustiere sind bewährte Methoden gegen Alterseinsamkeit bzw. -depressionen, und selbst Autisten reagieren teilweise positiv auf Tiere. Ein Züchter, der noch über französische Bulldoggenbabys verfügte, war schnell gefunden. Unser Weg führte uns nach Bayern, wo ich Verena den kleinen Pascha kaufte. Der kleine schwarz-weiße Racker sollte uns alle mehr als erfreuen. Er war süß, energiegeladen und wollte immer spielen. Wenn er einmal müde war, was Hundebabys bekanntlich des Öfteren sind, schlief er dort ein, wo er sich gerade befand. Meistens war das in den Armen oder auf dem Schoß seiner Menschenmama Verena. Deren Gemüt konnte der kleine Pascha jedoch nur für kurze Zeit aufhellen. Schon bald verfiel sie wieder in ihre alte Lethargie und gab sich dem Alkohol und den Drogen hin. Sie war dann so teilnahmslos, dass sie nicht einmal den Hund Gassi führte. Stattdessen ließ sie ihn die ganze Wohnung vollpissen und -scheißen.

Mit solchen Aktionen verspielte sie bei mir und Anke auch das letzte Fünkchen Vertrauen und Verständnis. Sie bekam einfach nichts alleine geregelt. Dies fing bei der Ummeldung beim Einwohnermeldeamt an und endete bei der Impfung des Hundes. Heulkrämpfe lösten Wutausbrüche ab, und sie hielt sich fast nur noch auf dem Sofa im Wohnzimmer auf. Seit der Wohnungsdurchsuchung hatte sie wieder ausschließlich dort geschlafen. Das Schlafzimmer verband sie nun mit schlimmen Erinnerungen, weshalb sie dort nicht mehr schlafen konnte. Sie hatte es also genau einmal genutzt – mit mir in der Nacht vor der Festnahme.

Anke und mir wurde immer deutlicher vor Augen geführt, dass Verena schwerst drogensüchtig war und professionelle Hilfe benötigte, sprich eine Therapie unter ärztlicher Aufsicht. Aber an dieser Stelle drehten wir uns im Kreis. Es war ein Teufelskreislauf: Ihr Geld neigte sich dem Ende entgegen, sie brauchte aber immer mehr Drogen, eine

Therapie lehnte sie ab, weil sie befürchtete, ihre Tochter zu verlieren, und weder Kraft noch Willen waren zum „Arbeiten" vorhanden. Nun, ihr ehemaliger Kerl hatte in solchen Situationen dubiose „Motivationshilfen" eingesetzt. Es war wohl die einzige Sprache die Verena verstand. Aber ich hatte sie schließlich in die Freiheit geholt, und dort war sie für sich selbst verantwortlich.

Nur kostete mich diese Person in diesem Zustand immer mehr Geld, Zeit und vor allem Nerven. Gerade Letzteres war wegen meiner eigenen Krankheit Gift für mich. So erreichte auch meine Geduld ein Ende. Dank Verena und der Umzugshilfe in Hamm hatte ich, genau wie sie, ein Strafverfahren am Hals, das uns beide viel Geld kostete. Ich hatte für Verenas Mandat gebürgt, und würde, wenn es hart auf hart kam, auch ihre Anwaltskosten aufgebürdet bekommen. Dazu kamen Miete, Strom, sowie die Kosten eines Mobilfunk- und Internetvertrages. Es lief bekanntlich alles über mich. Das war eine Sicherheitsvorkehrung, um Verena für die Sippe des Ex unauffindbar zu machen. Um also für ihre laufenden Kosten selbstständig aufkommen und ihre wachsenden Schulden bei mir wieder zurückzahlen zu können, musste Verena wieder arbeiten.

Einige Wochen später war sie endlich wieder bereit, Geld zu verdienen. Erneut war ich es, der eine Verbindung zu einem Club in Minden herstellte, wo sie nach kurzer Vorstellung anfangen konnte. Sie verdiente dort so gut wie gar nichts, und so beendete sie das Gastspiel schon nach wenigen Tagen. Es musste etwas geschehen, und ich hatte auch schon eine Idee.

Während dieser belastenden Zeit wurde mir mein Anwalt zu einer großen Stütze. Ich besuchte ihn bei vielen Gelegenheiten in seiner B.-Stadter Kanzlei, und wir besprachen alle anfallenden Punkte bis ins letzte Detail. Rechtsanwalt Ahrend ist ein Perfektionist, und seine Beratungen und Wertungen deckten nahezu alle Randbereiche des Falles ab. Das wurde letztlich auch dem KHK Behrens zum Verhängnis. Ahrend wollte den polizeilichen Stammfreier aus den Ermittlungen heraus haben, weil durch seine private Verstrickung seine Objektivität und

Sachlichkeit in Frage gestellt war. Er rief den Beamten an und fragte ihn, ob er eine Frau Pfahl kenne. Der Beamte bejahte und fügte hinzu: „Herr Ahrend, ich wusste ja gar nicht, dass sie einer von uns sind." Er spielte auf den EPHK-a.D.-Rang (erster Polizeihauptkommissar außer Dienst) von RA Ahrend an, der auf dem Briefbogen seiner Anwaltskanzlei vermerkt war.

Ahrend antwortete trocken: „Ich bin keiner von ihnen. Ich bin Anwalt und rufe Sie an, weil Sie in einen Gewissenskonflikt kommen und Schaden nehmen könnten." Ahrend setzte direkt nach: „In welcher Beziehung stehen Sie zu Frau Pfahl?"

Das war zu viel für Stammfreier Behrens. Er hatte offensichtlich in unzulässiger Weise das Telefon auf Mithören gestellt, was strafbar ist, und den Hörer seinem Vorgesetzten übergeben, um sich aus der Klemme zu befreien. Der Vorgesetzte versuchte einen Präventivschlag: „Wenn Sie irgendwelche Vorwürfe gegen meinen Mitarbeiter haben, so reichen Sie diese bitte in schriftlicher Form ein."

„Das werde ich tun."

Zum entsprechenden Schreiben erarbeitete Behrens noch einen Gegenbericht, der allerdings völlig aus der Luft gegriffen war. Ehrlichkeit als Beamter? Ehrlichkeit als Polizist? Seine Lügen halfen ihm nicht, denn er musste in unserem Fall die Koffer packen und gehen. Schade, dass „so einer" nicht für immer einpacken darf und „unehrenhaft" aus dem Dienst gejagt wird.

43. Der letzte „Sargnagel"

Das Jahr näherte sich langsam seinem Ende, war aber noch nicht vorbei. Es blieb also noch Zeit für weitere Ereignisse. Nun drängte sich Chavez immer mehr in den Vordergrund, und allmählich begann ich, an ihm und seinen „Fähigkeiten" zu zweifeln.

Er hatte den „Sargnagel" schon oft angekündigt. Nach dem Blanko-Formular und der „übergeixten" Version wurde das auch langsam Zeit.

Nur wollte er nicht gelten lassen, dass die Geschwärzte unbrauchbar sei. Er hatte sie stark vergrößert und sodann unter der dicken Schwärzung über der Unterschrift durchaus Anzeichen einer solchen entdeckt. Theoretisch ist dies möglich, da Schwärzungen nicht immer deckend sind. Aber Anzeichen einer Unterschrift sind nicht gleichbedeutend mit einer eindeutig lesbaren.

Wir trafen uns in der Nähe des Outlaws Clubhauses, weil er wieder einmal über kein Auto verfügte und angeblich in Clubangelegenheiten zeitlich stark involviert war. Das war er komischerweise immer. Als er mein rot-weißes „Support 81"-Schlüsselband der Angels sah, riet er mir, es besser wegzustecken: „Hey, unser Chapter hat Besuch von etwa 30 Bandidos. Das Clubhaus ist voll von denen. Sie sind gerade auf der Durchreise und wollen wohl später noch 'n Red-Devils-Charter ‚zumachen'. Wenn die dich so sehen würden, hast du wohl ganz schnell ein Problem." Ich erwiderte, dass ich nur wegen des Papiers vorbeigekommen war. Daraufhin übergab er mir ein Schriftstück, das sich in einer Klarsichtfolie befand.

Etwas derartig Stümperhaftes hatte ich bis dahin noch nicht gesehen. Irgendjemand hatte mithilfe eines Textprogrammes dick das Wort „BELEHERUNG" über das Blatt getippt, und zwar so falsch, wie es hier steht. Darunter befanden sich Name und Anschrift von Braunbär. Der Rest des Blattes war gefüllt mit Vereinbarungen, die vor Rechtschreibfehlern nur so wimmelten. Ich tippe darauf, dass jemand (Chavez persönlich?) den Inhalt von einem Originalvordruck abgetippt hatte. Und dieser jemand war offenbar Legastheniker. Wunderte es mich, dass das Dokument keine Unterschrift trug? Es war einfach nur Müll. Ich betrachtete den Wisch und fragte Chavez ungläubig: „Sag mal, ist das dein Ernst? Willst du mich verarschen?"

„Das ist das, was ich von meinem Mann bekommen habe. Ich habe da keinen Einfluss drauf. Ich bekomme aber noch das Original mit Unterschrift."

„Du glaubst doch wohl nicht allen Ernstes, dass ich hiermit nach Hannover fahren werde? Das ist doch mehr ein schlechter Scherz!"

„Wie gesagt, ich bekomme noch das Original in nächster Zeit."
„Dann besorg' mir das, aber hiermit kann ich nichts anfangen. Das ist ja unfassbar."

Original? Welches Original eigentlich? Der Kerl ging mir langsam auf den Zünder. Glaubte der wirklich, das selbstgebastelte Geschmiere verkaufen zu können? Von dem Stück Klopapier gab es zu fünf Milliarden Prozent keine unterschriebene Version. Überaus zornig fuhr ich den ganzen Weg zurück. Ich hielt jedoch an der Hoffnung fest, dass Chavez mir irgendwann ein Original bringen würde, aber den zeitlichen Aufwand unterschätzt hatte. Und siehe da, einige Zeit später erhielt ich eine weitere Jubel-SMS. Diesmal wollte er das Dokument abfotografieren und mir per MMS rüberschicken. Kurze Zeit später war die MMS da, mit dem anhängenden Text: „Ich bin der Beste!" Und tatsächlich, dieser „Sargnagel" schien das Original zu sein. Die letzte Seite der Vereinbarung zwischen Polizei und V-Person, unterschrieben und mit Datum. Der Kopf des Formulars wies das KK 21 aus. Gegengezeichnet war das Dokument von einem KOK mit unleserlicher Unterschrift. Und daneben war sie, die Unterschrift von Paul B. Sollte diese tatsächlich echt sein, dann bedeutete es eine Sensation. Ich vergrößerte das abfotografierte Dokument auf einem PC und untersuchte es eingehend. Ich konnte aber nichts erkennen, was Zweifel erlaubte. Selbst wenn die Unterschrift nachgemacht wäre, wer hätte das Gegenteil beweisen können? Ich verwarf diesen Gedanken, denn wer wäre so geisteskrank und würde auf einem Originaldokument der Polizei die Unterschrift des Präsidenten eines Hells-Angels-MC fälschen? Die Folgen, sollte das jemals herauskommen, wären für denjenigen unabsehbar. Und das weiß jeder.

Ich war außer mir vor Freude, schien es endlich so, dass ich am Ziel meiner strapaziösen Reise angekommen war, meinem Freund Toni endlich Gerechtigkeit widerfahren zu lassen. Leider hatte Chavez ein paar äußerst merkwürdige Einlagen geliefert, und deshalb drängte sich in meine Glückseligkeit ein Stück Zweifel hinein, ob die Unterschrift auch wirklich stimmte. Chavez beruhigte mich in seiner unnachahmlichen Art und Weise, indem er mir versicherte, dass er die Unterschrift vergleichen könne.

„Wie willst du das denn machen?"

„Ich kenne da einen Anwalt. Bei dem hat Braunbär einmal eine Prozessvollmacht unterschrieben. Ist doch eine 1a-Möglichkeit, die Unterschrift zu kontrollieren. Ich kann gleich Montagmorgen hinfahren."

Das klang sehr gut. Ich fragte Toni allerdings, ob er den Namen des Anwalts kennen würde, und er bestätigte mir, dass ihm der Name aus Club-internen Listen bekannt wäre, fügte aber noch hinzu: „Ich kann mich auch irren." Das reichte mir. Folglich wartete ich gespannt am Montagvormittag auf Chavez' Nachricht. Gegen Mittag meldete er sich endlich: „Die Unterschrift passt zu 50 Prozent, aber es gibt bestimmte Merkmale, die zu 90 Prozent übereinstimmen." Ich hatte mir zwar ein klares „Ja" gewünscht, jedoch genügte mir die Übereinstimmung der Einzelmerkmale, denn dass sich Unterschriften mit der Zeit ändern können, ist bekannt. „Was hat der Anwalt denn dazu gesagt?" wollte ich genauer wissen. Aber was sollte Chavez mir darauf antworten? Tief im Inneren wusste ich es doch. Es war ein Freundschaftsdienst, den der Anwalt ihm erwiesen hatte. Ich darf ihn niemals darauf ansprechen. Er würde es ohnehin dementieren. Ja, genau das.

Immerhin hatte das Warten nun ein Ende. Das Dokument war echt, die Unterschrift datierte aus dem Jahre 2007, war glaubhaft überprüft und mit hoher Wahrscheinlichkeit als echt befunden worden. Jetzt konnte der letzte Sargnagel eingehämmert werden. Ich nahm Kontakt zu meinem Mann in Hannover auf, und einige Tage später trafen wir uns an gewohnter Stelle. Ich rechnete mittlerweile fest damit, durch verdeckte Ermittler angehalten und durchsucht zu werden. Deshalb verabredete ich mit Toni, mit zwei Autos nach Hannover zu fahren. Toni sollte die erneute Eintrittskarte in „seinen" Club selbst einlösen. In Hannover traf ich meinen „alten Bekannten" wieder und wir unterhielten uns. Dann teilte ich ihm mit, dass gleich eine weitere Vertrauensperson dazustoßen würde. Toni kam aber nicht, und ich wurde nervös und rief an: „Wo bleibst du denn?"

„Man, man, man, ich habe Probleme mit dem Wagen und fahre nur noch auf ein paar Zylindern. Ich bin auf dem Weg, aber fahre hier höchstens 60. Ich bin gleich da."

Ich teilte ihm mit, wo wir saßen, und kurze Zeit später erschien er. Der Angel war überrascht und begrüßte seinen ehemaligen Bruder. Toni überreichte den Umschlag und erzählte seinem Exbruder seine Sicht der Dinge. Ich sagte dem Angel, dass er in den Umschlag gucken solle. Er ließ ihn jedoch verschlossen und wollte ihn weitergeben. Er war nun mal ein guter Soldat. Ich hatte ihm bereits vorher gesagt, dass das Dokument aus dem Polizeipräsidium B.-Stadt stammen soll und die Unterschrift überprüft worden war. Für die Echtheit könnte ich jedoch nicht zu 100 % garantieren. Ich war schließlich nur der Empfänger in einer langen Kette. „Das ist alles in Ordnung so wie es ist", attestierte er mir. Danach trennten sich unsere Wege. Toni und ich fuhren langsam Richtung Heimat und der Angel wohl direkt zu seinem Präsidenten.

Mir fiel ein Stein vom Herzen. Ich hatte mehr gearbeitet, in Erfahrung gebracht und zusammengetragen, als sich irgendjemand hätte vorstellen können. Diese Mission war jetzt abgeschlossen, und ich war gespannt darauf, was nun passieren würde und vor allem wann. Ich wünschte mir so sehr für Toni, dass er seine Flügel wiederbekommen würde, wusste ich doch, wie ungerecht ihm mitgespielt worden war und wie sehr ihn dies innerlich zerrissen und verletzt hatte. Für ihn war ein Traum geplatzt, und auch mein Bild von diesem alten und stolzen Club war mehr als stark in Mitleidenschaft gezogen. Ich gab jedoch nur einer Person und einem Charter die Schuld: Braunbär und B.-Stadt.

44. Was sonst noch passierte

Während dieser Zeit der parallel verlaufenden Ereignisse und Unternehmungen kam ich nicht im Geringsten zur Ruhe. Es war einfach zu viel. Ich war permanent auf 180, rund um die Uhr unterwegs oder hing am Telefon. Zum Glück war mein „Kreuzzug" für Toni beendet. Der kleine Kreis von Eingeweihten war sich darüber einig, dass auf jeden Fall etwas gegen Braunbär unternommen werden würde. Die Art und Weise war offen. Die Spekulationen reichten von einem üblen „Arschvoll" samt Rauswurf im „bad standing" bis hin zum vollständigen Verschwinden. Aber das sofortige Losschlagen wäre zu auffällig gewesen, weswegen wir einfach gespannt abwarteten.

Für mich gab es bekanntlich andere, größere Probleme und Beanspruchungen. Was würde aus meiner Polizeidienstfähigkeit werden? Wie würde sich die Situation mit Verena weiter entwickeln? Von ihrer Tochter getrennt und weiterhin voller Angst aufgrund der Vergangenheit und der ungewissen Zukunft, war sie ein unbeständiger und unberechenbarer Faktor in meinem Leben geworden.

Ein Gespräch mit dem Anwalt, den ich ihr besorgt hatte, machte deutlich, wie übel ihr von der Polizei Dortmund mitgespielt wurde und in welchem Verhältnis der damals federführende Beamte KHK Behrens zu ihr stand. Glücklicherweise wurden bei der Durchsuchung auch ihre „Haushaltsbücher" gefunden, in denen sie ihre Einnahmen aus ihrer Arbeit als Prostituierte Tag für Tag genau erfasst hatte. Innerhalb eines Jahres kam sie auf rund 80.000 Euro. Das war Beweis genug, dass ihre Anschuldigungen gegen ihren Exzuhälter der Wahrheit entsprachen. Der kleine Albaner hatte bei der Erstattung seiner Anzeige bei der Polizei angegeben, dass ihm 11.000 Euro, Goldschmuck und Kennzeichen gestohlen worden waren. Auch die Pässe seiner Freundin und ihrer Tochter seien entwendet worden. Die fraglichen 11.000 Euro erklärte er mit dem Verkauf des Mercedes 600 seines Vaters kurz vor der Tat. Er selber würde nur 600-700 Euro im Monat vom Amt beziehen. Das Verena als Prostituierte gearbeitet habe, wüsste er nicht, und den Saunaclub Harem würde er nur vom Namen her kennen.

Selbstverständlich war nichts des vermeintlichen Diebesguts bei mir, Anke oder Verena gefunden worden. Wie auch? All das schien das Ermittler-Team Behrens und Starke jedoch nicht zu interessieren. In erster Linie ging es ihnen darum, mich einer Straftat zu überführen.

„Jetzt sind Sie aus dem kleinen Napf eines kleinen Zuhälter in den großen Topf eines großen Zuhälters gelangt", sagte KHKin Starke zu Verena und fuhr fort: „Müssen Sie jetzt für Tim K. anschaffen?" Mithilfe meiner zahlreichen weiblichen Einträge in meinem Handyadressbuch wurde ihr suggeriert, dass die für mich anschaffen würden. Eine Unverschämtheit, wenn man sich vor Augen führt, dass all diese Frauen entweder in normalen Berufen tätig oder Studentinnen waren und nicht das Geringste mit dem Milieu zu tun hatten.

Auch die Aussagen von Verenas Mutter und ihrer kleinen Schwester, die bestätigten, dass Verena von ihrem Exfreund schlecht behandelt worden war, fanden keine Beachtung. Verenas kleine Schwester hatte ebenfalls ausgesagt, dass sie von ihrer Schwester unmittelbar nach ihrem Auszug telefonisch unterrichtet wurde. Wortlaut: Sie hätte endlich genug und wäre abgehauen. Wie zum Teufel kommen die „Kripoexperten" da auf eine Entführung? Ein Grund könnte sein, dass KHK Behrens lange Stammfreier bei Sandy gewesen war. Und Verena konnte sich deshalb so genau an ihn erinnern, weil er ein überaus brutaler und perverser Freier war. Wie sie gegenüber ihrem Anwalt zu Protokoll gab, hatte er ihr mehrmals in ihre Vagina gebissen, so dass sie vor Schmerz aufschreien musste und ihn von sich weg stieß. Das gehörte zu Behrens Vorlieben.

Verena ging inzwischen so oft wie möglich ins Solarium, womit sie ihre immer schlechter werdende Haut „tunen" wollte, die durch den immensen Drogenkonsum arg litt. Schließlich kam sie auf die Idee, sich das Lippenbändchen piercen und einige alte Piercings erneuern zu lassen. Ich brachte sie daraufhin zu Chavez in das Tattoo- und Piercingstudio, denn der stand ohnehin noch mit 750 Euro bei mir in der Kreide, und so diente diese Gelegenheit der Reduzierung seiner Schulden bei mir. Die beiden trafen sich jetzt das erste Mal, aber Chavez wusste, dass Verena zu mir gehörte und welchem Gewerbe sie nachging. Abgesehen davon stand es ihr aber auch auf die Stirn geschrieben. Ihre Vorgeschichte hatte ich ihm nicht brühwarm aufgetischt. Wozu auch? Er musste nur das wissen, was er wissen musste.

Es waren noch ein paar weitere Besucher in dem Studio und so mussten wir eine Weile warten. Verena tat, was sie ständig tat: Sie rauchte und trank Bier. Es gab noch einen weiteren Grund, warum ich sie hierher gebracht hatte: Ich wollte sie mit neuen Menschen bekannt machen und sie aus ihrer Isolation herausholen. Chavez und sie verstanden sich auf Anhieb gut, auch wenn Chavez in erster Linie mir damit einen Gefallen tat, denn er merkte sofort, dass Verena sehr einfach gestrickt und nicht gerade eine Stilikone war. Im Studio suchte sich Verena neue, vergoldete Piercings aus (Bauchnabel und Intimschmuck), und bekam endlich ihr lang ersehntes Lippenbandpiercing. Chavez machte mir einen Super-Freundschaftspreis, und legte ein Piercing als Geschenk obendrauf.

Im Anschluss gingen wir noch mit ihm in seine nahe gelegene Wohnung. Ich hatte ihm bereits am Telefon von der schwierigen Lage mit Verena erzählt und ihm offenbart, dass sie sich gegenüber der Anfangszeit stark verändert hatte und dieses nicht leicht zu ertragen war. Als Verena im Bad verschwand bat ich ihn, ob er nicht einmal mit ihr reden und herausfinden kann, was überhaupt los war und wie man sie am Besten wieder in alte und gewohnte Bahnen lenken kann. Er war einverstanden. Als sie wieder aus dem Bad kam, machte ich mich auf den Weg zur Tanke, da ich ohnehin etwas zu trinken für uns holen wollte. Ohne dass sie es sehen konnte, zeigte er mit dem Daumen nach oben, als ich nach einer halben Stunde wiederkam. Ich brannte vor Neugierde und machte ihm ein Zeichen, worauf wir uns ins Wohnzimmer begaben.

„Was ist los? Erzähl!"

„Mach dir keine Sorgen. Alles ist in Ordnung. Sie liebt dich! Sie braucht jetzt nur erstmal Ruhe und Abstand."

„Verarsch mich nicht. Sie hat wirklich gesagt, dass sie mich liebt?" Das war für mich allerdings kaum zu glauben. „Gibst du mir dein Wort, dass sie das wirklich gesagt hat?"

„Bruder, es ist zwar traurig, dass du mir nicht glaubst, aber ja, ich gebe dir mein Wort darauf. Sie braucht jetzt nur ein bisschen Ruhe, bis sich alles wieder eingerenkt hat. Überlass' sie mir einmal 24 Stunden, und ich bringe sie dir in dem Zustand zurück, in dem du sie kennengelernt hast."

„Hört sich gut an", dachte ich.

Es ging mir nicht um Herzensdinge, ich wünschte mir nur, dass sie zumindest wieder so lieb und zuverlässig wie am Anfang werden würde. Die Verena von heute hatte mit der Sandy von damals nicht mehr viel gemein. Und den ganzen Stress mit Verena konnte ich nicht gebrauchen, ich sehnte mich nach Frieden, wollte keinen unnötigen Ärger und außerdem mein Geld zurück. Chavez' Angebot kam mir daher sehr gelegen und so wurde er innerhalb kürzester Zeit zu unser beider Freund. Verena behauptete immer, dass er für sie wie ein großer Bruder sei und gleichzeitig ein Freund und Kumpel. Mit ihm könnte sie über alles reden, und er verstünde sie auch in Bereichen, die mir fremd war. Klar, sie meinte Drogen und Feiern.

Typisch war für Chavez, dass er sofort wieder Pläne schmiedete. Er versprach, einiges in die Wege zu leiten, damit Verena ihre kleine Tochter möglichst bald zurückbekommen würde. Es kamen durchaus gute Vorschläge. Erst einmal würde sie einen Familienanwalt brauchen, die Ehefrau seines Anwalts war eine solche. Den Kontakt wollte er herstellen. Des Weiteren würde er Verena eine Drogenunbedenklichkeitsbescheinigung besorgen. Er kannte einen Sozialarbeiter und diese seien dazu berechtigt. Seine Ex könne Verena ein Massageausbildungszertifikat ausstellen, da diese als Ausbilderin dazu legitimiert war. Damit wäre es möglich, Verena einen fiktiven Arbeitsvertrag als Teilzeitangestellte in „seinem" Tattoo- und Piercingstudio zu geben. Zu guter Letzt bot er an, mit Verena gemeinsam das Kinderzimmer der Kleinen neu zu streichen, um es dann zu fotografieren und als Fotomappe für die kommende Gerichtsverhandlung um das Sorgerecht vorzubereiten und dem Gericht vorzulegen. Alles klang hervorragend, obwohl an mancher Stelle vielleicht der ein oder andere Zweifel angebracht war, wie hilfreich es wirklich sein würde.

45. Die Weichen werden neu gestellt

Was jedoch ebenfalls typisch für Chavez war: Nichts davon wurde letztlich durch ihn in die Tat umgesetzt. Das Einfachste wäre dabei die Vermittlung der Familienanwältin gewesen – im Kontext der Ideen die Beste von allen. Aber nicht einmal das schaffte er, und so war ich es selber, der tätig werden musste. Aber immerhin kam der Tipp von ihm, und dieser war es allein wert. Die Anwältin schien genau das zu sein, was Verena für den Sorgerechtsstreit gegen das Jugendamt brauchte. Frau Strobe war kompetent, eloquent und durchsetzungsstark. Verena, die bereits eine Verhandlung vor dem Amtsgericht erleben durfte, befand sich gegenüber den älteren Mitarbeiterinnen des Jugendamtes alleine auf verlorenem Posten. Sie schilderte Rechtsanwältin Strobe ihr jahrelang erlittenes Martyrium in allen Details. Daraufhin schlug Frau Strobe vor, dass Verena eine eidesstattliche Erklärung abgab, damit das Gericht erkennen konnte, dass sie niemals die Möglichkeit gehabt hatte, ihre Tochter selbst zu erziehen. Verena wurde über die Strafbarkeit einer Falschaussage belehrt und erklärte an Eides statt:

„Ich bin von meinem Exfreund zur Prostitution gezwungen worden. Er hat mich geschlagen, vergewaltigt und einer totalen Überwachung unterzogen. Als ich mich einmal einer Arbeitskollegin anvertraut habe, dass ich am liebsten weglaufen wolle, hat sie mich verraten, und ich bin daraufhin von mehreren Albanern vor dem Club zusammengeschlagen worden. Es gab keine Hoffnung und keinen Ausweg für mich aus dieser Hölle, denn mein ehemaliger Lebensgefährte drohte mir auch damit, das Jugendamt über meine Drogensucht und Tätigkeit in Kenntnis zu setzen, worauf ich mit Sicherheit meine Tochter verlieren würde. Während eines Streits riefen die Nachbarn die Polizei. Als die Polizei vor der Tür stand, öffnete ich. Mein Exfreund stand mit einem Messer hinter der Tür und drohte mir, er würde mich abstechen, wenn ich gegenüber der Polizei etwas

erzählen würde. Nachdem ich von ihm geflohen bin, wurden mir Morddrohungen übermittelt. Deshalb ging ich zur Polizei nach B.-Stadt, wo ich vertröstet wurde. Mein Exfreund meldete mich als vermisst, obwohl ich von ihm geflohen bin und lediglich mein Geld mitgenommen habe. Auch in Paderborn wurde keine Anzeige durch die Polizei aufgenommen. Erst als ich Tim kennen lernte, fand ich Hoffnung und Hilfe. Ich bin freiwillig von meinem Exfreund weggelaufen und Tim K. hat mich in Hamm abgeholt. Nun habe ich eine neue, eigene Wohnung und kann endlich für mich und meine Tochter sorgen und dieser ein normales Leben bieten. Ich habe gewusst, dass, wenn ich im Alleingang versuche zu fliehen, er mich finden würde, und dann hätte ich ihm einfach alles zugetraut, auch dass er mich und meine Tochter umbringt." (B.-Stadt, 7.12.2009)

Die Kosten für die Anwältin sollten im Rahmen der Prozesskostenhilfe die Ämter bezahlen. Das war auch bitter nötig, denn ihren Anwalt im Strafverfahren, welches ich ja gleichfalls am Hals hatte und das mich finanziell aussaugte, hatte ich bereits für sie anzahlen müssen.

In der Kanzlei in B.-Stadt, die sich Frau Strobe mit ihrem Ehemann teilte, lernte ich auch ihren Ehemann und Chavez' Anwalt, seinen „Freund" (das behauptete zumindest Chavez) Alexander Strobe kennen, einen kompetenten und sympathischen Anwalt, das sei nur am Rande erwähnt. Mit einem sehr guten Gefühl, nun endlich über die passende rechtliche Unterstützung für Verena zu verfügen, fuhren wir wieder Heim. Rechtsanwältin Strobe sollte schon beim nächsten Besuch der Tochter in den Räumen des Jugendamtes Verena begleiten.

Ein weiteres Dokument aus Verenas Zeit der Peinigung, welches gleichzeitig sowohl den widerwärtigen Polizeieinsatz vom 4.11.2009 als auch die unerträgliche Behandlung durch die Dortmunder Polizei anprangerte, war ein Brief, den ich in Verenas Auftrag verfasste. Er las sich ungefähr wie folgt:

„Die wahren Täter, die mich gequält und gedemütigt, auf mich geschossen und auf meine Kosten ein Luxusleben geführt haben, diese blieben, trotz mehrfacher Versuche, eine Anzeige zu erstatten, unbe-

helligt. Ich selbst werde jedoch von einem meiner Stammfreier, KHK Behrens, festgenommen, der mit mir und Herrn K. bei den Vernehmungen ein falsches Spiel getrieben hat. Dies ist unerträglich und nicht hinnehmbar. Von nun an habe ich jegliches Vertrauen in die Dortmunder Polizei verloren und möchte nur noch von den Detmolder Beamten vernommen werden."

Der Brief war direkt an den Leiter VL Herrn Bentheim adressiert und wurde von Verena unterschrieben und persönlich auf der Wache in Detmold abgegeben. Der Brief schlug in der Behörde ein wie eine Bombe und zog weite Kreise.

Auch hinsichtlich der Polizeidienstfähigkeit schien langsam Bewegung in meine Sache zu kommen. Frau Dr. Wermeling hatte in einem Gespräch mit der Behörde erfahren, dass der wohlbekannte Polizeiarzt meiner Behörde, Dr. Piepenbrock, für mich künftig zuständig sei.

Zensiert!

Unterdessen war allgemein bekannt, dass die Polizei sich am liebsten so schnell wie möglich von mir trennen wollte. Aufgrund meiner Erkrankung, der Kontakte zu den Hells Angels und des anhängenden Strafverfahrens war ich ein „Schandfleck" für die Behörde. Insofern schienen jetzt beide Seiten, wenn auch aus unterschiedlichen Motivationen, am gleichen Strang zu ziehen. Ich sah endlich Licht am Ende des Tunnels.

Allerdings komme ich nicht umhin, noch eine kleine Anekdote zu erzählen: Ich lernte den Polizeiarzt Dr. Piepenbrock. kennen, als ich meinen ersten Tag als neuer Polizeischüler (Kommissaranwärter) im Polizeipräsidium B.-Stadt hatte. Der erste Tag bestand aus einer ärztlichen Routineuntersuchung. Innerhalb der Monate seit meiner Untersuchung während des Einstellungsverfahrens hatte ich eineinhalb Kilogramm zugenommen. Ich war dennoch in Topform, muskulös, durchtrainiert und ohne Fett, geschweige denn eines Bauchansatzes. Dr. Piepenbrock, geschätzte 1,62 Meter groß, aber kugelrund mit einer immensen Wampe, befand das jedoch als zu viel und verweigerte mir seine Unterschrift. Ich berichtete ihm von meiner BMI-Diskussion in Münster und der Reaktion des leitenden Arztes Dr. Pratke. Dr. Piepenbrock erwiderte, dass ich seitdem zugenommen habe. Ich entgegnete höflich: „Herr Doktor, ich werde von nun an wieder fast täglich laufen und das Gewicht der vorangegangenen Untersuchung schon bald erreichen. Aber trotzdem frage ich Sie nun, wo habe ich denn überhaupt Fett an meinem Körper?"

Dr. Piepenbrock betrachtete meinen nackten Oberkörper, griff dann mit Daumen und Zeigefinger an meinen Trizeps und schob dort die Haut zusammen. „Sehen Sie", sagte er, „da befindet sich noch verstecktes Fett."

Ich dachte nur: „Du arme kleine Wurst."

Äußerlich blieb ich jedoch regungslos, und schließlich setzte er seine Unterschrift mit den Worten „Willkommen im Club" dann doch noch unter den Untersuchungsbogen. Ich weiß bis heute nicht, ob das Ernst war oder ein Scherz.

Die nächste Begegnung mit ihm fand rund sechs Jahre später in der Behörde in Detmold statt. Im Ringerverein PSV Detmold zog ich mir einen leichten Bandscheibenvorfall zu. Dies ereignete sich ausgerechnet zur Weihnachtszeit. Trotz unglaublicher Schmerzen, ich konnte kaum im Streifenwagen sitzen, absolvierte ich meinen Dienst. Ich wollte mich nicht krankschreiben lassen, um anderen Kollegen mit Familie nicht das freie Weihnachten kaputtzumachen. Einmal musste ich mich während des Dienstes von einer Krankenschwester fit spritzen lassen, weil ich beim Aussteigen aus dem Streifenwagen beinahe zusammengeklappt wäre. Der Schmerz, der dabei durch meinen Körper rannte, fühlte sich an, als ob man mir ein Messer in den unteren Rücken rammte. Nach den Feiertagen ließ ich mich dann endlich krankschreiben. Da sich die Arbeitsunfähigkeit hinzog, wurde ich rund drei Monate später von Dr. Piepenbrock zu einer Untersuchung vorgeladen. Meine Mutter nutzte die Gelegenheit und sandte ein Fax an den Polizeiarzt Piepenbrock, in welchem sie wegen einer ambulanten Reha-Kur für mich fragte. Sie dachte an Massagen und Fangopackungen in dem Kurort, in dem ich lebte. Die Kliniken waren quasi vor der Haustür. Als ich im Behandlungszimmer stand, stürmte Dr. Piepenbrock herein und schrie mich ohne Begrüßung an: „Rehakur? Wollen Sie schon in Rente? Damit scheiden Sie aus dem Dienst aus!"

Irritiert antwortete ich: „Herr Doktor, beabsichtigt war damit, dass meine Schmerzen gelindert werden."

„Rehakur bedeutet Ausscheiden aus dem Dienst. Das ist etwas für Schwerstversehrte. Wollen Sie das?"

„Das habe ich so nicht gemeint. Es sollte der Wiederherstellung meiner Dienstfähigkeit dienen."

„Nun legen Sie sich mal auf die Liege."

Danach ergriff er mein Bein und streckte es so ruckartig in die Höhe, dass ich vor Schmerzen aufschrie. Er wollte damit meine Bewegungsfähigkeit testen. Nun wurde ich angewiesen, die kompletten Belastungstests (inklusive Ergometer) zur Überprüfung meiner „Fahrtauglichkeit zum Führen von Dienst-Kfz" zu absolvieren. Trotz dreimonatiger Bewegungsunfähigkeit und somit absolut außer Form, bestand ich sie ohne Probleme, sieht man einmal von den Schmerzen ab. Da machte mir der Doktor klar, dass ich langsam wieder in den Dienst zurückkehren muss. Ich entgegnete, dass ich immer noch Probleme mit meinem Rücken habe und noch Regenerationszeit benötige. Dr. Piepenbrock gewährte mir eine Woche und ergänzte, dass man sich bei einer so langen Krankheitsdauer ernsthaft Gedanken über die Dienstfähigkeit machen müsse. Erst als ich ihn darauf hingewiesen hatte, dass ich normalerweise sehr fit und auch beim SEK gewesen sei, wurde er schlagartig freundlicher zu mir. Da ich aber noch kein Beamter auf Lebenszeit war, kam ich unter Schmerzen seinem „Rat" nach einer Woche nach und trat wieder meinen Dienst an.

Ich bin nicht der Einzige, der solche Erfahrungen mit diesem Doktor gemacht hat, wenn ich den Erzählungen einiger „Kollegen" Glauben schenken darf.

Glücklicherweise traf die Information meiner Ärztin, dass Dr. Piepenbrock über meine Dienstunfähigkeit entscheiden sollte, aber nicht zu. Aber wenn ich es richtig betrachte, war der doch von Anfang an der Meinung, dass ich nicht in diesen „Haufen" gehörte. Und mittlerweile sah ich es auch so. Da hätte ich dann ja auch mal einen Witz reißen und ihm ob seiner „Weitsicht" gratulieren können. Vielleicht würde er auch noch in zehn Jahren darüber nachgrübeln, wie ich das wohl gemeint habe.

46. Falsche Engel

Es waren etliche Wochen vergangen, seit in Hannover an höchster Stelle bekannt geworden war, dass sich ein möglicher „Bullenspitzel" in den eigenen Reihen beziehungsweise im Satelliten-Charter B.-Stadt befinden würde. Und bekanntlich warteten wir auf Reaktionen. Gegen Ende des Jahres erfuhr ich dann, dass im Januar der B.-Stadter Vorstand ausgetauscht werden sollte. Es passierte jedoch nicht. Inzwischen hielt ich es für möglich, dass die für die Hells Angels wichtige Information weder im eigenen Charter, geschweige denn bundesweit publik gemacht worden war. Auf deutsch: Die Zeichen standen auf Vertuschung. Und damit schwand auch die letzte Hoffnung auf Gerechtigkeit und die Umsetzung der alten Leitsätze der Gründungsväter des Hells Angels MC: Freiheit, Gleichheit, Brüderlichkeit, Loyalität.

Das waren und sind die Leitsätze, auf die sich der Club stützt. Einer für alle und alle für einen. AFFA! Angels Forever Forever Angels (Engel für immer für immer Engel – bezieht sich auf die im Regelfall lebenslange Mitgliedschaft im Club). Doch was sind solche Versprechen und Losungen heutzutage noch wert? Offensichtlich zählt nichts davon. Genauer gesagt, die Club-Werte zählten offensichtlich nicht im B.-Stadter Charter. Die sind für mich schlichtweg falsche Engel.

Über den gesamten Club kann und werde ich nichts Schlechtes sagen. Im Gegenteil, die Idee, die hinter der Gründung des bekanntesten und größten Motorradclubs der Welt stand, fasziniert mich auch heute noch. 1948 gründeten ehemalige Bomberpiloten den Club, weil sie Kameradschaft, Freiheit, Zusammenhalt und auch Action suchten. Und bekanntlich, das hat sich bis heute nicht geändert, findet man diese Werte nicht in der bürgerlichen Gesellschaft, die durchzogen ist von Neid, Missgunst, Habgier, Diskriminierung und Angepasstheit. Ich habe Respekt vor den Hells Angels, welche die alten Werte in sich tragen und leben. Vor allem habe ich Respekt vor denjenigen, welche die Begeisterung am Motorrad fahren teilen und jährlich Tausende von Kilometern gemeinsam mit ihren Brüdern runterreißen. Für sie empfinde ich Achtung, aber für die anderen habe ich nur Verachtung übrig. Diese falschen Engel, oder besser gesagt Möchtegern-Engel, zerstören und besudeln alles, wofür der Club steht und was seine Mitglieder seit Jahrzehnten gelebt haben.

Was war das Problem mit Toni? Es ging nicht um Leben und Tod. Der Vorwurf lautete, dass er einen freundschaftlichen Kontakt zu einem „Bullen" hatte. Fast jeder Hells Angel kennt irgendwo einen „Bullen". Und dass Toni ein „Bullenspitzel" war, behauptet nur derjenige, der selbst im Verdacht steht. Wo sind die Beweise für die Anschuldigungen, wenigstens Indizien? Ausgerechnet Toni, der sechseinhalb Monate für seinen Club im Knast saß und die Schnauze gehalten hatte? Wo waren Tonis übrige Brüder, als er ohne Beweise im „bad standing" gehen musste? Was war mit dem Prinzip, dass einstimmig beschlossen werden musste und jede Stimme gleich gewertet wird? Im Hauruck-Verfahren wurde mit einer Handvoll Member gemäß dem Wunsch des Präsidenten abgestimmt. Wo haben sich da die langjährigen Brüder gerade gemacht? Ich bin der festen Überzeugung, dass eine solche Schande in den USA, in anderen europäischen Ländern und selbst bei anderen deutschen Hells-Angels-Chartern nicht möglich gewesen wäre.

Wenn man den Schätzungen Glauben schenken darf, dann gibt es mittlerweile mehr „Hells Angels made in Germany" als im Mutterland USA. Und dies ist um ein Vielfaches größer. Das muss man sich einmal auf der Zunge zergehen lassen. Aber genau diese Entwicklung ist ein Problem, denn immer mehr Typen wollen ein Hells Angel werden, die rein gar nichts mit einem Biker zu tun haben, jemals hatten oder irgendwann haben wollten. So verschwinden die alten Werte und Regeln, und der Bodensatz erhält Einzug in die ehemals geschlossenen Reihen. Ich kann mir nicht helfen, aber wie sonst lassen sich Vorkommnisse wie die folgenden erklären:

- In der Stadt eines neuen deutschen Charters wird ein Bandido in Begleitung seiner Frau und Kinder von mehreren Hells Angels angegriffen.
- Auf der A7 rammte der Präsident des Hells-Angels-Charters Flensburg mit seinem Auto einen 26-jährigen Bandido auf dessen Motorrad, der in die Leitplanke knallte und sich dabei schwer verletzte.
- In Duisburg erschoss Timur A., ein erfolgloser Käfigkämpfer und Hells Angel mit Migrationshintergrund, aus seinem Auto heraus den Bandido Eschli mit mehreren Schüssen. Anlass war der Streit um eine Frau. Warum hat er es nicht wie ein echter Rocker geklärt und Mann gegen Mann gekämpft?
- In Süddeutschland bekam ein Hells Angel-Supporter eine Tracht Prügel von einem Outlaw. Daraufhin lauerte er, unterstützt von einem Member und einem Prospect, einem 50-jährigen Outlaw auf, der mit seinem Motorrad unterwegs war. Dieser wurde abgedrängt, stürzte und wurde nun von den dreien zusammengeschlagen und am Ende feige abgestochen. Bei dem Outlaw, der mit dem eingangs geschilderten Vorfall gar nichts zu tun hatte, handelte es sich um einen friedlichen und beliebten Familienvater, der Präsident eines Outlaws-Chapters und begeisterter Motorradfahrer war. Er hieß Dirk. Ruhe in Frieden.

Sollen das echte Engel sein? Nach meinem Verständnis sind sie es nicht, es sind falsche Engel. Eine Schande für den Club. Deshalb wende ich mich an die immer noch zahlreichen echten Hells Angels in Deutschland: Erkennt jene, die den Death Head nur um des eigenen

Vorteils und der Selbstdarstellung Willen tragen und entfernt sie aus eurem Club.

Einmal war ich mit Toni auf einer Party, als dieser „suspended" war. Ich glaubte kaum, meinen Augen trauen zu können, was ich da sah waren „Kinder" von gerade einmal Anfang 20, aufgepumpte, glatzköpfige Anabolikagestalten. Ich sah Hells Angel-eins in Kutten, die man sich ebenso gut auch als Fahrgäste in einem Autoscooter auf der Kirmes vorstellen könnte. Auf dem Rückweg sagte ich zu Toni: „Du bist zehn Jahre in dem Verein und läufst hier ohne Kutte auf, und diese Kinder laufen breitbeinig mit ihren nagelneuen Patches herum. Was war das denn? Sind das etwa die neuen Engel?" Ein Freund von mir saß einmal bei einer Käfigkampf-Veranstaltung im VIP-Bereich neben einem Tisch von Hells Angels und Prinz Marcus von Anhalt. Er berichtete mir Ähnliches: „Ich habe zwar genau hingeguckt, aber meinen Augen nicht richtig trauen können. Wie können denn Jugendliche mit Full-Member-Status ausgerüstet sein? Das waren Kinder und Halbwüchsige ..." Und genau das ist das Problem und meiner Meinung nach auch der Anfang vom Ende. Eine Kette ist immer nur so stark, wie ihr schwächstes Glied. Aus Qualität wird zunehmend Quantität. Alle Grundsätze werden verraten, weil Gier und Profitdrang einiger Weniger der Antrieb sind.

An dieser Stelle möchte ich auch noch einen Fall aufgreifen, der in meinen Augen ebenfalls symptomatisch ist und eindeutig zeigt, dass die Entwicklung bedenklich verläuft: Im Jahr 2009 griffen mehrere Bandidos und Supporter des Berliner Chapters El Centro einige Hells Angels in der Nähe von Berlin an. Bei einem der drei schwerverletzten Hells Angels haben die Angreifer versucht, mit Axthieben das rechte Bein abzutrennen. Er wurde per Hubschrauber in eine Unfallklinik geflogen, wo eine Amputation in letzter Sekunde abgewendet werden konnte. Zu den Opfern dieser Nacht gehört auch der Präsident der Hells Angels Nomads. Er wurde von einem Clubmitglied in die Unfallklinik gefahren, während ihm noch ein abgebrochenes Messer im Rücken steckte. Genau diese Bandidos und Supporter des Chapters El

Centro gerieten Monate später in Streit mit dem Bandidos MC. Unter Vermittlung einiger hoher Hells Angels, lief das gesamte Chapter zu den Hells Angels über. Zahlreiche junge Männer, ohne Führerschein und ohne Motorrad, bekamen über Nacht das Full-Colour des Hells Angels MC Turkey Nomads. Damit waren es vollwertige Hells Angels, die als Nomaden-Charter dem Hells Angels MC Turkey angegliedert sind. Mittlerweile nennen sie sich Hells Angels Berlin City.

Das ganze ist in meinen Augen eine unfassbare Komödie: Ehemalige Bandidos und Unterstützer, die noch vor mehreren Monaten mehrere hochrangige Hells Angels angegriffen und schwer verletzt haben, dürfen sich nun deren Brüder nennen. Was muss in den Köpfen der Hells Angels vorgehen, die ihrem Club jahrelang treu und loyal ergeben waren und viele Entbehrungen auf sich genommen haben, um endlich voller Stolz den Death Head zu tragen? Und was sollen sie davon halten, wenn sie den Pressesprecher des HAMC Germany, mit Namen Django (Hells Angels MC Westside), vor laufender Kamera sagen hören: „Verrat ist schlimmer als Mord. Denn Verrat tötet Vertrauen." Warum zum Teufel werden dann Verräter aufgenommen? Angeblich, so munkelt man, sind 250.000 Euro dafür locker gemacht worden, um das schlagkräftige frühere Chapter der Banditen einzukaufen. Wenn das stimmt, dann sind Hells Angels also käuflich. Und wer käuflich ist, ist nicht loyal. Und wer nicht loyal ist, sollte nichts bei den Hells Angels zu suchen haben. Aber lassen wir den Präsidenten mit dem Messer im Rücken sprechen: „Ich befürworte den Übertritt" [Spiegel TV Reportage auf SAT 1 vom 26.4.2010]. Und ein weiterer hochrangiger Angel gab von sich: „Ich find', dass sie gut passen. Ich find' die Jungs in Ordnung."

Ist das so? Dann habe ich keine weiteren Fragen mehr.

Allerdings möchte ich noch auf eine „kleine Ungereimtheit" hinweisen: Auf der Internetseite der „Hells Angels Germany" findet man unter der Rubrik „Häufig gestellte Fragen" (FAQ) auch die: „Wie wird man ein Hells Angel?" Die Antwort lautet „Das Schlüsselwort heißt Motorradclub, was bedeutet, dass es sich bei den Angels um wahre

Motorradenthusiasten handelt und ihr Motorrad ihr primäres Fortbewegungsmittel ist. Im Durchschnitt legt ein Clubmitglied über 25.000 Kilometer im Jahr mit seinem Bike zurück, und dieses bei Regen, Schnee oder Sonnenschein …" Das ist ja interessant. Ich bin mir sicher, die meisten der neuen Hells Angels fahren nicht mal 1.000 Kilometer im Jahr mit dem Motorrad oder besitzen erst gar keinen Motorradführerschein.

Es kann also nur so sein, dass sie sich mit Hilfe des Death Heads profilieren und sich diesen gleichzeitig auch zu Nutze machen wollen. Und genau deswegen sind das Motorradfahren und die Bruderschaft für sie nur Nebensache, wenn nicht gar ein notwendiges Übel. Wenn ein Charter aber eher eine Art Firma in Form einer GmbH ist, die von den originären Zielen einer Bruderschaft abrückt, dann wird diese zur Gefahr für alle echten Hells Angels. Letztlich sind sie es, die für das Handeln der falschen Engel mitverantwortlich gemacht werden und dafür bezahlen müssen. Sie sollten sich ihrer Wurzeln bewusst sein und nur denen das Colour geben, die es auch wirklich verdient haben.

47. Escort

Der Jahreswechsel näherte sich, und das Verhalten Verenas blieb unverändert. Anke und ich bemühten uns nach Kräften, ihr zu helfen, und mittlerweile bot sich immer wieder auch Chavez an, ihr ein wenig Abwechslung zu bieten. So war es vorgesehen, dass sie mit ihm und weiteren seiner Bekannten den Jahreswechsel feiern sollte. Ich war froh über derartige Optionen, denn das ausgelassene Feiern mit Alkohol war noch nie mein Ding.

Der Mietvertrag für ihre alte Wohnung in Hamm wurde zu Ende Januar gekündigt, so erfuhren wir eines Tages. Der Mietvertrag lief nämlich auf ihren Scheinehemann, damit der Anschein gewahrt blieb. In der Wohnung befanden sich jedoch noch zahlreiche Gegenstände und Kleidungsstücke von ihr und ihrer Tochter. Viel Zeit verblieb nicht, dieser noch habhaft zu werden. Mein Anwalt und die Familienanwältin rieten ihr zu einem Eilantrag zwecks Herausgabe ihrer Besitztümer beim zuständigen Amtsgericht in Hamm. Aufgrund ihrer Trägheit verstrich kostbare Zeit. Endlich entschloss sie sich, doch aktiv zu werden. Ein Transporter wurde besorgt, und mein Freund Milan erklärte sich bereit, bei dem kleinen Umzug zu helfen. Das war die erste Begegnung von Verena und Milan.

Milan ist ein gradliniger Typ, der nicht viel redet, sondern lieber Taten sprechen lässt. Er ist weltgewandt, kennt verschiedene Kulturkreise, auch den der Albaner und muss nicht zweimal gefragt werden, wenn er um Hilfe gebeten wird. Er wusste sehr genau, wie man diesen kriminellen Hartz-4-Empfängern gegenübertreten musste.

Wir holten ihn in B.-Stadt ab, um gemeinsam zu Verenas alter Wohnung zu fahren. Sie litt immer noch unter Todesängsten vor ihren früheren Peinigern. Mir hingegen ging es darum, nicht wieder irgendwas falsch zu machen. Daher fuhren wir in Hamm zuerst eine Polizeiwache an und ersuchten um Begleitung für den Wohnungsbesuch. Als wir in Begleitung der Polizei ankamen, mussten wir jedoch feststellen, dass die Schlösser ausgetauscht worden waren und sich auch niemand in der Wohnung befand. Uns blieb nichts übrig, als unverrichteter Dinge wieder nach Hause zu fahren. Verena schrieb ihre Sachen endgültig ab. Aber es war ihre eigene Schuld. Wie oft hatte ich ihr gesagt, dass sie sich darum schon viel eher hätte kümmern sollen.

Die Situation hatte sich in den letzten Wochen zugespitzt. Verenas Geld war ausgegangen, und die Miete plus Nebenkosten waren fällig. Es führte kein Weg daran vorbei, dass sie wieder Geld für sich verdienen musste. Aber wohin mit ihr? Hannover war mir zu weit entfernt. In dem nahe gelegenen Saunaclub bzw. an ihrem alten Arbeitsplatz wollte sie aus Angst nicht arbeiten. Es musste also eine andere Möglichkeit her, eine andere Idee: Escort-Service.

Innerhalb kürzester Zeit besorgte ich eine traumhafte Wohnung, in der sie Besucher empfangen konnte, und ermöglichte ihr einen Internetauftritt auf der größten Model- und Escort-Seite unserer Region.

Die Bilder, die ich dort für sie einstellen ließ, schoss ein befreundeter Fotograf. Vor Kurzem noch in Partytreffs und Saunaclubs tätig, besaß Verena nun die Möglichkeit, liquide Kunden in stilvoller Umgebung zu empfangen oder zu besuchen. Und das zu Preisen, von denen sie und erst recht ihr unfähiger Zuhälter früher nur hätten träumen können. Für mich bedeutete das jedoch, dass ich mich wieder um alles Organisatorische zu kümmern hatte. Ich fuhr sie zu der Wohnung, zu den Haus- und Hotelbesuchen und erledigte auch sonst alles, was anfiel. Sie musste nur eins machen: ihre Beine breit. Naja, nicht ganz. Ihr Telefon klingelte, und deswegen musste sie auch rangehen.

Mir war inzwischen alles, was mit ihr als Person zu tun hatte, vollkommen egal geworden. Sie sollte sich lieber heute als morgen aus meinem Leben verabschieden. Vorher wollte ich allerdings meine Auslagen zurück haben. Wir vereinbarten deswegen, dass 40 % ihrer Einnahmen der Rückführung der Kosten dienten. Doch bekanntlich kann man zwar einen Affen aus dem Busch holen, aber niemals den Busch aus dem Affen. Obwohl ihr Telefon ständig klingelte und sie über hervorragende Arbeitsverhältnisse verfügte, schaffte es Verena einfach nicht, ihre zahlreichen Termine zu koordinieren, was sich nachteilig auf die Umsätze auswirkte. Zum Teil war es Lustlosigkeit, Apathie und wohl auch ihre Beschränktheit, größtenteils, so denke ich, aber das fehlende gewohnte Umfeld, was ich ihr einfach nicht bieten konnte und wollte. Sie war es eben gewohnt, in einen Club gefahren zu werden, dort zu ackern und abends wieder abgeholt zu werden. Und wenn sie nicht wollte oder die Kohle nicht passte, dann gab es eben ein paar in die Schnauze. Wegen ihr lernte ich, dass es Frauen gibt, die genau das brauchen und es offensichtlich auch nicht anders haben wollen. Aus dieser Perspektive betrachtet, war der Albaner genau das gewesen, was sie „verdient" oder besser gesagt nötig hatte. Hätte man sie etwas zuvorkommender behandelt, wäre sie wohl zu phlegmatisch gewesen, um jemals wegzurennen. Nur war der kleine Scheißer eben zu dumm, seine Goldkuh richtig zu melken, weswegen sie ihm weglief. Aber Extreme ziehen sich ja bekanntlich an, und Gleich und Gleich gesellt sich gerne.

Von daher waren die beiden schon ein „Traumpaar" gewesen: Faulheit und Unvermögen auf beiden Seiten.

Mir ist klar, dass auch meine Rolle gemeinhin mit „Zuhälter" umschrieben werden kann. Aber es ist schließlich nicht meine Schuld, dass kriminelle Elemente das wohl zweitälteste Gewerbe der Welt in Misskredit gebracht haben. Dennoch wäre der Begriff „personal Manager" für mein Verständnis wesentlich effektiver, wird sich aber wohl nicht in der breiten Öffentlichkeit durchsetzen. Zuhälter zwingen, handeln menschenverachtend, und personal Manager organisieren, bieten Dienstleistung. Moderne Management-Methoden, in den letzten 20 Jahren zunehmend in der Wirtschaft verbreitet, haben sich von Zwang und Druck von oben verabschiedet. Als sie ihren Siegeszug begannen, hatten sie einen Produktivitätsschub zur Folge, der wiederum diejenigen alt aussehen ließ, die diesen Wechsel noch nicht vollzogen hatten. Die Spirale wurde enger und schneller. Mit Organisationsmodellen von vor 30, 40 Jahren braucht man heutzutage erst gar nicht mehr ankommen. Sklavenhaltergesellschaften haben funktioniert, sicher, sonderlich produktiv waren sie jedoch nicht. Verena war ein Relikt dieser Zeit, das wurde mir schlagartig mit der nächsten Begebenheit bewusst: Eines Tages kam Katharina auf mich zu und offenbarte mir, dass sie „das" nun auch mal ausprobieren wolle. Wir hatten vor geraumer Zeit einmal über Möglichkeiten der Finanzierung ihres Studiums gesprochen. Als sie nun mitbekam, welche finanziellen Möglichkeiten sich bei Verena auftaten, schien sie elektrisiert. Katharina berichtete mir, dass „die Alte" nur apathisch und zugedröhnt in ihrer Wohnung saß, obwohl das Telefon pausenlos klingelte. Ich offerierte Katharina das identische Servicepaket inklusive Top-Apartment, Fotos, Werbung und Fahrdienst, und selbstverständlich kümmerte ich mich auch um den Schutz der Mädels. In diesem Metier ist der Sicherheitsaspekt besonders wichtig, denn gerade bei Außenterminen wissen die Damen nie, an was für einen Kunden sie geraten. Deshalb sollten sie mich immer anrufen, sobald sie in eine fremde Wohnung gingen, und sich das Geld vom Kunden im Voraus geben lassen. Ein möglicherweise unberechenbarer Kunde erfuhr mit dem Anruf, dass die Dame nicht alleine war. Dass die Sorge um die Unversehrtheit der Mädels nicht unbegründet war, musste die „gute" Verena bereits am eigenen Leib erfahren: Ein Freier nahm sie von hinten, zog dann urplötzlich das Gummi runter und rammte „ihn" erneut „ohne" rein. Sie sprang nach vorne, drehte sich und trat nach ihm, worauf er begann, sie am Hals zu würgen. Sie konnte sich befreien, griff in ihre Schublade nach dem Pfefferspray und sprühte es ihm ins Gesicht. Daraufhin nahm der Freier seine Kleidung und flüchtete aus der Wohnung. Dieser Übergriff ereignete sich in ihrem Apartment, und ich war deswegen nicht in der Nähe.

Katharina ging in ihrer neuen Nebentätigkeit voll auf. „Tim, ich bin so froh, dass ich dich kennengelernt habe. Warum habe ich das nicht schon viel eher gemacht?", sagte sie. Im Gegensatz zu Verena, oder genauer gesagt Larissa, beherrschte sie die Organisation ihrer zahlreichen Termine meisterhaft und wollte auch „arbeiten" und Geld verdienen. Das Geld, was Larissa liegen ließ, holte Katharina gleich doppelt rein. Sie konnte sich außerordentlich gut artikulieren und verfügte über eine ordentliche Allgemeinbildung. Es kam nicht selten vor, dass Katharina mit einer langen Unterhaltung genauso viel verdiente wie die beschränkte Larissa mit stundenlanger Vögelei. Larissa war eben eine billige Nutte und Katharina ein echtes Escort-Girl.

Obwohl Larissa nicht sehr gut verdiente, liefen die „Geschäfte" dank Katharina trotzdem ganz gut. Manchmal überschnitten sich ihre Termine, dann musste ein Freund den Fahr- und Sicherheitsdienst übernehmen. Die kleine Sorena in der fernen Schweiz trug ihr Scherflein dazu bei, indem sie alle paar Monate ihre Wohnung in Deutschland aufsuchte und ihre Schulden bei mir beglich. Ich muss eingestehen, dass ich sie während dieser stressigen und dank Larissas Verhalten und Problemen unerfreulichen Zeit, stark vernachlässigte. Die grundlegenden Dinge wie die Brief- und Rechnungs-Bearbeitung wurden dennoch zu jedem Zeitpunkt von mir aufrechterhalten. Es trafen immer noch Rechnungen und Mahnbescheide aus alten Zeiten ein, und die Zahlungsmoral der kleinen Sorena hatte sich nicht mit der finanziellen Situation mitentwickelt. Solange sie ihre Miete plus Nebenkosten sowie den Porsche bezahlte, der auf meinen Namen lief und dessen Raten von meinem Konto abgebucht wurden, tangierte mich das jedoch nur am Rande. Sie wusste aber nur zu gut, dass sie ihren Porsche nur dank meiner Hilfe überhaupt fahren konnte. Keine Bank der Welt hätte ihr diesen Wagen finanziert, und selbstständig hätte sie sich diesen ebenfalls niemals erwerben können.

Alles in allem lief es jedoch rund, und so war ich gespannt, was das neue Jahr alles für mich bringen würde. Es hatte ja gerade erst angefangen.

48. Outlaws

Im Zuge meiner Festnahme und des laufenden Ermittlungsverfahrens gegen mich leitete meine Behörde ein Disziplinarverfahren ein. Mir wurde vorgeworfen, dass ich Kontakte zu Mitgliedern der Hells Angels und ins Rotlichtmilieu besitze und meinen Dienstausweis missbräuchlich benutzt hätte. Mein Anwalt Herr Ahrend nahm Einsicht in die Akte. Daraus ging eindeutig hervor, dass es für meine angeblichen Kontakte zu den Rockern und zum Milieu keine Beweise gab, sondern nur Annahmen auf der Grundlage von Gerüchten. Den Dienstausweis hatte ich in der Tat vorgezeigt, als ich Verenas Tochter in ihrer neuen Grundschule angemeldet und mich vorsorglich mit dem Direktor unterhalten hatte. Was für eine Verfehlung.

Ich wurde im Polizeirechner als Verbrecher geführt, und mein Datensatz wurde im ganzen Land abgefragt. Mir wurde berichtet, dass vor den Bildschirmen regelrechte Versammlungen stattfanden und man sich voller Schadenfreude an mir ergötzte. Ja, so waren sie, die lieben „Kollegen" und „Kolleginnen". Ich bin mir sicher, dass der ein oder andere neidisch auf meine „Freiheit" und die angeblich „dicke Kohle" war. Ebenso sicher bin ich mir auch, dass bei dem ein oder der anderen etwas wie versteckte Bewunderung im Spiel war, dass ich den Arsch in der Hose hatte und einfach mein Ding durchzog, statt mich zerbrechen zu lassen. Und ich bin sicher, dass nicht wenige genau davon träum(t)en. Ich war schließlich nicht der einzige Polizist der Welt, der sich bei seiner Berufsentscheidung „berufen" gefühlt hatte und dessen Träume an der Realität zerborsten waren. Wenn meine Haltung in dieser Sache auch nur einer Kollegin, einem Kollegen half, für sich eine richtige Entscheidung zu treffen, wenn ich im Herzen nur einer Kollegin oder eines Kollegen ein Held war, dann sollte es mir recht sein, dass man landesweit vor den Bildschirmen hockte und lästerte.

Meine Kontakte zu den mir bekannten Angels schliefen mit der Zeit immer mehr ein. Der Grund dafür wurde im Kapitel „Falsche Engel" beschrieben. Je länger im Falle Tonis nichts passierte, desto mehr wandte ich mich innerlich angewidert ab. Nun war Chavez' Zeit gekommen. Er wollte mich schon seit Längerem für den Outlaws MC gewinnen. Und da er in meine letztlich erfolglosen Bemühungen involviert war, verspürte er auch meine Enttäuschung. Er wählte geschickt den richtigen Zeitpunkt, um eine Ansprache zu halten: „Du bist ein richtig Guter und passt bei uns genau rein. Du bist kein möglicher Engel, weil du kein Arschloch bist. Du hast es körperlich zwar drauf und passt optisch zu denen, aber du hast ein gutes Herz. Wenn du willst, dann bringe ich dich rein. Mark [ein Outlaws-Prospect – Anm. d. Autor] und ich würden für dich bürgen. Fühl' dich nicht unter Druck gesetzt und überleg' es dir in Ruhe. Die Tür steht offen für dich."

Ich fühlte mich geschmeichelt. Bisher war meine Verbundenheit mit Toni und den Angels immer dominierend gewesen. Doch nun war alles zusammengebrochen, was die Engel in meiner geistigen Welt verkörpert hatten. Demzufolge fing ich an, ernsthaft über Chavez' Rede nachzudenken. Je mehr ich mich mit dem Outlaws MC beschäftigte, desto leichter fiel mir die Entscheidung. Der Outlaws MC verkörperte genau jene Werte, die ich woanders erfolglos gesucht hatte. Zusammenhalt und gemeinsames Motorradfahren schienen das wichtigste, das verbindende Element.

Der Outlaws MC ist der älteste der 1%-Motorradclubs der Welt. Dies ist vielen nicht bekannt. Er wurde 1935 in Chicago gegründet. Sein Colour besteht aus einem Totenkopf und zwei gekreuzten Kolben darunter, dem so genannten „Charlie". Zusammen mit den Hells Angels, den Bandidos und dem Gremium MC gehört er zu den „großen Vier" in Deutschland. Und wie die Engel und die Banditen ist er ebenfalls ein Weltclub mit vielen internationalen Chaptern. Der „1%"-Begriff entstand im Jahre 1947. Am 4. Juli 1947 feierten die USA ihren Nationalfeiertag, und in Hollister wurde ein traditionelles Motorradrennen veranstaltet, wobei eine Handvoll von Bikern durch Schlägereien und Saufgelage „unangenehm" auffielen. Die American Motorcyclist Association (AMA) erklärte daraufhin öffentlich, dass „nur 1% aller Biker" gewalttätig sei. Da war der Begriff der „1%-er" geboren, und die Outlaw-Clubs wie Angels, Bandidos und Outlaws schrieben sich ihn auf ihre Fahnen, um der Gesellschaft deutlich zu machen: „Wir leben nach unseren Regeln."

In Deutschland sind die Outlaws besonders im Süden stark vertreten und zahlenmäßig weder den Engeln noch den Banditen unterlegen. Freundschaftliche Bindungen bestehen zum Bandidos MC, da vor langer Zeit aus den gelben und schwarzen Ghostridern der Bandidos MC und der Outlaws MC Germany hervorgegangen sind. So kennt man sich teilweise noch aus alten Zeiten. Zu den Hells Angels bestehen indes Spannungen, besonders seit 2009 im Donnersbergkreis ein Präsident des Outlaws MC von Hells Angels heimtückisch ermordet wurde. Der anschließende „Rockermord-Prozess" in Kaiserslautern fand ein großes Echo in den Medien. In den USA bestehen schon seit Langem ernsthafte Spannungen, weshalb viele Outlaws-Member dort folgenden Patch tragen: ADIOS. Die Abkürzung steht für „Angels Die In Outlaw States" („Angels sterben in Outlaw-Staaten").

Die Strukturen sind bei allen „Großen" beinahe identisch. Die Outlaws sehen sich indes nicht als „Geschäftsleute". Das Motto lautet: Biking and Brotherhood and no other shit! Und es wirkt nicht geheuchelt. Ihre Auffassung vom Sinn und Zweck eines MC unterscheidet sich inzwischen deutlich von den Engeln. So ist es auch kein Wunder, dass die Outlaws heutzutage eher dem althergebrachten optischen Klischee der Rocker entsprechen als viele der Angels.

Wie bei allen anderen Motorradclubs bedeutet die Zugehörigkeit natürlich auch Stärke und Schutz. Wenn eine andere Gruppierung oder Interessengemeinschaft einen Outlaw angreift oder beleidigt, bekommt diese es mit allen anderen Outlaws zu tun. Alle für einen und einer für alle!

Ich liebte das Motorradfahren, und mit dem System, das mich ablehnte, hatte ich ohnehin gebrochen. Die Angels hatten mich maßlos enttäuscht. So entschied ich nach reiflicher Überlegung, mich dem Outlaws MC zuzuwenden. Ich teilte Chavez meine Entscheidung mit, und er setzte alle Hebel in Bewegung, um mich offiziell an den Club heranzuführen. Das Probationary-Chapter der Outlaws in dieser Gegend wurde von einem Urgestein von Rocker geführt, dem langjährigen Member und Präsidenten Tacki. Der ist eine breite und massige Erscheinung mit langen dunklen Haaren, die er immer zu einem Zopf gebunden hat. Es heißt, wenn er sein Haarband herausnimmt, sollte man ihm besser aus dem Weg gehen. Schon einige Male hat er auf Partys oder in anderen Situationen „Unverschämtheiten" wie die Respektlosigkeit eines Gastes oder das Tragen eines Support-Shirts der Angels in „seiner" Stadt angemessen beantwortet. Zu seiner Entschuldigung muss erwähnt werden, dass der gerade erwähnte Angels-Supporter dreimal höflich aufgefordert worden war, dass „T-Shirt doch vernünftigerweise auszuziehen." Leider erfolglos. Nachdem er blutig und bewusstlos auf dem Asphalt lag, wurde es ihm ausgezogen. Die herbeigeeilten Polizisten wagten es nicht, Tacki bei diesem Unterfangen zu stören oder ihn gar davon abzuhalten. Erst nachdem er fertig war, fragten sie ihn nach dem Grund. Konsequenzen gab es keine. Was Tacki jedoch in erster Linie ausmacht, ist seine kameradschaftliche Art gegenüber Brüdern und Freunden und sein gutes Wesen. Er war und ist zudem ein Denker und Lenker und für mich der Typus eines Präsidenten, der einem Chapter vorstehen sollte. Er redet nicht nur von

Werten, er hält sich dran und ist immer und in jeder Lage für seine Jungs da.

Chavez hatte ein abendliches Treffen in seiner Wohnung arrangiert, bei dem ich Gelegenheit bekommen sollte, mich „vorzustellen". Auch mein zweiter Bürge Mark war anwesend, ein kleiner, glatzköpfiger „Pitbull". Er ist um die 40 Jahre alt und bekleidet eine gehobene Stellung in einem mittelständischen Betrieb. Überhaupt habe ich die Erfahrung gemacht, dass fast alle Member der Outlaws normalen Berufen nachgehen und sich in festen Arbeitsverhältnissen befinden. Die Bandbreite der Mitglieder erstreckt sich vom Handwerksmeister bis hin zum Nachtclubbesitzer. Viele haben Freundin, Ehefrau und Kinder, und im Gegensatz zu einigen anderen 1%-Clubs sind die Familienmitglieder bei Clubabenden und Partys stets willkommen und auch anwesend. Die Clubmeetings finden allerdings, wie bei anderen Clubs auch, hinter verschlossenen Türen statt. Es gilt das Motto: „Wer in Ordnung ist und sich bewährt hat, der passt eben bei uns rein." Es gibt demnach alles, bis auf eins: „Bullen". Womit wir wieder bei mir wären. Allen beteiligten Personen war klar, dass ich in absehbarer Zukunft aus dem Polizeidienst ausscheiden würde. Ich wäre dann kein „Knecht" mehr. Demzufolge hieß es: „Wenn du kein ‚Bulle' mehr bist, dann ist das o.k. Du wirst zwar immer und ständig damit konfrontiert werden, aber irgendwann wird man dich so sehen, wie du bist."

Auch darin unterscheiden sich die anderen großen Clubs von den Angels. Bei den Bandidos in Berlin hat es ein ehemaliger Polizist mittlerweile zum Präsidenten eines Chapters gebracht, glaubt man einer Fernsehreportage. Bei den Hells Angels darf indes niemand Mitglied werden, der jemals als JVA-Bediensteter oder Cop gearbeitet hat. Dennoch gibt es so gut wie keine vergleichbaren Fälle wie den aus Berlin. Der Ratten-Verdacht schwebte immer mit. Und auch in meinem Fall wurden diverse Informationen über mich eingeholt, um mich zu durchleuchten. Ich hatte vollstes Verständnis dafür und nahm es leicht, denn niemand wusste besser als ich, dass ich den Grün-Weißen schon lange nicht mehr loyal gegenüberstehen konnte.

An diesem Abend sollte ich also „vorsprechen". Was mit einem lockeren und geselligen Gespräch begann, schlug schlagartig in ein Verhör um. Ich spürte den Druck, der auf mir lastete, versuchte jedoch entspannt zu bleiben und alle Fragen wahrheitsgemäß zu beantworten. „Warum willst du ein Outlaw werden?" „Was weißt du überhaupt über den Club?" … Selbstverständlich wurde ich auch mit meiner rotweißen Vergangenheit konfrontiert, die ich mit meiner Freundschaft zu Toni erklärte. Natürlich gab ich zu, dass auch eine Faszination an dieser „Institution" existierte, und der Glaube an bzw. die Vorstellung von etwas, was die Realität indes nie hergab. Nun entspannte sich die Situation, und wie auf Knopfdruck veränderten sich die Gesichter der Beteiligten. Mark schüttelte mir als erster die Hand und umarmte mich mit den Worten: „Ich gratuliere, jetzt bist du bei uns willkommen!" Die anderen schlossen sich an. Ich hatte mich also wacker geschlagen und allen den Eindruck vermittelt, dass ich irgendwann einmal ein Outlaw werden könnte. Ich war von nun an ein Hangaround des Outlaws MC und hatte mich mit der Zeit zu bewähren. Die nächste Stufe konnte ich jedoch erst dann ersteigen, wenn ich offiziell kein Polizist mehr war. Einige Zeit später bekam ich von Tacki persönlich einen „Outlaws Support"-Patch für meine bis dato noch blanke Kutte. Ich freute mich natürlich sehr über diese Geste und ließ ihn umgehend aufnähen. Und wer sich über die „blanke" Kutte wundert: Meine vormalige Angels-Support-Kutte befand sich bereits irgendwo verstaut.

49. Das Brot und Chavez

Der „Eintritt" in den Club, wenn auch auf der untersten Sprosse der Leiter, brachte natürlich auch zusätzliche Verpflichtungen mit sich: die Teilnahme an den Clubabenden (Sitzungen waren Membern vorbehalten), die Fahrten zu Open-House-Veranstaltungen benachbarter Chapter und private Treffen. Das Band zwischen Chavez und mir wurde enger, zumal er sich für mich „gerade" gemacht hatte. Er brachte es auf den Punkt: „Ich habe mich für dich eingesetzt und gesagt, dass ich nicht nur eine Hand, sondern beide für dich ins Feuer legen würde. Wenn du mich also enttäuschen solltest, wovon ich nicht ausgehe, dann sind wir beide geliefert."

„Mach dir keine Sorgen, Hermano, du weißt dass ich gerade bin."

„Ich weiß" antwortete Chavez, dessen Name daher stammte, dass seine Eltern aus Argentinien und Syrien stammten.

Vor einiger Zeit hatte ich ihm bekanntlich 750 Euro für einen Strafbefehl geliehen. Das Geld hatte ich immer noch nicht zurück. Jetzt, Monate später, schlug er mir einen „sehr lukrativen" Deal vor: Über einen Clubbruder konnte er an zwei (nennen wir sie einmal) „Hochleistungsfernrohre" und eine gebrauchte Schutzweste herankommen. Das gesamte Paket sollte 1.500 Euro kosten. Er hatte leider nur 500 Euro und würde daher noch 1.000 Euro benötigen. Er versprach mir, dass ich die 1.000 Euro innerhalb von einer Woche zurückbekäme und zusätzlich ein Fernrohr und die Schutzweste behalten könnte. Zwei „Fernrohre" und eine Schutzweste sind drei Teile, zwei davon sollte ich erhalten, samt meinen 1.000 Euro. Da können einem doch Zweifel kommen, oder? Ich fragte ihn daher: „Wo ist denn da dein Vorteil?"

„Ich verkaufe das eine Fernrohr mit Gewinn. Zusätzlich stärkt es meine Stellung im Club, wenn das Geschäft reibungslos über die Bühne geht."

Warum sollte ich ihm nicht glauben? Wir trafen uns an einem Dienstagabend in Detmold, und ich übergab ihm meine 1.000 Euro.

Wie bereits erwähnt, war Chavez für Verena wie ein großer Bruder und ein guter Gesprächspartner geworden. Hin und wieder telefonierten und simsten die beiden auch miteinander. Machte ich mir Sorgen, dass Chavez sich an sie ranmachen könnte? Nein! Chavez war in mittleren Jahren, nicht sonderlich dick, trug eine modische Glatze, hatte Piercings im Gesicht und war schwerstens tätowiert – So wie jeder andere Tätowierer auch. Er war nicht der Typ von dem ich annehmen konnte, dass er Verena gefallen könnte. Trotzdem war ich interessiert, was beide vom jeweils anderen dachten. Als ich Verena einmal fragte, ob sie Chavez anziehend fände, antwortete sie: „Der ist für mich wie mein großer Bruder, nur ein Kumpel. Auf keinen Fall mehr." Er wiederum sagte mir, dass sie so gar nicht sein Typ sei, da sie zu viele Rundungen habe. Genauer gesagt monierte er „einen zu dicken Arsch, ihre dicken Tüten und den Speck." Ich kann mich erinnern, dass er sie auch einmal „Doppel Whopper" nannte. Tatsächlich hatte sie durch das wochenlange depressive Rumgelungere zu Hause rund 10 Kilogramm zugenommen. Aber es gab noch etwas: Sie war Chavez einfach zu dumm. Und so leid es mir tut, dies war eher geschmeichelt ausgedrückt. In unseren Kreisen hatte sie sich den Spitznamen „das Brot" verdient und lief zu guter Letzt gar unter dem Namen „Toastbrot".

Ich weiß, dass dies komisch klingt und sich spätestens jetzt viele von Ihnen fragen, wieso ich diese Frau nicht schon viel eher als eine Person einzustufen vermochte, die dermaßen primitiv ist, dass sie ihresgleichen sucht? Ich habe mir diese Frage selbst des Öfteren gestellt und kam immer wieder zu dem Schluss, dass sie anfangs entweder wirklich noch eine ganz andere war oder eben fähig, eine Maske aufzusetzen. Als ich sie im Club kennenlernte, war sie sogar in der Lage, sich einigermaßen gewählt zu artikulieren. Vielleicht war ich damals auch zu verblendet. Bekanntlich zieht Gleiches ja Gleiches an, und in meinem und Verenas Fall waren es wohl die psychischen Probleme. Vielleicht brauchte ich sie, um meinen inneren Problemen zu entfliehen oder schlichtweg, um wieder eine Aufgabe als Retter und Helfer zu haben. Also jene Gründe, die mich seinerzeit zur Polizei führten. Keine Ahnung.

Ich weiß an dieser Stelle auch nicht genau, warum es mich eigentlich interessierte, was sie von Chavez hielt. Ich wollte inzwischen lediglich meine Kohle zurück, und dann sollte das Brot schnellstmöglich aus meinem Leben verschwinden. Da mein Leben aber nun mit Chavez zusammenhing, hatte ich vielleicht auch Sorge, dass sie eben nicht aus meinem Leben verschwinden könnte, sondern mir vielleicht an Chavez' Seite erhalten bleiben würde. Vielleicht ging es mir auch nur ums Prinzip. Ich muss allerdings auch eingestehen, dass ich immer noch den alten Erinnerungen nachhing, wie liebenswürdig und zuvorkommend diese Frau einmal gewesen war, wie sie mich „vergöttert" hatte. Und dies hatte meiner gemarterten Seele gefallen, ich fühlte mich besser.

Eines Abends fuhren Chavez und ich gemeinsam nach Minden, als er während der Fahrt mit Verena SMS austauschte. Mein Instinkt sagte mir: „Da passt doch irgendetwas nicht. Die Alte ist dir gegenüber doch falsch." Ich bat also Chavez darum, dem Brot eine zweideutige SMS zu schicken, um zu erfahren, wie sie reagieren würde. Chavez weigerte sich mit der Begründung, dass er ein Ehrenmann sei und so etwas auf keinen Fall, auch nicht aus Spaß, machen würde. Sowas würde man unter Brüdern schließlich nicht tun. Ich drängte ihn jedoch so lange, bis er endlich nachgab: „Gut, wenn du es unbedingt willst, dann mach ich das. Ich habe aber ein ganz ungutes Gefühl dabei." Das hatte ich auch, und deshalb wollte ich es ja. Ich musste wissen, woran ich bei dieser Person war, die gerade im Begriff stand, sich wieder ein wenig zu fangen. Es kam so, wie ich es vermutet hatte: Das verlogene Miststück stieg voll darauf ein und flirtete mit eindeutig zweideutigen SMS zurück. „Dieses Stück Scheiße!" fluchte ich zu Chavez, „aber gut zu wissen." Die Reaktion Verenas erschien ihm indes nicht unerwartet.

Bei Chavez war ich mir hundertprozentig sicher, dass er die Offerten niemals annehmen würde. Im Codex der Bikerclubs ist dies ein Gesetz. Er hatte es oft genug betont: „Bruder, das gibt es bei uns nicht. Die Frau oder die Exfreundin eines Bruders sowie sein Geschäft sind absolut tabu für uns. Und wenn es die letzte Frau auf der Welt wäre, ich würde sie nicht anfassen." Für mich stand nun fest, dass dieses Subjekt mit Namen „Verena" keinerlei Anstand oder Moral besaß. Ich war es, der ihr Betteln und Flehen erhört hatte, sie in Hamm „abholte" und ihr ein neues Leben ermöglichte. Der Dank war asoziales Benehmen und nun auch noch, dass sie sich an einen meiner engsten Freunde ran machte. Aber gut, dieses Spiel verstand ich besser: Chavez und ich vereinbarten, dass er mich über jede SMS und jedes Telefonat in Kenntnis setzen würde, so dass ich ständig im Bilde wäre. Sie hatte jetzt meinen Stolz verletzt.

Chavez war mittlerweile der Einzige, der noch an sie heran kam und auf dessen Wort sie hörte. Er wurde sozusagen mein Werkzeug, mit dem ich Verena wieder in die Spur bringen wollte. Und tatsächlich begann es zu funktionieren. Das Brot begann allmählich wieder in Eigeninitiative und motiviert zu arbeiten. Chavez hatte sie mit seiner einzigartigen, unnachahmlichen Art dazu gebracht, nach seiner Pfeife zu tanzen. Ohne es zu wissen, tanzte sie jedoch nach meiner Pfeife, denn Chavez lenkte und dirigierte sie in meinem Sinne. Parallel dazu schmiss sie sich immer mehr an ihn ran, wurde eindeutiger: „Hey, mein geiler Prinz, ich vermisse dich. Kussi kussi" Kam mir alles bekannt vor, weil sie mir vor nicht allzu langer Zeit genau die gleichen Worte geschrieben hatte. Selbst als ich einmal mit Katharina nach einem Termin noch zu Chavez fuhr und das Brot wusste, dass wir bei ihm waren, schrieb sie ihm eindeutige nach Sex gierende SMS. Nach jedem Eingang zeigte mir Chavez die soeben erhaltene Nachricht, und wir amüsierten uns köstlich.

Mittlerweile wusste fast jeder in den Outlaws-Kreisen über das Brot Bescheid. Von verschiedenen Seiten bot man mir Hilfe und Unterstützung an. Zum Beispiel, dass man das dumme Stück in irgendeinen Club abschiebe könnte, so dass ich endlich Ruhe hätte, meine Auslagen aber dennoch bis zur Vollständigkeit Stück für Stück zurückbekommen würde. Doch auf die Gefahr hin, dass ich damals und auch heute vor Ihnen, liebe Leser, als Volltrottel dastehe: Ich fühlte mich immer noch für dieses menschliche Wrack verantwortlich, wollte einfach nicht glauben, dass alles Gute aus ihr verschwunden war, und schob ihr Verhalten auch auf ihren exorbitanten Drogenkonsum. Das Brot zog Koks und Speed wie ein Staubsauger, anschließend rauchte sie zahlreiche Bongs, um wieder herunterzukommen – alles Drogen, die nachgewiesenermaßen Persönlichkeitsstörungen verursachen. Dazu trank sie Bier wie andere Wasser. Was mich verblüffte, sie kollabierte nicht unter dieser Wucht von betäubenden Substanzen. Sie erschien sogar normaler, als wenn sie nichts genommen hatte. Es war als der absolute Wahnsinn, aber ich konnte es nicht verhindern.

Als wir einmal auf dem Weg zu einem Termin in Hannover waren, erhielt sie folgende SMS: „Was machst du denn gerade?" Verena dachte, es wäre ihr Kunde und schrieb zurück, dass sie auf dem Weg sei.

Prompt kam zurück: „Mit Tim?" Es folgten noch ein paar weitere SMS mit dem Inhalt, dass ich Schuld sei, dass sie ihre Tochter verloren hätte. Es war soweit: Die Albaner hatten sie also im Netz entdeckt. Kaum realisierte es Verena, schossen ihr vor Angst die Tränen in die Augen, und sie wurde unglaublich nervös. Als sie auch noch einen Anruf erhielt, schrie sie total hysterisch in den Hörer: „Wer ist da? Lass mich in Ruhe, du Bastard!" Tatsächlich, es war der kleine Scheißer. Verena war kurz davor, sich aus Panik und Angst zu übergeben. Ich beruhigte sie und sagte ihr, dass sie vor diesem kleinen Wicht keine Angst mehr haben müsse. Ich rief umgehend Chavez an und berichtete ihm von dem Anruf. Auch er sprach mit ihr und beruhigte sie. Da ihr Ex seine Nummer bereits mit seiner SMS „verraten" hatte, bot Chavez sich an, ihn anzurufen. Kurze Zeit später meldete er sich und gab durch, dass jetzt Ruhe sei. Er habe ihm deutlich gemacht, dass es besser wäre, wenn er Verena ein für alle mal in Ruhe ließe. Chavez dachte, damit sei die Sache erledigt, doch ich wusste, dass diese kleine Schmeißfliege nicht so schnell aufgeben würde. Schließlich war ihm seine einzige Einnahmequelle abhanden gekommen.

Die Situation mit dem Brot hatte sich auch vor dem Anruf schon dramatisch zugespitzt. Chavez musste uns regelmäßig besuchen, oder ich fuhr mit dem Brot zu ihm. Jedes Mal dauerten ihre Gespräche mindestens eine Stunde. Während ich in ihm die letzte Hoffnung sah, dass das Brot halbwegs in der Spur bleibt, war sie inzwischen total verliebt in ihn. Es ging soweit, dass sie zu ihm wollte und er sie „managen" solle. Chavez informierte mich natürlich. So erfuhr ich auch, dass sie hinter meinem Rücken schlecht über mich sprach und mich sogar beschiss, wobei eine zügige Schuldenrückführung inzwischen auch in ihrem Sinne sein sollte. Wir kamen überein, dass es keinen Sinn mehr hatte. Chavez schlug vor, dass er ihr eine Wohnung besorgen würde, damit sie in Zukunft in seiner Ecke wohnen und arbeiten könnte. Er wollte selbstverständlich auf jegliche finanzielle Beteiligung verzichten. Ich erklärte mich bereit. Angetrieben von dieser Aussicht, begann das Brot wieder wie frisch geölt zu funktionieren. Zumindest für eine gewisse Zeit.

Chavez musste mir aber auch oft im Club beistehen, da ich ständig auf die Probe gestellt wurde. Mal wurde ich als „rot-weißer Bulle" tituliert, dann konfrontierte man mich mit Misstrauen und Skepsis. Alles diente dazu, zu sehen, wie ich reagieren und ob ich trotzdem immer wieder kommen würde. Ich kam immer wieder. Chavez stellte sich stets vor mich, egal aus welcher Richtung das Misstrauen kam. Einmal waren Outlaws aus Süddeutschland zu Besuch bei unserem Chapter, harte und sympathische Jungs. Obwohl Chavez sie ebenfalls zum ersten Mal in seinem Leben traf, stellte er mich persönlich vor und lobte mich in den höchsten Tönen. Einer der Gäste aus dem Süden war übrigens „Volker 1%", ein altes Rocker-Urgestein von gutem Wesen und vortrefflichem Charakter. Als ich mich an jenem Abend von ihm verabschiedete, sagte er zu mir: „Und beim nächsten Mal will ich dich als Prospect sehen." Dazu sollte es jedoch niemals kommen: Wenige Wochen später beging Volker Selbstmord. Er erschoss sich. Einige Outlaws aus unserem Chapter erwiesen ihm am Grab die letzte Ehre. Ich hätte ihn gerne wieder gesehen. Mein Beileid gilt seiner Familie.

50. Endzeit

Mittlerweile hatte RA Ahrend die Strafakten in unserem Fall des „erpresserischen Menschenraubes" erhalten und sogleich akribisch durchgearbeitet. Entgegen ihrer ursprünglichen Aussage, dass sie vor der Dortmunder Polizei nichts gegen mich ausgesagt hätte, hatte Verena, um von sich abzulenken, mich zumindest partiell belastet. Ich war wütend und vor allem fassungslos. Wann immer diese Frau den Mund öffnete, kam eine Lüge heraus.

Chavez berichtete mir, dass mich das Brot zunehmend verspottete und damit prahlte, dass sie bald weg sein würde. Zu diesem Zeitpunkt rechnete sie mit der Hilfe Chavez'. Dass alles mit mir abgesprochen war, wusste sie natürlich nicht. Wir befanden uns an einem Punkt, wo das Brot mich regelrecht verhöhnte und dachte, die Fäden in der Hand zu halten. Natürlich hätte ich sie in ihre Schranken weisen können, aber damit hätte ich mich auf eine Stufe mit dem Pack gestellt, von dem sie weggelaufen war. Als ich aber von Katharina erfuhr, dass das Brot künftig in ihrer Wohnung in unserem Mehrfamilienhaus anschaffen wollte, war das Fass endgültig übergelaufen. Das I-Tüpfelchen bildete die Ankündigung Katharinas, dass Verena am Abend noch mit einem Freier und seinen Kumpels gemeinsam bei uns im Haus feiern wollte. Jetzt war die Zeit überreif für eine klare Ansage. Normalerweise hätte ich sie mit einem Arschtritt aus der Wohnung befördert, doch sie schuldete mir noch das Geld, auf das ich nicht verzichten wollte. Zufällig besuchte mich Milan an diesem Abend. Wir saßen gemütlich mit Anke zusammen, als Schritte und Frauenstimmen im Treppenhaus zu hören waren. Das Brot und Katharina kamen zurück. Ich bebte quasi schon vor Zorn, so dass mir die Gelegenheit günstig erschien, sie zur Rede zu stellen. Mit Katharina wäre noch eine unabhängige Person anwesend, eine Zeugin. Ich wollte gerade rübergehen, als Milan sich anbot, mich zu begleiten. Ich hatte nichts dagegen. Obwohl ich einen Schlüssel zu der Wohnung besaß, klingelte ich und wartete, dass man mir öffnete. Verena tat es, erblickte mich und drückte die Tür sofort wieder zu. Da platzte mir der Kragen. Diese Frau benimmt sich wie die Axt im Walde, tyrannisiert durch ihr asoziales Verhalten das halbe Haus, lebt auf meine Kosten und schlägt mir die Tür der von mir gemieteten Wohnung vor der Nase zu? Ich drückte sofort die Tür auf und stand im Hausflur. Das Miststück erschrak sichtlich, rannte laut schreiend „Ich rufe die ‚Bullen'!" zurück, um dann auf einmal umzudrehen und wie eine Furie auf mich los zu rennen. Sie wollte mich tatsächlich angreifen. Kurz bevor sie mich erreichte, schubste ich sie zurück. Durch den Schwung und den Stoß in die Gegenrichtung verlor sie das Gleichgewicht und fiel zu Boden. So kannte sie mich bisher nicht. Ich war stets der nette und zuvorkommende Helfer gewesen, dem sie anscheinend auf der Nase herumtanzen konnte. Bevor sie noch irgendwas sagen oder auch nur reagieren konnte, schrie ich sie an: „Tickst du noch richtig, du dummes Stück? Was meinst du eigentlich, wer du bist, du Wurm? Benimmst dich wie Dreck, kostest mich nur Geld und zahlst noch nicht mal deine Miete. Du armseliger Junkie, damit ist jetzt Schluss! Du verarschst mich nicht mehr!"

Milan, der die ganze Zeit hinter mir gestanden hatte, beruhigte mich: „Tim, ist gut, du wolltest doch in Ruhe mit ihr reden. Lass mich das mal machen."

Er hatte natürlich recht: Ich war nicht mehr in der Lage, mit dem asozialen Brot zu reden. Also ging ich zurück in Ankes Wohnung. Ungefähr 20 Minuten später klingelte es. Es war Milan, der um zwei Bier für sich und Verena bat. Ich fragte ihn, ob alles in Ordnung sei, was er bejahte. Ich saß dennoch wie auf Kohlen bei Anke rum, und nach rund einer halben Stunde hielt ich es nicht mehr aus und ging rüber. Dort saß er mit Verena und Katharina in geselliger Runde beisammen, und alle schienen sich gut zu verstehen. Kurze Zeit später löste sich die Runde wieder auf, und Katharina verblieb noch mit Verena allein in der Wohnung. Milan kam wieder zu mir und Anke zurück, und da er einige Bier zu viel getrunken hatte, schlief er bei mir und fuhr erst am nächsten Tag wieder nach Hause. Alles schien geklärt, wie er mir berichtete. Verena würde von nun an ihre Schulden begleichen und danach ihr eigenes Leben woanders weiterführen. „Wunderbar!" dachte ich. Dann wäre ja alles bestens. Und tatsächlich, die nächsten Tage wurden zumindest wieder annähernd so wie zu Beginn unseres „Zusammenseins". Verena war absolut pflegeleicht, lachte wieder und erwies sich in puncto Bezahlung als überraschend zuverlässig. Sie hatte die Modalitäten endlich wieder verinnerlicht. Wenn es so weitergehen würde, wäre ich sie schon bald los.

Am darauf folgenden Dienstag fuhr ich sie zu der Besuchsstunde mit ihrer Tochter, bei der sie zum ersten Mal alleine mit ihr eine Schokolade trinken und ein Stück Kuchen essen gehen durfte. Als ich die beiden mitsamt des kleinen Hundes da so sitzen sah, ergriff mich wieder das Mitgefühl. Niemand hatte so eine Vergangenheit verdient. Gegenüber der Rechtspflegerin des Verfahrens, welche die Interessen des Kindes vertrat, hatte die kleine Tochter übrigens angegeben, dass ihre Mutter eine Schlafmütze sei und sie deshalb oft zu spät zur Schule gekommen war. Diesen Mann „Tim" hätte sie aber sehr gerne. Der wäre sehr lieb, und sie hätte Vertrauen zu ihm gewonnen. Darüber freute ich mich. Ich hatte zwar nie beabsichtigt, in irgendeiner Art und Weise als Bezugsperson her zu halten, aber die Kleine war einfach zum Reinbeißen süß. Es ist eine Schande, was ihr schon in jüngsten Jahren alles angetan wurde. Insgeheim dachte ich schon damals, welches Glück es für die Kleine war, in einer Pflegefamilie zu leben. Damit hatte wenigstens eine der beiden es geschafft. Die Mutter hingegen war verloren.

Am Samstag feierte eine Freundin aus Minden ihren Geburtstag, zu dem ich eingeladen war. Verena hatte sich des Essens durch einen kalten Befehl von mir angenommen. Es war köstlich und verschaffte ihr durchaus das Ansehen einer bravourösen Köchin. Und ich staunte nicht schlecht und dachte: „Wenn sie will, kann sie also." Auf der Feier waren auch zahlreiche Outlaws mit ihren Freundinnen und Frauen anwesend. Und der kleine Pascha war die Attraktion des Abends. Leider versaute Verena wieder, was sie gerade erreicht hatte. Sie biederte sich in einer derart offensichtlichen Art und Weise Chavez an, dass es nur noch erbärmlich und peinlich war. In den frühen Morgenstunden war nur noch ein kleiner Kreis anwesend, und aufgrund der fortgeschrittenen Stunde entschloss ich, dass wir bei Chavez schliefen, in dessen Wohnung auch die Party stattgefunden hatte. Ich bin durchaus ein geduldiger Mensch, aber wenn man mich überreizt, explodiere ich. Und Verena hatte den Bogen schon lange überspannt. Ich befand mich mit Verena alleine im Wohnzimmer, lag auf einem Schlafsofa, und sie saß vollgekokst auf einem anderen Sofa. In mir brodelte es:

„Für wie dämlich hältst du mich eigentlich?"

„Wieso?"

„Denkst du eigentlich, ich bekomme nicht mit, wie du dich an Chavez ranschmeißt? Das ist ja schon peinlich. Wie blöd bist du eigentlich? Chavez ist mein Bruder, und da kannst du machen was du willst, er würde dich niemals anpacken. Das ist eben der Unterschied in so einem Motorradclub. Da läuft das eben anders."

„Ich will doch gar nichts von ihm."

Hier hätte ich eigentlich meine Schnauze halten sollen, doch jetzt konnte ich mich erst recht nicht mehr zurückhalten: „Ach, hast du ihm etwa nicht geschrieben, dass du dich in ihn verliebt hast? ‚Hey, mein geiler Prinz, unendlich viele Küsse auf deinen geilen Körper. Kussi kussi.' Das ist ja genau dieselbe Scheiße, die du mir auch einmal geschrieben hast. Wie dämlich bist du eigentlich?"

Bumm! Jetzt war es raus. Das Brot war zwar im Drogenrausch, aber dennoch geschockt. Sie verließ wortlos das Zimmer und setzte sich in die Küche. Was ging jetzt in ihrem umnebelten Hirn vor sich? In ihr musste gerade eine Welt zusammengebrochen sein. Chavez hatte sie anscheinend getäuscht und an der Nase herumgeführt, denn woher sollte ich alles wissen? Und der war ihre große Hoffnung auf was auch immer gewesen. Der einzige Mensch, der gut zu ihr war, ihr nicht weh tat und ihr immer geholfen hatte, diesen Menschen hatte sie verraten und belogen. Doch ihr Plan ging nicht auf. Was musste sie jetzt durchmachen? Ich sollte es nicht mehr erfahren. Wir fuhren am Sonntag gegen Mittag wieder heim, redeten jedoch nicht, und am Montag war sie verschwunden.

51. Der Super-GAU

Verenas Wohnung war verlassen, und alle Zimmertüren waren verschlossen. Ich ließ alle öffnen. Klamotten und Unterlagen waren verpackt und das Badezimmer komplett leer geräumt. Alles deutete darauf hin, dass sie regelrecht geflohen war und mich auf allen Kosten und Auslagen hatte sitzen lassen. Aber wo war sie hin? Sie kannte niemanden außer Chavez und mich. Er war es schließlich auch, der den ersten Kontakt zu ihr herstellte. Er erhielt per SMS die Nachricht, dass sie bei einer Freundin im Ausland sei. Mit der nächsten Nachricht war sie auf einmal in Hamburg. Zu guter Letzt stellte sich heraus – bitte festhalten! –, dass sie wieder bei ihren Albanern war. Chavez hatte nach den SMS angerufen. Eine männliche Person nahm das Gespräch an, überreichte den Hörer und beendete das Gespräch auch wieder. Sie erzählte Chavez, dass sie angeblich freiwillig zurückgekehrt sei und es ihr gut ginge.

Leeres Gerede. Wir gingen sofort davon aus, dass sie gewaltsam zurückgeholt worden war. Chavez war sichtlich überrascht. Trotz des großen finanziellen Verlustes war ich innerlich erleichtert. Endlich! Endlich war dieses asoziale Stück wieder aus unserem Leben verschwunden. Endlich herrschte wieder ein vollkommen anderes Klima im Haus.

Wenige Tage später war der Termin vor dem Amtsgericht in Detmold in der Sache Verena Pfahl gegen das Jugendamt Lippe bezüglich des Sorgerechts für die kleine Tochter. Wie ich am selben Tag erfuhr, war das Brot dort tatsächlich in Begleitung ihres Ex-Exzuhälters und Peinigers erschienen, mit dem Mann also, den sie gegenüber der Polizei, dem Jugendamt, ihrer Anwältin und mittels einer eidesstattlichen Versicherung schwer belastet und als eigentlichen Grund benannt hatte, warum sie mit ihrer Tochter geflohen war. Ich möchte nicht wissen, was ihre Familienanwältin gedacht hat. Der Termin wurde aufgrund der neuen Lage verschoben.

Im Anschluss an den Gerichtstermin wurde sie von den Albanern zur Polizei nach Detmold gefahren. Dort bat sie um polizeiliche Unterstützung beim Ausräumen ihrer Wohnung. Ich sei eine Gefahr für sie. Ich erfuhr davon, weil ein vertrauter Kollege gerade Dienst hatte und mich anrief. Ich wies ihn darauf hin, dass es sich um Zivilstreitigkeiten handeln und alles über Anwälte laufen würde. Daraufhin erschienen weder sie noch die „Kollegen" in unserem Haus. Wie ich anschließend erfuhr, war das Brot in Begleitung eines kleingewachsenen, jungen Mannes erschienen, der einen dunklen Golf mit Hammer Kennzeichen fuhr. Sie war also wieder „zu Hause". In Detmold geriet die Wache indes in Panik. Man nahm dort an, dass ich über eine scharfe Waffe verfügte und man bei mir nur mit dem SEK erscheinen könne und dass normale Streifenwagen sich gar nicht mehr zu mir trauen würden. Interessant!

Nachdem ihr die polizeiliche Unterstützung mit dem Hinweis auf Zivilstreitigkeiten verweigert worden war, bezichtigte sie mich schwerer Straftaten, was dazu führte, dass sie in die oberen Stockwerke zur ZKB (Zentrale Kriminalitätsbekämpfung) geführt und stundenlang vernommen wurde. Das erfuhr ich allerdings erst Wochen später. Doch damit hatten die Rachefeldzüge der Albaner und insbesondere der Polizei, meines Noch-Arbeitgebers, begonnen. Welche Freude für alle Beteiligten.

Das Brot war Anfang der Woche bei der Polizei erschienen, und am Ende der Woche meldete sich Chavez bei mir: „Hast du Hundefutter zu Hause? Willst du sie wieder haben? Sie ist nicht freiwillig da, und ich weiß inzwischen, wo sie ist. Ich kann sie dir mit dem kleinen Hund zurückbringen."

„Mensch, Hermano, ich bin froh, dass die Alte weg ist. Lass die bloß weg. Die erlebt jetzt die Hölle auf Erden, und das hat sie auch verdient."

Chavez gab jedoch keine Ruhe und wiederholte die Befürchtung, dass man sie gezwungen hatte, und erinnerte mich auch an meine Auslagen. Das letzte Argument zog: „Woher weißt du das, und wie willst du das anstellen?"

„Ich kenne einige Bandidos in Hamm. Von denen habe ich erfahren, dass sich etwas im Milieu getan hat. Es ging um Albaner, die ‚ihre Frau' zurückgeholt hätten. Da ich die Bandidos kenne, habe ich sie eingeweiht, und mit deren Hilfe können wir überprüfen, ob das Brot freiwillig zurückgekehrt ist und wenn nicht, sie auch zurückholen. Die Aktion kostet 2.000 Euro. Die Hälfte habe ich als Anzahlung schon zugesagt."

„Woher hast du denn das Geld für die Anzahlung, und warum regelst du das für mich?"

„Das Geld stammt aus der Rückzahlung meiner Mietkaution. Du bist doch mein Bruder."

Ich rekapitulierte: Chavez hatte mir früher einmal erzählt, dass er die Frau des Präsidenten des Bandidos-Chapters Hamm kenne. Und deswegen hatte er auch einmal zum Brot gesagt: „Es ist absolut kein

Problem, da mal eben 20 bis 30 Mann hinzuschicken. Die machen dann mal eben den ‚Laden platt'." Also, was hatte ich zu verlieren? Ich überließ ihm einfach die Entscheidung.

Er kümmerte sich und kreierte Schlachtpläne. Die „Befreiungsaktion" wurde aber immer wieder verschoben. Einmal war Chavez selbst erfolglos nach Hamm gefahren, hatte aber das Brot nicht in dem Apartment angetroffen, indem sie angeblich „ihrem Job" nachging. Chavez hatte sie nämlich im Internet entdeckt. Daraufhin ließ er einen Bandido aus Hamm einen „Termin" vereinbaren. Während dieses Termins sollte in Erfahrung gebracht werden, ob sie freiwillig dort arbeitete, und wenn nicht, ob sie Hilfe zur Flucht benötigte. Was dabei rauskam, erfuhr ich aber nicht. Nur, dass die Aktion am Dienstagnachmittag starten, und ich mitfahren, aber nicht aktiv werden sollte, sondern nur im Auto warten. Eigentlich hatte ich die Schnauze gestrichen voll, denn der Ärger und das ganze Theater vom ersten Umzug reichten mir. Ich betonte, dass ich mich an nichts beteiligen würde.

Dienstag gegen Mittag traf ich wie verabredet ein, und Chavez begann, Zeit zu schinden. Er forderte mich auf, erst einmal in Ruhe zu frühstücken.

„Hermano, wir müssen doch los!"

„Immer mit der Ruhe, ich warte noch auf den Anruf."

Dieser kam kurz nach 13:00 Uhr. Der Anruf des „Scheinfreiers" beim Brot hatte ergeben, dass sie an diesem Tag einen Termin hatte. Chavez überreichte mir das Handy, und eine Stimme sagte mir, dass wir das auf morgen selbe Uhrzeit verschieben müssen. Außerdem sollte ich Chavez ausrichten, dass seine Tasche bei ihm ist. Was damit gemeint war, erfuhr ich später. Mir wurde die ganze Sache zu blöd. Chavez hatte extra für Hamm einen Mietwagen reserviert, den wir nun schon abgeholt hatten. Und dann sowas. Enttäuscht und genervt lag ich auf seinem Sofa und wetterte bedient: „Und was ist, wenn die Alte mir jetzt die Wohnung ausräumt?"

„Also, so blöde ist die wohl auch nicht. Das wäre doch ein glatter Einbruch."

Wir fuhren noch in einen benachbarten Bekleidungsladen, in dem ich Chavez eine Militärjacke kaufte, ein Dankeschön für die schwarze Bomberjacke, die er mir geschenkt hatte. Danach aßen wir noch etwas. Doch die ganze Zeit über hatte ich ein ungutes Gefühl, und es kam mir so vor, als wollte Chavez mich um jeden Preis bei sich behalten. Am Nachmittag fuhr ich schließlich zurück. Als ich ca. anderthalb Stunden später zu Hause ankam, musste ich feststellen, dass mein Schlüssel zu Verenas Wohnung nicht mehr passte. Das Türschloss war ausgetauscht worden. Ich benachrichtigte Anke und bestellte einen Schlüsseldienst. Zudem rief ich die Polizei an und meldete den Vorfall. Es erschien mir angebracht, von nun an alles offiziell zu machen. Zwei Beamte erschienen und erklärten, dass sie nicht auf den Schlüsseldienst warten wollten. Frau Vesting würde als Zeugin eines möglichen Wohnungs-Einbruchdiebstahls genügen. Obwohl die Beamten mich kannten, war die Unterhaltung förmlich und kühl. Nachdem der Schlüsseldienst die Tür geöffnet hatte, bestätigten sich meine Befürchtungen: Die Wohnung war leer geräumt. Ich hatte ihr einen Laptop sowie drei Handys geliehen. Sie waren ebenfalls verschwunden. Respekt vor einer derartigen Dreistigkeit.

Mein erster Gedanke war: Verrat! Das Brot hätte das niemals gewagt, wenn ich zu Hause oder in der Nähe gewesen wäre. Nur Chavez wusste, dass ich nicht zu Hause war. Hatte er mich nicht regelrecht weggelockt? Dass die Wohnung von den Albanern überwacht und ausspioniert worden sein konnte, kam mir im ersten Moment nicht in den Sinn. Ich rief jedenfalls sofort Chavez an und schrie erzürnt ins Telefon: „Die Alte hat die Wohnung aufgebrochen und ausgeräumt. Nur du wusstest, dass ich nicht da war."

„Nun beruhige dich erstmal. Ich habe damit nichts zu tun. Soll ich mit Mark noch vorbeigekommen?"

„Nein, brauchst du nicht."

Ich bereute bereits, dass ich ihn verdächtigt hatte. Er war doch mein Bruder.

„Du musst sofort Anzeige erstatten!"

Er hatte recht und ich es ohnehin vor. Glücklicherweise hatte der Nachbar von Gegenüber die Aktion beobachtet: „Die blonde Frau hat alle Sachen aus dem Fenster geworfen, und ein Mann, der unten stand, hat ihr beim Tragen geholfen." Noch am selben Abend telefonierte ich mit meinem Anwalt und erstattete persönlich auf der Wache in Blomberg Anzeige wegen Wohnungseinbruchdiebstahls. Den Hund setzte ich auch noch auf die Liste der gestohlenen Gegenstände.

Einige Tage später erhielt ich eine förmliche Zustellung des Amtsgerichts Detmold. Sie enthielt den Eilantrag des Brots, um an die Sachen aus „ihrer" Wohnung zu gelangen. Darin behauptete sie, dass sie vor allem die Schulsachen ihrer Tochter dringend benötige. Interessant! Die Tochter, die ihr bereits vor drei Monaten vom Jugendamt weggenommen wurde, benötigt Dinge für die Schule? Weiterhin hieß es in dem Schreiben, dass ich gewalttätig geworden und sie deshalb aus der Wohnung geflohen sei. Offensichtlich hatte sie etwas bei der Familienanwältin gelernt, denn diese ganzen Lügen versicherte sie doch tatsächlich vor dem Gericht an Eides statt. Das war schlichtweg unverschämt. Aber das dreiste und saubere Vorgehen verdient Respekt. Da hatte das Brot einen guten Berater, denn alleine hätte sie das niemals hinbekommen. Die Tat spielte sich so ab: Das Brot war am besagten Tag beim Gericht erschienen, um einen Eilantrag zur Herausgabe der Sachen zu beantragen. Die Möglichkeit eines Antrages hatte sie durch mich gelernt. Genau dasselbe hatten wir ja bereits bei ihrer „alten" Wohnung in Hamm vor. Es wurde ein Termin vereinbart, an dem über die Angelegenheit verhandelt werden sollte. „Legitimiert" durch dieses Schriftstück, das lediglich den Verhandlungstermin festsetzte, fuhr das Toastbrot mit ihren Helfern zu der Wohnung und ließ diese aufbrechen.

Das Schreiben des Gerichts reichte ich unverzüglich an meinen Anwalt Herrn Ahrend weiter, der wieder einmal ein brillantes Schriftstück aufsetzte, in dem er meinen Widerspruch zum Eilantrag formulierte: „Frau Verena Pfahl hat bereits die Wohnung im Zuge des Wohnungseinbruchdiebstahls leergeräumt." Ich selber fertigte noch ein Schreiben an einen bekannten Kollegen bei der ZKB, in dem ich ihn über die Vorfälle in Kenntnis setzte. Ich beschloss, beide Schreiben noch am selben Abend abzugeben bzw. einzuwerfen. Ich selbst wollte nie wieder das verhasste Gebäude der Behörde betreten, und so begleitete Anke mich nach Detmold. Etwa 500 Meter vor der Behörde stieg ich aus, und Anke gab alleine das Schreiben für den Kollegen auf der Wache ab. Während ich auf sie wartete, fuhr ein Streifenwagen an mir vorbei, erkannte mich und wendete auf der Straße. In diesem Augenblick kam gerade Anke zurück, und ich stieg wieder in ihr Auto. „Du, als die mich eben vor der Wache gesehen haben, sind sie extra ganz langsam umgedreht, um mir im Schritttempo zu folgen, als ich gerade zum Eingang ging", sagte sie zu mir.

„Ach, das sind doch nur ein paar arme Würste", entgegnete ich.

Jetzt mussten wir noch zum Amtsgericht. Der Streifenwagen setzte sich hinter uns. Als wir zum Gericht abbogen, fuhr er weiter, nur um in die nächste Straße abzubiegen. Ich warf gerade den Brief in den Hausbriefkasten ein, als ich sah, wie der Streifenwagen erst vorbeifuhr und dann anhielt und mich beobachtete. Ich stieg wieder bei Anke ein, und wir fuhren heim. Der Streifenwagen, aus einer Seitenstraße kommend, blieb uns treu. Wir mussten beide lachen und ich klatschte verächtlich in die Hände, wohl wissend, dass meine Geste von unseren Beobachtern klar zu erkennen sein musste. „Was für erbärmliche Würste!" rief ich.

„Ja, die scheinen wirklich nichts Besseres zu tun zu haben!" entgegnete Anke.

Tage später, an einem Donnerstag um 13:30 Uhr, fand die Verhandlung statt. Als ich das Gerichtsgebäude betreten wollte, erkannte ich den dunklen Golf mit Hammer Kennzeichen, der unmittelbar schräg vor dem Eingang parkte, der Zweitwagen. In diesem saß der kleine Scheißer von Zuhälter und tat so, als ob er etwas lesen würde. Ich konnte mir ein hämisches Grinsen nicht verkneifen, betrat das Gebäude, durchquerte die Sicherheitskontrolle und begab mich zum Sitzungssaal. Dort saß bereits das Toastbrot, zusammengekauert und den Blick nach unten gerichtet. Ich setzte mich wortlos einige Stühle neben sie, als ihr Handy klingelte. Es muss ihr kleiner Zuhälter gewesen sein, denn vollkommen eingeschüchtert und kleinlaut gab sie zu verstehen, dass alles in Ordnung sei. Ich dachte mir nur: „Was bist du nur für ein bemitleidenswertes Wesen. Bei diesem kleinen Wurm zuckst du zusammen und bist wie ausgewechselt. Wahrscheinlich gab es wieder ordentlich ein paar in die Fresse, und schon spurst du wieder. Erbärmlich!"

Die Verhandlung begann. Der sichtlich gelangweilte Richter appellierte an beide Parteien, sich einvernehmlich zu einigen. Ich weigerte mich, und wies ihn auf meinen eingereichten Widerspruch hin. Daraufhin warf er dem Brot vor, dass sie bereits rechtswidrig ihre Sachen aus der Wohnung geholt habe, und fragte, warum sie dann nicht alles mitgenommen hatte. „Herr Richter, ich möchte Sie mal sehen, wenn Sie nur noch eine Unterhose haben. Ich brauchte doch was zum Anziehen. Außerdem hatte ich nicht genug Zeit."

„Großartig!" dachte ich mir. „Was für ein Auftritt! Wunderbar!"

Sie setzte aber noch einen drauf: „Der Tim ist ja auch Beamter und weiß, wie so was geht."

„Ach so, logisch", sinnierte ich.

Der Vorsitzende reagierte sichtlich verärgert und drohte im Falle keiner Einigung mit der Einleitung eines Strafverfahrens. Zudem wies er auf die Verfahrenskosten in vierstelliger Höhe hin und fragte, ob das etwa gewünscht sei. Ich entgegnete ihm: „Ja, ist in Ordnung. Dann machen wir das so."

Sichtlich verwundert, schloss er die Verhandlung mit den Worten: „Beide Parteien erhalten meine Entscheidung schriftlich."

Als ich hinausging, hielt mir das Brot doch tatsächlich die Tür auf. Der kleine Wicht hatte sie richtig auf Zack gebracht. Er wartete auch schon draußen, wo er sich in unterwürfiger und schleimiger Weise mit einem Bediensteten des Gerichts unterhielt. Ich blickte ihn von oben herab an und verabschiedete mich von dem Justizbeamten.

Einige Tage später hielt ich die Entscheidung in Händen: Mir wurde Recht zugesprochen, der Antrag des Brots hingegen wurde zurückgewiesen. „Die Verfahrenskosten von 600 Euro hat die Antragstellerin zu zahlen", schloss das Schreiben ab. Was für eine Freude! Dank der großartigen Mithilfe Herrn Ahrends war der erste Etappensieg errungen. Der Krieg hatte indes gerade erst begonnen.

52. Eine Ratte fliegt auf

Es war schon erstaunlich, dass Chavez mit dem Brot und ihren alten und neuen albanischen Verwandten im telefonischen Kontakt stand. Hin und wieder telefonierten sie. Er glaubte felsenfest daran, dass sie sich nicht freiwillig dort befand. Ein Anzeichen, welches er für diese These gerne heranzog, war, dass Verena nie allein und ungestört telefonieren durfte, sondern stets ihr Kerl den Anruf annahm, weiterreichte und am Schluss auch beendete. Während eines solchen Gesprächs fragte der Albaner dann, ob er einen gewissen Falk aus Hannover kennen würde. Als Chavez bejahte, ließ mir der Kosovo-Albaner einen schönen Gruß ausrichten. Vielleicht war es ein Bluff, denn ich kann mir nicht vorstellen, dass sich der große Präsident der Hannoveraner Engel mit diesem kleinen Lutscher und seinen Lappalien abgibt. Da die Engel aber selbst auf eine Geschäftsbeziehung mit Albanern verwiesen hatten, war es auch nicht ganz von der Hand zu weisen. Na ja, mein Bild der Angels war ohnehin zerstört, und von daher war es egal.

Das Telefonat wurde übrigens von einer weiteren Person mitgehört, da Chavez es auf Lautsprecher gestellt hatte. Somit war an dieser Stelle ausgeschlossen, dass der Gruß Chavez' Fantasie entsprang, denn sie hörte ihn genauso. Da wir aber schon beim Thema „Fantasie" sind: Der „todsichere" und „verbindliche Deal", zu dem ich 1.000 Euro beigesteuert hatte, war inzwischen sechs Wochen her. Weder hatte ich das Geld zurück, welches ich ja bekanntlich innerhalb einer Woche wieder zurückbekommen sollte, noch irgendein „Hochleistungsfernrohr" oder die Schutzweste. Ich war mit meiner Geduld am Ende, und Chavez erhielt eine klare Ansage: „Da nach deiner Info die Gegenstände von einem Outlaw kommen und diese schon über mehrere mir namentlich bekannte Outlaws angeliefert wurden, ist ohne jeden Zweifel der Club daran beteiligt. Weil bis dato aber noch nichts geschehen ist, werde ich den Präsidenten darüber informieren, wenn die Ware nicht bis zum nächsten Samstagnachmittag bei mir ankommt." Gleichzeitig machte ich ihm ebenfalls unmissverständlich klar, dass ich innerhalb einer Woche die 1.000 Euro zurück haben will. Für mich ging es hier ums Prinzip.

Am folgenden Freitagabend fuhren wir alle zur Open-House-Party eines benachbarten Chapters. Bevor wir das Clubhaus betraten, fragte ich noch einmal Chavez: „Wann sind jetzt die Sachen da?"

„Morgen Mittag, spätestens."

„Einverstanden" sagte ich und ergänzte, dass ich mit Tacki darüber sprechen würde, wenn dem nicht so wäre.

Chavez war verärgert, wurde zugleich aber auch sehr nervös:. „Wenn du das machst, dann bekommen wir beide Ärger. Das Geschäft läuft nämlich hinter seinem Rücken."

Das interessierte mich allerdings herzlich wenig. Chavez hatte den Club mit hineingezogen und offensichtlich mit falschen Karten gespielt. Das wollte und konnte ich nicht durchgehen lassen. Ich sprach an diesem Abend mit einer Freundin von ihm: Die 1.000 Euro, die ich ihm an einem Dienstagabend übergeben hatte, sind Mittwochmorgen bei der Sparkasse zur Begleichung seiner offenen Handyrechnung eingezahlt worden. Das haute mich glatt um. Noch am selben Abend begann Chavez, hinter meinem Rücken über mich zu hetzen. Er verkündete, dass er mir nicht mehr trauen würde und man besser vorsichtig mit mir sein solle. Ausgerechnet er, mein inbrünstigster Fürsprecher, erzählte so etwas? Die dies hörten, schüttelten nur die Köpfe. Zurück im Clubhaus der Outlaws sprach ich mit dem Präsidenten und informierte ihn über die Deadline für Chavez. Obwohl ich schon wusste, dass keinerlei Ware ankommen würde, vermied ich Details. Tacki war sehr gespannt. Auch weil ein weiteres ungeklärtes Ereignis im

Raum stand: Angeblich sollte Chavez für mehrere unbekannte Straftaten eine Gefängnisstrafe antreten. Sie datierten noch aus seiner Zeit vor den Outlaws. Obwohl er bereits von seinem Haftantritt wissen musste, ließ er alle anderen darüber im Unklaren. Mal hieß es, dass er doch nicht „rein müsse", dann, dass „es bald so weit wäre." Vertrauen buchstabiert man anders.

Samstag erhielt ich noch einen Anruf von Chavez: „Die Zielfernrohre befinden sich auf dem Weg." „Auf dem Weg" ist nach der Deadline, und so setzte ich mich ungeachtet seines Geschwätzes wie angekündigt unverzüglich mit dem Präsidenten in Verbindung. Am Abend führten wir ein ausgiebiges Gespräch. Es war noch eine dritte Person anwesend, die Freundin, mit der ich auf der Party gesprochen hatte. Sie war nicht nur eine Freundin, sie war seine engste Vertraute. Offensichtlich hatte sie Chavez' potemkinsche Dörfer zur gleichen Zeit enttarnt und versetzte uns somit erst in die Lage, Licht ins Dunkel zu bringen. Was durch sie alles zum Vorschein kam, war schlichtweg unvorstellbar und sprengte jeglichen Rahmen. Was blieb, war die Erkenntnis: Chavez war die verlogenste und verkommenste Ratte, die mir, und ich meine auch für einige andere sprechen zu können, jemals untergekommen war.

Aus den Taten Chavez' wurden wir nicht wirklich schlau. Womöglich hatte er Teile der Einnahmen aus dem Tattoostudio, die dem Club zustanden, in seine eigene Tasche abgeführt, um sie später mit anderen Betrügereien teilweise wieder auszugleichen. Dazu gehörte eben auch das Anpumpen meiner Person mithilfe erfundener Geschichten. Zudem kam der Verdacht auf, dass er mit dem Brot hinter aller Rücken sein eigenes „Geschäft" aufziehen wollte. Jetzt wussten wir, es galt einiges aufzuarbeiten und zu recherchieren in den nächsten Tagen und Wochen.

Bereits am nächsten Tag fuhr Tacki zu Chavez, um seine Versionen der Dinge zu erfahren. Wie erwähnt, seinen Brüdern gegenüber war er loyal und fair – und noch war Chavez ein Bruder. Chavez gestand Tacki, dass die Sache mit den „Hochleistungsfernrohren" seiner regen Fantasie entsprungen ist. Tacki explodierte zu Recht und stampfte ihn in den Boden: „Bist Du vollkommen geisteskrank, so eine Scheiße zu erzählen? Merkst du eigentlich noch was?" Mit diesem verbalen Zusammenstampfen kam Chavez überaus günstig aus dem Gespräch raus. Er beteuerte noch, dass er nichts mit dem Brot abgesprochen und auch in keinster Weise den Club bestohlen hatte. Vielleicht stimmte das mit dem Brot sogar, und die Bandidos aus seiner Fantasie sollten lediglich dazu dienen, mir noch mehr Kohle aus dem Pelz zu schütteln. Nur was machte es aus, ob er mich so oder so bescheißen wollte?

Gerade rechtzeitig, um sich aus der Schusslinie zu manövrieren, trat die Ratte im Laufe der Woche ihre einjährige Haftstrafe an. Sauber! Durfte der sich etwa aussuchen, wann er verschwindet, in etwa so, wie sich Kraftfahrer bei Führerscheinentzug den Zeitpunkt der Strafe aussuchen können? Da kommt einem unwillkürlich das Sprichwort vom blinden Huhn und den Körnern in den Sinn. Aber wer nun dachte, Chavez würde die günstige Gelegenheit nutzen und seine große Klappe halten, sah sich getäuscht: „Ich bin schon bald im offenen Vollzug und kann dann auch wieder arbeiten", ließ er von sich hören und meinte sowohl „sein" Studio als auch sein „Engagement" für den Club.

Was im ersten Augenblick wie ein Segen für Chavez aussah, entpuppte sich als Fiasko. Denn erst jetzt, wo die Ratte einsaß, kam die volle Flut der Lügen ans Licht. Inzwischen erschienen weitere „betroffene" Personen und tauschten sich aus. Chavez war anscheinend schon in seinem alten Umfeld als nicht ganz ehrlich bekannt, um dies gelinde auszudrücken. Er muss komplett schwachsinnig sein, denn was nun alles herauskam, könnte für ihn mögliche Konsequenzen bedeuten, die er sich noch nicht einmal in seinen kühnsten Vorstellungen ausmalen kann. Er hätte schon lange darüber nachdenken sollen, wann der Zeitpunkt des Zusammenbruchs seiner Scheinwelt näher rückt, und rechtzeitig mit einer neuen Identität abtauchen sollen. Wenn er es richtig gedeichselt hätte, wäre er vielleicht noch der große Held gewesen, und nichts wäre jemals herausgekommen. Glücklicherweise besitzt diese Art Menschenschlag in der Regel nicht so viel Weitsicht und die Wahrheit verschafft sich früher oder später immer den Weg ans Licht.

Chavez durfte im Tattoostudio im Clubhaus tätowieren und hatte von den Einnahmen sämtliche anfallenden Unkosten zu bezahlen. Die vorgeschriebenen Einnahmelisten waren jedoch irgendwann verschwunden. Er hatte auch die Aufgabe, sich um die regelmäßige Begleichung der Miet- und Wasserkosten des Clubhauses zu kümmern. Angeblich hatte er sie immer pünktlich bezahlt, doch nun stellte sich heraus, dass sie oft erst mit Verzug beglichen wurden. Am Ende passte aber alles. Das Geld dafür „lieh" er sich von diversen Freundinnen, denen er erzählte, dass er das Geld dringend noch vor seinem Haftantritt bräuchte, um Rechnungen zu bezahlen. Damit hatte er ausnahmsweise nicht gelogen. Die geliehenen Beträge summierten sich auf mehrere Tausend Euro. Um solche finanziellen Kraftakte zu schultern, war Chavez zur gleichen Zeit anscheinend immer mit mehreren Frauen liiert. Es gab seine Ex, eine Nachbarin und zwei Freundinnen. Seine Ex hielt er hin, und von der einen Freundin hatte er sich noch 1.000 Euro kurz vor seinem Haftantritt geliehen. Von seiner Nachbarin ergaunerte er sich gleich einen weitaus höheren Betrag. Über die andere Freundin lief die Finanzierung seines Laptops und über seine ehemalige Vertraute liefen seine Handyverträge. Dieser besondere Umstand gewährte uns entscheidende Einblicke in seine Verbindungsnachweise. Mir hatte er immer erzählt, dass einer seiner Verträge vom Club bezahlt wird, da es sich um ein „Club-Handy" handeln würde. Gelogen! Die 750 Euro, die ich ihm einstmals geliehen hatte, wurden wahrscheinlich ebenfalls für private Außenstände benötigt und keinesfalls für einen offenen Strafbefehl. Auch der angebliche Deal mit den „Hochleistungsfernrohren" diente lediglich der privaten Geldbeschaffung, wie er ja schon Tacki gestanden hatte. Diesbezüglich arbeitete er als grauer Finanzmarkt-Jongleur: Die Einzahlungen der neuen sind die Auszahlungen der alten, und die Differenz geht in die eigene Tasche – so lange, bis das Kartenhaus zusammenstürzt, weil es kein Perpetuum mobile der Finanzwelt gibt.

Es waren nicht seine einzigen Lügen, vielmehr bestand seine gesamte Welt aus Lügen, wie auch folgende Beispiele belegen: Vor geraumer Zeit hatte er mir einmal eine MMS gesendet, auf denen

Member-Sweatshirts der Outlaws zu sehen waren. Er verkündete mir stolz, dass er die schon „inoffiziell" erhalten hatte, da er kurz vor seiner Ernennung zum Full-Member stand. Die Wahrheit war wesentlich profaner: Als Prospect hatte er die Aufgabe, die Sweater bei sich zu Hause zu waschen und sie danach wieder zurückzugeben. Eigentlich mag sowas eine witzige Anekdote sein, wenn es dabei bleiben würde. Wie auch die Tatsache, dass er zwar eine Intruder fuhr, aber keinen Motorradführerschein besaß. Nur wenn man dann, wie er, unserem gemeinsamen Bekannten, dem Tätowierer Stefan, noch kurz vor Haftantritt berichtet, dass man jetzt endlich seinen Führerschein bestanden hat, wird es notorisch.

Er hatte Tacki versichert, dass er den Club nicht bestohlen hatte. Es gab zwar Unregelmäßigkeiten, aber zumindest die Kosten des Clubhauses waren unter dem Strich nicht rot. Doch bezüglich des Brotes hatte er Tacki angelogen. Seiner ehemaligen Vertrauten hatte er mitgeteilt, dass das Brot „seine Miete zahle", während er einsitzen würde. Er hatte also sehr wohl mit ihr geplant. Verifizieren ließ sich seine verräterische Tätigkeit ganz bequem anhand seiner Einzelverbindungsnachweise. Chavez stand in der Vergangenheit ständig telefonisch mit Verena im Kontakt, nicht nur, wenn ich dabei war. Wen wundert es, dass er gar nicht in Hamm war, um das Brot in ihrem Appartement aufzusuchen? Er saß stattdessen mit Freunden bei sich zu Hause in der Küche. Ich erinnere mich jetzt an ein Gespräch. Protzig hatte Chavez damals gesagt: „Wenn die Engel nichts machen, dann bringe ich das bei unserem nationalen Vorstand auf den Tisch, und dann machen wir [damit meinte er die Outlaws – Anm. d. Autors] eben selber das Charter zu. Eine Ratte wird in der Szene nicht geduldet, auch nicht bei einem Rivalen" sprach das „Nachwuchs-Röckerchen" ohne Führerschein.

Ich versuche nun eine Rekonstruktion der Ereignisse des Tages, wo das Brot die Wohnung leergeräumt hatte: Am Montag, den 9.2.2010, sollte ich gemeinsam mit Chavez zu den Bandidos nach Hamm fahren, um eventuell das Brot abzuholen. Ein fingierter Anrufer verschob den Termin um 24 Stunden, da das Brot angeblich einen anderen Termin hätte. Eine Männerstimme, ein angeblicher Bandido, teilte es mir mit. Er redete ja noch von einer Tasche für Chavez. In dieser sollen sich „Waffen und Munition befunden" haben, wie Chavez später „verriet". Wie bereits erwähnt, hatte ich die ganze Zeit über ein ungutes Gefühl. Chavez hatte normalerweise nie wirklich Zeit, und den Zeitplan Verenas hätte man mit einer rechtzeitigen Terminbuchung im Sinne des Plans festnageln können. Wie sich anhand der Einzelverbindungsnachweise in Chavez' Handyrechnung herausstellte, hatte er mich absichtlich genau an diesem Tag von zu Hause „weggelockt", um ihr den Einbruch mit ihren Helfern zu ermöglichen. Aus den Verbindungsdaten ging ebenfalls hervor, dass er sie telefonisch gewarnt hatte, als ich ihn verließ. Kein Wunder, dass Verena vor dem Gericht aussagte, dass sie nicht genügend Zeit hatte, um alle Klamotten wegzuschaffen. Chavez sollte mich offensichtlich noch wesentlich länger beschäftigen, was ihm nicht gelang, da es mir verdächtig vorkam.

Bekanntlich zieht Gleiches ja Gleiches an. Im Falle vom Brot und Chavez traf es wiederum zu. Nicht, dass Chavez gleichermaßen schlicht gestrickt war, im Gegenteil, aber das Schlechte und die Niedertracht, die beiden innewohnt, schienen sich gegenseitig anzuziehen. Ich verstehe nur nicht, warum er die Albaner ins Boot zurückholte. Warum sollten die mit ihm teilen? Wie sollte sie seine Miete zahlen, wenn der Wurm ihr nichts übrig lässt? Hätte ich meine Kohle zurück gehabt, hätte er sie doch aussaugen können. Hauptsache, das Stück wäre aus meinem Blickfeld verschwunden. Aber vielleicht war er an dieser Stelle doch nicht ganz so clever. Oder er ahnte, dass er als kleiner Betrüger nicht in der albanischen Zuhälter-Liga mitspielen konnte.

Den absoluten Höhepunkt seiner Lügenorgie stellten aber die von ihm beschafften VS-Dokumente dar, die er angeblich von einem „Bruder" eines benachbarten Chapters besorgt hatte, der über ausgezeichnete Polizeikontakte verfügte. Zuerst erfuhr ich von seinem Anwalt Herrn Strobe, dass zu keinem Zeitpunkt eine Unterschriftenprüfung unter seiner Mithilfe stattgefunden hat. Dieser hätte er auch niemals zugestimmt. Okay, das ist das, was Chavez mir angekündigt hatte: Niemals fragen, er wird alles leugnen. Aber Rechtsanwalt Strobe versicherte mir glaubhaft, dass er keinen einzigen Angel als Mandanten hat. Ergo gab es auch keine unterschriebene Prozessvollmacht eines Paul B. Und wie ich es richtig vermutet hatte: Das vor Fehlern nur so strotzende Schriftstück war selbst „hergestellt" worden. Eine Ratten-Bekannte hatte im Auftrag eine Vorlage abgetippt, in der es nach ihren späteren Worten um „Belehrung" und „Zeugen" gegangen war. Ich ärgere mich noch heute darüber, dass ich diesen Wisch nicht als Signal gewertet habe, Chavez künftig mit ganz vorsichtigen Fingern anzufassen. Der Beweis war vor meiner Nase. Niemals würde so ein legasthenisches Werk aus einer Behörde stammen, und doch ließ ich mich weiterhin von ihm einwickeln.

Mittlerweile war eine regelrechte Aufklärungsgruppe darum bemüht, all seine Lügen aufzudecken. Ich versuchte also meinen Fall nicht alleine zu rekonstruieren. Bei dem abgetippten Dokument handelte es sich um das Schreiben, welches mir Chavez an dem Abend übergeben hatte, als angeblich das ganze Clubhaus voller Bandidos gewesen war. Die Anwesenheit war ebenfalls reine Fiktion. Ich ging nun fest davon aus, dass alle Dokumente, die Chavez mir besorgt hatte, gefälscht und von ihm manipuliert worden waren. Welches Risiko er damit einging, schien seinem kranken Hirn gar nicht klar zu sein. Er schien sich blind auf mein Wort zu verlassen, dass ich unter keinem Umstand seinen Namen als Quelle preisgeben würde. Ich entbinde mich jedoch von meinem gegebenen Wort, denn wer mich vorsätzlich belügt und in Gefahr bringt, der ist mein Vertrauen nicht wert. Und trotzdem, ein Dokument war echt gewesen. Wie kam er an die Blanko-Kopie der Belehrung?

Sobald Chavez den angekündigten Freigang hätte, sollte ein Clubabend stattfinden, bei dem er mit allen Vorwürfen konfrontiert werden sollte. Im Knast träumte er ja noch immer von seiner „Rockerlaufbahn" und ahnte nicht das Geringste. Zwar hatte Tacki seine Prospect-Kutte eingezogen, doch Chavez hatte bisher noch immer alles richtig hingedreht. Wer sollte ihm auf die Schliche kommen? Gut,

Tacki war sauer wegen der „Fernrohre", aber sonst hatte er ja alles geleugnet. Im Knast würde er genug Zeit haben, sich eine gute Story zu den Sachen auszudenken …

Wie erbärmlich war dieser Mensch eigentlich? Wie tief musste man sinken, um auf diese Art und Weise ein wenig Anerkennung von anderen zu erhaschen? Wer aber anderen hinterherhecheln muss, um Anerkennung zu suchen, ist ein armes Schwein, und arme Schweine sinken nie, weil sie ohnehin ganz unten stehen. Das hat die Natur so eingerichtet, weswegen sie ja danach trachten, höher zu kommen. Vielleicht ging es aber auch niemals um Anerkennung, sondern nur um das Bescheißen, das anscheinend zwanghaft in ihm verankert ist. Er ist ein Meister der Lüge und beherrscht die Kunst des Täuschens, die darin besteht, einen Funken Wahrheit mit einem großen Anteil Lüge und Fantasie zu mischen. Und weil man ihm traute, schöpfte niemand Verdacht. Seine Motive sind schwer zu erklären, doch das Streben nach eigenem Vorteil, ein übersteigertes Geltungsbedürfnis und ein gehöriger Minderwertigkeitskomplex gehören fraglos dazu. Manch einer, und ich schließe mich da ein, attestieren ihm auch eine krankhafte Neigung zur Fantasie und Erschaffung eigener Realitäten, vielleicht alles Nachwirkungen seiner jahrelangen Kokainabhängigkeit.

Und nun ein offener Brief an dich: „Chavez, du erbärmliche Ratte, du hast riskiert, was noch nie jemand vor dir gewagt und erreicht hat. Du hast versucht, den Outlaws MC zu hintergehen, den Hells Angels MC zu täuschen und dich zuletzt auch noch in verlogener Weise des Namens des Bandidos MC bemächtigt. Du bist ohne jeden Zweifel ein geisteskranker Mensch. Ich wünsche dir eine schöne, ruhige und friedliche Zukunft, am besten mit einer neuen Identität und besser noch einem neuen Gesicht, denn einer deiner Lieblingssprüche war das Motto der Outlaws: ‚GFOD! God forgives. Outlaws don't!' Was glaubst du, wo du dich noch blicken lassen kannst? Es wäre dir zu wünschen, dass dein Hirn irgendwann klick macht und du dich behandeln lässt, wenn das überhaupt heilbar ist."

53. Die letzte Untersuchung

Bei allem Ärger, Stress, trotz Enttäuschungen und Dunkelheit gab es auch ein Fünkchen Licht und Hoffnung. Mein Rechtsanwalt Herr Ahrend hatte von der Polizei die schriftliche Nachricht erhalten, dass ich in der Psychiatrie der Universitätsklinik Münster untersucht werden sollte. Ursprünglich war ein stationärer Aufenthalt vorgesehen, aber dank des Einsatzes von Herrn Ahrend wurde das Ganze auf zwei einzelne Tage binnen zwei Wochen terminiert. Die erste Untersuchung war Anfang März, am 5.3.2010, vorgesehen.

Die Fahrt nach Münster fand selbstverständlich wieder in Begleitung meines Anwalts statt, und wie bei den Terminen zuvor, wurde ein Fahrer der Behörde beauftragt, uns zu fahren. Einerseits war ich nervös, andererseits aber, und dieses Gefühl überwog, sehr erleichtert, dass sich die Farce nun einem Ende zuneigte. Der Ausgang des Ganzen war mir mittlerweile beinahe egal.

Pünktlich um 6:00 Uhr morgens traf der Behördenfahrer vor meiner Wohnanschrift ein. Herr Ahrend befand sich bereits an Bord. Jetzt ging es auf gewohnt langwierigem Wege, zumeist über Landstraßen und durch Dörfer, nach Münster, wo wir gegen 8:40 Uhr ankamen. Der Eingang der psychiatrischen Klinik auf dem großräumigen Gelände der Uniklinik war nicht leicht zu finden, zumal auch das Navigationsgerät bei der Zielsuche versagte. Schließlich fanden wir das gesuchte Gebäude, und mein Anwalt und ich stellten uns im Erdgeschoss vor. Wir wurden in den ersten Stock verwiesen, wo diverse Tests mit mir anstanden.

Es war wieder einmal typisch, denn auch in diesem Fall handelte es sich bei der Bediensteten, welche die Tests durchführen sollte, um eine unfreundliche und leicht gereizt wirkende Endfünfzigerin. Als ich wie gewohnt auf die Anwesenheit meines Anwalts bestand, verfinsterte sich ihre Miene zusätzlich, und sie weigerte sich, die Tests durchzuführen. Aufgrund der Tragweite der Untersuchung erklärte ich mich ausnahmsweise bereit, diese ohne Rechtsbeistand wahrzunehmen.

Ursprünglich war ein Zeitrahmen von eineinviertel Stunde abgesteckt, es dauerte jedoch beinahe zwei Stunden. Die Tests sollten meine Konzentrations-, Wahrnehmungs- und Erinnerungsfähigkeit überprüfen. Sachlich kühl ging es mit einem kurzen Gespräch los, das Aufschluss über meinen bisherigen Werdegang und meine physischen und psychischen Probleme bringen sollte. Im Anschluss startete dann die erste Testsequenz. Mir wurden zahlreiche Worte vorgelesen, die ich mir einprägen sollte. Es fanden fünf Wiederholungen statt, anschließend wurde ermittelt, wie viele Worte ich behalten hatte. Es folgte eine weitere Überprüfung der Merkfähigkeit, und als diese abgeschlossen war, wurde noch einmal die erste Übung aufgegriffen. Anschließend musste ich mithilfe von kleinen Holzstäben diverse Muster „nachlegen", die mir zuvor auf kleinen Karten gezeigt worden waren. Es folgten mehrere schriftliche Tests, in denen ich Symbole und unterschiedliche Reihen und Abfolgen logisch weiterbilden musste. Alles erfolgte unter Zeitdruck. Nach etlichen schriftlichen Aufgaben und Übungen musste ich noch vor einem Bildschirm Platz nehmen und bekam Kopfhörer aufgesetzt, damit meine audiovisuelle Wahrnehmungsfähigkeit geprüft werden konnte.

Während der Tests wirkte die Klinikmitarbeiterin zunehmend gereizt. Sie schien mit meiner Leistung nicht zufrieden zu sein, obwohl ich mein „Bestes" gab. Zum Abschluss fragte sie, wie ich meine „Leistung" selbst einschätzte. Ich antwortete, dass ich ganz zufrieden sei, was sie wohl als Hohn empfand. Ich weiß ja nicht, was sie erwartet hatte, aber ihre Aufgabe war es, mich zu überprüfen, nicht, mich zu bewerten. Darum verstehe ich nicht, warum sie ihrer Arbeit mit sich stetig verschlechternder Stimmung nachging. Im übrigen kann jeder PC diese Tests durchführen, da benötigt man keine frustrierte Angestellte, die für schlechte Stimmung, Eitelkeiten und bissige Kommentare einen Haufen Geld verdient. Aber damit war auch klar, warum sie den Anwalt nicht dabei haben wollte.

Ich begab mich nach diesem ersten Teil mit meinem Anwalt erschöpft in die Cafeteria. Wir hatten rund zwei Stunden Zeit, bis es um 13:15 Uhr mit meiner Untersuchung durch eine Ärztin weitergehen sollte. Wir verbrachten sie in der Cafeteria, unterhielten uns über die Tests, Alltägliches und auch über das noch laufende Strafverfahren sowie das Fiasko mit der unmöglichen Person. Zwei Dinge dieses Gesprächs blieben mir genau in Erinnerung: Zum einen die köstlichen Butterbrote und Frikadellen, die Herr Ahrend für uns mitgebracht hatte, zum anderen seine Antwort auf meine Frage: „Herr Ahrend, ist man denn in seinem Leben fast nur noch von Ratten umgeben?"

„Ja!"

So kurz und prägnant die Antwort war, so zutreffend war sie auch. Vielleicht ist die gesamte Menschheitsgeschichte eine Geschichte der Ratten. In besonderem Maße galt die Antwort für mein Leben. Denn bis auf ganz wenige Ausnahmen bin ich ausgerechnet von den Menschen belogen und verraten worden, denen ich am meisten vertraut und geholfen habe.

Dahinter musste doch ein System stecken. Möglicherweise musste dies zwangsweise geschehen: Täter und Opfer finden sich. Energiegesetz! Etwas in mir musste „befriedigt" werden: nämlich die Opferrolle. Der Kampf des Lebens ist in erster Linie ein Kampf gegen sich selbst und das Unbekannte in einem. Es zu erkennen und sich zu stellen ist aber den wenigsten gegeben. Und selbst wenn, da der Kampf gegen sich selbst mit Schmerzen verbunden ist, scheuen ihn die meisten. Ganz zu schweigen von der Unwissenheit, was danach kommt. Ich habe Leute kennengelernt, die lieber versuchen, vor sich selbst wegzulaufen, obwohl das wie Hase und Igel ist. Man kann nicht vor sich selbst weglaufen. „Täter" haben es da einfacher, weil sie mit ihrem alten Leben bequem weitermachen können. Für Opfer hingegen ist das „Weitermachen" vernichtend. Wer ständig sein Leben zerstört und die Fehler der Vergangenheit immer und immer wieder stereotyp wiederholt … Nun ja, erscheint nicht clever, ist aber auf unserem Planeten milliardenfache Realität.

Ich versuche gegen mich zu kämpfen, ich stelle mich und versuche von mir selbst zu lernen, erkenne aber auch, dass bestimmte Grenzen nur schwer oder gar nicht überwindbar sind. Oftmals setzt dann eben Resignation ein, dann ist es eben so und basta. Aber ich weiß um mich. Andere nicht. Die müssen erst einmal an dem Punkt ankommen, wo sie sich mit sich selbst beschäftigen müssen, so wie ich durch die Mobbing-Parade gezwungen wurde. Ich bin doch jetzt das, gegen das ich noch vor 20 Jahren gestanden habe. Und vielleicht möchte ich nichts mehr mit Leuten wie mir vor 30 Jahren zu tun haben. Mit Kanone und 'nem Freibrief in der Tasche würde ich meine jüngere Version vielleicht wegpusten, weil sie meinen heutigen Wertvorstellungen zuwiderläuft. Und diese Erkenntnis ist schmerzhaft, das wollen nicht ernsthaft viele Menschen.

Den Höhepunkt und hoffentlich Abschluss dieser „Serie" bildete der niederträchtige Verrat dieser Asozialen und der meines vermeintlichen „Freundes" und „Bruders". Glücklicherweise standen Anke und Herr Ahrend immer zu mir. Und zudem habe ich immer ein Fünkchen Hoffnung in mir, dass selbst in der tiefsten Dunkelheit irgendwo ein Licht erscheint. Und dieses erschien mir um 13:15 Uhr. Ich wartete mit Herrn Ahrend im ersten Stock vor dem Büro der Ärztin, die pünktlich zum vereinbarten Zeitpunkt die Tür öffnete und heraustrat. Frau Dr. Dr. Dunsche erschien als Engel. Sie war eine attraktive junge Frau mit wundervollen stahlblauen Augen, groß gewachsen und von schlanker, anmutiger Gestalt. Ich gab ihr meine Hand, wir stellten uns vor und als ich ihr in die Augen blickte, wusste ich sofort, dass ich mich endlich öffnen konnte und sie mich verstehen würde.

Die Oberärztin strahlte für mich Sympathie, Vertrauen und Kompetenz aus. Auch die Anwesenheit von Herrn Ahrend empfand sie eher als Bereicherung denn als einen „Störfaktor". Zudem war sie bestens im Bilde, kannte meine Akte und hatte sogar die Testergebnisse schon studiert. Die Untersuchung durch die bezaubernde Oberärztin begann mit einem langen und intensiven Gespräch, das deshalb möglich war, weil ich mich so richtig offenbaren konnte. Wir sprachen über meinen Werdegang und das Verhältnis zu meiner Familie, vor allem redeten wir jedoch über meine Dienstzeit bei der Polizei, die Erfahrungen und

Erlebnisse seit dem Motorradkauf und das damit einsetzende Mobbing. Ich berichtete frei heraus über mein körperliches und seelisches Befinden, die Antriebslosigkeit, die Schlafstörungen, die physischen Beschwerden psychosomatischer Natur und meine Sorgen, Ängsten und Beklemmungen.

Seit der Festnahme im November hatte sich all das drastisch verschlechtert, und ich litt unter einem regelrechten Verfolgungswahn. Ich war felsenfest davon überzeugt, dass ich abgehört, verfolgt und observiert wurde. Trotzdem verhielt ich mich sorglos, weil ich zu keinem Zeitpunkt etwas Kriminelles tat, wofür ich zur Rechenschaft gezogen werden konnte. Meine Gefühle standen also im Widerspruch zum Verhalten. Auch meine Empfindungen gegenüber der Polizei wurden thematisiert, und ich schilderte meine zahlreichen Albträume. Herr Ahrend unterstützte mich während des Gesprächs, indem er unter anderem zur Aufhellung juristischer Fragen beitrug. Nach dem fast zweistündigen Gespräch führte die Oberärztin mit mir noch alleine einige Abschlusstests durch, welche die Untersuchung abrundeten. Sie meinte abschließend, dass sie sich bereits ein umfassendes Bild meines Gesundheitszustandes machen konnte und nun ihren Bericht verfassen würde.

Trotzdem sollte am 17.3. der zweite Termin stattfinden, obwohl ich den Eindruck hatte, dass dieser Tag keinerlei neue Erkenntnisse mehr bringen würde. Aber an diesem Tag wollte der Leiter der psychiatrischen Klinik, Herr Prof. Dr. Herold, sich ebenfalls einen Eindruck von mir verschaffen. Wir verabschiedeten uns voneinander, und ich ließ es mir nicht nehmen, Frau Dr. Dr. Dunsche ein Kompliment dafür zu machen, wie sie mir als Patienten begegnet war. Das war schließlich nicht bei allen Ärzten in der langen Kette so gewesen, und demzufolge freute ich mich bereits auf den nächsten Termin, als wir uns im Auto auf dem Rückweg befanden.

54. Ein schlechter Traum? – Die „Elite" rückt aus

Mittlerweile waren die ehemaligen „Kollegen" dazu übergegangen, „Anhaltemeldungen" zu fertigen, wenn sie mich im Straßenverkehr antrafen. Eine „Anhaltemeldung" wird normalerweise nur bei Schwerstverbrechern gefertigt. Sie dient dazu festzuhalten, wann, wo und mit wem der Straftäter angetroffen wurde. Mir dämmerte etwas, als ich mit einem Freund abends nach dem Sportstudio von einem Streifenwagen angehalten und unsere Ausweise kontrolliert wurden. Dass ich den Beamten persönlich bekannt war und wir uns einstmals duzten, zählte nicht mehr. Über eine interne Quelle erfuhr ich Tage später von der Anwendung dieser Maßnahme gegen mich, aber auch, dass aus den Reihen der Polizei daran Anstoß genommen wurde. Nicht wenige waren offensichtlich der Meinung, dass jetzt übertrieben wurde.

Zum Glück stand der letzte Untersuchungstermin kurz bevor. Am Vorabend traf ich zufällig in einem Elektronikmarkt in Detmold einen hochrangigen Kripobeamten der hiesigen ZKB. Durch meinen Vater kannte ich diesen schon vor meiner Zeit bei der Polizei, und unser Umgang war von Sympathie und Achtung geprägt. Wir begrüßten uns, und er sagte gleich offen heraus: „Tim, ich bin wohl von zwanzig Kollegen der Einzige, der dir noch die Hand schüttelt und mit dir spricht."

„Das weiß ich, aber dafür guck ich dich auch an. Abgesehen davon würde ich jenen ebenso wenig die Hand geben."

„Was soll ich dir sagen, es wird eben viel geredet."

„Auch das weiß ich. Kannst du mir ruhig sagen, ich denke, sie zerreißen sich das Maul und behaupten, ich wäre ein böser Rocker, Zuhälter und Schläger."

„Ja, das kommt in etwa hin. Aber ich kenne dich und hoffe jetzt mal, dass dem nicht so ist. Es ist eben Flurgetratsche, und ich halte mich da bewusst vollkommen raus."

Ich erzählte ihm von dem Fiasko mit meiner ehemaligen „Mitbewohnerin" in kurzen Sätzen, worauf er entgegnete, dass dies aus rechtlicher Sicht wohl ausgehen würde wie das „Hornberger Schießen". Als ich ihm berichtete, mit welchen Methoden die Dortmunder Kripobeamten mich „bearbeiten" wollten, schüttelte er nur den Kopf und sagte: „Dieses Verhalten ist schlichtweg nicht hinnehmbar." Zum Abschluss teilte ich ihm noch mit, dass meine letzte Untersuchung kurz bevorstehen würde.

„Alles Gute für deine Zukunft, und dass ich ja nie dienstlich mit dir zu tun haben werde."

„Mach dir keine Sorgen", antwortete ich mit einem Grinsen.

Dieser Kollege ist einer der ganz wenigen, die noch heute meine Anerkennung und Sympathie genießen. Ein Mensch frei von Neid und Missgunst, ein Vorbild, wie Polizeibeamte sein sollten.

Der 17.3.2010 war gekommen. Frau Dr. Dr. Dunsche holte uns am Treffpunkt ab, und wir steuerten das Vorzimmer des Professors an. Ich hatte Frau Dr. Dr. Dunsche bereits schriftliche Aufzeichnungen meiner Empfindungen und Albträume der letzten Monate überreicht, und sie unterhielt sich vorab noch alleine mit ihrem Chef. Die Oberärztin hatte schon im Vorfeld darauf hingewiesen, dass es sich bei Professor Herold um einen sympathischen Mann handeln würde. Als wir sein großzügiges Büro betraten und vom ihm begrüßt wurden, bestätigte sich mir sofort diese Vorstellung: Professor Herold war eine sehr sympathische und freundliche Persönlichkeit, der wie seine Oberärztin eine beeindruckende Kompetenz und Fachwissen ausstrahlte. Genau wie diese beiden Persönlichkeiten stelle ich mir die ärztliche Elite Deutschlands vor.

In dem fast einstündigen Gespräch ging der Professor, der nun überwiegend agierte, noch einmal auf den Ablauf der Ereignisse, meine Ängste, Sorgen und psychischen Probleme ein. Als das Gespräch auf den Kauf meines Motorrads kam, überraschte Professor Herold mich mit erstaunlichem Fachwissen über die Marke Harley-Davidson. Es war wohltuend, mit gebildeten, aufgeschlossenen und weltoffenen

Menschen zu reden, die mir gegenüber freundlich und ohne Neid oder Missgunst waren. Welch ein himmelweiter Unterschied zu dieser kleinkarierten und von Neid zerfressenen, gefrusteten „Polizeibande". Im Gespräch verdeutlichte ich noch einmal meine Ablehnung der Polizei und bekannte, dass ich mich schon oft mit dem Gedanken getragen hatte, einfach zu kündigen und somit auf meine Bezüge zu verzichten, nur um endlich „draußen" zu sein. Jeder hatte mir allerdings von diesem Schritt abgeraten, da ich beinahe zehn Jahre meine Gesundheit in diesem Beruf riskiert habe und nicht der Schuldige an meiner jetzigen Situation sei.

Als ich dem Professor berichtete, dass ich jederzeit mit einer Festnahme rechnete, fragte er mich, ob ich das selbst in seiner Klinik für möglich hielte. Ich bejahte: „Ich gucke mich ständig um und rechne mit allem. Diese ‚Bande' hat es nun mal auf mich abgesehen." Wie seine Oberärztin schien auch der Professor sein Fazit gezogen zu haben. Das überaus angenehme Gespräch endete damit, dass die beiden Ärzte Herrn Ahrend und mir erklärten, dass sich das Bild von mir bestätigt hatte und ich in absehbarer Zukunft mit einem abschließenden Ergebnis rechnen könne.

Voller Hoffnung verabschiedete ich mich und begab mich daraufhin mit Herrn Ahrend wieder in die in sehr guter Erinnerung gebliebene Cafeteria im Erdgeschoss, um dort bis zur Heimfahrt mit dem Behördenfahrzeug zu warten. Außer uns beiden war die kleine Mensa leer, bis auf ein junges Pärchen, das sich zwei Tische weiter miteinander unterhielt. Ich hatte mir gerade einen Milchkaffee aus dem Automaten gezogen und war gerade im Begriff, mich wieder zu meinem Freund und Rechtsbeistand zu setzen, als die Glastür zum Gang aufgerissen wurde und ein Pulk von sechs bis acht Männern laut schreiend auf mich zu stürzte. Einer richtete eine Pistole auf mich und schrie: „Polizei!" Dann stürzten sich mehrere zum Teil maskierte Männer auf mich und rissen mich zu Boden. Ich hörte noch, wie einer der Typen Herrn Ahrend anschrie: „Hände auf den Tisch, oder ich schieße!"

Und Herr Ahrend antwortete: „Dann schieß doch, du Arschloch! Oder kannst du dich nur an deiner Waffe festhalten?"

Mein allererster Gedanke war, dass der Professor sich das ausgedacht hatte, um meine Reaktion zu testen. Doch sehr schnell begriff ich, dass es sich um einen realen Einsatz handelte. Ich lag bäuchlings mit dem Gesicht auf dem Boden und hörte höhnisches Gelächter, als man zu dritt auf mir kniete, um mich auf Waffen zu durchsuchen. Dann wurden meine Arme brutal nach hinten gerissen, was wegen meiner breiten Schultern nicht ganz einfach war. Wie in solchen Situationen üblich, wurden meine Handgelenke einfach mit Kabelbindern fixiert. Mir war absolut bewusst, dass jegliche Gegenwehr mir nur unnötige Schläge eingebracht hätte. Wozu auch? Ich registrierte noch, wie der mich fesselnde „Elitecop" die Binder noch einmal zusätzlich zuzog, so dass meine Hände daraufhin grün und blau anliefen und meine Handgelenke bluteten. Dann wurde ich auf einen Stuhl gesetzt, und man warf mir, begleitet von Witzen und Verhöhnungen, meine Harley-Jacke über den Kopf, so dass ich niemanden der maskierten „Special Forces" erkennen konnte. Etwas später zog mir jemand die Jacke vom Kopf, und ein maskierter Zwerg stand vor mir und forderte mich höhnisch auf, in die Linse eines Fotohandys zu gucken. Auf dem anschließenden Weg zum Dienst-KFZ, in dessen Fond ich einsteigen musste, sah ich, dass der gesamte Vorhof des Klinikgebäudes voll von zivilen Einsatzfahrzeugen des SEK und MEK war und es von Polizisten nur so wimmelte. Als ich im Auto saß, fiel einem Beamten der Zustand meiner gefesselten Handgelenke auf: „Wer hat das denn gemacht? Also, wir sind ja keine Unmenschen." Er schnitt die Kabelbinder auf und mir wurden Spezial-Handschellen aus Metall angelegt. Jetzt wurde mir der rote Haftbefehl ausgehändigt, den ich mit meinen gefesselten Händen umständlich umblätterte und überflog. Er war schon vor mehreren Wochen ausgestellt worden. Warum er erst jetzt vollzogen wurde, ist wohl damit zu erklären, dass ich als bewaffneter Schwerstkrimineller in der Rubrik organisierte Kriminalität lief. Man hielt mich, wie ich später noch erfahren sollte, beinahe schon für ein Mitglied der Hells

Angels. Daher wurden für meine Festnahme Spezialkräfte herangezogen und der aus Sicht meiner Jäger „günstigste" Zeitpunkt und Ort ausgewählt. Man muss sich an dieser Stelle wirklich fragen, was in den Köpfen dieser Experten vor sich geht? Es war quasi identisch wie bei der Festnahme meines Freundes Toni. Die Besonderheit bei meiner war, dass eine unnötige Gefährdung von Zivilpersonen sowie Rückschläge und Verschlimmerungen von Krankheitsbildern bei Patienten der Klinik billigend in Kauf genommen wurde. Ein theatralischer Zugriff bei Gefährdung Unbeteiligter und ein eh schon stark ramponierter Ruf in der Öffentlichkeit, dient nicht dazu, Vertrauen und Respekt vor solchen angeblichen „Ordnungshütern" wiederherzustellen. Wie bei Toni hätte ein einziger Polizeiwagen oder eine Vorladung zur Wache ausgereicht, um auf diesem Weg verhaftet zu werden. Das zeigt zudem auf, wie unnötig und gewissenlos unsere Steuergelder verschwendet werden. Der „Haufen" hatte in diesem Fall fürwahr schwer zu kämpfen gehabt, ging es doch darum, einen erkrankten Anwalt und einen friedlichen Patienten überwältigen zu müssen.

Im Haftbefehl stand zu lesen, dass ich „nun doch im Verdacht stehe, einen erpresserischen Menschenraub begangen zu haben", hinzu kam noch „eine versuchte bewaffnete räuberische Erpressung gemeinsam mit einem ‚Milan' zum Nachteil einer gewissen Verena Pfahl". Sie behauptete in ihrer Aussage, dass ich sie geschlagen, gewürgt und mit dem Gesicht über den Boden gezogen hatte, so dass sie Abschürfungen erlitt. Und meinem Mittäter warf sie vor, ihr eine Pistole an den Kopf gehalten und die Zahlung von 25.000 Euro verlangt zu haben. Ich war sprachlos über diese anscheinend nie enden wollende Komödie, gleichzeitig aber auch absolut ruhig und gefasst.

Ich bemühte mich, meinen Anwalt zu instruieren, aber man wollte ihn nicht an mich heranlassen. Eine Vollmacht hatte er, und das wusste die Polizei Dortmund, Münster, B.-Stadt und Detmold. Trotzdem forderten sie eine schriftliche Vollmacht an Ort und Stelle von Rechtsanwalt Ahrend, der mich – wohlgemerkt anwaltlich – nach Münster begleitet hatte. Endlich durfte er zu mir an das Fahrzeug, und ich übergab ihm den Haftbefehl. Er versprach mir, sich darum zu kümmern, und schon setzten sich meine beiden Bewacher mit mir in Bewegung.

Es sollte wieder mal nach Dortmund gehen. Ich wurde gefragt, wo der Autoschlüssel zum weißen Golf wäre, der vor meiner Haustür parkte. „Ach so", dachte ich, „jetzt fliegen sie wieder überall ein." Da ich dringend austreten musste, fragte ich, ob dies auf dem Weg möglich wäre. Wir fuhren daraufhin auf das Gelände der großen Polizeiliegenschaft an der Weseler Straße. Genau dorthin also, wo vor etlichen Jahren meine „Polizeikarriere" begonnen hatte. Obwohl sich in jedem Block auf dem Gelände ein WC befand, fuhren wir über das halbe Areal, um direkt vor der großen Mensa der Liegenschaft zu halten. Es war Mittagszeit und die Kantine brechend voll. Wie die Trophäe eines erlegten Raubtieres wurde ich zum WC geführt. Diese Aktion sollte mir wohl zur Schande gereichen, ich ging jedoch erhobenen Hauptes und fühlte mich trotz Fesseln erhaben. Auf dem WC war es mir unmöglich, mit meinen gefesselten Händen meine Hose herunterzuziehen, geschweige denn zu urinieren. Ich wies auf das Problem hin und bekam zur Antwort: „Sollen wir ihn dir jetzt auch noch rausholen?"

„Könnt ihr mir nicht eine Fessel wenigstens lösen? Was soll denn passieren?"

„Pass mal auf, wir können hier nicht erst eine wichtige Festnahme mit SE [Spezialeinheiten – Anm. des Autors] durchführen und dich dann losmachen."

Schließlich gelang mir das Kunststück nach etlichen Bemühungen, und ich konnte alleine austreten. Jetzt erst wurde mir bewusst, wie sehr die eingesetzten „Elite-Weicheier" unter Angst standen. Sicherlich wurde diese im Vorfeld durch das Briefing „Rocker, breit, Kampfsportler, bewaffnet" noch geschürt. Ich wurde wieder durch die Mensa nach draußen geführt, ins Auto gesetzt, und dann ging es weiter. Als wir die Turnhalle passierten, sagte ich demonstrativ: „Hier haben wir alle unsere Aufnahmeprüfung absolviert", eine Anspielung, denn die beiden wussten, dass auch ich einmal „einer von ihnen" war. Ein Faktum, für das ich mich heute mehr als schäme. Ich war neugierig und wollte wissen, wer meine Festnahme durchgeführt habe, SEK oder MEK, erhielt aber keine Antwort. Ich gehe davon aus, dass es ein gemeinsamer Einsatz Dortmunder „Spezialkräfte" war. Auf meine nächste Frage, was der ganze Aufwand denn überhaupt solle, erhielt ich eine Antwort. Ich sei ja ständig bewaffnet und bereit, auf „Bullen" zu schießen. Es war mir klar, dass das Brot alles nur erdenkliche Gift über mich ausgeschüttet hatte und die Schisser diesen offensichtlichen Blödsinn nur zu gerne glauben wollten. Ich distanzierte mich gegenüber dem Fahrer von diesen angeblichen Äußerungen und setzte auch noch die hypothetische Frage nach: „Was hätte ich zudem davon?" Der Bewacher versprach mir, dies an seine Kollegen so weiterzuleiten. Es ging mir dabei nicht um diese Armseligen, sondern nur um meine Ehre. Ich bin nämlich kein Vollidiot, der wahllos auf „Unschuldige" schießt.

Das unprofessionelle Verhalten der sogenannten „Elitecops" lässt sich eventuell damit erklären, dass am selben Tag in Baden-Württemberg ein SEK-Beamter von einem Hells Angel bei einem Einsatz erschossen worden war. Die Informationswege bei den SEKs untereinander sind sehr schnell, und es ist davon auszugehen, dass sich diese Nachricht bereits herumgesprochen hatte. Und ich war ja auch einer von denen – jedenfalls in ihrer Fantasie. Erklären also ja, aber nicht entschuldigen, denn das wäre niemals meine Absicht gewesen. Mitleid empfinde ich mit dem Opfer übrigens nicht. Er wurde freiwillig SEK-Beamter und war sich des Risikos voll bewusst. Und vielleicht war ja auch er ein höhnischer „Hobby-Rambo", der einen bereits am Boden Liegenden und Gefesselten noch schlägt und tritt. Was interessierte es mich überhaupt? Gar nicht. Ich war nämlich wieder auf dem Weg in die Zelle.

55. Inhaftiert

In Dortmund angekommen, wiederholte sich alles wie bereits Monate zuvor. Das Tor zum Polizeigewahrsam öffnete sich, ich wurde eingeliefert, durchsucht und fand mich in einer der kargen Zellen des PG

Dortmund wieder. Dieses mal jedoch nicht in der „Pennerzelle" Nr. 1, sondern zwei Türen weiter. Nachdem ich einige Stunden in der Zelle lag, wurde ich abgeholt, um dem Haftrichter vorgeführt zu werden. Als Haftrichter fungierte ein Richter des Amtsgerichts Dortmund. Richter Hansen ist ein untersetzter Mann mittleren Alters mit Bart und trug einen billigen Pullover. Im Büro des Polizeigewahrsams waren des Weiteren anwesend: die Staatsanwältin, Praktikanten der Staatsanwaltschaft und ein weiterer Uniformierter.

Der Amtsrichter hinterließ keinen guten Eindruck, denn er spielte sich mir gegenüber ziemlich überheblich auf. Er begann mit der Frage, ob ich mich zu den Vorwürfen äußern wolle. „Und ob ich das möchte", erwiderte ich. „Diese sind nämlich gänzlich unzutreffend und Lügen der Zeugin Pfahl und ihrer albanischen Zuhälter." Nun schilderte ich dem Richter das Geschehene in Detailform. Ich wies ausdrücklich darauf hin, dass es zu keinen gewaltsamen Handlungen gekommen war und die Vorwürfe gegen mich erst entstanden waren, als sich die Zeugin wieder unter den Fittichen ihres albanischen Zuhälters befand. Ebenso verwies ich auf die abgegebene eidesstattliche Versicherung im Zusammenhang mit dem Sorgerechtsstreit. Als Zeugin für den betreffenden Abend benannte ich Katharina Nasser. Der Amtsrichter fand zwar alles plausibel, was ich vorbrachte, doch gab er zu bedenken, dass die Sachlage genauso gut andersherum gesehen werden könne und er nicht möchte, dass die Zeugin Pfahl möglicherweise von einer Autobahnbrücke geworfen werde. Das waren tatsächlich seine Worte: „Von einer Autobahnbrücke". „Für was halten Sie mich eigentlich?" fragte ich, und es war mein völliger Ernst. Es reichte mir schon, dass ich wegen dieser Asozialen derartige Schwierigkeiten hatte. Richter sollten unabhängig und objektiv sein. Richter werden in Deutschland bei Befangenheit aus Fällen abgezogen. Und in Deutschland gilt zudem ein Diskriminierungsverbot, so dass mir hier sehr wohl die Frage erlaubt sein darf, wie unabhängig und objektiv dieser Mann eigentlich sein konnte/wollte. Er bezieht wohlwissend deutlich die Position von brutalen, organisierten Zuhältern zu meinem Schaden und legt die verschiedenen Aussagen der Pfahl zu verschiedenen Zeitpunkten unter verschiedener „Kontrolle" stehend und unter Verkennung ihres enormen Drogenkonsums einseitig aus. Und darf ich an dieser Stelle noch darauf hinweisen, dass die „Ermittlungen" des Jugendamtes als objektiv zu werten waren, und daraus deutlich wird, welche Zustände im Haushalt Pfahl und G. geherrscht hatten. Und ehrlich, warum will der Richter an Rechtschaffenheit glauben, wenn der Albaner auf Hartz IV ist, ihm aber angeblich ein solch' hoher Geldbetrag gestohlen worden war? Wahrscheinlich wird mir der Herr Amtsrichter wohl niemals seine wahren Beweggründe erzählen. Und somit war mir spätestens jetzt klar, dass der Albtraum hier nicht enden, sondern fortgesetzt werden sollte.

Ich wurde wieder in meine Zelle verbracht, später dann gefesselt und in den abgeschlossenen Eingangsbereich des PG gebracht. Dort wartete bereits ein Gefangenentransporter. Auf engstem Raume mit einem arabischen Drogendealer und anderen Kleinkriminellen eingepfercht, ging es dann in die nahegelegene Justizvollzugsanstalt Dortmund. Der Araber jammerte, und mir war bereits alles egal geworden. Ich fügte mich meinem Schicksal, hatte aber noch einen kleinen Funken Hoffnung, dass diese unglaubliche Ungerechtigkeit bald enden würde.

In der JVA angekommen, ging es zur „Begrüßung" in die „Kammer". Dort werden Fotos geschossen und die Formulare der Einlieferung ausgefüllt. Auch findet hier eine erneute Durchsuchung statt: völlig nackt vorne überbeugen und Husten. Diese Prozedur dient der Feststellung, dass man keine Drogen „in" sich trägt, also „sauber" ist. Anschließend bekommt man seinen „Beutel", in dem sich Handtücher, Zahnbürste, Besteck und ein Schlafanzug befinden und dann geht es direkt in die Zelle. Es war bereits Abend und somit das Licht in der Zelle aus. Als der Schließer die Tür öffnete, starrten mich aus der Dunkelheit heraus zwei weiße Augen an. Ich hatte Glück, es war eine Zwei-Mann-Zelle, in der ein deutscher Drogendealer einquartiert war. Es hätte mich auch anders treffen können, denn es gibt Zellen, in denen bis zu fünf Sträflinge jeglicher Nationalität auf engstem Raume miteinander „wohnen". Dennoch wirkte alles wie ein böser Traum, und ich benötigte einige Tage, um mich überhaupt mit dieser neuen Situation abzufinden. Ich fand mich in einer „irrealen" Umgebung wieder: enge Räume, schmale Gänge, wenig Licht und keine frische Luft. Die Zeit dehnt sich wie Gummi, und nichts passiert. Man ist total abgeschottet und befindet sich in einer völlig anderen Welt.

Aufgrund der Tatvorwürfe gegen mich und der damit verbundenen Verdunkelungsgefahr – in meinem Fall der Gefahr des Einwirkens auf die Zeugin Pfahl (mittels einer Autobahnbrücke) – durfte ich mit niemandem telefonieren oder gar persönlich sprechen. Jeglicher eingehender oder ausgehender Brief wurde vom Gericht geöffnet und gelesen. Der Einzige, mit dem ich reden durfte, war mein Rechtsanwalt Herr Ahrend. Es dauerte eine ganze Woche, bis ich ihn das erste Mal telefonisch in Ruhe sprechen durfte. Er war bereits tätig geworden, hatte Ausarbeitungen gefertigt und einen Haftprüfungstermin beantragt, der eine Woche später anstand.

Ich hatte mich bis dahin mit der Umgebung zu arrangieren. Der Dortmunder Knast gilt – einfach ausgedrückt – als Endstation. Der Bau ist mittlerweile 107 Jahre alt, und das sieht man ihm auch von innen an. Ich musste immer schmunzeln, wenn ich im Fernsehen Reportagen über andere Gefängnisse sah. Verglichen mit dem Dortmunder Knast waren das wahre Erholungsheime. In Dortmund ist man 23 Stunden am Tag in seiner Zelle eingeschlossen. Die Zellen sind alt und karg. Als Schlafstelle dient ein Stahlrahmenbett mit einer dünnen Schaumstoffmatratze. Als Bettzeug muss ein dünnes Deckchen genügen. Ein vergittertes Fenster befindet sich in einer Höhe von fast zwei Metern, so dass man selbst im Stehen nicht hinaussehen kann. Das schafft man nur, wenn man sich auf das Bett stellt. Nun fällt der Blick auf einen kleinen Gefängnisinnenhof, auf dem die tägliche Freistunde stattfindet. Ansonsten sieht man den Himmel und hohe Mauern. Beinahe rund um die Uhr schreien die Häftlinge meist in ausländischen Sprachen von Fenster zu Fenster über den Hof. Am schlimmsten war eine Gruppe von Libanesen, die sich mittels eines „Heulgesanges"

unterhielt. Ich folgte einem fast zweistündigen „Dialog", der sich ungefähr so gestaltete:
„Du Hund!"
„DU Hund!"
„Du Schwanz!"
„DU Schwanz!"
„Ich geb dir mein Schwanz!"
„Du Hundesohn!"
„Ich habe einen größeren Schwanz!"

Sie bemerken, überaus niveauvoll. Untermalt wird das Stimmgewirr von orientalischen Liedern oder aktueller Discomusik. Es geht zu wie auf einem Basar.

Bereits am ersten Tag drängte ich auf einen kurzen Termin beim Sozialarbeiter. Hier konnte ich auch kurz mit Rechtsanwalt Ahrend telefonieren. Der Anstaltsarzt hingegen war ein Pflichttermin. Er untersuchte und vermaß mich schnell: 1,82 Meter und 114 Kilogramm, so die Werte zu Beginn meiner U-Haft. Die ersten Tage lag ich nur auf meinem Hochbett, schlief beinahe pausenlos. Wann immer ich wach war, las ich. Die Bibliothek hatte glücklicherweise eine gute Auswahl an Büchern. Da mir jeglicher Appetit fehlte, aß ich tagelang nichts, ernährte mich wochenlang fast nur von „Wasser und Brot". Mein erster Einkauf bestand Wochen später aus fünf Beutel Apfelsaft und einem Deo-Roller. Ich trug bei meiner Festnahme 7,42 Euro bei mir, die auf meinem Gefängniskonto gutgeschrieben worden waren.

Irgendwann erhielt ich die Durchschrift des Protokolls der Durchsuchungen meiner und Ankes, sowie der an Sorena vermieteten Wohnung und meines Pkw. PCs, Festplatten, Kleidung, Munition, Digitalkameras, Navigationsgerät, Unterlagen, Kontoauszüge, Aktenordner ... alles wurde mitgenommen. Zum ersten Mal bekam ich jetzt auch einen vollständigen Überblick der Anklagepunkte gegen mich. Es liefen Ermittlungsverfahren wegen erpresserischen Menschenraubs, versuchter bewaffneter räuberischer Erpressung, Zuhälterei, illegalen Waffenbesitzes, Drogenhandels und Geheimnisverrats. Bei einer möglichen Verurteilung ergaben diese Anklagepunkte locker an die 15 Jahre. Die Nutte und ihr Zuhälter schienen ihrer Fantasie freien Lauf gelassen zu haben, was für die lauernden „Kollegen" natürlich ein gefundenes Fressen gewesen war. Sie stürzten sich voller Freude und Inbrunst auf alles, was ihnen in die Finger kam. Offensichtlich hielt das negative Durchsuchungsergebnis niemanden von denen ab, weiterhin die Lügengeschichten als Wahrheiten darzustellen. Eine sehr interessante Erkenntnis war für mich auch, dass sich die OK-Dienststelle aus B.-Stadt (KK 21) in die Ermittlungen eingeklinkt hatte. Ausgerechnet die Dienststelle, welche höchstwahrscheinlich mit Braunbär kooperierte und der ich mehr als gefährlich geworden war. Erstaunlich, denn was hat ein B.-Stadter OK-Dezernat mit einem erpresserischen Menschenraub in Hamm zu tun? Mehr noch, es schien, als ob sie die Ermittlungen an sich gerissen hatten. Damit war für mich aber auch klar, dass es Fairness nicht geben würde. Sie wollten mich bescheissen, mir daraus einen Strick drehen und mich an diesem aufhängen. Und dazu würde ihnen jedes Mittel recht sein.

Endlich war der Tag der Haftprüfung gekommen, und ich wurde gefesselt in eine Zelle des benachbarten Amtsgerichts verbracht, wo ich auf Rechtsanwalt Ahrend traf, der zu mir in die Zelle gelassen wurde. Es tat mehr als gut, ihn endlich wieder zu sehen. „Herr K., ich bin guter Dinge, dass ich Sie heute mit nach Hause nehme" verkündete er, und hatte dazu guten Grund, denn er hatte bereits ganze Arbeit geleistet und eine perfekte Ausarbeitung mit dem Ziel der Aufhebung des Haftbefehls gefertigt. Diese lag dem Richter schon vor, als wir in das Büro des Richters geführt wurden. Dort saß der mir schon bekannte und voreingenommene Amtsrichter Hansen. Ich meine sogar, dass er denselben schäbigen Pullover trug wie bei unserem ersten Zusammentreffen. Weiterhin waren ein Dortmunder Staatsanwalt, eine Praktikantin und ein Justizangestellter anwesend. Herr Ahrend trug zuversichtlich die Gründe vor, weshalb der Haftbefehl aufzuheben sei. Der Richter schien unberührt, öffnete die Akte und erklärte, dass die Polizei inzwischen auch die Zeugin Katharina Nasser vernommen hatte. Diese hatte ausgesagt, dass ich die Zeugin Pfahl zu Boden gestoßen hatte und es dabei auch um Geld gegangen sei. Herr Ahrend und ich waren mehr als geschockt. Wie konnte Katharina mich nur so belasten? Weiterhin las der Richter vor, dass Katharina auch ausgesagt habe, dass sie 40 % ihrer Einnahmen als Prostituierte an mich abführen musste. Ich war sprachlos. Diese undankbare Kanaille!

Der Staatsanwalt eröffnete uns nach den Ausführungen des Richters, dass noch weitere Verfahren anhängig waren und man nunmehr anklagen wird. Es sollte also zu einer Hauptverhandlung kommen. Der Antrag auf Haftverschonung hatte also offensichtlich keine Chance und so zogen wir ihn vorsorglich zurück. Meine Enttäuschung hielt sich in Grenzen, denn ich hatte mir sowieso keine großen Hoffnungen gemacht. Jeder echte Kriminelle wäre an dieser Stelle wohl entlassen worden, jedenfalls bis zur Hauptverhandlung. Ich sage nur „Intensivtäter", die zumeist kurz nach ihrer Verhaftung wieder frei sind … Nachdem ich mich von Herrn Ahrend verabschiedet hatte, wurde ich angekettet an einen anderen Häftling in die JVA verbracht. Eine Zeit des Wartens und der quälenden Ungewissheit begann.

Dennoch, alles hat seine Zeit und alles seinen Sinn. Und wenn ich heute, vier Monate nach meiner Einlieferung, zurückblicke, so bin ich geneigt zu sagen, dass ich froh bin, zum Haftprüfungstermin noch nicht frei gekommen zu sein. Die Zeit im Knast sollte mich bereichern, reifen und erstarken lassen. Eine anfängliche Niederlage bedeutet bekanntlich im Nachhinein zwei Siege.

56. Ein wahrer Bruder

Die Zeit, die ich nun durch- und erlebte, war wohl die wichtigste und mich am meisten bereichernde meines bisherigen Lebens. Ich wage zu behaupten, dass sie meiner Persönlichkeit einen wichtigen Schliff gegeben und meine Seele mit Drachenblut benetzt hat, das mir seither als feste Rüstung dient. Ein starker Mann, der unter diesen Umständen in dieser Umgebung 23 Stunden am Tag mit sich und seinen Ängsten allein ist, der kann über die Problemchen der Menschlein draußen nur noch müde lächeln. „Hier drinnen trennt sich die Spreu vom Weizen", sagte mir ein kostbarer Mensch. „Wir sind Krieger und keine schwachen Kakerlaken wie die meisten." Und er hatte recht. Der Knast ist wie die wilde Natur aufgebaut. Es gibt eine klare Hierarchie. An der Spitze der Nahrungskette stehen die Starken, von denen es nur sehr wenige gibt. Ganz unten stehen die Schwachen, und von denen gibt es mehr als genug. Im Knast gilt das Recht des Stärkeren. Es wird auf jeden Blick, jede Geste, jede Bewegung und jedes Wort geachtet. Der Starke setzt sich durch, der Schwache senkt den Blick, weicht und ordnet sich unter.

Salem und ich waren eine ganz besondere Macht. Auch wenn es komisch klingt, aber wir lernten uns beim wöchentlichen Duschen kennen. Unsere Blicke trafen sich, und wir spürten beide, dass sich zwei „Gleichgesinnte" getroffen hatten. Als er später sah, dass ich ein UFC-Shirt trug, kamen wir ins Gespräch, und es stellte sich heraus, dass uns beide die Leidenschaft für den Kampfsport und besonders die Mixed Martial Arts verband. Es war der Beginn einer Verbindung, die zu etwas führen sollte, was mit dem heutzutage inflationär missbrauchten Wort „Freundschaft" nicht beschrieben ist. Wir wurden zu „Brüdern", eine Art Seelenverwandtschaft wohnte in uns. Keiner von uns hatte zuvor etwas Derartiges erlebt. Er sprach aus, was ich dachte, und umgekehrt. Es war unheimlich und unerklärlich. In unserer Verbindung war er der große Bruder und ich der Jüngere.

Frank Salem K. wurde der Mittäterschaft an einem Doppelmord angeklagt. Der Mord lag bereits 15 Jahre zurück, und ich glaube ihm, wenn er mir erzählt, dass er nur zur falschen Zeit am falschen Ort war. Frank Salem war damals aus Deutschland nach Marokko „geflohen", und das Bundesjustizministerium bat den Staat Marokko zu übernehmen. Daraufhin wurde Salem festgenommen und verbrachte dreieinhalb Jahre unter unsäglichen Bedingungen in einem marokkanischen Gefängnis in U-Haft. Sein Prozess endete jedoch mit einem Freispruch. Als er im Dezember 2009 zusammen mit seiner Frau wegen der bevorstehenden Geburt ihres herzkranken Sohnes wieder nach Deutschland einreiste, um diesem die bestmögliche ärztliche Versorgung bieten zu können, wurde er vom SEK festgenommen. Ebenfalls ein überzogen brutaler Einsatz. Und trotz des Grundsatzes des sogenannten Strafklageverbrauchs wurde das Verfahren am Landgericht Dortmund erneut eröffnet. Wie es der Zufall wollte, hatten wir sogar den selben Staatsanwalt.

Salem, der eine ostpreußische Mutter und einen marokkanischen (genauer gesagt berbischen) „Erzeuger" hatte, galt einstmals als gefürchteter Pate und Oberhaupt eines Zweiges einer sogenannten kriminellen Organisation. Es gab nicht wenige Stimmen, die ihn der Russenmafia in Deutschland zuordneten. Er wurde mit Schutzgelderpressung, Inkasso, Waffenhandel, Rotlicht und Bildung einer kriminellen Vereinigung in Zusammenhang gebracht. Bereits mit 23 Jahren besaß er eine 1,4 Millionen DM teure Villa und einen imposanten Fuhrpark. Auf seine Vergangenheit angesprochen, antwortete er „ausgesuchten" Personen nur mit einem Lächeln auf den Lippen: „Ich habe nur Spielautomaten aufgestellt." Fakt ist jedoch, dass damals an die 500 Polizisten unmittelbar nach seiner Flucht über 100 Personen aus seinem „Umfeld" festnahmen, und die «Bild»-Zeitung sowie «Aktenzeichen XY ungelöst» voll waren mit Berichten über ihn und der Fahndung nach ihm.

Bereits in jungen Jahren avancierte er zum (damals noch „west-") deutschen Meister im Schwergewichtsboxen. Er sah mit seinen damaligen 100 kg nicht nur aus wie Mike Tyson, sondern besaß auch einen nahezu identischen Kampfstil, was ihm konsequenterweise den Namen „der weiße Tyson" einbrachte. Unmittelbar vor dem Wechsel ins Profilager entschied er sich jedoch für das „sichere" Geld aus anderen „Geschäftszweigen". Von diesem Zeitpunkt an trainierte er bis zum Exzess Muai Thai, Ringen und entdeckte das Ultimate Fighting für sich. Zu seinen besten Zeiten mit einem austrainierten Kampfgewicht von 135 kg schlug er in ganz Europa in Straßenkämpfen jeden Rivalen kurz und klein. Seine „bevorzugte Beute" bestand aus aufgeblasenen

Zuhältern, die er ganz besonders gerne zerlegte. Er hatte ganz einfach eine Aversion gegen solche „Menschen", und dies war ein weiterer wichtiger Punkt, der uns verband.

Neben zahlreichen „Geschäftszweigen" begann er noch eine Karriere als internationaler Käfigkämpfer. Er blieb in 17 Kämpfen unbesiegt. Den letzten gewann er 2009 in Casablanca mit 41 Jahren gegen einen jungen Brasilianer, den er nach einigen harten Kopftreffern einfach mit einer Guillotine (einem Kopfhebel) bewusstlos würgte. Salem hatte sich über die Jahre in eine einzigartige Kampfmaschine gewandelt, und noch 15 Jahre nach seiner Flucht aus Deutschland verbreitete sein Name Angst und Schrecken im Knast und bei der Polizei. Das Besondere an ihm ist jedoch, dass er trotz seiner brutalen Physis ein stilvoller Mensch ist, der sowohl eine gute Erziehung genossen hat als auch über einen besonderen Intellekt verfügt.

Es bot die Grundlage einer einzigartigen und besonderen Chemie zwischen uns beiden. Wir verbrachten jede freie Minute miteinander: den täglichen Hofgang sowie den täglichen Umschluss. Für die Beamten galten wir irgendwann als „zweieiige Zwillinge". Als die Justiz-Beamten Wind von meinem Rocker-Hintergrund bekamen und sich ebenfalls herumgesprochen hatte, dass ich ein guter Kampfsportler wäre, ließ man uns beide nicht mehr gemeinsam zum wöchentlichen Kraftsport. Ein Beamter verriet uns, dass es nicht böse gemeint, sondern Ausdruck der puren Angst wäre, dass wir beiden „unglaublichen Maschinen" eines Tages durchdrehen könnten. Die ganze Abteilung würde dann wohl auseinandergenommen werden, vermutete er weiter, und brachte es damit wohl auf den Punkt. Aber „lach fit" („Gott bewahre!"), wie Salem immer zu sagen pflegt, denn wir beide wollten nur unsere Knastzeit ruhig verbringen. Aber Können, Wollen und Psyche ... Die Beamten hatten wohl schon so manches Pferd kotzen sehen, und man kann ihnen deshalb auch keinen Strick draus drehen.

Wir waren recht schnell im ganzen Knast bekannt. Bei bis zu 40 Grad joggten wir während der gesamten Freistunde gemeinsam mit freiem Oberkörper über den kleinen, runden Gefängnisinnenhof. Salem wog 100 austrainierte Kilogramm und ich mittlerweile massige, volltätowierte 120 Kilo. Beim Kraftsport wurde ich deshalb nur „der große weiße Bär" oder „Panzerbär" genannt. Unser Gewichtstraining und das Laufen verschaffte uns zusätzlichen Respekt und schürte die Angst der anderen. Sie nannten uns nur noch „die Maschinen". Viele Häftlinge suchten die Nähe beziehungsweise den Schutz von Salem. Ich galt als seine „rechte Hand", was mir nicht zum Nachteil gereichte. Mein Aussehen und das Wissen um meine Nähe zu einem großen Motorradclub verschaffte mir aber auch so absolute Ruhe.

Glücklicherweise verbesserten sich meine Haftbedingungen bereits nach wenigen Wochen. Ich bekam eine Einzelzelle und einen Leihfernseher zugeteilt. Der Dealer, mit dem ich vormals die Zelle geteilt hatte, bekam jeden Tag zum Umschluss Besuch von einem kleinen Italiener, der mit zwei Mittätern einen Dortmunder Taxifahrer ausgeraubt hatte. Bei dieser Tat hatten sie einen sogenannten Totschläger verwendet und den Fahrer damit so schwer verletzt, dass der durch die Schläge ein Auge und einen Daumen verlor. Dies war in etwa das Niveau, von dem ich umgeben war. Auf der Abteilung III, der ich zugehörig war, befanden sich ohnehin die meisten „Tötungsdelikte" des gesamten Gefängnisses. Die meisten Gefangenen reden zwar nicht über ihre Taten, was typisch und „knastnormal" ist, aber trotzdem waren die Mörder und Totschläger im Allgemeinen bekannt. Es war erstaunlich, wie unscheinbar sie oft waren. Man sieht den Menschen eben nur bis vor den Kopf. Manchmal wurde ich doch gefragt: „Warum bist du denn hier?"

„Gewaltdelikt", antwortete ich nur kurz und knapp.

Dann war sofort Ruhe und ich zufrieden. Für „erpresserischen Menschenraub" und „versuchte bewaffnete räuberische Erpressung" schämte ich mich nämlich. Ich war alles, aber kein Räuber oder Erpresser. So etwas zu sein bedeutet für mich eine Schande.

57. Stärker, reifer und am Ende der Ritterschlag

Die Tage im Gefängnis verkamen zu einer zähen Routine. Jeden Morgen um 5:30 Uhr Wecken, dann eine Stunde Hofgang und zweimal die Woche Duschen mit der gesamten Abteilung. Nach vier Wochen erhielt ich endlich die Berechtigung zum einstündigen Abteilungssport und nach vier Monaten die für die zusätzliche Neigungsgruppe „Kraftsport". Zum Laufen auf dem runden Innenhof kamen also insgesamt zwei Stunden „Pumpen" hinzu. Nach jeder Sportstunde durfte geduscht werden, so dass ich auf insgesamt viermal Duschen die Woche kam. Abgesehen von der Hygiene ist jede Möglichkeit, die Zelle zu verlassen, eine willkommene Abwechslung, wenn man 23 Stunden eingeschlossen ist. Freitags meldete ich mich öfter für die Bibliothek, aus der ich mir unter anderem Bücher von Saint-Exupery, Hermann Hesse und Paolo Coelho auslieh. Sie gaben mir ein Gefühl von Heimat, denn jene Autoren standen auch zu Hause in meinen Bücherregalen und zählten auch in der Freiheit zu meinen literarischen Favoriten. Ich verschlang aber auch Bücher von Zeitzeugenberichten aus dem Zweiten Weltkrieg. Das Leid der deutschen Kriegsgefangenen machte mich sehr betroffen. Gemessen an ihrer Situation, war meine Gefangenschaft eher ein Aufenthalt in einem Schullandheim. Auch das Leid der Zivilbevölkerung, ganz egal auf welcher Seite, ließ mich nicht unberührt, und mir wurde bewusst, was Menschen anderen Menschen antun, aber auch aushalten und ertragen können, wenn es darauf ankommt. Und dies empfand ich auch als Trost.

Mit der Zeit bemerkte ich, dass ich immer mehr zur Ruhe kam und mein seelisches Gleichgewicht wiedererlangte. All die innere Unruhe, die Zerrissenheit, die Sorgen und Wunden durch das unsägliche Mobbing der grün-weißen „Brut" verschwanden allmählich. Nach Monaten konnte ich endlich wieder ruhig und zu geregelten Zeiten schlafen. Die Situation, in der ich mich befand, hatte glücklicherweise auf meine

"Genesung" keinerlei Einfluss. Dennoch war die Ungewissheit und Sorge vor einer möglichen Verurteilung ständig existent. Ich erinnere mich noch gut an ein Telefonat mit meinem Rechtsanwalt, bei dem er sagte: „Herr K., machen wir uns nichts vor, es sieht nicht gut aus." Tagelang hatte ich voller Vorfreude auf dieses Telefonat gewartet, und dann diese Aussage. Ich schlurfte niedergeschlagen in meine Zelle zurück, um mich meinen zerstörerischen Gedanken hinzugeben. Ich musste die schweren Schatten jedoch beiseite schieben, um nicht unter der Last begraben zu werden. Ich war schließlich unschuldig.

Aber wenn die Zeit am dunkelsten ist, erkennt man seine wahren Freunde. In meinem Fall waren dies meine beste Freundin Anke, mein wundervoller Anwalt Herr Ahrend, meine liebe Mutter und ein kleiner Kreis von Freunden. Meine Mutter gab mir Kraft durch ihre vielen und kostbaren Briefe, in denen sie mir ihr Vertrauen aussprach und ihrer Unterstützung versicherte. Es tut unbeschreiblich gut, wenn es Menschen gibt, die draußen weiter zu einem stehen. Anke schrieb mir fast täglich, und eine andere Freundin bekam sogar eine Besuchserlaubnis und besuchte mich alle zwei Wochen für eine Stunde. Trotz der Überwachung durch einen anwesenden Beamten waren diese Besuche wunderbar, bedeuteten sie doch den einzigen persönlichen Kontakt zur Außenwelt. Von der Freundin erfuhr ich unter anderem auch, dass sich Sorena vollständig von mir abgewandt hatte. Trotz allem, was ich für sie getan hatte, wollte sie nichts mehr mit mir zu tun haben. Allerdings war dies für sie kein Hinderungsgrund, weiterhin mit dem Porsche Boxster durch die Gegend zu fahren, der auf meinen Namen lief und dessen Raten von meinem Konto abgebucht wurden. „Ob man das nicht umschreiben kann?" erdreistete sich dieses kleine Luder noch zu fragen. Nein! Sie erinnern sich? Bevor sie mich kennengelernt hat, hatte sie einen Berg Schulden und bekam nichts auf die Reihe. Dann regelte ich alles, und nun wollte sie mit mir nichts mehr zu schaffen haben? Ich bin gespannt, ob sie ihr Leben zukünftig alleine gestalten kann, sehe auf Grund meiner Erfahrung mir ihr allerdings schwarz. Staub zu Staub und Asche zu Asche.

Ich musste mich aber auch von anderen Dingen trennen. Da niemand wusste, wie lange der Albtraum dauern würde, musste ich meinen schönen Porsche Cayenne S und mein „Baby" (Custombike) verkaufen. Ich konnte mir die Raten schlichtweg nicht mehr leisten. Die Trennung fiel mir erstaunlich leicht. Hier drinnen verliert das Materielle eben an Wert. Es gibt nichts, was nicht ersetzbar wäre. Aber meine Beziehung zu „Gott Mammon" hat sich in der schweren Zeit sicherlich auch verändert. Geld dient nicht mehr dem Protz, sondern vor allem der Beruhigung, „ungestört" leben zu können – was allerdings auch eine Art von Luxus bedeutet.

Was mir Anke bereits geschrieben hatte, wurde mir von der Besucherin bestätigt: Meine Wohnungen waren durch die „durchsuchenden" „Bullen" komplett verwüstet worden. Es sah aus wie nach einem Bombeneinschlag. Außerdem parkten ständig Streifenwagen sowie zivile Einsatzfahrzeuge unmittelbar vor meinem und Ankes Wohnhaus. Nachdem meine Besucherin einmal Anke besucht hatte, wurde sie sogar von einer Zivilstreife verfolgt.

Ein Fels in der Brandung war und blieb mein väterlicher Freund und einzigartiger Anwalt Herr Ahrend. Er besuchte mich alle zwei Wochen, fuhr dafür von B.-Stadt nach Dortmund, blieb bis zu sechs Stunden am Stück, um danach den ganzen Weg wieder zurückzufahren. Oft ließ er sich über Mittag, ungeachtet der Hinweise, dass die Anwaltszelle nicht blockiert werden dürfe, mit mir einschließen. Obwohl er in der Kanzlei sehr viel zu tun hatte, widmete er meinem Fall beinahe seine ganze Zeit. Es war unglaublich, was dieser Mann für mich tat. Er war der Hauptgrund, warum ich hoffnungsvoll in die Zukunft blickte. Ich war überzeugt, dass Herr Ahrend meine Unschuld beweisen und das verlogene Scheusal und ihren Zuhälter im Gerichtssaal zerreißen würde.

Durch Herrn Ahrend bekam ich auch Einsicht in die Strafakten. Was ich da lesen musste, haute mich fast vom Stuhl. Seitdem das Brot wieder bei ihren Peinigern war, drehte sie alle zuvor getätigten Aussagen einfach um 180 Grad. Nunmehr hatte ich sie gegen ihren Willen aus Hamm geholt und auch ihr Nuttengeld aus der Wohnung gestohlen. Ich sei definitiv in der Wohnung gewesen, und zwar zusammen mit einem gewissen Milan, den sie zwar nie zuvor gesehen hatte, aber eindeutig anhand seiner Augen unter der Sturmhaube identifizieren können wollte. Die Aussagen gegen ihren Exfreund wollte sie nur auf meinen Druck hin getätigt haben. Den Wortlaut hätte ich ihr auf dem Computer vorgeschrieben. (Warum strotzten diese dann nur so von Rechtschreibfehler?) Des Weiteren behauptete sie, dass ich sie mit Drogen vollgepumpt hatte und ein böser Rocker sei, der zuerst sehr enge Kontakte zu den Hells Angels besaß und inzwischen bei den Outlaws sei. Jetzt las ich auch, dass ich ständig eine Schusswaffe mit mir führte und auch nicht zögern würde, sie einzusetzen. Eine zweite, kleinere Pistole soll ich in Ankes Wohnung deponiert haben. Ich hätte sie gezwungen, für mich anzuschaffen, sie geschlagen und sogar damit gedroht, sie umzubringen. Katharina sollte auch auf Koks gebracht werden, damit sie besser für mich arbeiten würde. Und schließlich las ich auch, was sie sich zu den Vorkommnissen an besagtem Abend ausgedacht hatte: Gemeinsam mit Milan hätte ich 25.000 Euro für die Aktion in Hamm gefordert, wobei Milan ihr eine Pistole an den Kopf gehalten habe. Nach ihrer Flucht vor mir und der Aussage gegen mich hätte sie von mir eine SMS auf ihr „Arbeits-Handy" mit dem Wortlaut: „Ich weiß genau, wo deine Tochter ist und wo dein Exfreund wohnt. Du kannst dich nicht verstecken. Ich finde dich auf jeden Fall" erhalten. (Die SMS wurde im Gegensatz zu anderen jedoch nie entdeckt. Warum wohl?)

Das und noch vieles andere mehr war also der Hintergrund für die gesamte Aktion gegen mich. Offensichtliche Lügen veranlassten die „rechtsstaatliche" Polizei dazu, mich festzunehmen und meine, Sorenas, Ankes und selbst die Wohnungen meines Rechtsanwalts Ahrend zu durchsuchen. Bei seiner wurde ein schlecht erzogener Köter eingesetzt, der seinen Teppich mit einem Baum verwechselte. Alle Wohnungen wurden mittels Schlüsseldiensten geöffnet bzw. aufgebrochen, wenn die „Besitzer" nicht zugegen waren. Bei Herrn Ahrend stellte sich ebenfalls ein großmäuliger Oberstaatsanwalt ein und beschuldigte den Rechtsanwalt wider besseren Wissens: „Herr Ahrend, Sie verdunkeln."

„Dann machen Sie doch das Licht an. Es wird dann heller. Sie können hier mit ihren Hiwis alles durchwühlen."

„Das sind keine Hiwis, sondern Ermittlungsbeamte."

„Nennen Sie sie wie Sie wollen, es waren, sind und bleiben Hiwis."

Dem Kriminalhauptkommissar, der ihn „zur Not mit Gewalt" körperlich durchsuchen lassen wollte, entgegnete er: „Du kannst mich mal am Arsch lecken, du Arschloch!" Und weil man nichts Belastendes fand, musste eben eine SMS dafür herhalten. Sie lautete: „Gott beschütze Sie!" Das weiß ich, weil es in die amtliche Ermittlungsakte aufgenommen wurde. Schlimmer geht es wahrhaftig nicht, nicht einmal das Toastbrot ist so niveaulos.

Fazit der Durchsuchungen: Es wurden in keiner Wohnung, weder in meiner, seiner noch irgendeiner anderen, Waffen, Drogen oder sonstiges Beweismaterial gefunden. Nach den Aussagen der Zeugin Pfahl hätte dies allerdings passieren müssen. Dagegen wurde ich fündig. Die Akteneinsicht ließ ganz deutlich werden, dass das Toastbrot die Aussage unmöglich allein formuliert haben konnte. Sie enthielt Fremdwörter, die sie weder kannte noch sinnvoll einem entsprechenden Inhalt hätte zuordnen können. Es stand fest, dass die Kripobeamten bei den Aussagen gegen mich mehr als „behilflich" waren. Bei einer Aussage blieb sie jedoch erstaunlich standhaft: Kriminalhauptkommissar Behrens war ihr Freier. Seine Kollegen versuchten sie mit dem Hinweis umzustimmen oder ihr zu suggerieren, dass sie womöglich einen Polizeibeamten zu Unrecht belasten würde. Es half ihm nichts, es blieb dabei: Behrens war ein Widerling, ist einer und wird es immer bleiben.

Und dann entdeckte ich den nächsten Hammer. Sie erinnern sich, was der Amtsrichter in der „Anhörung" mit Herrn Ahrend sagte? Das mit Katharina? Es stellte sich nun heraus, dass sie von den B.-Stadter Kripobeamten des KK 21 drangsaliert und so lange unter Druck gesetzt worden war, bis sie mich schließlich unter Tränen und wider besseres

Wissens belastet hatte. Als diese erzwungene Aussage nichts wirklich Essentielles gegen mich erbrachte, hatte der Amtsrichter, der dem Gesetz Geltung verschaffen sollte, die Aussagen auseinandergerissen und wieder so zusammengesetzt, wie er sie gegen mich gebrauchen konnte, um mir den Gang in die Freiheit verwehren zu können. Aus Katharinas Aussage ging eindeutig hervor, dass ich sowohl ihr als auch Verena gegenüber immer sehr zuvorkommend gewesen war und niemandem Drogen besorgt hatte. Zwar sagte sie wahrheitsgemäß aus, dass ich an besagtem Abend Verena zu Boden stieß, doch weder bei Milan oder mir sei eine Waffe im Spiel gewesen. Außerdem verwies sie darauf, dass sie nach dem Streit noch eine Stunde mit Verena allein gewesen sei, ohne dass diese irgendeine Waffe, Drohung o.ä. ihr gegenüber erwähnt hatte.

Für mich sieht es aus wie ein abgekartetes Spiel zwischen Staatsanwaltschaft, Polizei und Gerichtsbarkeit, welches kein gutes Haar an einem demokratischen, rechtsstaatlichen System lässt. Wer hier wem diente oder sich zum Werkzeug von wem degradieren ließ und warum, interessiert mich nicht. Wer hier so offensichtlich mitspielt, ohne sein eigenes Gehirn einzuschalten, hat in solchen immens wichtigen staatlichen Positionen rein gar nichts verloren.

Ein Hinweis dazu, der mehr als angebracht scheint: Alle mich belastenden Vernehmungen wurden vom KK 21 aus B.-Stadt geführt, der OK-Dienststelle, die sich in besonderer Art und Weise mit den Hells Angels B.-Stadt beschäftigte. Und wohl auch mit deren Präsidenten, ihrer vermeintlichen V-Person. Ich bekam mit den Unterlagen auch den Antrag für den Haftbefehl zu lesen: Aufgrund meiner bevorstehenden Entlassung aus dem Dienst, meinen Verbindungen ins Rotlichtmilieu und meiner Nähe zu dem weltweit vernetzten Motorradclub Hells Angels bestünde der Haftgrund der Fluchtgefahr. Ich möchte an dieser Stelle noch einmal daran erinnern, dass Braunbär freigelassen wurde, obwohl eine TÜ ergeben hatte, dass er fliehen wollte. Offensichtlich gibt es in diesem Land mindestens zwei verschiedene Rechtsgrundsätze.

Eines Tages erhielt ich einen Brief mit dem Aufdruck „Verteidigerpost". Der Inhalt dieses Briefes erfüllte mich mit einem unbeschreiblichen Glücksgefühl: Aufgrund der strafrechtlichen Bewertung meines Falles hatte Herr Ahrend gegenüber der Behörde meine Zurruhesetzung durchgekämpft. Der beigefügte Brief der Behörde attestierte meine Polizeidienstunfähigkeit und dokumentierte meine Versetzung in den Ruhestand. Ich war jetzt ein Frühpensionär, der seine rechtmäßigen Bezüge erhielt. Und das Wichtigste: Ich war kein „aktiver" „Bulle" mehr. Der Brief bedeutete aber auch, dass die von mir bereits Jahre zuvor abgeschlossene Berufsunfähigkeitsversicherung nun zahlen musste. Jetzt darf ich nur keine Verurteilung über zwei Jahre bekommen, denn dann wären meine Dienstbezüge wieder weg. Diese Hürde steht mir noch bevor. Ich hoffe, dass die Hauptverhandlung in sechs Wochen endlich stattfindet. Selbst Kachelmann hatte seinen Termin schon im September, obwohl er nach mir eingeliefert wurde. Es gilt also, weiterhin zu warten. Aber das habe ich bereits gelernt.

Pünktlich nach zwei Monaten, wahrscheinlich in der Annahme, ich sei inzwischen „weichgekocht", meldete sich die Kripo, um nochmal mit mir „zu reden". Ich ließ ihnen ausrichten, dass ich keinen Bedarf an Gesprächspartnern hatte. Da brauchte ich nicht einmal zu überlegen. Der Schließer riet mir zwar, dass ich mir doch anhören sollte, was sie von mir wollten, doch ich blieb stur. Der JVA-Bedienstete wollte sich dennoch melden, sobald die Beamten eingetroffen waren. Ich nahm mir für den Fall vor, es auf die Spitze zu treiben und ihnen ausrichten zu lassen, dass ich keine Zeit hätte, da ich meinen Mittagsschlaf halten müsse. Es meldete sich aber niemand. Dass diese „Brut" wirklich noch annahm, ich würde mit ihr reden, erscheint mir schwer verständlich.

Irgendwann erreichte mich die Nachricht, dass die überregionale Presse meinen „Fall" entdeckt hatte und über mich mit riesigen Überschriften wie „Polizist aufgrund schwerer Straftaten im Rotlichtmilieu in U-Haft" berichtete. Dank der genauen Angabe meines Alters, Wohnortes und vollständigen Namens (Tim K.) wusste jetzt jeder weit und breit von mir. Das Einzige, was bei diesem Zeitungsartikel noch fehlte, waren ein Bild und meine Handynummer. Ironisch wirkte die Randbemerkung „Name geändert". Die Informationen konnten nur von einem Informanten aus der Kripo stammen, der sie der Presse zugespielt haben musste. Mein Ruf war damit vollständig ruiniert, was mir komischerweise absolut egal war. Wie heißt es so schön? Ist der Ruf erst ruiniert, so lebt sich's völlig ungeniert.

Eine interessante Erfahrung lieferte die ganze Geschichte mit der polizeilichen Presse-Hetzkampagne dann doch: Plötzlich erreichten mich Briefe von Menschen, mit denen ich nie gerechnet hatte. Und nicht nur ich erhielt Briefe, auch mein Bruder Frank Salem erhielt einen Brief von einem Exhäftling, der ihn vor mir warnte. Ich sei ja ein „Bulle". Bisher wusste noch niemand von meiner „Vergangenheit" im Knast. Während eines Umschlusses sagte Salem mir: „Halt dich fest, was Sunny mir geschrieben hat! Du wärst ein ‚Bulle'." Er hielt es für einen Scherz. Ich hatte es mir zwar vorgenommen, Salem darüber aufzuklären, doch bisher immer wieder verschoben. Die Sorge, dass unser Vertrauen darunter leiden könnte, beschäftigte mich, und nun kam mir ausgerechnet dieser Exknacki zuvor.

Ich antwortete schlicht: „Es stimmt." Seine Reaktion war genau so, wie ich es mir insgeheim gewünscht hatte: Es störte ihn nicht im Geringsten. Einerseits war ich ohnehin sein „kleiner Bruder", andererseits kannte er meinen „ehrlichen" Polizeihass bereits zur Genüge. Und als ich ihm das Schreiben meiner „Zurruhesetzung" gezeigt hatte, freute er sich umso mehr für mich. Von dem Zeitpunkt an wurde unser gegenseitiges Vertrauen sogar noch stärker. Jetzt konnte ich ihm auch erzählen, dass ich ein Buch schrieb, und er war der Erste, dem ich daraus vorlas. Er war begeistert: „Schreib das Buch! Das wird ein Hammer. Das ist genau das, was viele Menschen interessiert: Polizei, SEK, Rocker, Hells Angels." Das Mobbing, das ich schuldlos hatte erdulden müssen, versetzte Salem in Wut. Auch er hatte seine „Erfahrungen" mit den Grün-Weißen gemacht, als er in Frankfurt festgenommen wurde.

Wir redeten natürlich auch über die Hells Angels. Er war es, der bei der Käfigkampf-Veranstaltung in Darmstadt neben Hells Angels und Prinz Markus von Sachsen Anhalt an einem VIP-Tisch saß und enttäuscht feststellte: „Vor 15 Jahren waren Rocker noch groß wie Hochhäuser und richtige Typen. Jetzt sind hier drei bis vier Vollgefressene und ungelogen eine ganze Horde von halbstarken Bengels, die 70 Kilo wiegen und höchstens 20 Jahre alt sind und trotzdem breitbeinig mit Hells Angels auf dem Rücken rumlaufen. Sag mal, was ist denn aus denen geworden? Ich dachte, ich gucke nicht richtig." Als er dann erfuhr, wie sich mittlerweile viele der deutschen Hells Angels verändert hatten und welch feige Taten von Einzelnen verübt worden waren, kam er zu dem logischen Schluss, dass, wenn überhaupt, nur noch Bandidos, Outlaws oder Gremium die wahren Werte der alten Rocker aufrechterhalten: „Von denen hörst du niemals, dass sie einen Familienvater in Begleitung seiner Familie angreifen oder einem Motorradfahrer feige von der Straße drängen." Trotzdem waren wir beide der Ansicht, dass es sicherlich immer noch viele alte Angels gibt, die mit diesen nicht unter einen Hut gesteckt werden dürfen. Salem kannte selbst einige aus früheren Frankfurter Zeiten. Wir waren eben immer derselben Meinung.

Vor allem die Freundschaft zu Salem lässt mich die Zeit im Gefängnis als wichtige Bereicherung ansehen. Ohne diese „Erfahrung" hätten wir uns niemals kennengelernt, und alleine das war es mehr als wert. Salem sagte zu mir: „Du bist wirklich der Bruder, den ich schon seit 42 Jahren gesucht habe. Sollte ich so lange warten, um dich ausgerechnet hier zu finden?" Dasselbe kann ich nur zurückgeben, bei mir waren es jedoch lediglich 36 Jahre des Wartens. Und wenn ich heute, am 20.7.2010 zurückblicke, so haben wir bereits viel miteinander erlebt und durchgemacht. Ich erlebte mit, wie Salem stolzer Vater seines kleinen Sohnes, meines Patenkindes, wurde. Ich gebe ihm Kraft während seines Prozesses, der mittlerweile unter großem Presseecho eröffnet wurde und bis zu 40 Sitzungstage andauern soll, so wie er mir Mut und Stärke für mein Verfahren gab: „Sieh diese Zeit als Lehre an, dass du dich niemals mehr mit so einem Gesocks einlässt. Dasselbe ist mir ja auch passiert. Ohne diese Ratten wäre ich auch nicht hier. Nach der Verhandlung marschierst du nach Hause. Und du hast deinen Ritterschlag erhalten, denn du hast die Schnauze gehalten. Das ist sehr viel wert."

Schulter an Schulter bestehen wir diese Zeit und sind uns gegenseitig auch ein großes Stück Heimat inmitten dieser Mauern geworden. Ab und zu träumen wir auch davon, wie es wäre, frei zu sein und dann irgendwann gemeinsam unsere Wünsche verwirklichen: Durch die Wüste Marokkos wandern, in einem Käfig vor Südafrika mit weißen Haien tauchen und vor allem mit unseren Harleys die Route 66 entlangfahren.

58. Polizei – ein Schimpfwort!

Schon mein Vater war Polizist und ging als Hauptkommissar in Pension. Auch ich wollte immer Polizist werden und der Gerechtigkeit dienen. Als ich vor zehn Jahren angenommen wurde, war ich überglücklich, denn mein Kindheitstraum ging in Erfüllung, und voller Idealismus und beseelt davon, nunmehr einer ehrenvollen Gemeinschaft anzugehören, begann ich meine Ausbildung. Wenn ich heute auf diese Institution blicke, empfinde ich nur noch Wut und Enttäuschung. Sicherlich gab und gibt es immer noch Polizistinnen und Polizisten, die meinen ursprünglichen Vorstellungen und Erwartungen entsprachen bzw. entsprechen, jedoch sind ihrer nur wenige, und das Gros entspricht nicht gerade jenen hehren Wertvorstellungen. Diese Masse war es, die meine Illusionen zerstört, die alles vernichtet hat, woran ich einst glaubte. Ich war fast zehn Jahre lang ein guter Polizist, der nie gegen das Recht verstieß, käuflich war oder dem Ansehen der Polizei geschadet hat. Neid, Missgunst und Hass entzündeten ein beispielloses Mobbing gegen mich, das in einem regelrechten Rachefeldzug mündete, der einzig und allein dazu diente, mich zu zerstören. Die

Polizei hat meine Gesundheit ruiniert, mein Ansehen beschmutzt, meine Lebensgrundlage beschädigt und dafür gesorgt, dass ich unschuldig im Gefängnis sitze. Darüber hinaus ließ sie es sich nicht nehmen, mein Umfeld, welches damit nichts zu tun hat, ebenfalls zu drangsalieren. Ich schwor der Gerechtigkeit Treue, aber diese wurde mit Füßen getreten, von einem System, das selbst voller Rechtsbrecher, Rechtsbeuger und voller Unrecht ist. Hehre Sprichwörter sagen, „im Zweifelsfall für den Angeklagten" und „jemand ist so lange unschuldig, bis seine Schuld bewiesen ist." Außerdem gilt: „Wer seine Strafe abgesessen hat, ist rehabilitiert und beginnt ein neues Leben." Für die Polizei gelten solche rechtsstaatlichen Grundsätze offensichtlich nicht. Wer Schuld ist, bestimmt die Polizei, und wer seine Strafe verbüßt hat, ist immer noch schuldig.

Jeder Punkt, der in diesem Buch von mir beschrieben wird, entspricht der Wahrheit, ist oft beweisbar und in keinem Fall widerlegbar. Deshalb ist der Begriff „Polizei" für mich zu einem Schimpfwort verkommen.

Um die Institution „Polizei" zu verstehen, muss man grob ihre Struktur kennen. Aufgeteilt ist sie in Schutz- und Kriminalpolizei. Innerhalb dieser beiden Hauptblöcke gibt es viele Unterabteilungen und Fachdezernate bzw. Dienststellen. Symptomatisch ist, dass es eine große, teilweise schon feindselige Rivalität zwischen der uniformierten Schutzpolizei und der zivilen Kriminalpolizei gibt. Der zahlenmäßig größte Wach- und Wechseldienst wird meist von den „doofen Schutzis" gestellt, die Kriminalpolizei hält sich hingegen für etwas Besseres. Das Klima ist schlecht. Verwaltungsreformen und ständige Sparmaßnahmen sorgen zusätzlich für viel Frust. Das angestaute Explosionspotential schädigt Unschuldige und Harmlose, oder es verwüstet als Rohrkrepierer notfalls auch die eigenen Reihen.

Ich wollte ohnehin nie zur Kripo, sondern immer zum SEK. Ich trug gerne meine Uniform, und die Arbeit machte anfangs Spaß. Aber schon sehr bald erkannte ich, dass das Gros der „Kollegen" eine gleichgeschaltete Herde war, die Individualität oder gar ein Ausscheren aus der Reihe niemals tolerierte. Wer anders ist, bekommt Probleme. Ich war allerdings immer schon anders: viel Sport, kein Alkohol, Idealismus, schöne Autos, hübsche Mädels und vor allem Rückgrat. Das war auch der Grund, warum ich lange Zeit unbehelligt meinen Dienst verrichtete und nur hinter meinem Rücken gelästert wurde. Mein Lebensentwurf war eben das Gegenteil von dem der meisten „Kollegen". Ich beantwortete die Frage „Warum bist du Polizist geworden?" nicht mit einem „Weil es ein sicherer Arbeitsplatz ist". Schon von Anfang an nannte man mich „Hobbypolizist", weil ich zum Neid vieler einen Porsche fuhr, den jedoch niemand zu Gesicht bekam, da ich sieben Jahre lang zum Dienst immer nur mit meinem Zweitwagen, einem Golf III, gefahren bin und weil ich Ideale hatte.

Bereits während meiner Anfangsjahre bekam ich mit, wie die Polizei wirklich „funktioniert". Das ganze Bild von Vertrauen, Bürgernähe, Ordnung und Rechtschaffenheit ist nur ein Vorhang, hinter dem ein ganz anderes Stück gespielt wird, das die Öffentlichkeit nicht zu sehen bekommt. Ich habe mit eigenen Augen gesehen, dass gefesselte Gefangene im Polizeigewahrsam geschlagen und getreten wurden. Ich habe erlebt, wie Schriftsätze, insbesondere Vernehmungen und Aussagen, so frisiert und formuliert wurden, dass der Beschuldigte sehr schlechte Karten hatte. Es fängt bereits bei den Belehrungsvorschriften an, wie ich selbst berichten kann: Ich traf als Erster bei einem Unfall ein und wurde Zeuge, wie ein Mann verstarb, der von einem Auto vorsätzlich überrollt worden war. Die „Täterin" saß noch hinter dem Steuer. Ich wollte mit ihr sprechen, kam aber gar nicht dazu, denn sie sprudelte augenblicklich los, als ich am Wagen erschien. In dem Bericht, den ich anschließend auf der Wache fertigte, fehlte wahrheitsgemäß die Belehrung, denn ich kam ja gar nicht dazu. Der damalige Leiter der Kriminalpolizei zitierte mich daher zu sich und wies mich an, nachträglich hineinzuschreiben, dass ich die Beschuldigte belehrt hätte. Als unerfahrener Polizist tat ich, wie mir geheißen wurde, zumal der KHK mir suggerierte, dass ich sie doch bestimmt belehrt hätte. Nun mag man dem nicht viel Bedeutung beimessen, da die Frau ja offensichtlich eine

Mörderin war. Aber es gilt, gleiches Recht für alle – egal ob offensichtlich schuldig, nur vermutet oder gar unschuldig.

Ebenfalls werden viele dem Folgenden keine große Bedeutung beimessen oder mich gar als „Spaßbremse" verurteilen. Doch man sollte bedenken, es handelt sich erstens um eine Behörde und zweitens um die Polizei. In der KPB Lippe ist es Usus, dass täglich pornographisches Material, sogar von Vorgesetzten, unter den Kolleginnen und Kollegen über die dienstlichen Rechner untereinander verschickt wird. Ich lasse dieses bewusst in der Gegenwartsform, da ich nicht glaube, dass sich etwas geändert hat noch jemals ändern wird. Ebenso ist es Routine, dass während des Nachtdienstes DVDs geguckt werden und richtige Brenn- und Kopierorgien von ausgeliehenen Filmen stattfinden. Letzteres aller Urheberrechtsgesetze und der öffentlichen Diskussion zur Rechtmäßigkeit des Kopierens zum Trotz. Nach Feierabend sitzen viele „Jäger" von alkoholisierten Fahrern der Nacht morgens noch zusammen, trinken mehrere Biere, um dann selbst alkoholisiert nach Hause zu fahren. Einmal gab es eine „Schlag den Raab"-Kandidatin aus meiner Behörde. Sie ist mit dem Kollegen verheiratet, der seinen Untergebenen verbat, mich jemals noch zu grüßen, als ich bereits krankgeschrieben war. Andernfalls würde er ihnen „persönlich den Arsch aufreißen". Zurück zum Raab. Im Vorspann der TV-Sendung erschien diese „Kollegin" als eine selbstbewusste Sportskanone und Kämpferin. In der Realität war sie lange Zeit ebenfalls aus psychosomatischen Gründen krankgeschrieben und bei Einsätzen stets feige und handlungsunsicher. Anspruch und Wirklichkeit!

Wesentlich eindeutiger ist folgende Geschichte: Im benachbarten Lemgo gab es eine Zeit, in der uniformierte Polizisten „umsonst" bei McDonald's Essen bekamen. Das führte so weit, dass es „Kollegen" gab, die sich an ihren freien Tagen extra ihre Uniform anzogen, mit ihrem Privatauto durch den McDrive fuhren, um für die ganze Familie tütenweise Essen zu holen. Solche „Angebote" sind beamtenrechtlich so geregelt, dass sie ganz klar abgelehnt werden müssen. Andernfalls ist es als „Bestechlichkeit im Dienst" zu werten. Also ganz klar nicht nur moralisch verwerflich, sondern sogar strafbar. Bleiben wir bei „strafbaren Handlungen": In Stukenbrock entsandte ein Polizeiausbilder während einer Feier einen seiner bereits alkoholisierten Polizeischüler, um mit dem Auto Nachschub an Alkohol zu holen. Dabei verursachte dieser einen Verkehrsunfall, als er auf eine Parkinsel fuhr. Glücklicherweise wurde niemand verletzt oder gar getötet. Der Vorfall wurde vertuscht und der Beamte strafversetzt. Gerade ein Ausbilder hat eine besondere „Fürsorgepflicht", die hier sträflich vorsätzlich vernachlässigt wurde. Wenn es sich um keinen Polizeiausbilder gehandelt hätte, wäre derjenige seines Lebens wohl nicht mehr froh geworden. Welch ein Glück, dass es die Polizei gibt …

Das waren alles Beispiele, wie es bei dem Zweig der „Schutzpolizei" aussieht. Zum Glück gibt es ja noch die gute, alte Kriminalpolizei. Mit dieser durfte ich meine persönlichen Erfahrungen machen, als ich von Dortmunder „Kollegen" verhaftet und „vernommen" wurde. Nicht nur, dass der federführende Beamte ein Stammfreier der ebenfalls Beschuldigten war, es war auch kein Zeuge bei der Durchsuchung meiner Wohnung anwesend, obwohl dies gesetzlich vorgeschrieben ist, und meine „Vernehmung" bestand aus Drohungen, Täuschungen und Lügen. Kurz gefasst, es waren verbotene Vernehmungsmethoden gemäß § 136a StPO, die unter Umständen gemäß § 343 StGB strafbar sind. Der Hauptbelastungszeugin gegen mich wurden Formulierungen seitens der Kripo B.-Stadt (KK 21) in den Mund gelegt, Aussagen frisiert. Gleichfalls gibt es Beweise dafür, dass die Fachdezernate der „organisierten Kriminalität" Kooperationen mit Schwerstverbrechern eingehen und diese zwangsläufig straffrei und unbehelligt bleiben. Einen möglichen Fall habe ich in diesem Buch thematisiert. Er bildet nicht die Ausnahme. Hier haben Sie auch gelernt, dass eine VP eigentlich keine Straftaten verüben darf. So steht es jedenfalls in der Vereinbarung. In der Realität beschützen die Beamten aber ihre VP vor möglichen Folgen aus strafbaren Handlungen und verhindern Ermittlungen. Ich stelle mir die Frage, ob einzelne Kriminelle oder gar gesamte Organisationen dies nicht zu ihren Gunsten ausnutzen, um so gezielt Konkurrenten auszuschalten und gleichzeitig vor Strafverfolgung bei ihren eigenen Verbrechen sicher zu sein. Fest steht jedoch, dass die OK-Dienststellen mehrere Spitzel bei den großen Clubs angeworben haben. In VS-Mails habe ich selbst gelesen, dass vor großen Ereignissen in der „Rockerszene" die VPF (Vertrauenspersonenführer) angewiesen wurden, Kontakt zu ihren VPs herzustellen, um schon im Vorfeld Informationen zu gewinnen. An sich aus Sicht der Bevölkerung nichts Verwerfliches, wenn mögliche Ausschreitungen dadurch im Keim erstickt werden können. Ich bezweifle hier aber, dass es darum geht.

Rechtsbrüche und Gewalt gegenüber Personen sind bei der Polizei an der Tagesordnung. In meiner Zelle hatte ich genügend Zeit, die täglichen Nachrichten zu verfolgen. Innerhalb von wenigen Wochen verfestigte sich dieses Bild:
- Während der Unruhen am 1. Mai im Schanzenviertel in Hamburg trat ein Polizist einer am Boden liegenden Person vorsätzlich mit seinem Stiefel gegen den Kopf.
- Am 24.6.10 wurde nach einer langen Verfolgungsfahrt auf der Autobahn im Raum Dortmund ein 26-Jähriger festgenommen, der ebenfalls am Boden liegend, von einem Beamten außer Rand und Band wie wild immer und immer wieder getreten wurde.
- Nach dem WM-Halbfinale Deutschland gegen Spanien gab es Ausschreitungen, bei denen einem 36-jährigen Mann mit einem Schlagstock nicht nur dessen Fotohandy aus der Hand geschlagen, sondern er weiterhin mit Schlägen traktiert so schwer am Auge verletzt wurde, dass möglicherweise die Sehfähigkeit für immer beeinträchtigt sein wird. Eine Identifizierung des Polizisten konnte „leider" nicht erfolgen.

Dieses sind nur publik gewordene Fälle. Was meinen Sie, was fernab von Kameras und hinter verschlossenen Türen alles passiert? Aber haben Sie jemals gelesen, dass diese „Verbrecher in Uniform" ihre verdiente Strafe erhalten haben?

Die Rolle und Mitschuld der Polizei bei dem furchtbaren Unglück der «Loveparade» in Duisburg mit zahlreichen Todesopfern ist ebenfalls noch nicht ganz aufgeklärt.

Zu guter Letzt möchte ich noch den Mordfall „Peggy Knobloch" erwähnen, für den seit Jahren ein womöglich Unschuldiger in Haft sitzt. Ein Rechtsanwalt vertritt den Verurteilten, der zurzeit in der psychiatrischen Klinik in Bayreuth sitzt, als Pflichtverteidiger im Vollstreckungsverfahren. Er hat sich die 13.000 Seiten Aktenmaterial des Mammutprozesses aus Hof geholt. Sie zeigen, nach seinem Urteil, „wie schlampig die Ermittlungsbehörden gearbeitet haben." So sei der heute 32 Jahre alte Verurteilte, der einen Entwicklungsstand eines Zehnjährigen aufgewiesen habe, massiv unter Druck gesetzt worden. „Der hätte alles gestanden." Nur so seien das Geständnis und der spätere Widerruf zustande gekommen. Von ähnlich rabiaten Vorgehensweisen berichtet in der «Abendzeitung» auch der ehemalige Belastungszeuge. Im Prozess hatte er behauptet, der Angeklagte habe ihm beim gemeinsamen Krankenhausaufenthalt den Mord an Peggy gestanden. Die Zeitung zitiert aus einer eidesstattlichen Versicherung: „Dabei wurden mir von Kripo-Beamten Behauptungen und Formulierungen in den Mund gelegt, die ich so nicht gemacht habe." Beamte der Soko hätten ihn mit falschen Versprechungen wie Hafterleichterungen und einem milden Urteil zur Falschaussage gedrängt. Kommt Ihnen dies nicht irgendwo bekannt vor, liebe Leser?

Wie im Großen so im Kleinen: Was meinen Sie, wem vor Gericht geglaubt wird, wenn zwei Polizisten aussagen, dass Sie bei Rot über die Ampel gefahren sind, oder während der Fahrt mit ihrem Handy telefoniert haben, obwohl es definitiv nicht so war? Ich war selbst nie an so einer Schweinerei beteiligt, wurde aber darüber informiert.

Während meiner Zeit im Knast erfuhr ich zudem von mehreren Häftlingen völlig unterschiedlicher Natur, dass jeder irgendwo einen Polizisten kennen würde, der sich für einen Tipp oder für ein „Kennzeichen" (gemeint ist die Ermittlung der Halterdaten) nicht zu schade sei. Ein Mithäftling wurde sogar darauf hingewiesen, dass er in Zukunft beim Telefonieren vorsichtig sein solle, da seine Gespräche überwacht würden. Und mir wurde ein Strick gedreht, weil ich einen Hells Angel kannte, der sich eine solide, eigenständige Existenz aufgebaut hatte.

Exkurs:
„Die Schlägertruppe der Polizei"

Was sich gerne als „Elite" darstellt und sich auch stets so zu präsentieren versucht, entpuppt sich bei näherer Betrachtung als eine Art von Negativauslese der Polizei. Es handelt sich dabei um die sogenannten „Spezialeinsatzkommandos". Ich selber kann bestätigen, dass die anfängliche Motivation, womöglich auch vieler anderer junger Bewerber, originär eine ganz andere war, als zu was diese Männer in nicht wenigen Fällen dann mutieren.

Deshalb komme ich nicht umhin, diese SE in vielen Fällen als regelrechte „Schlägertruppe der Polizei" zu verstehen. Es sind nichts weiter als „Polizeihooligans", die keinen anderen Lebenszweck als den der Gewalt zu kennen scheinen. Die Truppen bestehen zum größten Teil aus einfach strukturierten Hobbyrambos, die sich nur deswegen durch den psychologischen Tag beim Auswahlverfahren mogeln, weil die Fragen und gewünschten Verhaltensweisen bereits im Vorfeld bekannt sind. Diese Beamten gelten selbst in den eigenen Reihen der Polizei als halbwegs „gemeingefährlich und schwer kontrollierbar". Und das sagt alles aus. Aber wie Sie wissen, war auch ich unter ihnen, wenn auch nur für eine kurze Zeit. Ich vermeide bewusst zu sagen, dass ich „einer von ihnen" war. Das war ich nämlich nie. Ich trug nur denselben Einsatzoverall. Diesem primitiven „Haufen" fühlte ich mich nämlich nie zugehörig, was unter anderem auch der Grund war, warum ich ihn schnell wieder verlassen habe. Oder ersetzen wir „primitiv" lieber durch „schwachen Charakter" bzw. „psychische Defizite", welche sie in sich tragen und versuchen zu kompensieren: Männlichkeit, Herdentrieb, die Sehnsucht nach einer Gruppenzugehörigkeit und „Action". Bereits zu Anfang meiner Ausbildung wurde uns immer wieder suggeriert, dass wir die „Elite" seien und mit Aufgaben betraut würden, die der normalen Polizei vorenthalten blieben. Wir wären das Maß aller Dinge und die „Ultima Ratio" – Gehirnwäsche wie bei einer Sekte. Es ist verständlich, dass die dadurch geweckten überhohen Erwartungen in Enttäuschung und Frust münden, wenn man irgendwann realisiert, dass es eigentlich gar nicht so viele Adrenalin-Einsätze gibt. Im Gegenteil. Man ist zwar Trainingsweltmeister, in der Realität passiert jedoch so gut wie gar nichts. Diese Indoktrination, „das Beste" in den Reihen der Polizei zu sein, führt einerseits dazu, dass sich die jungen „Rambos" wie „Filmstars" aufführen, aber andererseits innerhalb der Reihen der Polizei oft belächelt werden und auf Ablehnung stoßen. Der Drang nach Männlichkeit und vereinter Stärke führt oft in Exzesse, sowohl sexueller Art als auch des Drogenkonsums. Es kommt zu gemeinsamen Bordellbesuchen, bei denen mehrere gleichzeitig eine Dame „beglücken", oder zu privaten Viagrapartys. Mit all diesen Erlebnissen brüstet man sich untereinander. Zur Kompensation der „harten und belastenden" Einsätze lässt man des Öfteren auch schon mal ein „Hörnchen" kreisen oder greift zu „mehr". Bereits vor Jahren wurde eine ganze Gruppe des SEK-Köln wegen eines Drogenskandals aufgelöst, und Ermittlungsverfahren gegen die Beamten wegen fahrlässiger Tötung, Körperverletzung und Strafvereitelung eingeleitet. Bei einem Einsatz wegen einer Selbstmorddrohung im Juli 2001 sei nach Zeugenaussagen der Tod des Lebensmüden durch einen SEK-Beamten fahrlässig verursacht worden. Bei dem Versuch, einen flüchtigen Bankräuber festzunehmen, stürmte ein Kölner SEK im Jahre 2003 die falsche Wohnung und verletzte bei der „Überwältigung" des älteren Ehepaares den 62-jährigen unschuldigen Rentner schwer. Eine Entschuldigung des als „Rambo-Truppe" bekannten Kölner Sondereinsatzkommandos gab es nicht. Einige Beamte sollten Jahre später Rauschgift in Autoreifen geschmuggelt und Ausrüstung gestohlen haben. Zeugenaussagen zufolge hat der Leiter des Kommandos nach Einsätzen dafür gesorgt, dass die SEK-Männer ihre Darstellungen absprachen, um eventuelle

Fehler zu vertuschen. All das geschah in dem Kommando, bei dem während einer Übung ein „eigener" Mann von seinem Kollegen erschossen wurde. Ausgerechnet dieser getötete Kollege wollte angeblich aus einigen der o.g. Gründen das Kommando verlassen und über die Missstände „auspacken". Sicherlich mag es Zufall, ein Unglück gewesen sein, trotzdem betonte ein Polizeisprecher, dass vor allem geklärt werden müsse, warum bei der Übung eine Waffe mit scharfer Munition zum Einsatz kam. Das sei nur bei einigen Übungen zulässig. Geholfen oder gar ein Umdenken eingeleitet hat die Auflösung aber nicht. Jahre später überfällt wiederum ein Kölner SEK-Kommando einen Rentner, der zu Hause angeblich Handgranaten hortete. Der Mann wurde brutal zusammengeschlagen und ist seitdem schwerbehindert. Er war wehrlos, als ihn die wohl zwölf Vermummten aus dem Bus rissen, wehrlos, als sie ihn traten und schlugen – selbst dann noch, als er gekrümmt auf dem Boden lag und nach der Polizei schrie. Schadenersatz und Schmerzensgeld hat er vom Land NRW aber bis heute keinen Cent bekommen, nicht mal eine Entschuldigung.

Wie die gefürchteten und heimlich bewunderten Rocker möchte man eine Kutte tragen, was in diesem Fall der Einsatzoverall ist, der als „Kleid der Ehre" bezeichnet wird. Süß! Welch ehrenvolle Männer das sind, stark, mit durchgeladenen Waffen, immer mit einer Übermacht von mindestens 5:1 ... Und selbst dann zittern sie.

Während meines ersten Praktikums beim SEK in B.-Stadt äußerte sich ein „Kollege" zur Einführung einer Helmkamera, die laufende Einsätze filmen sollte, wie folgt: „So eine Scheiße. Jetzt kann ich nicht mehr so einfach eine Nase brechen. Na ja. Die Kamera filmt bestimmt auch mal aus Versehen nur die Decke." Diese Äußerung war übrigens vollkommen ernst gemeint und gibt die Haltung zahlreicher „Elitecops" innerhalb der SEKs wieder. Diese spiegelt sich in zahlreichen Einsätzen, nicht zuletzt den meiner Verhaftung, wider. Der Leiter der Psychiatrie, Professor Herold, fertigte nach dem Einsatz einen bösen Beschwerdebrief an die Polizei, in dem er heftig kritisierte, dass Bewaffnete und Vermummte womöglich inmitten seiner Patienten einen derartigen Einsatz durchgeführt hätten. Dieses wäre unvorstellbar! Mein Bruder Salem wurde in Frankfurt von einer ganzen Horde SEKler festgenommen. Obwohl er sich bewusst nicht wehrte und schon gefesselt am Boden lag, schlug ihm ein SEK-Beamter immer wieder auf den Kopf, die Schläfe und auf die Nase. Das Blut spritzte aus seiner Nase bis er förmlich in einer Lache aus diesem lag. Alles was Salem, der glücklicherweise „unverletzt" blieb, dazu mit ruhiger Stimme sagte, war: „Beruhige dich, ich bin Familienvater!" Ein JVA-Beamter erzählte mir im Knast, dass ein Bandido, der von einer SEK-Gruppe nach seiner Vernehmung wieder zurückgebracht wurde, ebenfalls mittels eines Schlagstocks im gefesselten Zustand verletzt wurde und daraufhin zum Gefängnisarzt musste. Alles, was der Bandido getan hatte, war, einen kleingewachsenen SEKler, der ihm zuvor gesagt hatte, dass von nun an sie hier das Sagen haben, aufgrund seiner Körpergröße von oben herab auf Norddeutsch zu fragen: „Und wer bist du denn? Der König?"

Bereits zuvor fand eine Vernehmung gemäß dem Motto „guter Cop – böser Cop" statt, bei der dem Bandido mitgeteilt wurde: „Jetzt ist die letzte Chance, wenn Sie noch etwas zu sagen hätten. Haben Sie?"

„Ja!"

Alle waren gespannt …

„Amen."

Und wieder setzte es einen Schlag in die Rippen. Er verzichtete auf eine (sinnlose) Anzeige und wurde auch nur dem Gefängnisarzt vorgeführt, weil der JVA-Bedienstete dies anordnete.

Interessant mag es auch erscheinen, dass die gesamten SEKs in Nordrhein-Westfalen in Wing-Tzun-Eingriffstechniken von einem Ausbilder trainiert werden, dem man hinter vorgehaltener Hand Kontakte zur türkischen Mafia nachsagt. Mehrere Wing-Tzun-Kämpfer berichteten mir, dass im Unterricht dieses Ausbilders SEK-Beamte mit ihrem „polizeilichen Feind" – in Form von beispielsweise Zuhältern – gemeinsam trainieren würden. Eine durchaus beruhigende Vorstellung, dass sich beide Seiten so gut kennen. Da kann ich sehr gut verstehen, wie verwerflich es war, mit einem Hells Angel zu grillen.

Im Polizeiausbildungsinstitut in Stukenbrock rissen SEKler im betrunkenen Zustand und mit umgeschnallten Pistolen die Zimmertüren der Auszubildenden auf. Beim SEK B.-Stadt wurde vor Jahren eine „Kommandokasse", welche die Einzahlungen der Kollegen enthielt, gestohlen. Als Täter kam nur ein eigener Mann infrage. SEKler aus B.-Stadt, Essen und Köln bildeten in ihrem Jahresurlaub, ohne jegliche Genehmigung und gegen ein fürstliches Gehalt, die Sicherheitskräfte der Islamisch-Sozialistischen Volksrepublik Lybien (Gaddafi-Diktatur) aus und verkauften zwangsläufig geheime Einsatztaktiken. Darüber wurde sogar im Nachrichtenmagazin «Spiegel» berichtet. Landesverrat in seiner reinsten Form und Schwarzarbeit im grünen Rock. Die Liste der Peinlichkeiten ist lang wie eine abgewickelte Rolle Klopapier. Aber trotz aller Kameradschaftsduselei und Korpsgeistgefasel hört die Einigkeit bei Beförderungen und damit beim Geld auf, und wie bei der „regulären" Polizei halten Geläster und Missgunst Einzug in die „geschlossenen" Reihen.

Neben den geschilderten Aussetzern gibt es hin und wieder noch reguläre Jobs für die SEKs. Folgende „professionellen" Einsätze konnte ich noch während meiner Haftzeit mitverfolgen:

- Am 14.6.10 wird der sogenannte „Taximörder" Andre B. in Brandenburg in einer Schrebergartensiedlung festgenommen, nachdem die Maskierten zuvor die falsche Gartenlaube gestürmt und eine Gruppe von Bürgern überrascht hatte, die einfach nur ein WM-Fußballspiel guckten. Darüber könnte man ja lachen, wenn die Truppe wenigstens über Anstand verfügen würde, sich entschuldigt, einen schönen Abend gewünscht und sich zurückgezogen hätte. Aber offensichtlich gilt: °Wenn schon, denn schon", und alle wurden verprügelt und gefesselt. Wohlgemerkt, es ging um einen (!) Mörder, nicht um eine Gruppe. Erst nachdem man mit der Gewaltorgie fertig war, erkannte man, dass es das falsche Objekt war ...
- Am 17.6.10 wird in Baden-Württemberg ein „älterer Herr" festgenommen, der eine Gerichtsvollzieherin mit einem Messer

bedroht haben soll. Der alte Mann hinterließ einen mitleidserregenden Eindruck. Dafür muss ein ganzes, schwer bewaffnetes Kommando anrollen?

Signifikant häufig geschieht auch, dass harmlose Familienhunde von den sogenannten „Elitecops" während ihrer Einsätze einfach erschossen werden. Ein weiterer Beleg dafür, wie schießwütig und unkontrollierbar diese „Spezialisten" sind.

Die viel zu häufige Erkenntnis der Sinnlosigkeit ihres Handelns und ihrer Existenz führte wohl auch zu jenem Einsatz eines Berliner SEKs in der Diskothek Jeton in Berlin, der exemplarisch in der Ausgabe Nummer 28 des Stern (2010) beschrieben wurde. Bei diesem Einsatz entluden sich wieder einmal all der Frust und die Aggressionen, die sich anscheinend mit zunehmender Zugehörigkeitsdauer in den Kommandos anstauen. Offenbar völlig verwirrte SEK-Beamte stürmten die Disco, nachdem sie zuvor einen „anonymen Tipp" bekommen hatten, dass sich an jenem Abend dort Berliner Hooligans treffen wollten. 160 Discobesucher wurden „festgenommen", 21 dabei so schwer verletzt, dass sie im Krankenhaus behandelt werden mussten. Viele erlitten Kopfverletzungen, weil die Elitecops wie von Sinnen mit ihren Tonfas (Schlagstöcken) auf die Köpfe der Besucher einschlugen. Ein Beamter soll geschrien haben: „Leg dich hin, du Fotze!" um daraufhin dem ahnungslosen Besucher ein Schädel-Hirn-Trauma und schwere Platzwunden mit dem Tonfa zuzufügen. Sein Kollege prügelte seinen Begleiter nieder, der blutüberströmt und bewusstlos zusammensackte. Ein dritter der SEK-Bande rief: „Lass jut sein, der läuft schon aus." Alleine diese Äußerungen und die sinnlose, schwerste kriminelle Brutalität spiegeln das Niveau und das Innenleben vieler Männer dieser Zunft wider. Die Opfer waren übrigens ein Regierungsangestellter und ein Hamburger Anwalt, die gemeinsam einen Junggesellenabschied feiern wollten. Insgesamt wurden unter den 160 festgenommenen Discogästen ganze sechs polizeibekannte Hooligans identifiziert, die jedoch rein gar nichts verbrochen hatten. Keiner der Polizeischläger wurde belangt.

Terror und Gewalt gegen Zivilpersonen ist offensichtlich das Einzige, wozu sie im Stande sind. Überall laufen Schwerstkriminelle rum und gehen öffentlich ihren Geschäften nach. Aber ein derartiger Einsatz gegen solche würde eventuell aufzeigen, wie hilflos die Knüppeltruppen eigentlich sind. Da ist es folglich wesentlich einfacher, harmlose Bürger beim Feiern zusammenzuschlagen oder in großangelegten, öffentlichkeitswirksamen Aktionen Rentnerwohnungen zu stürmen. Und das Rückgrat, für verfehlte Aktionen seinen Arsch hinzuhalten, hat offensichtlich keiner der staatlich herangezüchteten, „gemeingefährlichen Schläger". Schuldeingeständnis? Fehlanzeige! Und was tut die Politik? Wer schützt uns, die Bürger, vor diesen brutalen „Gewalttätern in Uniform"?

Zum Abschluss sollt „Ihr" noch wissen: Ich trug zwar den Einsatzoverall und die Uniform, aber dafür schäme ich mich heute aus tiefster Seele. Ich gedenke der ehrlichen und guten Polizisten, die es noch gibt. Der Rest von Euch kann sich meiner Verachtung gewiss sein. Ihr seid eine Schande!

59. Höllenritt? – Köstlich!

Es ist Donnerstag, der 12.08.2010, und noch fünf Tage, dann sitze ich seit fünf Monaten im Gefängnis. Vor etwa zwei Wochen wurde Jörg Kachelmann aus der Haft entlassen. Er wurde nach mir eingesperrt und vor mir freigelassen. Bei ihm steht die Aussage des vermeintlichen Opfers gegen die seinige, was das OLG Karlsruhe dazu veranlasste, den dringenden Tatverdacht auf einen einfachen Tatverdacht herunterzuschrauben, was seine Haftfortdauer umgehend beendete. Die obergerichtliche Entscheidung trifft auf meinen Fall ebenfalls zu. Bei meiner Belastungszeugin kommt jedoch erschwerend hinzu, dass sie erwiesenermaßen drogensüchtig ist und sich in fortlaufende Widersprüche verstrickt. Unmittelbar nachdem die Entlassung von Kachelmann über den Äther lief, befasste sich Rechtsanwalt Ahrend erneut mit einem

Antrag auf Haftprüfung. Auf diese Entscheidung warte ich nun täglich. Sollte das Landgericht Dortmund gegen die Aufhebung des Haftbefehls entscheiden, wird Beschwerde beim OLG Hamm eingelegt. Es heißt weiterhin, geduldig abzuwarten.

Inzwischen ist „Klaus", der Serienbankräuber, der die Zelle neben mir bewohnte, aus der U-Haft in die Strafhaft verlegt worden. Und das ist eine andere Abteilung. Er bekam sein Urteil: achteinhalb Jahre. Darüber freute er sich noch, denn aufgrund seiner Vorgeschichte stand auch eine anschließende Sicherungsverwahrung im Raum. Er hatte schon einmal elf Jahre abgesessen. Ein ebenso völlig unscheinbarer Typ wie Klaus ist „Eskimo", der seinem Saufkumpanen nach einem Streit mit einer Axt den Kopf abgeschlagen hat. Eskimo kam übrigens mit um die acht Jahre davon. „Christof", ein russischer Mithäftling, der im großen Stil Zigaretten geschmuggelt hatte, bekam für seine Tat neun Jahre. Ein schönes Rechtssystem. Mörder und Serienräuber werden vergleichsweise mit Samthandschuhen angefasst, während Steuerstraftäter wie das brutalste Schlächterpack ohne Seele und Gewissen behandelt werden – Jedenfalls wenn man keinen bekannten Namen trägt. Der Fehler von Christof bestand darin, den Staat Deutschland zu bescheißen. Hätte er einen Bürger ausgeplündert, ihm auch noch Gewalt angetan oder gar erschlagen, er müsste nicht so lange sitzen.

Am 30. August erhielt der Mörder vom feige aus dem Auto heraus erschossenen Bandido Eschli elf Jahre wegen Totschlags. Elf Jahre … Ich bin sicher, ohne Kutte wären es weniger gewesen, und wenn sein Opfer keine getragen hätte, wohl mehr. Wenn er zwei Drittel davon absitzt, ist er aber nach acht Jahren wieder auf freiem Fuß. Der sogenannte „Hells Angel" Timur A. war übrigens ebenso wie sein Opfer Eschli im Dortmunder Knast wohlbekannt. Mir wurde erzählt, dass eine Gruppe von Arabern sich über ihn während seiner Zeit als Türsteher vor einer Diskothek in Essen regelmäßig lustig gemacht hat. Als Zeichen ihrer Missachtung haben sie ihm immer demütigende Nackenschläge bei jedem Besuch verabreicht. Das war vor seiner Zeit bei den Hells Angels. Irgendwann war Timur dann ein „Rocker" und fuhr sogar auf einem Motorrad zu einem seiner meist erfolglosen Kämpfe in die Sporthalle. „Wertaufbau" mittels Kutte ...

Lange ließe sich über tragische Begebenheiten seit Kindesbeinen an referieren, doch das trifft nicht nur auf Timur zu, sondern auf nahezu alle Insassen. Doch draußen gibt es weitaus mehr Menschen, die ihre tragischen „Ketten" mit Würde und Anstand tragen, weshalb ich nicht zu jenen gehöre, die Täter entschuldigen. Ich stehe auf Seiten der Opfer. Jeder hat immer eine Wahl, er muss nur die richtige treffen.

Trotz all der Routine und inzwischen drei Stunden Sport pro Woche wachsen auch in mir täglich der Hass und die Aggression. Darüber, unschuldig in diesem Drecksloch zu sitzen und täglich die audiovisuelle Umweltverschmutzung all der „Die können nichts dafür, die hatten eine schwere Kindheit"-Fälle ertragen zu müssen, die mit mir in dieser JVA einsitzen und einen großen Teil der „Belegschaft" ausmachen. Ich kann nur froh sein, dass ich einen Bruder wie Salem hier drin habe, mit dem ich mich so wunderbar austauschen kann. Kai und Jochen gibt es auch noch, und seit einigen Wochen ist auch Ron, ein Dortmunder Bandido, auf unserer Abteilung.

Dennoch verlor ich heute bei der Basketballstunde die Kontrolle. Einer dieser „Fensterjauler" erregte meine „Aufmerksamkeit" durch sein ständiges Lamentieren und seine großen Schnauze während des Spiels. Als ich im Ballbesitz war, rannte ich direkt auf den Korb zu und die Schießbudenfigur einfach über den Haufen. Der „Heuler" kam unterwürfig angekrochen und sagte: „Ey Bruder, was ist das? Nicht so hart." Darauf erwiderte ich ziemlich feindselig: „Ich bin nicht dein Bruder." Da er sein Gesicht vor den anderen nicht verlieren wollte und wusste, dass er durch die anwesenden Wärter „geschützt" war, kam er auf mich zu und riskierte eine dicke Lippe, von wegen er hätte keine Angst und was das überhaupt solle. Ich sah ihn an und wartete nur darauf, dass er eine falsche Bewegung machen würde. Salem zog mich sofort weg und riet mir, lieber nichts Unüberlegtes zu tun. Er hatte wie immer recht. Hätte ich diesen Jammerlappen zerlegt, hätte das unweigerlich negative Konsequenzen für mich bedeutet. „Die" warten doch nur auf so eine Aktion. Salem sagte mir nach dem Spiel: „Das war wieder typisch der Panzerbär. Absolut auffällig und mitten durch. So was musst du unbemerkt und unauffällig machen. Bei mir wusste der gar nicht, wie ihm geschah." Er hatte vor einigen Wochen genau denselben Typen ebenfalls beim Basketball mit einem Ellbogencheck für ein paar Minuten bewusstlos geschlagen und ihn in die sogenannte „Fötusstellung" versetzt. Wir mussten beide lachen. Dennoch biss ich mir „in den Arsch", denn mein innerliches Kontrollsystem hatte versagt.

Der Grund, warum ich dieses Kapitel überhaupt noch schreibe, während ich auf die Hauptverhandlung warte, ist ein Fernsehbeitrag, den ich vor einiger Zeit im WDR sah. Und wieder beweist sich, dass sich ein Kreis immer schließt und das Leben die besten Geschichten schreibt. In der Diskussionsrunde des «Kölner Treffs» unter der Leitung von Bettina Böttinger saß ein älterer, abgehalfterter, langhaariger Mann mit auffällig piepsiger Stimme. Ich dachte, ich gucke nicht richtig: „Ulrich Detroits – Aussteiger bei den Hells Angels" steht auf dem Bildschirm zu lesen. Bei Bad Boy Ulli (der Name spricht alleine schon für sich und indiziert regelrecht die Gefährlichkeit dieser „Maschine") handelte es sich um keinen Geringeren als den Typen, den mein Freund Toni und seine Kasseler Brüder vor Jahren „besucht" hatten und deswegen alle ein halbes Jahr „eingefahren" sind. „Das gibt es doch gar nicht", dachte ich. Dieser Typ, diese unbedeutende Figur, wagt es tatsächlich, sich im Fernsehen zu präsentieren und Unwahrheiten und Wunschvorstellungen von sich zu verbreiten? Ich hörte: „was für ein harter Typ er doch war", „dass er den Tod nicht fürchte" und dass „er ohnehin eines Tages freiwillig aus dem Club ausgetreten wäre" und konnte gar nicht anders als laut loslachen.

Was ich von Bad Boy Ulli aus erster Hand erfahren hatte, klang vollkommen anders: Ulli soll jeden Tag vollkommen zugedröhnt gewesen sein und an einer Leberzirrhose leiden. Seinen Brüdern erzählte er, dass er deshalb wohl in absehbarer Zeit sterben würde und nur noch einmal in die USA reisen wolle. Das wäre sein letzter Wunsch. Alleine für diese Reise hatte Toni ihm noch 500 Euro „Taschengeld" zugesteckt. Der Dank dafür war, dass der Kokain-Dealer Ulli ein „Geschäft" zu seinem Vorteil veränderte und damit einige Leute sehr verärgerte. Als ihn seine Brüder aufgrund seiner Drogengeschäfte aus dem Club warfen und die „Bullen" ihm ohnehin auf die Schliche gekommen waren, bot er sich als sogenannter „Kronzeuge" an. Der „todesmutige" Ulli erhielt somit Schutz vor seinen „Gläubigern", vor seinen ehemaligen Brüdern, die er ja verraten hatte und zudem Straferleichterung. Zum Thema Ausstieg: Noch Wochen nachdem sie Ulli aus dem Club geworfen hatten, rief der Bad Boy ständig bei Toni an und winselte und bettelte förmlich, dass „man ihn doch bitte wieder aufnehmen möge." Erst als dies erfolglos blieb, lieferte er sie an den Pranger.

Als gegen Ende der Sendung noch sein Buch «Höllenritt» vorgestellt wurde, war der Gipfel für mich erreicht. Hat irgendein Ghostwriter das für ihn geschrieben? Heute sah ich, dass Ullis Buch bereits auf Platz zwei der Spiegel-Sachbuchliste steht. Auf dem 16. Platz befindet sich Jay Dobbins «Falscher Engel». Ich möchte Ihnen mitteilen, was ich von diesen Autoren halte: Es sind für mich schlicht „Ratten". Wie sonst soll man Männer bezeichnen, die ihre Freunde und Brüder verraten und verkaufen? Was für ein Charakter muss man eigentlich sein, um als Undercover-Agent zu arbeiten? Dobbins war ein vorprogrammierter Denunziant auf Zeit, ein Agent, der eingeschleust wurde. Er lebte jedoch Jahre unter den Angels, und bestimmt ergaben sich dabei auch wahre Freundschaften. Jay Dobbins hat viele seiner „Vertrauten" ins Gefängnis gebracht. Und Bad Boy Ulli verdreht meines Wissens nach die Tatsachen. Jedes Mal, wenn sie in den Spiegel gucken, sollten sie sich bewusst sein, dass sie ganz, ganz unten stehen.

Ich distanziere mich an dieser Stelle ausdrücklich von solchen Subjekten und möchte dieses Buch nicht als ein weiteres dieser Reihe angesehen wissen.

60. Die Zeit bis zur Verhandlung

Mittlerweile war ich im Leben als Knacki angekommen. Es war befreiend, als ich den Schalter im Kopf „fand", der „das zu viele Nachdenken" kontrolliert. Es hilft einem sehr, die immer gleich trostlosen Tage hinter sich zu bringen, wenn man lediglich physisch anwesend ist. Es galt einfach nur zu warten, warten, warten – und da hilft kein denken, denken, denken.

Um der Wahrheit Willen muss ich hier anmerken, dass der Gefängnisalltag nicht immer nur trist und grau gewesen ist. Unser täglicher Umschluss beinhaltete sowohl kostbare Gespräche als auch minutenlange Lachkrämpfe. Einer von diesen „Anfällen" führte dazu, dass ein JVA-Bediensteter die Zelle aufschloss und sich nach unserem Befinden erkundigte. Ein anderes Mal, während eines Hofgangs, verpackte mir jemand seine Geschichte fast schon komödiantisch: Meinem Gesprächspartner wurde von einem Dreckspatz übel mitgespielt, der ihn belog und betrog. Natürlich nahm ich an, dass der Vogel einer angemessenen Bestrafung unterzogen worden wäre, aber: „Nein, gar nichts. Man sticht doch nicht seine eigene Firma nieder." Ich musste herzhaft lachen.

Es galt aber auch, eine Tragödie innerhalb der Gefängnismauern zu verdauen. Ein Hausarbeiter namens Jochen, ein sympathischer und ruhiger Kerl, mit dem Salem und ich wenige Tage zuvor noch einen Umschluss gehabt hatten und der mir freitags, unserem „Fischtag", des Öfteren eine zweite Menage in die Zelle hineingereicht hatte, verschluckte sich an seinem Essen, verlor das Bewusstsein und atmete nicht mehr. Das Essensstück blockierte seine Luftröhre, er bekam keine Luft und sein Gehirn wurde 20 Minuten lang nicht mehr mit Sauerstoff versorgt. Er fiel ins Koma und verstarb einige Tage später. Wochen zuvor war seine Frau gestorben, und seine sechzehnjährige Tochter war nun alleine. Das Tragischste dabei war, dass er wohl Tage später wieder ein freier Mann gewesen wäre. Die Wege des Herrn sind unergründlich …

In meinen „geregelten" Alltag platzte eines Tages eine Hiobsbotschaft, die mich psychisch noch einmal in die Knie zwang. Rechtsanwalt Ahrend übersandte mir jederzeit seine Ausarbeitungen in meinem Fall. Ich las sie mir jeden Abend durch, denn sie gaben mir Kraft, zumal sie logisch einleuchtend meine Unschuld bewiesen. Eines Mittags, nachdem ich vom Sport zurück in meine Zelle geführt wurde, fand ich dort einen Brief vor: die Antwort auf die erneute Haftbeschwerde des LG Dortmund. Sie wurde wieder abgelehnt. Das knickte mich jedoch nicht, es war vielmehr die Begründung der Ablehnung. Der Vorsitzende Richter, der das Urteil über mich fällen würde, hatte sich mit den Schriftsätzen meines Anwaltes anscheinend überhaupt nicht auseinandergesetzt. Die Begründung kam nämlich einer Vorverurteilung gleich: Obwohl es zwar durchaus Widersprüche bei dem Zuhälter und der Zeugin Pfahl gäbe, würde man mir keinen Altruismus, also Selbstlosigkeit, zutrauen und mich ebenfalls schlichtweg als Mitglied des ‚Zugriffsteams' sehen, das bekanntlich den Zuhälter zusammengeschlagen, gefesselt und ausgeraubt hätte. Kurzum, der Gegenseite wird geglaubt, mir aber nicht. Das war ein Hammer für mich. Von nun an lag ich in der Zelle und „hoffte" auf „nur" noch acht Jahre. Was für ein Ausblick.

Erst der zeitnahe Besuch meines Anwalts brachte mich wieder in die Spur. Ich konnte noch so niedergeschlagen und verzweifelt sein, sobald ich die Anwalts-Besuchszelle verließ, hatte ich meinen Mut zurück und ein Lächeln auf den Lippen. Diesmal schaffte er es, weil er mir eine gute Nachricht überbrachte. Zwar ließ die Begründung der Ablehnung der Haftbeschwerde nichts Gutes ahnen, doch der schwere Tatbestand des erpresserischen Menschenraubes sollte nicht mehr angeklagt werden. Und plötzlich stand „nur noch" ein Raub im Raume. Das Strafmaß war bezogen auf das Hauptdelikt plötzlich von fünf Jahren aufwärts auf drei Jahre gesunken. In meiner Niedergeschlagenheit war mir dieser Fakt beim Durchlesen der Ablehnung schlichtweg entgangen. Und Herr Ahrend war sich zudem sicher, dass er auch den Raub „wegbekommen" würde, ebenso wie die gesamte angeklagte Schwerstkriminalität. Nachdem ich dann noch die Berge von Ausarbeitungen und Vorbereitungen meines Anwalts in Richtung der „Gegenseite" eröffnet bekam, war ich mir wieder siegessicher.

Herr Ahrend hatte sich mittlerweile auch meines Bruders Salem angenommen. Ich nahm mir die Freiheit, den Kontakt zu vermitteln. Während einer seiner Besuche wurde Salem hinzugezogen, und auch er verließ die Besucherzelle anschließend ergriffen und angetan von diesem wundervollen Mann und einzigartigen Juristen. Und so gab die Erfahrung, das Wissen und die Einschätzung seines Falls durch Herrn Ahrend Salem Kraft für seine Situation, die gemessen an meiner noch unglaublich größere Lasten bedeutete. Salem, der nur wegen seines ungeborenen, herzkranken Kindes nach Deutschland zurückgekehrt war, durchlebte und ertrug ein ganz anderes Schicksal als ich. Ihm drohte bei einer Verurteilung eine lebenslange Haftstrafe mit anschließender Sicherungsverwahrung. Neben der ständigen Angst und Sorge um das Leben seines kleinen Sohnes, meines Patenkindes, kam noch das Wissen um den schweren Stand seiner Frau hinzu, die der deutschen Sprache nur bedingt mächtig war und mit zwei weiteren Kleinkindern in einem ihr fremden Land alleine zurechtkommen muss. All dies müssen Qualen und Schmerzen sein, die nicht mehr zu überbieten sind.

Eines Abends kam Salem zum Umschluss in meine Zelle. Wieder einmal war der Kleine operiert worden, und wieder gab es Grund zur Sorge um das Leben seines Sohnes. An diesem Tag fragten wir offiziell über die Zellensprechanlage an, ob wir nicht eine zusätzliche Matratze in meine Zelle schaffen könnten, um diese schweren Stunden der Angst gemeinsam zu bestehen. Es wurde jedoch abgelehnt, weil der Vorgesetzte des Diensthabenden es nicht verantworten wollte, „einen „Doppelmörder" und einen „erpresserischen Menschenräuber" über Nacht alleine in einer Zelle zu belassen. Wir waren wirklich nur Nummern und dem System ausgeliefert, ganz egal ob unschuldig oder nicht. Aber wir haben alles durchgestanden, und niemand hat uns jemals gebrochen. Inzwischen geht es dem Kleinen wieder gut, und Herr Ahrend wartet auf Salems Akte, um ein einstweiliges Verfügungsverfahren vor dem Bundesverfassungsgericht einleiten zu können. Dieses hat er bereits wiederholt erfolgreich praktiziert. Salems Verteidigung, bestehend aus einem bekannten Staranwalt, wollte sich zu diesem Schritt nicht entschließen.

In den letzten Tagen vor meiner Verhandlung ereignete sich dann wieder ein comedy-reifes Ereignis: Zwei Russen hatten sich in der Dusche geprügelt, und einer hatte eine saubere Rechte auf die Zwölf kassiert. Er brach den Kampf sofort ab, machte komische Kaubewegungen und spuckte dann die Brocken seiner Zahnprothese aus. Es war einfach ein Bild zum Schreien. Und dann blickte ich unwillkürlich durch die kleinen Löcher der Metallabdeckung eines Fensters der Duschräume auf das Gebäude des Landgerichts. Eigentlich blickte ich nie heraus. Ich wollte die Freiheit erleben, nicht durch die kleinen Löcher sehen. Aber jetzt musste meine Verhandlung irgendwann beginnen. Eine Woche vor Ablauf der Sechs-Monats-Frist erhielt ich dann das Schreiben mit der Ankündigung der Eröffnung meiner Hauptverhandlung.

61. Die Hauptverhandlung

Endlich war der Tag der Hauptverhandlung gekommen. Am 18.9.2010, dem allerletzten Tag der sechsmonatigen U-Haft-Frist, wurde die Verhandlung eröffnet. Vorerst wurden fünf Verhandlungstage angesetzt. Ich war zwar nervös, aber auch erleichtert darüber, dass es nun endlich losging. Am Eröffnungstag durfte ich sogar außerhalb der Reihe duschen. Ich kleidete mich in Vorzeigemontur mit weißem Hemd und neuer Jeans. Nach einer intensiven Durchsuchung ging es durch den unterirdischen Gang, der die JVA mit dem Gerichtskomplex verbindet, hinüber in den Zellentrakt des Landgerichts. Dort wurde ich erneut eingeschlossen und erhielt kurze Zeit später Besuch von meinem zweiten Anwalt, RA Lange, mit dem ich schon seit meiner Jugend befreundet bin und den ich zusätzlich als Pflichtverteidiger wählte. Auf den Weg in den Gerichtssaal wurde ich von zwei Justizbediensteten begleitet und musste zusätzlich Handfesseln tragen. Das Fernsehen und die schreibende Presse waren bereits anwesend, ebenso Leiter VL Herr Bentheim als Behördenbeobachter der KPB Lippe. Der hatte kurz zuvor noch gegenüber Herrn Ahrend verlauten lassen, dass ja nun aufgrund des Prozesses in Dortmund eine Planstelle in Lippe frei werden würde. Mein Anwalt reagierte gewohnt schlagfertig: „Da wäre ich mir nicht so sicher, denn der Tag hat 24 Stunden und nicht eine."

Ich freute mich, Herrn Ahrend zu sehen, der bereits eine schwarze Robe trug und locker am Sessel gelehnt stand. Wenige Minuten später trat die erste Strafkammer unter dem Vorsitz des Richters Keil ein, Frau Dr. Flechter und zwei weitere Schöffen gehörten dazu. Gespannt wandten sich mir die Blicke zu, erweckten doch meine Akten den Eindruck, als wenn es sich bei meiner Person um eine regelrechte Bestie handeln würde. Die Verhandlung in der Strafsache „K." wurde eröffnet und die Anklageschrift durch Staatsanwalt Dr. Althage verlesen, der mich noch im Saal begrüßte. Nachdem der Staatsanwalt die Anklage fast schon gelangweilt verlesen hatte, warf er sie mit einer abfälligen Handbewegung auf den Tisch vor sich. Es erschien mir richtungsweisend, so als wollte er damit zum Ausdruck bringen, dass die gesamte Sache ohnehin nicht haltbar wäre. Später erfuhr ich, dass er vor der Verhandlung unter vier Augen mit Herrn Ahrend gesprochen und ihm zu verstehen gegeben hatte, dass der Haftbefehl auf sehr wackeligen Füßen stehen würde und nur noch schwer zu rechtfertigen sei. Er sei ursprünglich davon ausgegangen, dass das OLG Hamm den Haftbefehl kippen würde.

Im Anschluss an die Verlesung der Anklage, die auf erpresserischen Menschenraub und versuchte schwere räuberische Erpressung lautete, erklärte der Vorsitzende Richter, dass „der erpresserische Menschenraub nach Auffassung der Kammer nicht mehr zum Tragen kommt, und wenn, dann nur noch der Raub Bestand hat." Es gab an diesem Tag noch einen Antrag des Nebenklagevertreters. Der Anwalt des Zuhälters und „Geschädigten" Garubi versuchte aus der Staatskasse Gelder für seinen Mandanten geltend zu machen. Der Antrag wurde „abgebügelt", und nach rund zehn Minuten war die ganze Sache für diesen Tag erledigt. Der Folgetermin wurde für den 07.10.10, also drei Wochen später, angesetzt. Ich bekam somit eben noch mal fast einen Monat Knast obendrauf serviert. Herrn Ahrend hatte ich bereits vorher instruiert, dass er keinen Antrag auf Aussetzung des Haftbefehls mehr stellen sollte. Dafür sprachen zwei Gründe: Erstens wollte ich nicht mehr enttäuscht werden, und zweitens – und das war wesentlich wichtiger – konnte ich so noch Salem weiter beistehen. Er würde mich besser gebrauchen können, als ich ein paar Wochen Freiheit. Und so gesehen, hatte dieses lange Zwischenspiel der Termine auch sein Gutes. Immer positiv denken!

Der Weg war nun umgekehrt. Zurück in der Zelle des Landgerichts wurde ich noch einmal von Rechtsanwalt Ahrend und meinem Pflichtverteidiger besucht. Nach kurzer Zeit war ich jedoch wieder allein und musste mir stundenlang das Geschrei mehrerer Libanesen anhören, die in der Nachbarzelle untergebracht waren. Erst am Nachmittag wurde ich wieder in die JVA zurückgebracht. Erneutes Durchsuchen und wieder in die Zelle.

Während unseres Umschlusses erzählte mir dann Salem, dass ihn andere Berber gefragt hätten, ob er wisse, dass ich ein Polizist sei. Irgendjemand hatte mich trotz der Unkenntlichmachung meines Gesichts im Fernsehen, Radio oder durch Berichte im Videotext erkannt. Die Berber, für die Salem als ein Anführer oder Vater gilt, sorgten sich um ihn. Ein Wort von ihm genügte jedoch, mein vertrautes und freundschaftliches Verhältnis zu ihnen unberührt zu lassen. Dies bewies jedoch auch, dass der berbische „Knastgeheimdienst" einwandfrei funktionierte. Am nächsten Tag wurde Salem abermals angesprochen, diesmal jedoch nicht von „seinen" Leuten:

„Weißt du, was Tim vor dem Knast gearbeitet hat?"

„Ja, weiß ich. Schon von Anfang an", antwortete Salem kurz und unfreundlich.

343

„Ach so, ich dachte, du hättest das nicht gewusst!" stammelte der „Informant" erstaunt.

„Tim arbeitet schon seit Jahren nicht mehr als ‚Bulle' und hasst die mehr als wir alle hier." Punkt! Dann war Funkstille. Obwohl es spätestens jetzt alle im Knast wussten, wurde ich niemals auf meine „Vergangenheit" angesprochen. Ein entsprechendes Auftreten, mein Erscheinungsbild und gewisse Kontakte verschafften mir diese Ruhe.

Am nächsten Tag fand der Gruppenabend mit der lieben Anja statt, die ehrenamtlich eine kleine Gruppe von Gefangenen besuchte. Es war immer eine willkommene Abwechslung. Meine gute Laune verdunkelte sich aber, als ich im Fernsehen den brutalen, undemokratischen Knüppeleinsatz der grün-weißen „Brut" gegen die Stuttgart-21-Demonstranten mit verfolgen musste. Es passte wieder einmal hervorragend ins Bild.

Die drei Wochen vergingen im üblichen Knast-Takt. Wie anberaumt, fand am 07.10.10 der zweite Verhandlungstag statt. Nun sollte es richtig losgehen. Am Anfang wurde von meinen Anwälten eine Erklärung verlesen. Darin wies ich sämtliche mir zur Last gelegten Straftatbestände von mir, und erklärte, dass ich lediglich der Zeugin Pfahl geholfen hätte. Anschließend war es Zeit, für das „Opfer" Garubi in den Zeugenstand zu treten. Er wurde nach seiner Beziehung zur Zeugin – respektive der „Kronzeugin" Pfahl – befragt. Besonderes Augenmerk lag auf der Tatsache, dass diese ihn einstmals schwer belastet hatte. Der kleine Schmierlappen verstrickte sich zunehmend in Widersprüche und machte sich zum Gespött aller Anwesenden, wie das Gelächter und Kopfschütteln verdeutlichte. Selbst die Oberstaatsanwältin, die den Staatsanwalt des Auftakttages ersetzt hatte, sagte: „Keiner hier im Saal glaubt Ihnen."

Ich kann hier nur spekulieren, warum der Staatsanwalt Dr. Althage nicht mehr dabei war. Ich vermute, dass er aufgrund der tönernen Basis des Falles seinen Namen nicht unter die zu erwartende Waterloo-Niederlage setzen wollte. Somit wurde die Oberstaatsanwältin Frau Buchholz förmlich ins kalte Wasser geschubst. Sie wirkte zunehmend hilfloser und verbiesterte förmlich. Wahrscheinlich fragte sie sich, warum sie sich diese „Strafarbeit" „verdient" hatte.

Es folgten Fragen zu Verenas (Schein-) Ehe, den hohen Geldsummen und der Zuhälterei. Garubi zerstörte seine Glaubwürdigkeit bei diesen Themen weiterhin nachhaltig. Mitten in die Verhandlung hinein platzte die Nachricht, dass die „Kronzeugin" Pfahl, die am Nachmittag gehört werden sollte, sich krank gemeldet hatte. Sie saß mit einem Magen-Darm-Infekt im Wartezimmer eines Arztes. Für uns war es klar, dass die Gegenseite zuerst unsere Version hören wollte, um sich darauf einzustellen. Also wäre die Krankheit ein taktischer Schachzug. Aber es erscheint mir nicht befremdlich, wenn sie wirklich krank war. Ich war es ja gewohnt, dass sie unter Druck körperlich kollabierte. In der Regel kotzte sie dann aber ununterbrochen und ging nicht wegen Magen-Darm-Wehwehchen zum Arzt. Ob sie jedoch auf dem Zeugenstuhl hätte Platz nehmen können, bleibt ohnehin fraglich, denn der kleine Scheißer blockierte diesen stundenlang mit seiner Vernehmung. Diese gipfelte in einem eskalierenden Streit zwischen dem Vorsitzenden Richter und Garubis Anwalt. Beide Parteien schrien sich gegenseitig an, und schließlich untersagte der Vorsitzende dem Vertreter der Nebenklage das Wort und ließ es ausdrücklich im Protokoll festhalten. Auch Herr Ahrend schoss scharf und konfrontierte den gegnerischen Anwalt damit, dass er sich auf Kosten des Angeklagten bereichern wollte. Dann war Ruhe.

Während einer Verhandlungspause wurde ich erneut in die Zelle verbracht und passierte dabei einen Bruder des kleinen Schmierlappens. Er war noch kleiner und „verwachsener" als der andere und versuchte, mich provokant anzuschauen. Ich konnte gar nicht anders und musste grinsen. Ich ging zwar gefesselt aber selbstsicher an ihm vorbei. Zusätzlich gab es noch eine kleine Show von mir in Sachen „Überheblichkeit". Köstlich!

Der für mich interessanteste Punkt an diesem Tag war jedoch, dass durch die Befragung des Zuhälters ans Licht kam, dass sich die Ratte mit dem Brot hinter meinem Rücken verbündet hatte. Er hatte ihr eine

Wohnung besorgen und sie von mir „wegholen" wollen, weil ich sie angeblich geschlagen und misshandelt hatte. Und bei dem „Auszug" hatte er mich tatsächlich hingehalten, um ihren Leuten den Abtransport ihrer Sachen zu ermöglichen. Ich hatte mich also nicht getäuscht. Die Theorie der gezielten Observation durch die Albaner war somit vom Tisch.

Ebenfalls bemerkenswert war, dass die Kripobeamten Behrens und Starke Garubi förmlich mit Telefonaten überhäuft hatten, damit er seine einstmals abgegebene Aussage erneuert und vor allem neu mit ihnen „abstimmt". Wie ich bereits schrieb, diese „Bande" arbeitet mit allen Mitteln. Etwas derartig Verwerfliches unter dem Deckmantel der „Ordnungsmacht" eines demokratischen, freiheitlichen Staates …

Herr Ahrend kommentierte diesen Tag mit „vernünftig". Ich war euphorischer und benutzte „optimal". Trotz des langen Prozesstages war der Zeuge Garubi noch nicht durch, denn die Verteidigung war auch noch an der Reihe.

Der dritte Verhandlungstag wurde außergewöhnlich und leitete eine Wende ein. An jenem Tag waren Anke und Katharina als Zeuginnen geladen. Anke begann. Es war befremdlich, sie nach sieben langen Monaten wiederzusehen, und obwohl sie meine Vertraute war, vermied ich es, Blickkontakt mit ihr aufzunehmen. Ankes Aussage war eher als neutral zu werten. Sie gab wahrheitsgemäß an, bei einem Umzug in Hamm als Fahrerin geholfen zu haben, und berichtete, dass ich der Zeugin Pfahl beim Tragen von Sachen geholfen hatte. An vieles könne sie sich jedoch nicht mehr genau erinnern, und so entließ sie der Vorsitzende Richter alsbald aus dem Zeugenstand.

Katharina, stilvoll und adrett gekleidet, war die Nächste. Ohne Umschweife berichtete sie von den Vorgängen bei ihr am Tag meiner SEK-Festnahme in Münster. Zeitgleich wurden mehrere Wohnungen schlagartig genommen und durchsucht. Darunter auch ihre. Es stürmten sieben, acht Polizisten in ihre Wohnung und schrien sie an: „Wir wissen, was Sie machen und was Sie sind! Geben Sie alles zu! Wir haben ohnehin genug, um den K. ins Gefängnis zu bringen!" Katharina berichtete unter Tränen, dass die Polizisten sie eingeschüchtert, unter Druck gesetzt und zu Aussagen genötigt hatten, die sie niemals freiwillig so gemacht hätte. Man befahl ihr regelrecht, dass sie aussagen müsse, und schob noch einen Erpressungsversuch hinterher: „Wenn Sie uns nicht helfen, bekommen Sie Probleme mit Ihrem Lehrerberuf!" Katharina interpretierte diesen Versuch unter Tränen: „Die wollten ihn mit allen Mitteln ins Gefängnis bringen." Im Gerichtssaal herrschte Totenstille, und man konnte spüren, dass alle Beteiligten schockiert waren, den Ausführungen der Zeugin jedoch noch nicht wirklich Glauben schenken konnten. Zu unfassbar war das eben Vorgetragene. Sowohl die Richter als auch die Oberstaatsanwältin hakten mehrmals nach, ob all das wirklich so stattgefunden hatte, und Katharina schwor, dass es genau so war. Sie blieb auch dann bei ihrer Aussage, als sie vereidigt werden sollte und ihre Aussage wörtlich protokolliert wurde.

Und jetzt kam noch mehr ans Licht: Der Tag des widerwärtigen Polizeieinsatzes war der 17.3.10, genau einen Tag vor Katharinas Staatsexamen. Sie paukte also gerade und hatte zu diesem Zweck auf dem Fußboden zahlreiches Lernmaterial genau geordnet ausgelegt. Die „Polizeibande" stürmte rein, zerriss Papiere, zog sämtliche Schubladen heraus und schüttete den Inhalt auf den Boden, alles von der Bett- bis zur Unterwäsche wurde durchwühlt und Wohnungsgegenstände beschädigt. Sie war nicht einmal belehrt worden. Rechtsanwalt Ahrend hakte deswegen noch einmal gezielt nach, ob sie belehrt worden war, und wieder verneinte sie das ausdrücklich. Die Durchsuchung begann zur Mittagszeit und endete nach ca. sieben Stunden am frühen Abend. Nach fast zwei Stunden der Einflussnahme auf die Zeugin, die sich von den Polizisten massiv bedroht, eingeschüchtert und zu Aussagen genötigt fühlte, setzte sich ein Beamter vor sie hin, und drei weitere stellten sich hinter ihm auf. Er zückte sein Diktiergerät und die Vernehmung begann offiziell halb eingekreist von vier Beamten. Bezüglich ihrer damals getätigten Aussage vor der Polizei sagte Katharina nun im Gerichtssaal, dass sie nur hatte sagen können, was die Polizisten ihr in den Mund gelegt und vorformuliert hatten. Der Vorsitzende Richter

Keil versuchte, sie zu beruhigen, indem er ihr mitteilte, dass sie mich damals nicht einmal belastet hatte. Trotzdem blieb Katharina dabei, dass ihr alles in den Mund gelegt worden war. Die Polizisten seien dabei psychologisch geschickt vorgegangen und hatten Stück für Stück die Aussagen bekommen, die „gewünscht" waren. Abermals wurde die Zeugin konfrontiert, ob sie dabei bleiben und ob man ihr jetzt auch die Worte in den Mund legen würde. Katharina blieb jedoch unter Tränen bei der Aussage und beschwor, die Wahrheit zu sagen. Auch das wurde protokolliert. Sie erzählte: „Die Wahrheit ist, dass der Tim K. seitens der Polizei als eine höchst kriminelle Person dargestellt und bezeichnet wurde. Aber er ist immer ein sehr netter und liebevoller Mann gewesen. Ich habe ihn gebeten, beinahe angefleht, ob er mir nicht beim Einstieg in den Escort-Bereich helfen könne. Niemals hat er, bis auf Spritkosten, Geld von mir bekommen."

Die Zeugin Pfahl beschrieb sie als total berechnend und falsch. Zudem sei sie durch den ständigen Drogenkonsum sehr „verpeilt". Da Katharina sich schon mehrfach negativ über das Brot geäußert hatte, gab es an dieser Stelle eine klare Ansage vom Vorsitzenden: „Noch einmal so eine Äußerung und ich kann Sie auch in Ordnungshaft nehmen lassen." Danach fuhr sie fort, dass ich die Zeugin Pfahl von den Drogen hatte wegbringen wollen und dass ich immer gut zu der Pfahl gewesen sei, ihr Schmuck, Schuhe und sonstige Geschenke dargebracht hatte. Zu dem Tatvorwurf der versuchten schweren räuberischen Erpressung sagte sie aus, dass es keinerlei Tätigkeiten gegen die Zeugin Pfahl gegeben hatte. Wenn das der Fall gewesen wäre, hätte sie das zweifelsfrei mitbekommen. Sie hatte bei der Pfahl an diesem Abend auch keinerlei Verletzungen, Verbrennungen oder Würgemale bemerkt. Schließlich saß man nach dem angeblichen Vorfall noch ganz normal zusammen. Und Schusswaffen hatte sie generell nie bei mir gesehen. Die Frage wurde spezifiziert: „Hat Herr K. eine Pistole besessen?"

„Wenn er Polizist war, dann hat er bestimmt eine gehabt."

Die Oberstaatsanwältin verzweifelte, wohl wissend, dass sie jetzt auch noch gegen die eigenen Hilfsbeamten Verfahren wegen Aussageerpressung und Nötigung einleiten musste. Es ging weiter: „Hat die Zeugin Pfahl Angst vor dem Milan gehabt?"

„Das kann schon sein, denn Milan ist nicht der Typ, den man als Kindergärtner einsetzen würde."

„Hatten Sie Angst vor ihm?"

„Nein, das habe ich nicht."

Als man Katharina mit der Aussage der Pfahl konfrontierte, dass ich sie auf Koks hatte bringen wollen, damit sie besser anschaffen würde, musste sie laut auflachen.

„Sie sollen nicht lachen, sondern antworten", sagte Richter Keil.

Katharina verneinte dieses vehement. Sie schloss ihre Aussage mit den Sätzen: „Ich habe alles unter Druck ausgesagt und wurde zu den Aussagen genötigt. Ich habe alles gesagt, damit die endlich verschwinden. Ich hatte am nächsten Tag mein Staatsexamen."

Und dieses bestand sie trotz allem Ärger und dem Verhindern des geordneten Auffrischens des Gelernten mit einer zwei. Ich gratuliere!

Zu guter Letzt erfragte die Oberstaatsanwältin noch die Personalien des vor dem Saal wartenden Begleiters Katharinas, der wohl ihr neuer Freund war. Wahrscheinlich aufgrund einer möglichen und vermuteten Einschüchterung der Zeugin Nasser.

Nach der Verhandlung brach Katharina vor dem Saal heftig in Tränen aus, wie Anke mir später berichtete. Katharina weinte um mich, konnte sie es doch nicht fassen, wie ein Subjekt wie die Pfahl mich tatsächlich in eine derartige Lage bringen konnte. Ich danke ihr für ihre Standhaftigkeit, die Wahrheit zu sagen, und es tut mir so leid, was sie ertragen musste.

Dreimal dürfen Sie raten, welche Dienststelle für die „Vernehmung", oder besser gesagt Aussageerpressung, zuständig war: KK 21 (Organisierte Kriminalität), Polizeipräsidium B.-Stadt!

Als ich an jenem Tag wieder in meine Zelle kam, fand ich einen Brief des Staatsanwalts Ahmlich aus Detmold vor. Adressiert war er an PK Tim K., doch die Amtsbezeichnung „Polizeikommissar" war demonstrativ mittels eines schwarzen Kugelschreibers sowohl in der Anschrift als auch in der Anrede durchgestrichen. Das Schreiben besagte, dass aufgrund der zu erwartenden Strafe in Dortmund das Ermittlungsverfahren wegen des Tatvorwurfs einer „Straftat nach dem Waffengesetz und Zuhälterei" eingestellt worden sei, die Ermittlungen aber jederzeit wieder aufgenommen werden könnten. Bla, bla, bla. Ich warf den Brief achtlos beiseite. Der belanglose Inhalt interessierte mich nicht wirklich. „Wahrscheinlich", so dachte ich, „will da jemand auf mich einprügeln, in der Hoffnung, ich würde mich schon auf dem Boden winden." Ich amüsierte mich mit Salem köstlich darüber und sagte: „Später werde ich darauf noch reagieren, aber nicht jetzt. Heute ist ein Feiertag."

62. Freiheit!

Der vierte Verhandlungstag stand wieder im Zeichen des kleinen Albaners, den meine Verteidigung nun ins Kreuzverhör nahm. Es begann mit den Ortungsdaten meines Handys und somit einer genauen zeitlichen Eingrenzung der Tat, und später ging es um die Tat selber. Der Hilfszuhälter lehnte sich weit aus dem Fenster und gab an, auf Serbisch beleidigt worden zu sein. Er spreche und verstehe Serbisch. Das ist aufgrund der Geschichte des Kosovo eigentlich nicht weiter verwunderlich. Herr Ahrend fragte trotzdem sofort, ob er ihm eine Frage auf Serbisch stellen darf und der Abgebrochene bejahte natürlich. Er bekam die serbische Übersetzung der gerade zuvor in Deutsch gestellten Frage zu hören, und guckte blöd' aus der Wäsche. Dann antwortete er: „Ich verstehe kein Serbisch." Schade, dass ein Richter in Deutschland bei so viel Dummheit in seinem Saal keine Bastonade anordnen darf.

Insgesamt bewahrheitete sich hier, was Salem mir vorausgesagt hatte: „Die Schlampe und der kleine Scheißer sind stinkende Sardinchen mit Geschwüren, und Herr Ahrend ist der weiße Hai, der sie inhaliert." Das „Lüdchen" wurde zerrissen, verstrickte sich in Widersprüche und verblasste am Ende sprachlos. Aus!

Als ich am Freitag, den 15.10.2010, zum fünften Verhandlungstag in den Gerichtssaal geführt wurde, war ich ziemlich gespannt, was nun passieren würde. Rechtsanwalt Ahrend und Rechtsanwalt Lange hatten einen Fragenkatalog von 700 (!) Fragen für das Toastbrot parat, und aufgrund der vorangegangenen Lügen und Widersprüche ging selbst der Richter von mehreren Verhandlungstagen unter Mitwirkung der Kronzeugin aus.

Die Zeugin Pfahl wurde aufgerufen und erschien tatsächlich. Obwohl sie versucht hatte, sich für ihre Begriffe niveauvoll zu kleiden, war ihr ihr Beruf auf einen Blick anzusehen. Dass sie lange platinblonde Haare trug und braungebrannt war, kann man ihr nicht vorwerfen. Das ist halt so. Ob knallenge Jeans, High Heels und „halb Bauch frei" jedoch vor Gericht der richtige Aufzug sind, bleibt unter dem Aspekt der Glaubwürdigkeit fraglich. Mir konnte es nur recht sein, und obwohl ich sie immer wieder ansah und mit meinen Blicken fixierte, vermied sie jeglichen Blickkontakt. Jeder konnte sehen, wie unwohl und verlassen sie sich fühlte.

Der Richter begann mit Fragen zur Person und erkundigte sich schließlich, ob sie bereit war auszusagen. In diesem Moment hätte sie noch ganz leicht einen Rückzieher fabrizieren können – z.B. in dem sie sich in ihrer eigenen Art einfach mitten im Gerichtssaal übergeben und dann auf „verhandlungsunfähig" gemacht hätte –, aber sie bejahte. Und der Richter sagte schlicht: „Na, dann fangen Sie mal an zu erzählen."

„Ja, was?"

„Ja, wann und wo Sie den Angeklagten kennengelernt haben."

Das war noch verhältnismäßig einfach für das Toastbrot: Sie hatte mich im Saunaclub kennengelernt. Dort hatte ich sie nach einiger Zeit gefragt, ob sie von ihrem Freund weg wolle und sie dann quasi genötigt, diesen Schritt zu vollziehen. Sie nutzte die Gelegenheit, um herauszufinden, ob er sie noch liebe und sie suchen würde. In diesem Tenor ging es noch eine Weile weiter. Trotz der Einfachheit dieser Geschichte waren die Anwesenden überrascht, wie flüssig die Zeugin hier ihre Version herunterspulte. Als der Richter sie aber zum Verhältnis zu ihrem

Exfreund, ihrem „Ehemann" und den Prostitutionsabgaben befragte, nahm das Drama langsam seinen Lauf. Ihr wurden ihre Einnahme- sowie Tagebücher vorgelegt, und allmählich verstummte die Kronzeugin der Polizei und Staatsanwaltschaft. Der Richter wollte nun gerne aus ihrem Munde hören, wo die zig Tausende von Euro geblieben waren. Die Antwort war schlichtweg unglaublich. Wir erinnern uns, laut ihren Büchern verdiente sie 80.000 im Jahr. Und was erzählte sie zur Verwendung? „Davon habe ich mir Kleidung und Töpfe gekauft."

„Das wäre aber ganz schön viel Kleidung gewesen?"

„Ja, ich habe ja auch immer Angebote gekauft."

„Und der Rest?"

Nun wurde sie patzig: „Davon habe ich auch meine Titten machen lassen."

„Was haben denn die Titten gekostet?" (Originalton des Vorsitzenden)

„3.000 Euro."

„Und das restliche Geld?"

Das Brot redete sich nun derartig um Kopf und Kragen, dass selbst die Oberstaatsanwältin ihr nahelegte, sie möge doch bitte auch in ihrem eigenen Interesse bei der Wahrheit bleiben. Dem Vorsitzenden Richter wurde es inzwischen zu bunt, denn nachdem das Toastbrot aussagte, dass der Albaner ja immer gut zu ihr gewesen war, legte er ihr nahe: „Frau Pfahl, wenn Sie etwas aussagen, dann die Wahrheit. Ansonsten würde ich hier an Ihrer Stelle gar nichts sagen. Ich gebe Ihnen jetzt eine Viertelstunde Zeit, während der sie draußen einmal überlegen, was denn die Wahrheit ist."

Damit wurde die Verhandlung unterbrochen und ich zurück in die Zelle verbracht. Während dieser Unterbrechung kam der Vorsitzende Richter Keil zu RA Ahrend und fragte ihn, ob er etwas dagegen hätte, wenn er die Zeugin Pfahl mit ihrem SMS-Verkehr mit mir konfrontieren würde. RA Ahrend verneinte es. Also ging es weiter: „Haben Sie es sich jetzt überlegt?"

„Ja."

„Möchten Sie weiter aussagen?"

Das ist mein Buch wo ich reinschreibe wie viel ich am Tag verdiene

Tag	Datum	Summe
		360 Euro
	01.12.08	~~Frei~~
Di	02.12.08	175 Euro
Mi	03.12.08	325 Euro
Do	04.12.08	~~Frei~~
Fr	05.12.08	380 Euro + 400 Euro
Sa	06.12.08	380 Euro + 315 Euro
So	07.12.08	390 Euro
Mo	08.12.08	Frei
Di	09.12.08	285 Euro
Mi	10.12.08	555 Euro
Do	11.12.08	250 Euro
Fr	12.12.08	385 + 320 Euro
Sa	13.12.08	400 Euro + 300 Euro
So	14.12.08	245 Euro

und bis zum 15.12.08 habe ich verdient 79.855 Euro

„Ja."

„Dann halte ich Ihnen jetzt einmal einige Ihrer SMS vor."

Es waren lediglich ein oder zwei in denen sie mich als ihren „Prinzen" bezeichnete und ihren Zuhälter als ein „Arschloch" diffamierte. Ein letztes Aufbäumen folgte: „Der Tim hat mich zu allem getrieben. Der hat gesagt, dass sich ein deutsches Mädel nicht mit einem Kanaken einlässt." Ich musste innerlich grinsen. Gerade die Frau, die aufgrund ihrer Pein mit ihrem Zuhälter einen tief verwurzelten, großen Ausländerhass in sich trägt, kam nun so.

Der Richter ging jedoch auf diesen Einwand gar nicht ein und fragte stoisch nach: „Haben Sie also Herrn K. als den Prinzen bezeichnet?"

Die Klappe fiel runter, und das Brot kollabierte. Wortlos knibbelte sie an ihren Fingern, während die Tränen über ihr Gesicht liefen. Fixiert von Herrn Ahrends Blick und dem Richter, brachte sie keinen Ton mehr raus.

„Frau Pfahl, von dem Rumgeknibbel wird das Denken auch nicht besser. Was ist jetzt? Ich kann Ihnen sagen, das ist erst der Anfang. Wollen Sie jetzt was dazu sagen oder von Ihrem Aussageverweigerungsrecht Gebrauch machen?"

Ich wandte mich zu Herrn Ahrend und sagte: „Jetzt bricht sie zusammen."

Unter Tränen stammelte das Brot nach langem Schweigen nur noch nach erneuter Nachfrage: „Ich sage nichts mehr."

Dieses Zusammenbrechen ahnten sowohl Herrn Ahrend als auch Salem voraus. Beide prophezeiten es mir förmlich.

Mein motivierter und kämpferisch eingestellter Pflichtverteidiger wollte sofort einen Antrag stellen. Er wurde jedoch abrupt vom Richter Keil mit den Worten abgewiesen: „Die Kammer hat sich auch bereits ihre Gedanken gemacht. Es sollten jetzt einmal alle Träger einer schwarzen Robe zusammenkommen."

Die Verhandlung wurde unterbrochen und ich wieder in die Landgerichtszelle verbracht. Eine halbe Stunde später erschienen dort meine Anwälte und Herr Ahrend eröffnete mir: „Herr K., Sie können jetzt mitkommen." Ich reagierte mit einer völlig belanglosen Frage, da es jetzt sicherlich wieder zur Verhandlung zurückgehen würde. „Du bist frei!" jubelte mein Pflichtverteidiger. Nachdem ich RA Ahrend umarmt hatte und mir Tränen der Erleichterung in die Augen geschossen waren, realisierte ich erst, was Herr Ahrend gerade gemeint hat. Sieben Monate hatte ich auf diesen Moment gewartet, und nun war er da. So ganz verarbeiten konnte ich es trotzdem noch nicht.

Zurück im Saal wurde der Haftbefehl aufgehoben, und mir wurden Auflagen ausgesprochen, die diesen weiterhin aussetzen würden: keinerlei Kontakte zu diversen Personen und Zeugen. Es war lediglich die Aufhebung, keine Urteilsverkündung. Also wurden jetzt noch die nächsten Verhandlungstage angesetzt, und ich wurde gefragt, ob ich direkt aus dem Saal in die Freiheit wollte. Natürlich nicht! Denn ein schwerer Gang stand mir noch bevor: Ich wollte und musste mich von meinem großen Bruder Salem verabschieden. Also begab ich mich wieder in den Zellentrakt, aus dem ich von einem JVA-Bediensteten abgeholt wurde. Bevor jener kam, erschien noch der Vorsitzende Richter Keil und übergab mir persönlich meinen „Entlassungsschein" mit den Worten: „Sie sind bekannt bei sich zu Hause. Den sollten Sie immer bei sich führen, ansonsten sperren die Sie sofort wieder ein." Ich bedankte mich und sicherte es ihm zu.

Wieder in der JVA, führte mich mein Weg direkt Salems Zelle, die mir aufgrund des besonderen Ereignisses aufgeschlossen wurde. Obwohl ich mich nicht freuen konnte und deswegen auch keinerlei Anzeichen auf meinem Antlitz trug, wusste er sofort, was passiert war. Wir umarmten uns, und er freute sich sehr für mich: „Ich habe es dir immer gesagt. Du marschierst hier raus. Und du hast jetzt wieder ein richtiges ‚Freiheitsgesicht'. Alles ist von dir abgefallen."

Wir setzten uns auf das Bett, und ich gestand ihm: „So richtig freuen kann ich mich aber nicht. Schließlich lasse ich dich hier zurück."

„Tim, mein Bruder, alles ist gut. Ich freue mich so sehr für dich. Jetzt tust du wieder alles, was du immer wolltest und genießt dein Leben. Ich bin in Gedanken immer bei dir."

Ich versicherte ihm, dass auch für ihn alles gut werden würde und alles seine Zeit bräuchte, ich in Gedanken immer bei ihm sein werde und „draußen" alles Nötige tue, um ihm und seiner Familie zu helfen. Der Abschied fiel mir unermesslich schwer. Deswegen teilte ich ihm mit, dass ich jetzt erst einmal meine Zelle ausräumen und dann wiederkommen würde, um mich bei ihm zu verabschieden. Anschließend ging ich noch zu Ron, dem bärenhaften Bandido aus dem Iron City Chapter Dortmund, mit dem mich mittlerweile auch ein freundschaftliches Verhältnis verband. Als seine Tür aufgeschlossen wurde und er mich verschlafen ansah, eröffnete ich ihm, dass ich frei wäre. Ron freute sich unglaublich: „Geil, geil, geil, geil! Mensch Junge, ich freue mich so. Ist das geil!" Derweil umarmten und drückten wir uns, und ich ermutigte ihn: „Ron, auch du wirst eines Tages rauskommen und genau wie ich hier rausmarschieren." Ich bin immer noch ergriffen, wenn ich daran denke, wie selbstlos sich Ron für mich gefreut hatte, ohne einen einzigen Gedanken daran zu verschwenden, selbst nicht mitkommen zu können und in der Gefangenschaft verbleiben zu müssen. Ich danke dir, mein Freund! Du bist wahrhaftig ein guter Kerl, und irgendwann fahren wir gemeinsam auf unseren Harleys die Straße entlang.

Auf dem Weg zurück in meine Zelle traf ich noch einige JVA-Beamte und sagte jedem: „Seht ihr, ich habe es immer gesagt, ich bin unschuldig und jetzt gehe ich nach Hause." Auch verabschiedete ich mich noch von einer dritten Person. Imad war ebenfalls ein guter Mensch, neben Ron der Einzige auf unserer Abteilung, mit dem ich Kontakt pflegte. „Ich freue mich schon, dich draußen wiederzusehen", sagte ich zu ihm. Nach diesem mir aus dem Herzen kommenden Kürlauf, gab es nun die Pflicht: Ich räumte die gut 9 m² aus, in denen ich so viele Tage eingesperrt war. Der letzte Gang führte mich indes nochmal zu meinem Bruder Salem, wie ich es versprochen hatte. Noch einmal verabschiedeten wir uns voneinander, und er übergab mir einen Briefumschlag, dessen Inhalt ich erst später lesen sollte.

Jetzt wartete noch die Bürokratie auf mich. Ich wurde zur „Kammer" geführt, wo ich meine persönlichen Gegenstände wie Handys und das Geld vom Gefängniskonto zurückerhielt. Wie bei der Einlieferung sollte ich auch bei der Entlassung wieder durchsucht werden. Dieses Mal um zu verhindern, dass ich etwas herausschmuggeln würde. Mir stockte der Atem, der Schweiß brach aus, und mir wurde mulmig. Was, wenn sie meine persönlichen Aufzeichnungen, also dieses Buch, finden würden? Ich wischte den Gedanken weg, denn schließlich waren die JVA-Bediensteten keine Polizisten. Ruhig bleiben! Zu Glück wurde gar nichts kontrolliert, und ich gelangte durch die Sicherheitspforte hinaus in die Freiheit.

Was für ein unglaubliches Gefühl! Sieben Monate lang währte dieser Albtraum. Alleine mit sich und der Sorge, möglicherweise noch acht bis zehn Jahre eingesperrt zu bleiben. Ich war draußen! Herr Ahrend, mein Pflichtverteidiger und eine Freundin nahmen mich in Empfang und ich setzte mich auf den Beifahrersitz von Herrn Ahrends schwarzem AMG. Ich konnte es immer noch nicht fassen. Dann las ich Salems Zeilen auf dem Umschlag und der Rückseite des beigefügten Fotos. Meine Augen füllten sich mit Tränen. Noch nie hatte ich solche aufrichtigen und kostbaren Zeilen empfangen. Der Umschlag steht heute auf dem Kopfende meines Bettes, und ich schlafe unter ihm. „Mein Bruder Salem, auch du wirst nicht mehr allzu lange gefangen sein."

Nachdem wir alle gemeinsam in einem jugoslawischen Restaurant schräg gegenüber des Landgerichts gegessen hatten, ging es endlich wieder nach Hause. Ich nahm jedoch nichts wirklich wahr. So stand ich beispielsweise in einer Tankstelle und betrachtete die frei verkäuflichen Zeitschriften und Getränke. So muss sich der erste Besuch im „Westen" nach dem Mauerfall angefühlt haben.

Der Weg durfte nicht direkt zu mir nach Hause führen. Genau wie im Knast gab es noch eine Kür. Erst zu meiner Mutter und danach zu meiner besten Freundin Anke. Alles erschien irgendwie fremd, irreal, aber dennoch unbeschreiblich schön.

63. Das Urteil und die Zeit danach

RA Ahrend und Richter Keil hatten einen guten Draht. Die beiden schätzten sich als Juristen, was Herrn Ahrend einmal dazu veranlasste, ihn als „alten Fuhrmann" zu bezeichnen (übersetzt einen erfahrenen und brillanten Juristen). Trotzdem existierte nicht immer Harmonie unter ihnen. Als der Vorsitzende einmal eine Pause ankündigte und zu Herrn Ahrend gewandt sagte, er könne ja einen Kaffee trinken gehen, antwortete Ahrend: „Und Sie können ja auch ein Bier trinken." Aber so war er eben, und auch die Oberstaatsanwältin bekam ihr „Fett" weg. Sie „erdreistete" sich zu fragen, ob das Verhalten der eingesetzten Beamten (Vernehmungsbeamte des KK 21) so überhaupt möglich gewesen sein könne. Herr Ahrend trocken: „Ich habe über 20 Jahre in diesem Saftladen gearbeitet, und ich sage Ihnen: Ja!" Aber nicht nur die „Gegner" traf es, auch ich bekam von ihm eine klare Ansage während der Verhandlung. Als ich einmal meinen Unmut äußern wollte, wurde ich mit einem knappen „K., halten Sie die Schnauze!" zur Räson gebracht.

Aber zurück zum sechsten Verhandlungstag, der nun anstand. Keine Geringere als die KHKin Starke wurde zu den abgegebenen Aussagen während der ersten Festnahme befragt. Sie hatte, wie in einem solchen Fall üblich, die Aussagen gelesen, auswendig gelernt und gab diese schlicht eins zu eins wieder. Obwohl ich auch dieses Subjekt mehrfach direkt mit meinem Blick fixierte, erwiderte sie diesen nicht ein einziges Mal. Das war wieder einmal typisch für diese Art von „Kollegen".

Nach ihrer Aussage wurden erneut alle Robenträger ins Hinterzimmer des Gerichtssaals gebeten, um einen verfahrensabkürzenden „Deal" zu besprechen. Die Kammer stellte eine Bewährungsstrafe von unter einem Jahr in Aussicht, wenn ich der richterlichen Überzeugung nicht widersprechen würde. Sie ging davon aus, dass ich mit der Tat in Hamm etwas zu tun haben muss. Man kann mir zwar nicht beweisen, dass ich in der Wohnung gewesen war, und wenn, etwas getan hatte, aber die Kammer war der Überzeugung, dass ich die unbekannten Täter zumindest gekannt haben musste. Aus einem ursprünglich von der Polizei und Staatsanwaltschaft aufgebotenen Tatkomplex, bestehend aus fast allem außer Mord, nämlich einem erpresserischen Menschenraub, einer versuchten schweren räuberischen Erpressung, schwerem Raub, einer gefährlichen Körperverletzung, Freiheitsberaubung, Nötigung, zuzüglich mehrerer Verfahren wegen Zuhälterei, unerlaubten Waffenbesitzes, Verstoß gegen das Betäubungsmittelgesetz und Geheimnisverrat, blieb unter dem Strich eine Mittäterschaft bei einer gefährlichen Körperverletzung und Freiheitsberaubung übrig. Aufgrund der Tatsache, dass die „Brut" mich im wahrsten Sinne des Wortes hängen sehen wollte, war dieses Ergebnis ein unbeschreiblicher Erfolg. Und bedenkt man, dass auch die Kammer anfangs offensichtlich der Einschätzung der Staatsanwaltschaft folgte, kam das Angebot quasi einem Freispruch gleich. Herr Ahrend und ich hatten Bedenkzeit bis zum nächsten Verhandlungstag, um diesen Deal anzunehmen oder auszuschlagen. Wir wollten in jedem Fall dieses unsägliche Kapitel zuschlagen und verzichteten somit auf die nicht wirklich existente Chance eines „Freispruchs erster Klasse".

Am siebten und letzten Verhandlungstag, an dem ich wie schon beim sechsten das Gericht durch den Vordereingang beschritt, erklärte Rechtsanwalt Ahrend also dem Richter, dass wir annehmen und ich der richterlichen Überzeugung nicht widersprechen würde. Im Anschluss musste ich noch Angaben zu meiner Person abgeben, schilderte meinen Vorzeigelebenslauf und führte mit dem Richter sogar einen Smalltalk über die Position, die ich damals beim American Football gespielt hatte.

Die verbiesterte Oberstaatsanwältin leierte in ihrem Plädoyer letztmalig herunter, dass so etwas wie ich nicht in die Polizei gehören würde. Ich stimme ihr übrigens absolut zu, denn so etwas wie ich gehört wahrlich nicht in diesen „Haufen". Als Rechtsanwalt Lange sich später von ihr mit den Worten „Auf Wiedersehen" verabschiedete, entgegnete sie: „Ich hoffe nie wieder." Eine schlechte Verliererin.

Nach einer kurzen Unterbrechung wurde das vorbereitete Urteil verlesen. Das Gericht vertrat die Auffassung, dass ich der Zeugin und immer noch Mitangeklagten Pfahl selbstlos geholfen hatte. Allerdings könne man nicht davon ausgehen, dass ich absolut nichts mit der Tat, bei dem ihr ehemaliger Lebensgefährte geschlagen und gefesselt wurde, zu tun hatte. Übersetzt: Ich habe zwar aus guten Stücken heraus geholfen, jedoch sei die Art und Weise nun einmal nicht zulässig. Demzufolge wurde ich wegen Mittäterschaft bei einer gefährlichen Körperverletzung und Freiheitsberaubung verurteilt. Die Kammer wollte mich so ausdrücklich nicht als Anstifter bestrafen. Es kam einer subtilen Laudatio für mich gleich, und so orientierte sich das Strafmaß am unteren Ende der Bandbreite und lautete „neun Monate auf Bewährung" – und sieben Monate davon hatte ich bereits abgesessen.

Und um hier einiges deutlich zu machen: Ich ärgere mich zwar, wem ich geholfen habe, aber nicht, dass und wie ich geholfen habe. Für mich war es ein Akt von Zivilcourage ohne jedwede Berechnung. Wie schon während meiner Zeit als Polizist: Es hat den Richtigen getroffen. Demzufolge kann ich mit dem Urteil erhobenen Hauptes leben, aber das Wichtigste ist: Der Albtraum hat endlich ein Ende. Der Dank dafür gebührt dem Gericht und seinen Richtern. Offensichtlich ist in diesem Staat dann doch nicht alles so schlimm, wie es zu vermuten steht, denn ich saß einer Gerichtsbarkeit gegenüber, die weder der von den „Bullen" aufgehetzten und mit Lügen angestachelten Staatsanwaltschaft noch den Forderungen der Nebenklage aufgesessen ist, sondern nach eigener Überzeugung gerichtet und geurteilt hat.

Es gab noch einen Antrag des Anwalts des Nebenklägers. Er forderte für seinen Mandanten 10.000 Euro Schmerzensgeld. Dieser wurde jedoch gnadenlos durch die Kammer abgebügelt. Stattdessen erlegte sie mir auf, einen Betrag von 500 Euro an eine wohltätige Organisation aus Dortmund zu zahlen. Und diesen zahle ich sogar gerne.

Es dauerte eine Weile, bis ich allmählich wieder in mein normales Leben zurückgefunden hatte. Die ersten Tage lief ich wie ferngesteuert durch die Gegend, und konnte es nicht fassen, endlich wieder frei zu sein. Inzwischen hatte auch die Presse von meiner „milden" Strafe berichtet. Die Menschen, denen ich als freier Mann wieder begegnete, verhielten sich fast alle gleichartig. Entweder waren sie übermäßig verängstigt, diese „Bestie" nun wieder in Freiheit zu sehen, außerordentlich freundlich oder gaben sich betont unwissend. Selbst mein Stammitaliener machte den Eindruck, als sähe er einen Geist und wolle mir umgehend Schutzgeld anbieten. Es legte sich aber schnell. Für mich war es indes eine Genugtuung, den Personen in die Augen zu blicken, die sich in meiner Abwesenheit das Maul über mich zerrissen hatten.

Ein untersetzter, neidischer Spießer aus dem Fitnessstudio lag diesbezüglich ganz weit vorne. Unmittelbar nachdem der vernichtende erste Zeitungsartikel über mich veröffentlicht war und ich noch in U-Haft saß, hängte ein Unbekannter diesen an die Pinnwand des Fitnessstudios. Hinter meinem Rücken fühlten sie sich damals groß, lästerten und zerrissen sich die Mäuler. Heute senken sie ihren Blick. Als ich an einem Abend wieder zum Training ins Studio kam, fiel dem Spießer beinahe die Farbe aus dem Gesicht. Vollkommen verunsichert stammelte er ein „Hallo" heraus, gleichzeitig ein kurzes Gespräch erhoffend. Ich ließ den Heuchler jedoch links liegen und wandte mich den Gewichten zu.

Aber es gab auch Stimmen, die es allen Ernstes mutig fanden, dass ich mich nach allem, was geschehen war, in der Öffentlichkeit blicken ließ. Was in den Hirnen dieser Leute alles so vor sich geht? Köstlich!

Im Fitnessstudio begegnete ich übrigens auch dem Detmolder Kripochef, der ebenfalls dort trainiert. Genau der hatte mir während meiner Dienstzeit noch den Gruß verweigert, nun stammelte er an der Theke stehend ein leises „Hallo", was ich natürlich unbeantwortet ließ. Offensichtlich besitzt er überhaupt keinen Funken Stolz.

Um das düstere Kapitel der Haftzeit abzuschließen, ließ ich mir bei Stefan ein Tattoo auf meinen Unterarm stechen. Ich hatte mich bereits die ganze Zeit darauf gefreut und es schon akribisch vorbereitet. Es stellt einen Racheengel dar, der mit seinem Speer den Kopf einer Schlange durchstößt. Auf dem länglichen Körper der Schlange sind die Daten meiner Haft eintätowiert: 17.3.10-15.10.10. Die Schlange symbolisiert die Polizei und alle anderen Beteiligten, die mir diese Zeit ungerechterweise eingebrockt hatten. Es ist eine wunderschöne Tätowierung, die ich mit wachsender Zufriedenheit betrachte.

Einige Zeit später besuchte ich auch Salem während einem seiner zahlreichen Verhandlungstage. Mittlerweile, so erfuhr ich, war er in meine Zelle umgezogen. Als er mich sah, hob er einen Zettel in die Höhe. Jenen Zettel, auf dem ich ihm aufgeschrieben hatte: „Ich bin in Gedanken immer bei dir. Alles hat seine Zeit und alles wird gut." Er trug ihn selbst bei seiner Verhandlung bei sich. Bruder, auch du sitzt unschuldig im Gefängnis, und auch du wirst wieder frei sein. Und dann werden wir gemeinsam die Route 66 entlang fahren.

Das Brot wohnt wieder mit ihrem Albaner zusammen. Sie soll übrigens erneut auf dem Straßenstrich stehen, so wie zum Anfang ihrer „Karriere", als sie noch in Dortmund auf der Straße stand und KHK Behrens zum ersten Mal traf. Verglichen mit dem, was ich ihr ermöglicht hatte, der komplette Abstieg. Recht so. Für diese undankbare Kanaille ist kein Abstieg tief genug. Was mich jedoch sehr freut, ist, dass zumindest ihre kleine Tochter bei einer Pflegefamilie lebt. Sie ist die große „Gewinnerin", weil ihr hoffentlich eine Zukunft erspart bleibt, die der ihrer Mutter ähnelt. Sie wächst nun „normal" auf, und ich hoffe, dass die geschlagenen Wunden bei ihr allmählich verheilen, damit sie ein zufriedenes Leben führen kann. Ob sie das Druckmittel der Sippe war, welches das Brot zur Rückkehr und den Aussagen gegen mich veranlasste? Auch das werde ich nie erfahren.

Etwa sechs Wochen nach meiner Entlassung fand ich folgenden Anruf auf meiner Mailbox: „Willkommen in der Freiheit. Hier ist Chavez. Habe es gerade erfahren. Meld' dich doch mal." Unglaublich aber wahr. Nach dieser Nummer hat er die Stirn, mich zu kontaktieren? Ich konnte es echt nicht fassen. Er aber versuchte eine ganze Woche lang fast ununterbrochen, mich zu erreichen. Ich brachte in Erfahrung, dass er bereits seit Wochen wusste, dass ich wieder frei war. Meiner Meinung nach wurde er von den „Bullen" auf mich angesetzt. Wie ich darauf komme? Chavez hatte ein ganzes Jahr „Haftnachschlag" bekommen, und niemand wusste so genau wofür. In solch einem Fall kooperiert man ja ganz gerne. Und noch etwas brachte ich in Erfahrung, was meine These nicht unbegründet erscheinen lässt: Während seiner Haftzeit hatte man ihm Fotos von mir in Begleitung eines Rockers gezeigt und gefragt, ob er diesen identifizieren könnte. Es handelte sich hierbei um Tacki, den Präsidenten. Mir stellt sich noch eine andere Frage: Wie ist es möglich, dass ein selbstständiger Tätowierer, der schon einmal einsaß, ohne feste Arbeit, unverheiratet und kinderlos, innerhalb von wenigen Wochen aus dem geschlossenen Vollzug in den Genuss des offenen kommt? Kooperation? Eine Ratte wird immer eine Ratte bleiben. Außerhalb seines offenen Vollzugs hält er sich bei seiner Nachbarin auf, da er über keine eigene Wohnung mehr verfügt. Dummerweise soll jedoch eine andere Freundin von ihm ein Kind bekommen. Beide wissen nichts voneinander. Und ja, einen Motorradführerschein besitzt er immer noch nicht. Aber den braucht er ja auch nicht mehr, denn er ist selbstverständlich in keinster Art und Weise mehr dem Outlaws MC zugehörig. Dafür hat er inzwischen sein „eigenes" Tattoo-Studio in der Nähe von Osnabrück und wirbt auf der Internetseite des Studios mit einer „100-jährigen Berufserfahrung." In Wirklichkeit tätowiert er erst seit dem Jahre 2009. Ein Lügner bleibt eben immer ein Lügner.

Braunbär hat sich in all der Zeit jedoch weiter verbessert. Er soll einer geregelten Arbeit als Fahrer nachgehen, erst bei „Essen auf Rädern" und mittlerweile als Getränkeauslieferer. Willkommen zurück in der Gesellschaft! Vielleicht kann er sich in Zukunft einen Urlaub sowie vernünftige Autos und Harleys leisten und muss nicht mehr neidisch auf andere sein. Und möglicherweise kann er so auch seine Schulden bei Toni begleichen, der inzwischen einen Titel gegen ihn erstritten hat. Gegen einen weiteren seiner Exbrüder, den Tattoopfuscher Charlie, führt er demnächst ein Gerichtsverfahren vor dem Amtsgericht Münster. Der ehrenvolle Charlie weigerte sich hartnäckig, den Umbau seiner Maschine bei Toni zu bezahlen. Geldschulden sind bekanntlich Ehrensache … Er gehörte übrigens zu den von Braunbär bestellten Speichelleckern, die Tonis Rauswurf in der Sondersitzung abnickten. Ich sage nur, „Toni, mein Bester!"

Um mich kursieren derweil unzählige Gerüchte und Geschichten. Eine besagt, dass ich einmal mit gleich vier Prostituierten in „mein" Fitnessstudio gekommen sei. Diese vier hätten unter meinem „Schutz" gestanden. Dann sei der frühere Zuhälter eines dieser Mädels erschienen und habe sich seine „Einnahmequelle" wieder zurückgeholt. Daraufhin soll ich ihn besucht, zusammengeschlagen und gefesselt haben. Eine andere „Heulsusenversion", die Toni zugetragen wurde, geht so: Der Tim hätte doch so eine glänzende Karriere bei der Polizei vor sich gehabt. Der wäre doch so ein hervorragender und aussichtsreicher Beamter gewesen. Aber dann hätte er sich mit einer Nutte eingelassen und mit Drogen gehandelt. Toni musste unwillkürlich lachen. „Was? Der hat so eine steile Karriere vor sich gehabt? Der hat nur Nachtdienste gemacht und immer oben am Friedhof gestanden, im Streifenwagen gepennt oder DVDs geguckt. Und mit Drogen gehandelt? Der hat ja noch nicht mal ein Bier getrunken."

„Ach so", war die ernüchterte Reaktion.

Als ich einmal Rechtsanwalt Ahrend zu einem Besuch bei Frank Salem in der JVA begleitete, wurde er an der Eingangspforte freundlich begrüßt: „Herr Ahrend, Sie waren aber auch schon eine ganze Weile nicht mehr da."

„Ich habe ja auch sonst immer Herrn K. besucht."

„Also, da haben wir noch oft drüber gesprochen. Dass Sie den bei diesem Vorwurf so herausgeholt haben, das ist ja unglaublich gewesen. Haben Sie einmal eine Visitenkarte von sich, falls wir mal etwas haben?"

Herr Ahrend hatte noch eine bei sich und übergab sie. Es gab aber auch andere Stimmen und Meinungen über ihn (beziehungsweise uns). Aus der Führungsriege der B.-Stadter Polizei sickerte dieses (gesicherte) Zitat durch: „Ein kriminelles Schwein hat das andere kriminelle Schwein aus dem Knast geholt." Diese Äußerung spiegelt das Niveau dieser Herrschaften wider. Zu diesem erlauchten Kreis gehörte einer, der nur wenig später selbst vom Jäger zum Gejagten wurde: Suspendierung vom Dienst, Strafanzeige und Hausverbot. Jeder bekommt seine Strafe.

Als mein Vater, der mit 17 Jahren zur Polizei gekommen war und sie nach fast 50 Jahren als Hauptkommissar verlassen hatte, von den Machenschaften seiner und meiner Ex-„Kollegen" erfuhr, entwichen ihm nur folgende Worte: „Tim, das ist nicht mehr meine Polizei. Zu meiner Zeit hätte es so etwas nicht gegeben. Es widert mich an."

64. Nur Narren erkennen nicht den Zeitpunkt ihrer Niederlage

Schlachten zu gewinnen bedeutet nicht, den Krieg zu gewinnen. Die Anstifter der ganzen Farce wollten nicht aufgeben und setzten den Krieg fort, indem sie weiterhin versuchen, mir das Leben zu erschweren. Natürlich sind sie enttäuscht darüber, dass sie statt eines überwältigenden Sieges eine vernichtende Niederlage erlitten haben. Aber mit den „Waffen" Pfahl und Garubi war nichts anderes zu erwarten. Jeder Depp konnte doch sehen, wie stumpf und rostig diese Schwerter waren.

Ich ging ja am Beginn in erster Linie davon aus, dass Neid und Missgunst die entscheidende Antriebsfedern waren. Inzwischen denke ich, der ausschlaggebende Grund für den gnadenlosen Krieg der Grün-Weißen gegen mich war die Tatsache, dass ich in ein Wespennest gestochen hatte. Es ging schlichtweg um die brisante Verbindung zwischen einer OK-Dienststelle und ihrer (Kontaktperson) V-Person. Das KK 21 wollte mich kaltstellen und jahrelang hinter Gitter bringen, gleichgültig ob berechtigt oder unschuldig. Meine Vermutung und der Elan, es zu beweisen, um Toni seine Flügel zurückgeben zu können, war ihnen einfach zu gefährlich geworden. Ein ehrliches Gespräch unter „Kollegen" wäre weitaus sinnvoller gewesen als ein derartiger Skandal. Einem hochrangigen flüchtigen Terroristen wird bestimmt nicht mehr Aufmerksamkeit zuteil als mir. Man muss sich wirklich fragen, was für kriminelle Elemente unsere sogenannte Exekutive beheimatet. Mein Anwalt musste mehrere Durchsuchungen über sich ergehen lassen, immer ohne Resultat. Die „Bullen" hinterließen dabei jedes Mal ein Schlachtfeld. Weiterhin versuchten sie ihm aufgrund vermeintlicher gesundheitlicher Probleme den Führerschein zu entziehen. Wahrscheinlich wollten sie ihn schikanieren und seine Besuche bei mir in der JVA Dortmund erschweren. Doch auch das scheiterte kläglich. Aber damit nicht genug. Zeitgleich mit meiner Festnahme wurden zwei Verfahren gegen ihn eröffnet: Verstoß gegen das Kriegswaffengesetz und Betrug. Unfassbar! Er unterrichtete mich erst nach meinem Freispruch davon, weil er mich vorher nicht beunruhigen wollte. Trotz dieser Lasten vertrat er mich die ganze Zeit vorbildlich und ließ sich nichts anmerken.

Schikaniert wurde aber auch die Freundin von mir, die als einzige eine Besuchserlaubnis für mich bekommen hatte. Sie wurde observiert und verfolgt, und in ihrer Abwesenheit war ihre Wohnung anhand von „Verdachtsmomenten" durchsucht worden – ebenfalls ohne etwas zu finden. Der entstandene Schaden durch die Außenwirkung auf die Nachbarn und den Vermieter war dem Verein egal – oder sagen wir besser: gewollt.

Auch meine Ex bekam eine Vorladung zur Zeugenvernehmung, die in einem abgedunkelten Raum stattfand und auf Video festgehalten wurde. Ihr wurde unterstellt, dass sie für mich anschaffte. Grund war, dass die Herrschaften auf meinen Kontoauszügen einen Zahlungseingang von ihr entdeckt hatten. Dieser war einfach erklärt: Ich hatte ihr einmal Geld für eine Autoreparatur geliehen, das sie mir per Überweisung zurückzahlte.

Tonis Lehrling Jerry musste ebenfalls eine Hausdurchsuchung erdulden, weil das Brot behauptet hatte, dass er ihr zusammen mit mir die ganzen Drogen besorgt hatte. Milan war ja bekanntlich zusammen mit mir der versuchten schweren räuberischen Erpressung verdächtigt worden. Demzufolge wurde wieder einmal in sinnloser Weise das volle Programm aufgefahren: Die halbe Straße wurde abgesperrt, zwei Zivilfahrzeuge und zwei Bullis mit SEK-Besatzung rückten an, um seine kleine Wohnung zu durchsuchen. Auch dort wurde nicht das Geringste gefunden.

Eine Kuriosität am Rande: Selbst der Behördenfahrer (ein normaler ziviler Angestellter), der Herrn Ahrend und mich in die Uniklinik Münster gefahren hatte, wurde bereits zwei Wochen vor diesem Tag von der Polizei geschult und auf den Einsatz „vorbereitet".

Aus den Strafakten, in die ich nun in Gänze Einsicht bekam, ging hervor, dass der Stammfreier KHK Behrens hinter den Kulissen zur damaligen Zeit eine Anzeigenaufnahme „seiner" Prostituierten und der späteren „Kronzeugin" des KK 21 hinausgezögert bzw. verhindert hatte, um „seinen" Schlag gegen sie und mich in Ruhe planen zu können. Er sah zum damaligen Zeitpunkt, trotz der ausgesprochenen Todesdrohungen, „keine akute Gefährdungslage für Frau Pfahl." Dies entnahm ich den Vermerken des KK 11 B.-Stadt und KK 11 Paderborn. Eine Kriminalkommissarin des KK 11 aus B.-Stadt hatte sie „mit kollegialem Gruß" an KHK Behrens nach Dortmund gefaxt. Zufälligerweise kenne ich diese Ex-„Kollegin". Ich kann mich deshalb an sie erinnern, weil sie mit mir das Studium begann und mir währenddessen erfolglose Avancen machte. Sie galt in unseren Kreisen immer als „leichte Beute", wenn sie Alkohol getrunken hatte. Das machte sich auch ein verheirateter SEKler zunutze, der eines Abends mit ihr im Kraftraum der Liegenschaft Am Kesselbrink „die Glocken läuten" ließ, wie er mir damals unmittelbar danach per SMS verkündete.

Und da mir strafrechtlich nicht beizukommen gewesen ist, versucht man nun, mich aufgrund meiner Kontakte ins Rocker- und Rotlichtmilieu auf dem disziplinarrechtlichen Weg unehrenhaft aus dem Polizeidienst zu entlassen. Dies ist übrigens auch der Grund, warum ich meine Freunde des Outlaws MC offiziell noch nicht wiedersehen konnte. Die „Brut" wartete nur darauf, mir Verletzungen von außerdienstlichen Sorgfaltspflichten eines Polizeibeamten reindrücken zu können. Schweren Herzens musste ich der stattgefundenen Open-House-Party fernbleiben. Und wer sich an dieser Stelle wundert, da ich doch offiziell nicht mehr zu dem „Haufen" gehörte, dem sei mitgeteilt, dass man nun seitens der Behörde die Außerdienstsetzung negierte, in der Hoffnung, mich jetzt disziplinarrechtlich entfernen zu können. Und dies trotz des offiziellen Schreibens aus dem April des Jahres 2010 mit der Bestätigung, dass ich in den Ruhestand versetzt werde.

Vorsätzlich hatten diese Betrüger auch meine Bezüge schon seit Monaten um die Hälfte gekürzt. Weiterhin wurde auch das gesundheitliche Gutachten, das meine Versicherung zur Auszahlung meiner Berufsunfähigkeitsversicherung benötigte, bewusst zurückgehalten. Mit diesen Maßnahmen versuchte man, mich finanziell auszubluten und sozial zu vernichten. Dank meiner Mutter und einiger weniger Menschen konnte meine Existenz förmlich in letzter Sekunde gerettet werden. Dazu mussten der Porsche und die Harley zwar verkauft werden, aber ich schwor, beides eines Tages wieder mein Eigen zu nennen.

Eine große Enttäuschung war auch mal wieder der Leiter VL Ludwig Bentheim, der mich während einer Verhandlungspause in Dortmund in ein kurzes Gespräch verwickelte. Später bezog er sich darauf, um meinen aktuellen Gesundheitszustand als „nicht mehr bedenklich" einzustufen. Die Krone wurde dem ganzen durch einen B.-Stadter Kriminalleiter aufgesetzt, der selbst noch ein weiteres Ermittlungsverfahren wegen erpresserischer Geiselnahme unter Zugrundelegung eines schweren Raubes einleiten wollte, obwohl das Landgericht Dortmund den Vorgang insgesamt abgeschlossen hatte. Ich sage nur: KK 21!

Aus Polizeikreisen erfuhr ich weiterhin, dass mein Pkw akustisch Innenraumüberwacht wurde und zusätzlich mit einem Peilsender versehen war. Ich hatte richtig vermutet, kein Verfolgungswahn. Auch mein Telefonverkehr wurde abgehört und aufgezeichnet. Ein guter Freund und ehemaliger Kollege wurde aufgrund seiner Nähe zu mir von Beamten des Dezernats OK-B.-Stadt (KK 21) in die Mangel genommen. Er war in meine Telefonüberwachung geraten und musste nun den „Spezialkollegen" über den Kontakt Rede und Antwort stehen. Dasselbe OK-Dezernat unterbreitete meinem Freund Toni unmittelbar nach seinem ungerechten Rauswurf bei den Engeln den Vorschlag, dass man sich ja mal auf halbem Wege treffen könne, um sich auszutauschen. „Überlegen Sie doch nur einmal, was die Ihnen angetan haben", mit diesen Worten wollten sie seine niedersten Instinkte wecken. Toni ging nicht auf diesen Vorschlag ein. Er erzählte einem ihm bekannten Kripobeamten von dem Vorgehen, der sich dann zu einem interessanten Statement verleiten ließ: Diese Herrschaften interessiert nicht, ob jemand „über die Klinge springt", sie interessiert nur der eigene Vorteil. Genau das haben sie mit meinem Fall bewiesen.

Toni hatte aber noch eine weitere kleine Geschichte zu erzählen: Ein anderer Polizist, der inzwischen Kunde bei ihm ist, berichtete, dass Kripobeamte meine Maschine fotografiert hatten, als diese bei Toni im Schaufenster stand und zum Verkauf angeboten wurde. Sie vergrößerten das Foto und hängten es in den Räumlichkeiten der Kripo Detmold auf. Über dem Bild hatten sie ganz groß geschrieben: „Hochmut kommt vor dem Fall." Stimmt, kann ich dazu nur sagen, denn inzwischen habe ich mir mein Baby wieder zurückgekauft. Wenn auch nur symbolisch mittels einer kleinen Anzahlung.

Am Tag meiner Verhaftung fragte ich ja, wer beteiligt war, und erhielt keine Antwort. Mittlerweile weiß ich es. Aus möglichen Befangenheitsgründen führte nicht das B.-Stadter SEK die Festnahme durch, sondern die „motivierten" Dortmunder „Elitecops". Jetzt weiß ich auch, woher ich den einen der beiden kannte, der mich durch die Mensa in Münster eskortierte. Ich hatte ihn nämlich schon einmal vor Jahren bei einer durch uns Streifenpolizisten in Detmold beendeten Bedrohungslage gesehen, bei der wir den bewaffneten Täter vor seinem Wohnhaus überwältigten. Die aus Dortmund angereisten „Elitecops" waren wieder einmal zu spät am Tatort eingetroffen, was uns „doofe Schutzis" jedes Mal erfreute. Der langhaarige Knilch, damals noch im „Sonny Crockett"-Miami-Vice-Style, war ebenfalls mit von der Partie.

All die böswilligen Versuche, mich unschuldig hängen zu sehen, blieben am Ende erfolglos. Trotz „Rechtsbeugung", immensen Personal- und Materialeinsatzes, Kooperation mit Kriminellen und der selbstkreierten „Kronzeugin", der man Aussagen diktiert und vorgegeben hat, sind sie kläglich gescheitert. Aber ich weiß, dass sie mich weiterhin verfolgen und drangsalieren und auch vor meinem Umfeld nicht haltmachen werden. Leider erscheint keine gute Fee, um diese sinnlosen Existenzen einer gerechten Strafe zuzuführen: gemeinnütziger Dienst, 12 Stunden am Tag, 6 Tage die Woche bis ans Ende des Lebens bei Hartz-IV-Bezug. Wiederhole ich mich? Man kann nicht oft genug betonen, dass „so was" einmal im Leben einer sinnvollen sozialen Aufgabe nachgehen sollte.

Dagegen musste ich mit einem Schmunzeln die Stellungnahme des Hells Angels MC Germany zu den Vorfällen vom 17. März 2010, als ein tödlicher Schuss eines Hells Angels einen SEK-Beamten traf, in der Zeitschrift Bikers News lesen: „Der HAMC Germany spricht den Angehörigen und Kollegen des getöteten Polizeibeamten sein aufrichtiges Beileid aus." Dem kann und werde ich mich nicht anschließen. Ich weiß nicht, wer hinter so einer Stellungnahme steckt, aber ich weiß, dass es in den Reihen des HAMC genügend Mitglieder gibt, die meinen Hass auf die Institution „Polizei" teilen.

Im Dezember 2010 bekam ich dann auch noch Post vom Finanzamt für Steuerstrafsachen und Steuerfahndung B.-Stadt. Gegen mich wurde ein Strafverfahren eingeleitet, weil der Verdacht besteht, „dass ich die Finanzbehörde pflichtwidrig über steuerlich erhebliche Tatsachen in Unkenntnis gelassen und dadurch Steuern verkürzt habe." Ich blickte dem gelassen entgegen, denn ich habe immer meine Einkommensteuererklärung abgegeben und keine Steuern hinterzogen. Irgendjemand musste mich angeschwärzt haben. Und da ein spezielles Kriminalkommissariat aus B.-Stadt alle meine persönlichen Ordner inklusive aller Finanzanlagen sichergestellt hatte, fiel der Apfel nicht weit vom Baum. Und so war es dann auch. Ein Denunziant des KK 21 hatte eine dicke Ausfertigung erarbeitet, aus der nach seinem bescheidenen Intellekt hervorging, dass ich mir über mehrere Jahre ein großes Vermögen durch die Tätigkeiten von Prostituierten angehäuft haben sollte. Es handelte sich indes um in bar eingezahlte Beträge mittlerer Größenordnung aus einem aufgelösten Sparvertrag und mehreren Kreditverträgen. Meine Mutter wurde auf übelste Art mit in die Verdächtigungen dieses Denunzianten einbezogen, wie auch Anke, die mir half, indem sie mir Gelder aus ihrem Vermögen zur Verfügung stellte.

Als ich mit Rechtsanwalt Ahrend den Termin in der Steuerstrafbehörde wahrnahm, hatte ich die beweiskräftigen Kreditverträge bei mir. Trotzdem warf man mir ohne jeden Beweis wahrheitswidrig vor, dass drei Prostituierte über drei Jahre für mich gearbeitet hätten. An einen solchen Unsinn konnte eine objektive Behörde doch allen Ernstes nicht glauben – oh, ich vergesse, das Finanzamt darf nicht objektiv sein. Ich entgegnete, dass ich bei dieser Annahme meinen Beruf gewechselt hätte, denn Polizeidienst und Zuhältertätigkeiten schließen sich zeitlich einander aus. Das würde bedeuten, dass ich vor drei Jahren Doppeldienste versehen und einen 48 Stunden-Tag gehabt hätte. Des Weiteren fragte ich, wo denn dann das ganze Geld geblieben sein soll, denn bekanntlich waren alle meine Konten überzogen, und alles was ich besaß, nachweislich finanziert. Dies interessierte den Steuerbeamten jedoch herzlich wenig. Seine Begründung war folgende: „Herr K., das ist wie mit einer Imbissbude. Wir wissen nicht, wer da alles arbeitet und wie viele Würste wirklich verkauft werden. So ist das bei Ihnen eben auch." Nach seinen angeblichen Schätzungen habe ich an die 100.000 Euro durch Prostitutionseinnahmen schwarz eingenommen, was eine Steuernachzahlung von 47.000 Euro ergab. Nachdem Rechtsanwalt Ahrend die Summe auf 35.000 Euro heruntergehandelt hatte, verblieb mir nur noch eine Wahl: „Herr K., entweder Sie nehmen dies an, und wir stellen das Steuerstrafverfahren ein, oder wir ermitteln weiter, und alles geht vor einen Richter."

Ich hatte also die Wahl zwischen Pest und Cholera. In der Sorge vor einer möglichen Verurteilung zuzüglich einer noch höheren Nachzahlung nahm ich notgedrungen an. Die Zahlung wurde mir freundlicherweise bis Ende des Jahres gestundet, was nicht verhinderte, dass ein Gerichtsvollzieher meine Wohnung nach Kostbarkeiten inspizierte und einen „Kuckuck" in meinen geleasten Golf 6 klebte. Seit wann erwirbt man an einem Leasinggut Eigentumsrechte? Deutschland im Jahre 2011.

Ach, und ehe ich es vergesse, aufgrund meiner Verurteilung wegen Körperverletzung musste ich auch den Anwalt des kleinen Zuhälter-Schmierlappens mit 3.500 Euro bezahlen wie auch die Kosten für das gesamte Verfahren übernehmen.

Einige Wochen später erhielt ich dann noch ein Schreiben des Ermittlungsführers EPHK Starenhügel, dass nunmehr disziplinarrechtlich gegen mich weiter ermittelt werden würde. Strafrechtlich wäre das Verfahren ja bereits abgeschlossen. Nunmehr werfe man mir vermeintliche Verstöße gegen das außerdienstliche Wohlverhalten eines Polizeibeamten vor. Im Einzelnen:

1.) Ich habe möglicherweise Kontakte ins Rotlichtmilieu.

2.) Ich habe möglicherweise Kontakte zu tatsächlichen und auch „ehemaligen" Mitgliedern der Hells Angels.

Zu Punkt 1 kann ich nur sagen: „Ja, diese Kontakte hatte ich, und zwar nicht geringer als beispielsweise der KHK Behrens und unzählige andere „Bullen" auch. Bei Punkt 2 ist beachtenswert, dass selbst der Kontakt zu ehemaligen Hells Angels als vorwerfbar gilt. Trifft dies für zukünftige Hells Angels auch zu? Was für eine bedauernswerte „Bande". Eine unmögliche Leistung, die niemand erbringen kann und wohl auch grundgesetzwidrig zu sein scheint.

Zu guter Letzt ließ mich dann der Landrat und Hühnerzüchter in einem Schreiben wissen, dass das Disziplinarverfahren gegen mich erweitert worden sei. Jetzt werde ich auch des Diebstahls von Munition bezichtigt. Hintergrund: Angeblich wurden bei meiner Hausdurchsuchung zwei Patronen Spezialmunition (SEK) und sechs reguläre Patronen gefunden. Da die Polizei Schießbücher führt, muss ein Munitionsfehlbestand dort ausgewiesen sein. Herr Ahrend fragte demzufolge

diese „sauberen" Herrschaften, warum dieser „Munitionsverlust" nicht schon viel eher bemerkt worden war. Da dies nicht der Fall war, könnte es genauso gut sein, dass die eingesetzten Beamten mir die Patronen unterschieben wollten.
Es ist und bleibt eine einzige Schmierenkomödie.
Nur Narren erkennen eben nicht den Zeitpunkt der Niederlage.

65. Last Words

Tue nicht zu viel Gutes, dann kann man dir auch nix Böses. Mit deinen Feinden kommst du klar. Pass auf deine Freunde auf!

Ich habe nichts Unrechtes getan, im Gegenteil. Das Problem war nur der Rachefeldzug meiner Ex-„Kollegen" sowie die Niedertracht von falschen Freunden/innen. All das führte mich sicherlich in unangenehme Situationen und durch schwere Zeiten, aber eine Niederlage bedeutet im Nachhinein bekanntlich oft zwei Siege. Nach all dem Erlebten bin ich heute gefestigter und gereifter als jemals zuvor und blicke in eine neue Zukunft.

Ich danke meinem Anwalt und Freund, Herrn Ahrend, der mir mein Leben zurückgegeben hat.
Meiner kostbaren Freundin Anke für alle ihre Hilfe.
Meiner lieben Mutter für all ihre Unterstützung, Fürsorge, Warmherzigkeit, Zuneigung, Aufrichtigkeit und Aufopferung, ohne die alles zusammengebrochen wäre. Sie hat alles gegeben, was eine Mutter nur geben kann.
Meinem Bruder Salem. Alles wird gut.
Ich trage Euch alle in meinem Herzen.

Ich grüße meine Freunde vom Outlaws MC.
Ron 1% vom Bandidos MC – Iron City Crew Dortmund.

Alle Biker, die noch folgende Werte und Eigenschaften in sich tragen:
- Verrate niemals deinen Freund oder Bruder.
- Begehre niemals deines Bruders Frau oder seinen Besitz oder neide ihm etwas.
- Sei loyal, ehrlich und standhaft!

Ich danke meinen Ärztinnen.

Ich grüße meine Jungs aus der JVA. Ich bin in Gedanken bei euch. Und die Justizbeamten der Abteilung III. Ebenso den Sportbeauftragten und den „Langen" vom Besuch.

Grüße gehen auch an die wenigen Exkollegen und -kolleginnen, die ich als Privatperson und nicht in ihrer Eigenschaft als Polizisten grüße. Ich werde Euch nicht namentlich nennen, um euch vor Diffamierungen zu schützen.

Zuletzt gilt ein besonderer Dank den speziellen Kommissariaten in Dortmund und B.-Stadt, dem mobbenden Plebs und dem SEK, ohne deren tatkräftige Unterstützung dieses Buch niemals entstanden wäre. Euch und euresgleichen sei gesagt, dass mir die von euch „ermöglichte" Haftzeit auch gut getan hat. Ich bin wieder zur Ruhe gekommen und habe mich von eurem Mobbing erholen können. Mir wird zwar immer noch schlecht, wenn ich irgendwo „Polizei" höre oder sehe, aber das wird sich wohl auch nicht mehr ändern. Verständlich, oder? Aber was das Wichtigste ist: Dank meines neuen Lebens und meiner neu gewonnenen Freiheit geht es mir in jeglicher Hinsicht besser als jemals zuvor. Vielen Dank dafür!

Ich lebe nun mein Leben, und ihr verbleibt als Bewohner der grün-weißen Hölle.

Euer Aussteiger

Tim K.

Nachwort

Deutschland im September 2011: Obwohl ich meinen Wohnsitz inzwischen verlegt habe, mich nicht mehr oft in meiner Heimat aufhalte und quasi freigesprochen wurde, werde ich weiterhin regelmäßig kontrolliert, observiert, bespitzelt und beschnüffelt. Dazu gehören schikanöse Verkehrskontrollen, bei denen mich Ex-„Kollegen", mit denen ich zuvor jahrelang gemeinsam Dienst verrichtet habe, siezen und auffordern mein Halstuch abzunehmen. Vorwerfen können sie mir nichts, denn ich besitze einen Führerschein, und meine Harley ist nicht gestohlen. Des Weiteren fährt die zivile Kriminalpolizei ständig vor meinem ehemaligen Wohnhaus hin und her.

Das Haus meines Rechtsanwalts Herr Ahrend wird ebenfalls stark bestreift, und vor einigen Wochen würde er von einer Zivilstreife angehalten und sein Auto komplett durchsucht. Weil er bei einer der Durchsuchungen gesagt hatte, dass er etwaige Waffen eher im Garten verbuddeln würde als der Polizei auszuhändigen, wurde im Waldstück hinter seinem Haus mit Metalldetektoren gesucht. Solche Witze hatten selbst die Grepos aus der Zone kapiert ... und die waren für ihren Humor nicht gerade bekannt. Klingt unglaublich? Stimmt! Entspricht aber alles der Wahrheit. Deutschland im Jahre 2011.

Der überhebliche Staatsanwalt und Hilfspolizist Ahmlich aus Detmold, dessen Zuneigung die Veränderung von Amtsbezeichnungen ist und der mir eine langjährige Haftstrafe in Dortmund prophezeite (bzw. gewünscht hatte), prüft nunmehr seit fast einem Jahr, ob er die Ermittlungsverfahren wegen Zuhälterei und illegalen Waffenbesitzes gegen mich wieder aufnehmen soll. Unglaublich? Ja, aber wahr! 14 Tage Überlegungen hätten ausgereicht, denn wo nichts ist, kann auch nicht ermittelt werden. Aber zu diesem Zweck behält er immer noch meine gesamten privaten Besitztümer wie PCs, Festplatten, Digitalkamera, Navigationsgerät, Handys usw. ein, die vor fast zwei Jahren beschlagnahmt wurden. Schikane pur. Ist es nicht Aufgabe der Staatsanwaltschaft, sowohl belastende als auch entlastende Tatsachen dem Verfahren zugänglich zu machen? Ja! In meinem Fall wurde dies jedoch ignoriert. Es lagen Beweise in Form von entlastenden Aussagen, einer eidesstattlichen Versicherung, ausgelesenen Handy-SMS, Haushalts- und Tagebücher vor. Selbst der perverse Stammfreier Behrens hatte ganz zu Anfang des Verfahrens einen Vermerk gefertigt, in dem er befand, dass in der Vernehmung des Albaners der Verdacht der Entführung nicht erhärtet werden konnte. Die vermeintlichen Opfer hätten wahrscheinlich freiwillig die Wohnung verlassen. Alles spricht gegen die gewaltsame Mitnahme beider Personen. Es liegen Hinweise vor, dass es sich bei dem albanischen Lebensgefährten tatsächlich um den Zuhälter der Vermissten handeln würde. Und ich bin mir sicher, wenn nicht ich derjenige gewesen wäre, wäre der Fall damit beendet gewesen bzw. nach Anzeige von Verena gegen Garubi ein Ermittlungsverfahren eingeleitet worden. Und nur das wäre kriminalistisch die richtige Vorgehensweise gewesen. Aber so wurde alles ignoriert, vertuscht und verdreht. Der Polizei und der Staatsanwaltschaft war dieses in Gänze bekannt. In einem funktionierenden Rechtssystem ist ein solcher Vorgang unhaltbar. Ich sehe in all diesen Methoden und Vorgehensweise keinerlei Unterschied zu undemokratischen Organisationsformen. Die Staatssicherheit wäre sicherlich Stolz gewesen. Dabei unterscheidet sich die ehemalige Stasi von den hiesigen Machenschaften dadurch, dass sie durchsuchte Wohnungen aufgeräumt hinterlassen hat und nicht so plump und billig vorgegangen ist.

Mein Bruder Salem ist inzwischen wieder auf freiem Fuß, und wir sehen uns regelmäßig und trainieren zusammen.

Gegen Katharina wurde ein Strafverfahren wegen Falschaussage eröffnet, weil sie vor Gericht etwas anderes ausgesagt hat als vor der Polizei. Das lässt sich nur so erklären, dass die beteiligten „Bullen" des KK 21 mit den Vorwürfen ihrer „Arbeitsweise" und „Vernehmungsmethoden" konfrontiert wurden und selbstverständlich kollegial und gemeinschaftlich alles abstritten. Was nicht passt, wird eben mit allen Mitteln passend gemacht. Wie eh und je. Aber vielleicht diente es ja auch mit dazu, Katharina „weichzukochen", denn die Staatsanwaltschaft hat ihr einen Deal vorgeschlagen, wenn sie doch noch etwas gegen mich aussagen würde. Ihr Kommentar: „Tim, die wollen dich haben. Mit allen Mitteln!" Katharina bleibt jedoch bei ihrer wahren Aussage vor Gericht.

Jerry musste sich als Angeklagter ebenfalls einem Gerichtsverfahren vor einem Amtsgericht unterziehen. Dabei ging es um die Lügen des Brots wegen angeblicher Drogenbeschaffung. Dreimal wurde ein Termin angesetzt, und dreimal erschien die Hauptzeugin Pfahl nicht. Ein Kripobeamter aus B.-Stadt, der ebenfalls als Zeuge aussagte, kommentierte, dass die Frau Pfahl ja schon vor dem Landgericht Dortmund mehr als unzuverlässig gewesen sei. Die Polizei und ihre Wunschzeugin. Jedem, was ihm gebührt.

Toni hat vor dem Amtsgericht Münster das Verfahren gegen Charlie gewonnen, der ihm nun doch einen Ausgleich für die geleisteten Arbeiten an seiner Harley zahlen muss. Des Weiteren wird Toni massiv von Braunbär und dessen Sergeant at Arms als Sprachrohr unter Druck gesetzt, er habe ihm das Skript dieses Buches im Vorfeld zu besorgen. Als Gegenleistung würde er dann auf „left" gesetzt werden, ansonsten „würde man ihm den Laden kaputt schlagen". Als ich das erfuhr, musste ich schmunzeln. Ich habe, auch um Toni aus der Schusslinie zu nehmen, ausrichten lassen, dass es einen Scheißdreck zu lesen geben wird. Als Toni einem ihm bekannten Kripobeamten berichtete, dass es wohl Ärger wegen meines Buches geben wird, sagte dieser nur zwei Dinge: „Und was sollen wir jetzt machen? Dich rund um die Uhr bewachen? Andererseits, glaubst du wirklich, dass das Buch erscheinen wird?" Natürlich können die ihn nicht beschützen, denn das Personal dafür wird ja für meine Bespitzelung benötigt. Und die Frage hat sich erledigt, wenn Sie diese Zeilen lesen.

Manche Wege kreuzen sich im Laufe eines Lebens und verlieren sich dann auch wieder. Ich habe mittlerweile keinen Kontakt mehr zu Toni.

Jeder Tag bringt neue Erfahrungen und Erkenntnisse. Sie gehören in dieses Buch und dürfen Ihnen nicht vorenthalten bleiben.

Inzwischen melden sich Polizisten anonym bei mir und wünschen mir alles Gute bei meinem Buch. Ich soll mich nicht unterkriegen lassen. Keine Sorge, das werde ich nicht. Niemals! Viele Menschen aus meinem Umfeld treten mittlerweile an mich heran und berichten mir von Rechtsbrüchen und Vergehen der Polizei, die sie selbst, Angehörige oder Freunde am eigenen Leib erfahren haben. All das würde ein weiteres Buch füllen.

Ein regionaler Journalist, der die Pressestelle der B.-Stadter Polizei mit den „Gerüchten" konfrontierte, bekam kurz darauf einen Rückruf von dieser. Die Aussage lautete: Das KK 21 wird weder bestätigen noch verneinen, dass sie einen V-Mann im B.-Stadter Charter der Hells Angels hatten. **Zensiert!** Warum wurde es nicht vehement bestritten, zumal dieser Journalist in vorangegangenen anderen Fällen sonst immer gebeten wurde, nicht darüber zu berichten, weil das sonst gefährdend wäre? Die mögliche Antwort kennen Sie ja bereits. Wahrscheinlich wurde er ohnehin bereits „gekappt" und alle Akten, Schriftstücke und Daten geschreddert, vernichtet und gelöscht. Es wird meine Aussage gegen die der Polizei stehen.

Nachtrag 3. Auflage

Anscheinend ging es zu langsam und das gegen mich eingeleitete Disziplinarverfahren scheint keinen wirklichen Erfolg zu bringen. Auf Weisung der Generalstaatsanwaltschaft mussten die Ermittler das herausrücken, was sie nicht herausgeben wollten: all meine beschlagnahmten Gegenstände.

Nachträglich fand Rechtsanwalt Ahrend in dem Finanzermittlungsbericht des KK 21 heraus, dass hier in geradezu perfider Art meine Familienverhältnisse in die Bewertung einbezogen worden waren. Einer honorigen Dame, die in ausgezeichneten persönlichen Verhältnissen lebt, wurde unterstellt, dass sie Gelder aus dem „einschlägigen Milieu" an mich weitergeleitet habe, die dann von der

Finanzbehörde als Einnahmen verbucht worden waren. Mir wurde vom KK 21 unterstellt, dass ich die eigene Mutter zur Ausübung der Prostitution angehalten und dafür Zuhältergeld abkassiert habe. Die Formulierung für diese Unverfrorenheit lautete: „In Sachen K. ergab eine Nachfrage beim Einwohnermeldeamt, dass bis zum jetzigen Zeitpunkt keine Verbindung von Frau xxx zum Beschuldigten K. festgestellt werden könne." Mit Fahrlässigkeit kann eine solche Sauerei nicht erklärt werden. Dem KK 21 ist es gleichgültig, wen es ruiniert und kaputtmacht. Dabei ist jedes Mittel recht, denn die Feststellungen wurden und werden in den verschiedensten Akten geführt. Der Zugriff von außen kann jederzeit erfolgen.

In einem weiteren Fall soll ich Gelder von einer Frau „einvernommen" haben, die ich unstreitig zum Erhebungszeitpunkt gar nicht kannte. Gerichtlich festgestellt war, dass ich diese Frau erstmals im August 2009 gesehen habe. Die Gelder sollen aber bereits bis zu diesem Zeitpunkt geflossen sein.

Abschließend möchte ich noch sagen: Ich bin ein Mensch wie du und ich, mit Fehlern behaftet und unvollkommen. Meine Schwächen und meine Vorzüge sind bekannt. Dazu stehe ich. Darum geht es aber nicht. Es geht darum, dass die Staatsgewalt unter Missachtung der Normen Entscheidungen trifft. Das ist zu verhindern und das ist auch Aufgabe dieses Buches. Und deshalb: Die Auseinandersetzung geht weiter!

Für aktuelle Entwicklungen auf Facebook oder www.treibjagd-dasbuch.com nachsehen.

Ich danke der seriösen Presse, die mich inzwischen in meinem Kampf unterstützt.

Glossar

Allgemeines Gleichbehandlungsgesetz (AGG)

Auch als Anti-Diskriminierungsgesetz geläufig.
(Auszug)
§1; Ziel des Gesetzes: Benachteiligungen aufgrund von Rasse, ethnischer Herkunft, des Geschlechts, der Religion oder der Weltanschauung, einer Behinderung, des Alters oder der sexuellen Identität zu verhindern bzw. zu beseitigen.
§3; Begriffsbestimmungen:
- Eine unmittelbare Benachteiligung liegt vor, wenn eine Person wegen eines in §1 genannten Grundes eine weniger günstige Behandlung erfährt als eine andere Person in einer vergleichbaren Situation.
- Eine Belästigung ist eine Benachteiligung, wenn unerwünschte Verhaltensweisen, die mit einem in §1 genannten Grund in Zusammenhang stehen, bezwecken oder bewirken, dass die Würde der betreffenden Person verletzt und ein von Einschüchterungen, Anfeindungen, Erniedrigungen, Entwürdigungen oder Beleidigungen gekennzeichnetes Umfeld geschaffen wird.
- Die Anweisung zur Benachteiligung einer Person aus einem in §1 genannten Grund gilt als Benachteiligung.

Mobbing

Der Begriff ist vom Englischen „to mob" abgeleitet und bedeutet „anpöbeln, angreifen, bedrängen, über jemanden herfallen". Mobbing steht im engeren Sinn für „Psychoterror" und verfolgt das Ziel, andere Menschen dauerhaft zu schikanieren, zu quälen und seelisch zu verletzen. Dieses Verhalten ist in den unterschiedlichsten Lebensbereichen zu finden: in der Schule, am Arbeitsplatz, im Sportverein, im Altersheim, im Gefängnis oder auch im Internet (hier: Cyber-Mobbing). Typisch für Mobbinghandlungen sind die Verbreitung falscher Tatsachen, die Erteilung sinnloser Arbeitsaufgaben, Gewaltandrohung, soziale Isolation, aber auch ständige Kritik an der Arbeit.

Arbeitsrechtlich ist Mobbing verboten, stellt im Gegensatz zu anderen Ländern in Deutschland jedoch keinen eigenen Straftatbestand dar. Die einzelnen Handlungen dagegen sehr wohl: Körperverletzung, Beleidigung, Verleumdung und Nötigung finden sich alle im StGB.

Der Arbeitgeber unterliegt in Deutschland dem Betriebsverfassungsgesetz. Daraus folgt, dass er dafür Sorge zu tragen hat, dass die Persönlichkeitsrechte der Mitarbeiter geschützt werden und im Betrieb nicht gemobbt wird.

Das Landesarbeitsgericht Thüringen hat sich in einem aufsehenerregenden Urteil auf den Artikel 1 des GG berufen: „Die Würde des Menschen ist unantastbar. Sie zu achten und zu schützen ist Verpflichtung aller staatlichen Gewalt." In der Urteilsbegründung wird dies konkret spezifiziert: „Der Staat, der Mobbing in seinen Dienststellen und in der Privatwirtschaft zulässt oder nicht ausreichend sanktioniert, kann sein humanitäres Wertesystem nicht glaubwürdig an seine Bürger vermitteln und gibt damit dieses Wertesystem langfristig dem Verfall preis."

Vertrauensperson

Als Vertrauensperson (auch V-Person, V-Mann, oder VP) wird eine Verbindungs-Person bezeichnet, die als ständiger oder zeitweiser Informant für Behörden (z.B. Nachrichtendienste, Zoll, Kriminalpolizei) arbeitet. Die Vertrauens-Person „arbeitet" unerkannt.

Das Bindeglied zwischen der Vertrauensperson und der Behörde stellt der Vertrauensperson-Führer (VP-Führer) dar. Nur er kann eine VP-Vereinbarung treffen. Alle Gespräche zwischen VP und VP-Führer sind vertraulich. Wenn der VP-Führer zuverlässig arbeitet, taucht die Identität der VP nicht in den Akten eines möglichen Strafverfahrens auf. Der VP-Führer hat die Aufgabe, seine VP zu schützen. Er unterliegt einem Zeugnisverweigerungsrecht und muss nicht die Identität offenlegen.

Weltanschauung

In erster Linie bedeutet es heutzutage die Gesamtheit persönlicher Werte, Vorstellungen und Sichtweisen im Hinblick auf die Rolle des Einzelnen in der Gesellschaft, die Gesellschaft an sich oder gar die gesamte Welt. Häufig sind dabei Themenkreise wie Wissenschaft, Philosophie, Religion, Politik, Wirtschaft, Natur, Kultur und Moral anzutreffen. Weltanschauungen können von Einzelnen, von Gruppen oder ganzen Gesellschaften geteilt werden.

Zensur

Dies dient der Reglementierung von Informationen. Zensur wird heutzutage vor allem auf Nachrichten, künstlerische und Meinungsäußerungen angewandt. In früheren Zeiten auch gerne in religiöser Sicht. Diktaturen dient sie vor allem zum Schutz vor politischer Opposition. Das „Kontrollwerkzeug" Zensur wird vor allem zum Schutz von unfähigen oder unwilligen Gesellschaftsgruppen angewendet. Beim sogenannten Jugendschutz wird eine „Vorzensur" gefordert, z.B. in der Art der freiwilligen Selbstkontrolle der Filmindustrie. Da die Bundesrepublik Deutschland ein Recht auf Meinungsfreiheit garantiert, wird i.d.R. nicht zensiert. Aber in einer Art „Nachzensur" kann dieses Recht der freien Meinungsäußerung beschnitten werden.

Im Falle des vorliegenden Buches meint es, dass der Autor zwar seine Meinung privat äußern darf, uns jedoch unter Androhung von Strafe verboten ist, diese öffentlich zu verbreiten.

TREIBJAGD
Vom COP zum OUTLAW
EINE WAHRE GESCHICHTE

TIM K.

www.TREIBJAGD-DASBUCH.com

OFFIZIELLER BUCHTRAILER
TREIBJAGD - DAS
ENTHÜLLUNGSBUCH 2011

FACEBOOK ACCOUNT

SKANDALE
RECHTSBRUECHE
MOBBING

DAS ENTHUELLUNGSBUCH 2011

MEDIENPRODUKTION / MEDIENPUBLIKATION
EXECUTIVE PRODUCER
MEDIEN DESIGNER - FABIAN MEINERT
fabianmeinert@gmx.de

Shedden
Brudermord bei den Bandidos

von Alex Caine

ISBN: 978-3-937542-05-8

www.stattverlag.de